JN329312

形態論と統語論の相互作用

ひつじ研究叢書〈言語編〉

【第 82 巻】意志表現を中心とした日本語モダリティの通時的研究
　　　　　　　　　　　　　　　　　　　　　　　　　土岐留美江 著
【第 83 巻】英語研究の次世代に向けて －秋元実治教授定年退職記念論文集
　吉波弘・中澤和夫・武内信一・外池滋生・川端朋広・野村忠央・山本史歩子 編
【第 84 巻】接尾辞「げ」と助動詞「そうだ」の通時的研究　　漆谷広樹 著
【第 85 巻】複合辞からみた日本語文法の研究　　　　　　　　田中寛 著
【第 86 巻】現代日本語における外来語の量的推移に関する研究　橋本和佳 著
【第 87 巻】中古語過去・完了表現の研究　　　　　　　　　　井島正博 著
【第 88 巻】法コンテキストの言語理論　　　　　　　　　　　堀田秀吾 著
【第 89 巻】日本語形態の諸問題
　　　　　　－鈴木泰教授東京大学退職記念論文集　　須田淳一・新居田純野 編
【第 90 巻】語形成から見た日本語文法史　　　　　　　　　　青木博史 著
【第 91 巻】コーパス分析に基づく認知言語学的構文研究　　　李在鎬 著
【第 92 巻】バントゥ諸語分岐史の研究　　　　　　　　　　　湯川恭敏 著
【第 93 巻】現代日本語における進行中の変化の研究
　　　　　　－「誤用」「気づかない変化」を中心に　　　　　新野直哉 著
【第 95 巻】形態論と統語論の相互作用
　　　　　　－日本語と朝鮮語の対照言語学的研究　　　　　　塚本秀樹 著
【第 97 巻】日本語音韻史の研究　　　　　　　　　　　　　　高山倫明 著
【第 98 巻】文化の観点から見た文法の日英対照
　　　　　　－時制・相・構文・格助詞を中心に　　　　　　　宗宮喜代子 著
【第 99 巻】日本語と韓国語の「ほめ」に関する対照研究　　　金庚芬 著
【第 100 巻】日本語の「主題」　　　　　　　　　　　　　　 堀川智也 著

ひつじ研究叢書〈言語編〉第 95 巻

形態論と統語論の相互作用

日本語と朝鮮語の対照言語学的研究

塚本秀樹 著

ひつじ書房

まえがき

　本書は，著者の塚本がこの約30年間にわたって行ってきた研究による成果をまとめたものである。ただ，何事にも時間がかかってしまう性分から，研究一つ一つもまさに亀の歩みのごとくであったし，研究内容や議論方法も新鮮さに欠け，古くなってしまったところが少なくない。しかしながら，いつの間にか，こういったことでもお許しいただけると思える年齢になり，研究上，次のステップに進むためには，一区切りをつけることも必要であると判断し，本書の出版に踏み切った。読者の皆様の御寛恕を願うばかりである。

　振り返ってみると，本当に多くの方々から御指導・御教示を賜り，また本当に多くの方々に支えられながら，これまで研究を続けてくることができた。

　大学で朝鮮語を専攻して学ぶようにお勧め下さったのが，高校時代における英語の福田芳久先生である。同先生との出会いがなかったならば，朝鮮語の世界に足を踏み入れるどころか，かいま見ることすらなかったであろう。

　大学では，指導教員の塚本勲・北嶋静江の両先生方から朝鮮語の手ほどきを受け，朝鮮語学の基礎を習得することができた。大学院修士課程では，指導教員の小泉保・吉田金彦・田中章夫の各先生方から御指導・御教示を賜り，言語学と日本語学について知見を深めることができた。大学院博士後期課程では，指導教員の西田龍雄・佐藤昭裕・安田章・渡辺実の各先生方から御指導・御教示を賜り，言語学と日本語学のさまざまな分野にも触れながら，自身の掲げたテーマについて研究を進展させることができた。

　研究の方向性の転機となったのが，寺村秀夫先生との出会いである。大学

2年生の時，同先生御担当の言語学の授業に出席することになったが，同授業では，それまで考えたこともない，日本語に対する見方が繰り広げられており，極めて衝撃的であった。中学・高校時代，英語は好きであったが，国語が大嫌いであった著者は，こういった日本語のおもしろさに心を奪われ，授業時以外にも同先生に質問をさせていただき，御指導・御教示を賜った。同先生との出会いがなかったならば，日本語の世界を知る由もなかったであろうし，同先生との出会いが，日本語を中心に，朝鮮語との対照を通じて考察するといった著者の今の方向性を決定づけたと言っても過言ではない。

　2度の国内研修及び海外研修それぞれにおける指導教員をお引き受け下さった柴谷方良・仁田義雄・Sandra A. Thompson の各先生方からは，御指導・御教示を賜ったばかりでなく，第一線で御活躍になっている各先生方の御研究スタイルを間近で拝見することもでき，それは大変貴重な経験であった。

　また，そのカリフォルニア大学サンタ・バーバラ校言語学科における研修は，まさに研究者人生におけるハイライトであった。同大学同学科の諸先生方，その中でも特に，先述の Thompson 先生，Bernard Comrie 先生，Marianne Mithun 先生に著者の研究内容についてお聴きいただき，議論を通じて御指導・御教示を賜ることができたのは，実に幸せなことであったし，世界的な視座に立つことの重要性を改めて認識することとなった。

　Samuel E. Martin 先生には，大学院生の時，国際学会で初めてお目にかかって以来，折に触れて励ましのお言葉を頂戴した。また，梅田博之・藤本幸夫・油谷幸利の各先生方は，好き勝手なことをする著者をいつも温かくお見守り下さった。

　専攻こそ異なるものの，大学及び大学院修士課程における大先輩でいらっしゃる影山太郎・益岡隆志の両先生方は，研究会や共同研究プロジェクトにお誘い下さって口頭発表の機会をお与え下さった上で，御指導・御教示下さったばかりでなく，両先生方から常に「朝鮮語ではどうなっているのか。」と投げかけられる御質問は，研究を進展させるのに非常に大きな刺激となった。

　諸先輩方や友人の皆様には，いろいろな面で大変お世話になった。その中でも特に，生越直樹・野田尚史・堀江薫・井上優の諸氏との単なる会話から

発展する議論は常に大変楽しく，また得るものも非常に大きかった．

　以上の諸先生方・諸氏からの御指導・御教示や御支援がなかったならば，確実に今の著者はなく，本書の完成もあり得なかった，と信じて疑わない．以上のすべての方々に，改めて心から厚くお礼申し上げる次第である．ただ，今となっては，Martin・小泉・寺村・安田の各先生方に，本書の完成を直接，御報告して本書をお手にとっていただけないことだけが悔やまれる．

　本書は，各種学会・研究会及び共同研究プロジェクトで口頭発表をした際の内容を多く含む．また，本書の内容については，愛媛大学大学院法文学研究科，大阪大学大学院文学研究科，筑波大学大学院人文社会科学研究科，神戸市外国語大学大学院外国語学研究科で講義を行う機会を得た．以上におけるそれぞれの出席者の方々から有益な御意見・コメントをいただき，本書の内容を改善するのにつながった．お一人お一人の御氏名を挙げることはできないが，すべての方々に厚く感謝申し上げたい．ただ，いただいた御意見・コメントに基づき，改善するよう努力したつもりであるが，至らない点が多々あることを恐れる．万一，それがあったとすれば，すべて著者の責任である．

　なお，本書の第17章と第18章はともに，その基となった論考が鄭相哲（チョン＝サンチョル）氏との共著によるものであるが，両論考を本書の一部に組み入れることについて，同氏から御快諾をいただいた．同氏に厚く感謝の意を表する次第である．

　また，本書は，次に記す科学研究費補助金，共同研究プロジェクト，国内研修・海外研修による研究成果を含んでいる．

- 科学研究費補助金（奨励研究（A））（研究期間：1991年度，研究課題名：現代日本語と現代朝鮮語の対照言語学的研究―モダリティを中心として―，研究代表者：塚本秀樹，課題番号：03851088）
- 科学研究費補助金（奨励研究（A））（研究期間：1995年度，研究課題名：東・北・西アジアの膠着言語における形態論と統語論の相互作用に関する研究，研究代表者：塚本秀樹，課題番号：07851064）
- 科学研究費補助金（萌芽的研究）（研究期間：1997〜1999年度，研究課

題名：東・北・西アジアの諸言語における構成要素の膠着性に関する類型論的研究，研究代表者：塚本秀樹，課題番号：09871083）
- 科学研究費補助金（基盤研究（C））（研究期間：2007〜2009年度，研究課題名：日本語と朝鮮語における文法化現象の総合的研究─対照言語学からのアプローチ─，研究代表者：塚本秀樹，課題番号：19520349）
- 国立国語研究所共同研究プロジェクト（研究期間：1992〜1995年度，研究課題名：日本語教育の内容と方法についての調査研究─朝鮮語を母語とする学習者に対する教育─，研究代表者：生越直樹）
- 東京外国語大学アジア・アフリカ言語文化研究所重点共同研究プロジェクト（研究期間：2005〜2009年度，研究課題名：言語の構造的多様性と言語理論─「語」の内部構造と統語機能を中心に，研究代表者：中山俊秀）
- 文部省内地研究員（研修期間：1992年5月〜1993年2月，研修機関：大阪大学文学部，研究課題名：現代日本語と現代朝鮮語の形態論・統語論・意味論の研究）
- 文部省内地研究員（研修期間：1994年5月〜1995年2月，研修機関：神戸大学文学部，研究課題名：膠着言語における形態論と統語論の相互作用について）
- 文部科学省在外研究員（研修期間：2001年9月〜2002年6月，研修機関：アメリカ合衆国・カリフォルニア大学サンタ・バーバラ校言語学科，研究課題名：言語における膠着性・語形成・文法化の類型論的研究）

上記の研修のため，長期間，本部校を離れることをお認め下さった同僚の諸先生方，とりわけ樋口康一先生には，いくら感謝してもしきれない。

　さらに，朝鮮語のインフォーマント調査では，次の方々の御協力を得た。御氏名(敬称略；調査時期順)を記し，厚く感謝の意を表する次第である。

　　金東勲(キム＝ドンフン)，金静子(キム＝チョンヂャ)，李漢燮(イ＝ハンソップ)，柳慶熙(ユ＝ギョンヒ)，権俊(クォン＝ヂュン)，辛姸鎭(シン＝ヨンヂン)，金京浩(キム＝ギョンホ)，鄭孝雲(チョン＝ヒョウン)，

李楨淑（イ＝ヂョンスク），鄭相哲（チョン＝サンチョル），李香叔（イ＝ヒャンスク），趙完済（チョ＝ワンヂェ），趙愛淑（チョ＝エスク），嚴廷美（オム＝ヂョンミ），金菊熙（キム＝グッキ），姜顯喜（カン＝ヒョニ），朴志恩（パク＝チウン），崔現姫（チェ＝ヒョニ），金民相（キム＝ミンサン），金利惠（キム＝リヘ），孫芝暎（ソン＝ヂヨン），金寶蘭（キム＝ボラン），金娜蘭（キム＝ナラン），金廷珉（キム＝ヂョンミン）

　本書を刊行するに当たっては，2011年度科学研究費助成事業（科学研究費補助金（研究成果公開促進費））（課題番号：235081）の交付を受けることができ，ひつじ書房社長の松本功氏をはじめ，同編集部の細間理美・海老澤絵莉の両氏に大変お世話になった。御尽力下さったことについて厚くお礼申し上げる。

　最後に私事にわたるが，著者をこれまでいろいろな面で支えてきてくれた父・春喜，母・年子，妻・葉子，息子・義樹には，本書を報恩の印としたい。

2012年2月

塚本秀樹

目　次

まえがき　　v

第 1 章　序論　　1
1　本書の目的　　1
2　対照言語学―本書のアプローチに関連して　　2
3　本書の構成　　5

第 2 章　これまでの日本語と朝鮮語の対照言語学的研究　　11
1　序　　11
2　1993 年以前の回顧　　12
　2.1　論考数　　12
　2.2　研究分野・テーマ　　13
　2.3　研究者　　15
　2.4　アプローチ　　16
　2.5　主要な論考　　16
3　1993 年の時点における問題点・課題及びその解決と展望　　18
　3.1　方法論・方向性　　18
　3.2　研究成果の報告・伝播　　20
　3.3　研究成果の応用　　21
4　1994 年以後の状況　　22
　4.1　論考数と研究分野・テーマ　　22
　4.2　研究者とアプローチ　　25
　4.3　研究成果の報告・伝播に関連して　　26
　4.4　研究成果の応用に関連して　　27
5　結語　　28

第3章　日本語における必須補語と副次補語　　31

1　序　　31
2　談話構造上の必須補語の性質　　31
3　寺村 (1982a) に対する反論　　33
　　3.1　動作主：「～で」　　34
　　3.2　原因：「～で」　　36
　　3.3　出どころ：「〔場所，時刻，状態〕から」　　37
　　3.4　格助詞句 (複合格助詞)　　39
　　3.5　まとめ　　40
4　必須補語及び副次補語の認定基準　　40
5　結語　　47

第4章　日本語における格助詞の交替現象　　49

1　序　　49
2　種類　　49
3　単一格助詞同士の交替　　50
　　3.1　「が」と「の」　　50
　　3.2　「に」と「が」　　53
　　3.3　「が」と「を」　　54
　　3.4　「が」と「から」　　55
　　3.5　「に」と「から」　　56
　　3.6　「を」と「に」　　57
　　3.7　「に」と「と」　　58
　　3.8　「が」と「で」　　59
　　3.9　「を」と「から」　　60
　　3.10　「に」と「で」　　62
　　3.11　「で」と「から」　　63
　　3.12　「に」と「へ」　　63
　　3.13　「に」「へ」と「まで」　　64
　　3.14　「に」と「まで」　　65
　　3.15　「と」と「から」　　65
　　3.16　「を」と「の」　　66

4　結語　　　　　　　　　　　　　　　　　　　　　　　66

第5章　日本語と朝鮮語における数量詞の遊離　　　69

　　　1　序　　　　　　　　　　　　　　　　　　　　　　　69
　　　2　数量表現の型と「数量詞の遊離」の現象　　　　　　69
　　　3　数量詞遊離の条件　　　　　　　　　　　　　　　　73
　　　4　使役構文の考察に向けて　　　　　　　　　　　　　83
　　　5　数量詞遊離の範囲　　　　　　　　　　　　　　　　87
　　　6　結語　　　　　　　　　　　　　　　　　　　　　　97

第6章　日本語における複合格助詞　　　　　　　　101

　　　1　序　　　　　　　　　　　　　　　　　　　　　　101
　　　2　形態的側面　　　　　　　　　　　　　　　　　　101
　　　　　2.1　形式と種類　　　　　　　　　　　　　　　101
　　　　　2.2　動詞が含まれていると考えられる点　　　　103
　　　　　2.3　単なる「単一連用格助詞＋動詞連用形
　　　　　　　（＋接続語尾『て』)」という結び付きと異なる点　104
　　　　　2.4　複合格助詞の連体表現　　　　　　　　　　106
　　　3　統語的側面　　　　　　　　　　　　　　　　　　110
　　　　　3.1　単一格助詞との交替現象　　　　　　　　　110
　　　　　3.2　動詞の結合価に関する問題　　　　　　　　117
　　　4　意味的側面　　　　　　　　　　　　　　　　　　124
　　　　　4.1　動詞部分の意味の実質性の段階　　　　　　124
　　　　　4.2　複合格助詞と単一格助詞の使い分け　　　　127
　　　5　結語　　　　　　　　　　　　　　　　　　　　　131

第7章　日本語と朝鮮語における複合格助詞　　　135

　　　1　序　　　　　　　　　　　　　　　　　　　　　　135
　　　2　形態的側面　　　　　　　　　　　　　　　　　　135
　　　　　2.1　形式と種類　　　　　　　　　　　　　　　135
　　　　　2.2　動詞が含まれていると考えられる点　　　　142

　　　　2.3　単なる「単一連用格助詞＋動詞連用形（の縮約形）
　　　　　　（＋接続語尾『서〈se〉』）」という結び付きと異なる点　143
　　　　2.4　複合格助詞の連体表現　148
　　　　2.5　両言語間の相違点　152
　　3　統語的側面　156
　　　　3.1　単一格助詞との交替現象　156
　　　　3.2　動詞の結合価　160
　　4　意味的側面　165
　　　　4.1　動詞部分の意味の実質性の段階　165
　　　　4.2　日本語と朝鮮語における意味領域のずれ　169
　　　　4.3　複合格助詞と単一格助詞の使い分け　170
　　5　日本語に対応する複合格助詞が朝鮮語にない場合　173
　　　　5.1　「～に {つき／ついて}」　173
　　　　5.2　「～に {とり／とって}」　175
　　6　結語　177

第8章　日本語における複合動詞　179

　　1　序　179
　　2　形態的側面　179
　　　　2.1　形式と種類　179
　　　　2.2　構成要素の自動詞・他動詞　180
　　　　2.3　構成要素の自立性　180
　　　　2.4　「語彙的」対「統語的」　181
　　3　統語的側面　183
　　　　3.1　格支配　183
　　　　3.2　関連する問題　196

第9章　日本語と朝鮮語における複合動詞　201

　　1　序　201
　　2　形態的側面　201
　　　　2.1　形式と種類　201
　　　　2.2　構成要素の自動詞・他動詞　203

         2.3　構成要素の自立性　　　　　　　　　　　　　　203
         2.4　「語彙的」対「統語的」　　　　　　　　　　　204
   3　統語的側面　　　　　　　　　　　　　　　　　　　　204
         3.1　対応する日本語が語彙的複合動詞である場合の格支配　　205
         3.2　対応する日本語が統語的複合動詞である場合の格支配　　213
         3.3　まとめ　　　　　　　　　　　　　　　　　　218
   4　その後の展開　　　　　　　　　　　　　　　　　　　218
         4.1　影山(1993)　　　　　　　　　　　　　　　219
         4.2　松本(1998)　　　　　　　　　　　　　　　221
         4.3　内山(1997)　　　　　　　　　　　　　　　223
   5　両言語間の類似点と相違点　　　　　　　　　　　　　225
         5.1　類似点　　　　　　　　　　　　　　　　　　226
         5.2　相違点　　　　　　　　　　　　　　　　　　228
   6　両言語間の相違が意味するもの　　　　　　　　　　　235
   7　影山(1993)と松本(1998)の論争から導き出せること　　238

第10章　膠着言語と統語構造　　　　　　　　　　　　　　245

   1　序　　　　　　　　　　　　　　　　　　　　　　　　245
   2　複合的統語構造が仮定できる構文の種類　　　　　　　245
   3　使役構文の形態的側面　　　　　　　　　　　　　　　249
   4　使役構文の統語的側面　　　　　　　　　　　　　　　250
   5　使役構文の妥当な統語構造　　　　　　　　　　　　　255
   6　2種類の理論的枠組みが抱える問題点　　　　　　　　256
   7　状況がよく似た構文—複合動詞構文　　　　　　　　　259
   8　結語　　　　　　　　　　　　　　　　　　　　　　　262

第11章　諸言語現象と文法化　　　　　　　　　　　　　　265

   1　序　　　　　　　　　　　　　　　　　　　　　　　　265
   2　「動詞連用形＋テイク／動詞連用形＋가다〈kata〉(行く)」構文と
      「動詞連用形＋テクル／動詞連用形＋오다〈ota〉(来る)」構文　265
   3　「動詞連用形＋テイル／動詞語幹＋고 있다〈ko issta〉(〜ている);
      動詞連用形＋있다〈issta〉(〜ている)」構文　　　　　270

4　「動詞連用形＋テヤル；テクレル／動詞連用形＋주다〈cwuta〉
　　　　（～てやる；～てくれる）」構文　　　　　　　　　　　　272
　　　5　位置を表す名詞　　　　　　　　　　　　　　　　　　　　274
　　　　　5.1　「上／위〈wi〉」　　　　　　　　　　　　　　　　　274
　　　　　5.2　「内／안〈an〉；속〈sok〉」　　　　　　　　　　　　275
　　　　　5.3　「点／점〈cem〉」　　　　　　　　　　　　　　　　276
　　　6　形式名詞・名詞化接尾辞　　　　　　　　　　　　　　　　277
　　　7　文法化　　　　　　　　　　　　　　　　　　　　　　　　278
　　　　　7.1　複合格助詞　　　　　　　　　　　　　　　　　　　279
　　　　　7.2　複合動詞　　　　　　　　　　　　　　　　　　　　281
　　　　　7.3　「動詞連用形＋テイク／動詞連用形＋가다〈kata〉
　　　　　　　（行く）」構文と「動詞連用形＋テクル／
　　　　　　　動詞連用形＋오다〈ota〉（来る）」構文　　　　　　282
　　　　　7.4　「動詞連用形＋テイル／動詞語幹＋고 있다〈ko issta〉
　　　　　　　（～ている）；動詞連用形＋있다〈issta〉（～ている）」
　　　　　　　構文　　　　　　　　　　　　　　　　　　　　　　283
　　　　　7.5　「動詞連用形＋テヤル；テクレル／動詞連用形
　　　　　　　＋주다〈cwuta〉（～てやる；～てくれる）」構文　　284
　　　　　7.6　位置を表す名詞　　　　　　　　　　　　　　　　　285
　　　　　7.7　形式名詞・名詞化接尾辞　　　　　　　　　　　　　286
　　　8　結語　　　　　　　　　　　　　　　　　　　　　　　　　286

第12章　諸言語現象と形態・統語的仕組み　　　　　　　　　　289

　　　1　序　　　　　　　　　　　　　　　　　　　　　　　　　　289
　　　2　接辞を用いた使役構文　　　　　　　　　　　　　　　　　289
　　　3　複合動詞構文　　　　　　　　　　　　　　　　　　　　　292
　　　4　「～中（に）／～중(에)〈cwung (-ey)〉」「～後（に）／
　　　　～후(에)〈hwu (-ey)〉」などを用いた構文　　　　　　　　296
　　　5　名詞化接尾辞　　　　　　　　　　　　　　　　　　　　　301
　　　6　照応　　　　　　　　　　　　　　　　　　　　　　　　　306
　　　7　接頭辞「同～／동〈tong〉～」　　　　　　　　　　　　　307
　　　8　接尾辞「～的／～적〈cek〉」　　　　　　　　　　　　　309
　　　9　形態・統語的仕組み　　　　　　　　　　　　　　　　　　312

10　形態・統語的仕組みの文法化とのかかわり　　　314

第13章　品詞と言語現象のかかわり　　　317

　　　1　序　　　317
　　　2　品詞の種類　　　317
　　　　　2.1　日本語　　　317
　　　　　2.2　朝鮮語　　　318
　　　3　品詞の形式　　　319
　　　　　3.1　言い切りの基本形　　　319
　　　　　3.2　連体形　　　320
　　　4　形容詞の位置づけ　　　321
　　　5　文法化との関連性　　　324
　　　6　名詞の位置づけ　　　326
　　　　　6.1　名詞述語の動詞性　　　326
　　　　　6.2　名詞述語の形容詞性　　　331
　　　　　6.3　〈具象物〉を表す名詞の動作・行為性　　　333
　　　7　形態・統語的仕組みとの関連性　　　336

第14章　文法体系における動詞連用形の位置づけ　　　339

　　　1　序　　　339
　　　2　日本語における動詞連用形の用法　　　341
　　　　　2.1　節・文接続における中止法　　　341
　　　　　2.2　接尾辞の後続　　　341
　　　　　2.3　助詞の後続　　　342
　　　　　2.4　動詞の後続　　　343
　　　　　2.5　名詞としての機能　　　344
　　　3　朝鮮語における動詞連用形の用法　　　344
　　　　　3.1　節・文接続における中止法　　　344
　　　　　3.2　助詞の後続　　　345
　　　　　3.3　動詞の後続　　　345
　　　　　3.4　終結する文末における生起　　　347
　　　4　両言語間の類似点と相違点　　　347

	4.1	述語性接尾辞の後続	348
	4.2	名詞性接尾辞の後続	349
	4.3	助詞の後続	349
	4.4	動詞の後続	350
	4.5	名詞としての機能	350
	4.6	終結する文末における生起	351
5	両言語間の相違点が意味するもの		351
	5.1	根本的要因	351
	5.2	述語性接尾辞の後続	352
	5.3	名詞性接尾辞の後続	354
	5.4	動詞の後続	354
	5.5	名詞としての機能	356
	5.6	終結する文末における生起	356
6	結語		357

第15章　結論　361

1 研究成果　361
2 他の研究への影響性及びそれらとの関連性　364
　2.1 堀江薫による研究　364
　2.2 井上優による研究　366
　2.3 影山太郎による研究　367
3 意義と展望　369
4 今後の課題　370

〈付録〉　375

第16章　日朝対照研究と日本語教育　377

1 日本語における単文の3層構造　377
2 日本語と朝鮮語の対照言語学的研究　378
3 日朝対照研究の日本語教育への応用・貢献　383

第 17 章　朝鮮語における固有語動詞の受身文　　387

 1　序　　387
 2　「이〈i〉」形と「지다〈cita〉」形の使い分け　　388
 3　3項動詞能動文から受身文への転換における制約　　391
 4　動作主のマーカー　　392
 5　主格補語の意味特性　　395
 6　アスペクト　　396
 7　結語　　397

第 18 章　朝鮮語における漢語動詞の受身文　　399

 1　序　　399
 2　先行研究と問題点　　399
 3　本動詞と接尾辞　　402
 4　意味的特徴　　406
 5　統語的特徴　　413
 6　結語　　416

参考文献　　419
日朝対照研究関係　主要参考文献一覧(1993年以前)　　437
日朝対照研究関係　主要参考文献一覧(1994年以後)　　441
日朝対照研究関係　主要研究教育機関別　博士学位論文一覧　　461
用例出典　　471
索引　　473

第 1 章　序論

1　本書の目的

　人間が用いている言語についての研究は，実に多種多様である。世界には，21 世紀初頭である現在，何千という言語が存在しており，まずは，どの言語を研究対象とするのかによってさまざまである。

　また，言語が有するどの側面について研究するのかによって，また別の種類が生ずる。それらは，言語の音自体についてであるのか〔音声学〕，ある特定の言語において音が果たす機能についてであるのか〔音韻論〕，語という単位の仕組みについてであるのか〔形態論〕，語の集まりについてであるのか〔語彙論〕，文という単位の仕組みについてであるのか〔統語論〕，語・文・表現などが有する意味についてであるのか〔意味論〕，ある表現がある特定の場面で用いられた場合に表される意味についてであるのか〔語用論〕，複数の文で構成されたあるひとまとまりの単位の仕組みについてであるのか〔談話分析；テクスト言語学〕，言語の表記に用いられる文字についてであるのか〔文字論〕，などの異なった種類である。

　さらには，言語をどのようなアプローチから研究するのかによる違いもある。言語を時の流れとともに，すなわち通時的に見るのか，時を定めて，すなわち共時的に見るのかの違いや，言語のありのままの姿を忠実に記すといった記述的な立場をとるのか，記述されたデータに基づいて理論の構築を目指すといった理論的な立場をとるのかの違いなどである。

　本書の目的は，日本語と朝鮮語において形態論と統語論がいかにかかわり合っているのか，ということを，対照言語学からのアプローチで解明することである。その解明の切り口として，具体的には次のことを行う。第一に，

日本語と朝鮮語における諸言語現象を取り上げて考察し，それらに関する両言語間の類似点と相違点を明らかにする。第二に，そうすることによって明らかにされた両言語間の相違は，何を意味し，またどのように捉えるべきであるのか，ということについて論ずる。

このように，本書における考察対象の言語は，現代日本語と現代朝鮮語である。また，それらに現代トルコ語を加えて考察している箇所もある。従って，考察の対象としているのは，3言語ともに現代語であるが，本書では，常に「現代」を付していない言語名を用いている。

そのうちの「朝鮮語」という名称について述べておく。本書では，世界のさまざまな国々や地域で使われつつも，同じ一つの言語であり，その言語の学術名として「朝鮮語」という名称を用いている（言語の名称の詳細については，塚本他1996を参照のこと）。ただ，本書で扱っている朝鮮語のデータは，韓国で発行された新聞や文学作品から収集されたり，韓国出身のインフォーマントから提供されたりしたものであり，限定されている。なお，本書における朝鮮語は，便宜上，朝鮮文字（ハングル）にローマ字転写を併記することによって示し，そのローマ字転写には，The Yale Romanization System を採用した。

また，本書が研究の対象とする分野は，「語」という単位の仕組みについて考察する「形態論」と，「文」という単位の仕組みについて考察する「統語論」であり，場合によっては意味について考察する「意味論」もかかわる。

2　対照言語学—本書のアプローチに関連して

本書がとっている立場を明らかにしておくために，「対照言語学」という用語について言及する。

その「対照言語学（Contrastive Linguistics）」というのは，簡略化して言えば，二つあるいはそれ以上の言語における音韻・形態・統語・語彙・意味などの側面を照らし合わせ，その間の類似点・相違点を明らかにしようとする言語学の一研究分野のことである[1]。（しかしながら，対照言語学のこの定義は，あくまでも簡略化した便宜的なものであり，この定義のままの研究で

は不十分であることを後に論述する。)従って,これは,第1節で述べた,言語に対するアプローチの違いによる一研究分野ということになる。

　対照言語学と名称上よく似た研究分野に,「比較言語学(Comparative Linguistics)」というものがある。これは,歴史的に同系統に属する,あるいは属すると考えられるいくつかの言語を照らし合わせ,歴史をさかのぼっていくと,元はどういう音や形であったかを明らかにしようとするものである。

　対照言語学も比較言語学も,複数の言語を照らし合わせるという点では同じであるが,比較言語学がこのように通時的な見地からによるものであるのに対して,対照言語学は共時的な見地に立脚しており,一般的には現代語に視座が定められている,という点が大いに異なっている。従って,対照言語学は,照らし合わされる言語が歴史的に同系統かどうかは問われないので,照らし合わされる言語が何であっても,成り立つということが言える。

　ところが,上記の定義による対照言語学の「対照」の意味で「比較」という用語を用いる研究者もおり,そういう研究者が近年,増えてきた,という事実がある。この「比較」という用語は,例えば「日英比較統語論」のように,特に日本語と英語の場合に頻繁に見受けられる。実際,『日英比較講座』のように,「比較」という用語が用いられた講座の書籍も出版されている。また,こういった現象は,日本語による用語に限ったことではなく,英語による用語でも comparative syntax of Japanese and English のように同じことが生じている。

　対照言語学は元来,1900年代の中頃に外国語教育の中から生まれたものであり,次のような考え方に基づいていた。学習者が学ぶ外国語と学習者の母語との間に違いがない場合は,違いがある場合に比べると,教授者は学習者に学習内容を理解させるのにさほど時間をかけずに済ませることができ,また逆に,その両言語間に違いがある場合は,違いがない場合に比べると,学習者が学習内容を理解するのに時間がかかるのは当然で,教授者はそれを承知の上で授業に取り組む必要がある。対照言語学研究によって,学習者が学ぶ外国語と学習者の母語との間の同一点と相違点を明らかにすれば,このように,個々の教授項目についての時間配分や重点の置き方など,教案作成に大いに役立ち,教授者は非常に能率的で,効果的な授業を実践することが

できる。

　しかしながら、言語学研究の進展に伴って1980年代頃から、対照言語学は外国語教育とのかかわりにとらわれなくなってきた。すなわち、対照言語学を外国語教育に応用することを目的とするのではなく、言語分析を行う際、言語学のさまざまな分野で対照言語学のアプローチがとられることが一般的になってきたのである。

　また、時期を同じくして著しい進展が見られる言語学の一研究分野に「言語類型論(Linguistic Typology; Language Typology)」があり、それは、次のように定義づけることができる[2]。地球上のさまざまな人類の言語を、歴史的な系統や地理的な分布の違いを問わずに照らし合わせて観察することにより、音韻・形態・統語・語彙・意味など種々の側面における各言語間の同一と相違を類型として捉え、言語をその特徴に従って分類するための原理を探り出したり、人間言語に共通する普遍的な性質を明らかにしたりするものである。従って、この言語類型論も、対照言語学や比較言語学と同様に、言語に対するアプローチの違いによる一研究分野ということになる。

　外国語教育とのかかわりにとらわれず、純粋な言語学研究の中で実践されるようになってきた対照言語学は近年、単に言語間の同一と相違を見出すだけでなく、特にその相違の根源となっている原理を追究し、さらにはそこから言語普遍性の解明にも迫っていこうとする姿勢をとっている。こういった意味で、対照言語学は、この言語類型論の研究と融合してきており、理論的な性質が強くなってきていると言える[3]。表題に「対照言語学」を掲げる本書もまさに、こういった立場をとっているものである。なお、欧米、特にアメリカ合衆国では、「対照」/"contrastive"という用語はほとんど用いられず、今述べた「対照言語学」の内容を表す場合でも「類型論(的)」/"typology; typological"という用語を用いるのが一般的である。

　「対照」か「比較」かの用語に関する問題に立ち返ると、「比較」という用語を用いている研究者は、自身のその研究が上述のような外国語教育とのかかわりを示すものではなく、純粋な言語学研究における理論的なものである、という意識が強い。日本語と英語のように、系統的な親縁性がまずないと考えられている言語同士の場合、「比較」という用語を用いても、そのような内容を取り上げた研究であるという誤解が生ずることはない。ところ

が，日本語と朝鮮語は，現在ではその系統的な親縁性がないとする考え方が主流であるが，過去にそれが唱えられたこともあり，またそれが完全に証明されているわけでもない。このような言語同士の場合，「比較」という用語を用いれば，研究題目からだけでは通時的な研究であるのか，共時的な研究であるのかが明確ではないため，混乱も起こりかねない。従って，このような場合は，「比較」という用語の使用を避けた方が無難であると思われる。本書は，外国語教育と直接かかわるものではなく，純粋な言語学研究の中で考察を行ったものであるが，今述べたことが理由の一つにあり，「比較」ではなく，「対照」という用語を用いている。

3　本書の構成

　本書の構成について述べると，以下のとおりである。

　第2章では，これまでの日本語と朝鮮語の対照言語学的研究を振り返ってその状況を述べ，同研究が抱える問題点や課題を指摘する。第3章では，日本語における「必須補語」及び「副次補語」がいかなる性質を有し，文を構成するどういった要素が「必須補語」あるいは「副次補語」に相当するのか，ということについて考察するとともに，それらを認定するための基準を提案する。第4章では，日本語において，用いられている格助詞をまた別の格助詞に置き換えて表現できるといった交替現象にどういう種類のものがあるのか，ということについて考察する。第5章では，日本語と朝鮮語を対照しながら，両言語における数量詞遊離の現象の性質を明らかにする。この第2章から第5章までの4章は，第6章以後における議論の前提となる問題を扱っていることもあり，本書における《基礎編》と呼ぶことができる部分である。

　続いて第6章以後が本書の中心となっており，《発展編》と言える部分である。第6章では日本語における複合格助詞について，また第7章では日本語と朝鮮語を対照しながら，両言語における複合格助詞について，形態・統語・意味のそれぞれの側面から考察する。第8章では，日本語における複合動詞を取り上げ，形態的側面及び統語的側面に重点を置いた考察を行う。また，第9章では，第8章における考察を踏まえ，日本語と朝鮮語を

対照しながら，両言語における複合動詞について，形態・統語・意味のそれぞれの側面から考察する。第 10 章では，膠着言語の中でも特に日本語と朝鮮語を考察の対象とし，またトルコ語にもできるだけ触れ，膠着言語における形態論と統語論の相互作用の根本的な問題について論ずる。第 11 章では，第 10 章までに取り上げて考察してきた言語現象に加えて，新たに取り上げた種々の言語現象について考察し，それらに関する両言語間の類似点と相違点を明らかにした上で，その相違については，文法化に基づいて統一的に記述・説明をすることができることを論ずる。第 12 章では，第 11 章までに取り上げて考察した言語現象とはまた別の諸言語現象を取り上げ，それらに関する両言語間の類似点と相違点を明らかにした上で，その相違については，形態・統語的仕組みに基づく統一的な記述・説明が可能であることを論ずる。第 13 章では，日本語と朝鮮語における品詞について考察し，両言語間の類似点と相違点を明らかにした上で，その相違は何を意味し，また言語現象とどのようにかかわっているのか，ということについて論ずる。第 14 章では，日本語と朝鮮語の諸言語現象で生ずる両言語間の相違の鍵を握る動詞連用形について考察し，文法体系における動詞連用形の位置づけが両言語間で異なっていることを明らかにする。第 15 章では，第 14 章までの考察で得られた成果を記し，本書の結論を述べる。

第 16 章から第 18 章までは，本書の議論に間接的にかかわる問題を《付録》として取り上げ，考察する。第 16 章では，日朝対照研究が日本語教育に応用・貢献できる一例として，日本語と朝鮮語の間の相違点が日本語教育における教授項目を設定するための一つの基準となることを提案する。第 17 章では，朝鮮語における固有語動詞の「이〈i〉」形と「지다〈cita〉」形といった受身形式について考察し，両者の使い分けを中心にその性質を解明する。第 18 章では，朝鮮語における漢語動詞の受身文の中でも，特に「받다〈patta〉」「당하다〈tanghata〉」が用いられた文と「되다〈toyta〉」が用いられた文との関係について考察する。

本書を構成している各章は，これまでに発表した拙論を土台として書かれている。以下に各章の基となった拙論を記しておく。ただ，拙論の単なる寄せ集めではなく，本書 1 冊にまとめ上げるため，いずれの章も加筆・修正が施されており，章によっては，大幅な改訂を行ったものもある。

第1章　序論
　　書き下ろし
第2章　これまでの日本語と朝鮮語の対照言語学的研究
　・「日本語と朝鮮語の対照研究」（国立国語研究所（編）『日本語と外国語との対照研究Ⅳ　日本語と朝鮮語　〈上巻〉回顧と展望編』pp. 37–50，くろしお出版，1997年）
第3章　日本語における必須補語と副次補語
　・Some Remarks on "Primary Complements" and "Secondary Complements" in Japanese. (*Nebulae*, Vol. 10, pp. 189–207. Osaka: Osaka Gaidai Linguistic Circle. 1984.)
第4章　日本語における格助詞の交替現象
　・「日本語における格助詞の交替現象について」（『愛媛大学法文学部論集　文学科編』第24号，pp. 103–127，愛媛大学法文学部，1991年）
第5章　日本語と朝鮮語における数量詞の遊離
　・「数量詞の遊離について―日本語と朝鮮語の対照研究―」（『朝鮮学報』第119・120輯，pp. 33–69，朝鮮学会，1986年）
第6章　日本語における複合格助詞
　・「日本語における複合格助詞について」（『日本語学』第10巻第3号，pp. 78–95，明治書院，1991年）
第7章　日本語と朝鮮語における複合格助詞
　・「日本語と朝鮮語における複合格助詞について」（崎山理・佐藤昭裕（編）『アジアの諸言語と一般言語学』pp. 646–657，三省堂，1990年）
　・「日本語と朝鮮語における複合格助詞再考―対照言語学からのアプローチ―」（藤田保幸・山崎誠（編）『複合辞研究の現在』pp. 285–310，和泉書院，2006年）
第8章　日本語における複合動詞
　・「日本語における複合動詞と格支配」（小泉保教授還暦記念論文集編集委員会（編）『言語学の視界　小泉保教授還暦記念論文集』pp. 127–144，大学書林，1987年）
第9章　日本語と朝鮮語における複合動詞
　・「複合動詞と格支配―日本語と朝鮮語の対照研究―」（仁田義雄（編）『日

本語の格をめぐって』pp. 225–246，くろしお出版，1993 年）
- 「日本語と朝鮮語における複合動詞再考―対照言語学からのアプローチ―」（油谷幸利先生還暦記念論文集刊行委員会（編）『朝鮮半島のことばと社会―油谷幸利先生還暦記念論文集―』pp. 313–341，明石書店，2009 年）

第 10 章　膠着言語と複合構造
- On the Interaction of Morphology and Syntax of Agglutinative Languages: A Contrastive Study of Japanese, Korean, and Turkish.（『言語学研究』5，pp. 25–40，京都大学言語学研究会，1986 年）
- 「膠着言語と複合構造―特に日本語と朝鮮語の場合―」（仁田義雄（編）『複文の研究（上）』pp. 63–85，くろしお出版，1995 年）

第 11 章　諸言語現象と文法化
- 「語形成と文法化―日本語と韓国語の対照研究―」（南豊鉉〈Nam, Phughyen〉（ナム＝プンヒョン）他（編）『梅田博之教授古稀記念　韓日語文學論叢』pp. 605–627，韓國서울〈Seul〉（ソウル）：太學社〈Thayhaksa〉，2001 年）
- 「日本語から見た韓国語―対照言語学からのアプローチと文法化―」『日本語学』第 25 巻第 3 号，pp. 16–25，明治書院，2006 年）
- 「言語現象と文法化―日本語と朝鮮語の対照研究―」（『日本語と朝鮮語の対照研究　東京大学 21 世紀 COE プログラム「心とことば―進化認知科学的展開」研究報告書』pp. 27–61，東京大学大学院総合文化研究科言語情報科学専攻，2006 年）

第 12 章　諸言語現象と形態・統語的仕組み
- 「語彙的な語形成と統語的な語形成―日本語と朝鮮語の対照研究―」（国立国語研究所（編）『日本語と外国語との対照研究Ⅳ　日本語と朝鮮語〈下巻〉研究論文編』pp. 191–212，くろしお出版，1997 年）
- 「言語現象と文法化―日本語と朝鮮語の対照研究―」（『日本語と朝鮮語の対照研究　東京大学 21 世紀 COE プログラム「心とことば―進化認知科学的展開」研究報告書』pp. 27–61，東京大学大学院総合文化研究科言語情報科学専攻，2006 年）

第 13 章　品詞と言語現象のかかわり

- 「日本語と朝鮮語における品詞と言語現象のかかわり―対照言語学からのアプローチ―」(由本陽子・岸本秀樹(編)『語彙の意味と文法』pp. 395–414, くろしお出版, 2009 年)

第 14 章　文法体系における動詞連用形の位置づけ
- 「文法体系における動詞連用形の位置づけ―日本語と韓国語の対照研究―」(佐藤滋・堀江薫・中村渉(編)『対照言語学の新展開』pp. 297–317, ひつじ書房, 2004 年)

第 15 章　結論

　　書き下ろし

〈付録〉

第 16 章　日朝対照研究と日本語教育
- 「日朝対照研究と日本語教育」(『日本語教育』72 号, pp. 68–79, 日本語教育学会, 1990 年)

第 17 章　朝鮮語における固有語動詞の受身文
- 「韓国語における固有語動詞の受身文について―이〈i〉形と지다〈cita〉形の使い分けを中心に―」(鄭相哲(チョン＝サンチョル)氏との共著,『言語』第 22 巻第 11 号, pp. 70–77, 大修館書店, 1993 年)

第 18 章　朝鮮語における漢語動詞の受身文
- 「韓国語における漢語動詞の受身文について」(鄭相哲(チョン＝サンチョル)氏との共著,『朝鮮学報』第 153 輯, pp. 1–17, 朝鮮学会, 1994 年)

注
1) 対照言語学の解説書に, 石綿・高田(1990)などがある。
2) 言語類型論の解説書に, Comrie (1981/1990)〔コムリー(1992)〕, Croft (1990/2003), Whaley (1997)〔ウェイリー(2006)〕, Song (2001)などがある。
3) 対照言語学のあり方について論じているものに, 近藤(1990), 井上(2002a, 2002b), 生越(2002a), 柴谷(2002)などがある。

第2章　これまでの日本語と朝鮮語の　　　　　対照言語学的研究

1　序

　本章では，第3章以後で著者自身の論を展開するに当たり，次のことを行う。第一に，1993年までの「日本語と朝鮮語の対照言語学的研究」(以後，「日朝対照研究」と略して称する)を振り返り，その様態について分析を行う。第二に，1993年の時点において日朝対照研究が抱える問題点や課題を指摘する。第三に，1993年の時点において，それらを解決するためにはどうすべきか，ということについて論ずるとともに，日朝対照研究の今後を展望する。第四に，第一から第三までのことを踏まえて，1994年以降，現在までを振り返り，日朝対照研究の近年の状況について述べる。

　上記のように，時代を便宜上，1993年までとそれ以後の二つに分けるが，その理由は次のとおりである。1992年から1995年までの4年間，国立国語研究所で行われた，「日本語教育の内容と方法についての調査研究―朝鮮語を母語とする学習者に対する教育―」という共同研究プロジェクトの一環として生越・塚本(編)(1996)が作成された。これは，朝鮮語を研究対象に，日本と欧米で発表された論考を網羅した文献目録であり(以後，単に『目録』と呼ぶ)，大きく「国内文献」と「欧米文献」の項目に分けられている。「国内文献」の項に収録されているのは，日本国内で発表された文献であるが，日本の研究機関に所属する研究者が日本以外で発表した文献も含まれている。「欧米文献」の項に収録されている文献は，欧米で発表された，英語で書かれたものであり，欧米で発表されていても，英語以外の言語で書かれた文献は含まれていない。なお，韓国で発表され，英語で書かれたものも一部，この項目に採録されている。また，『目録』に収録されている文献

は，原則として 1993 年までに発表されたものである。このため，以下では，時代を 1993 年までとそれ以後の二つに分けた上で，1993 年までについては，『目録』を資料にし，さらには『目録』では得られない情報も必要に応じて補いながら，分析・記述を行うことにする。

なお，『目録』は，いずれインターネットでの情報発信が予定され，その前段階として冊子にまとめたものであるが，それは，残念ながら，諸般の事情からまだ実現されていない。そうしているうちに，次の 10 数年以上が経ってしまったことになる。1993 年以後の区分については，『目録』のように網羅され，まとまった独自の資料を欠くが，『目録』以後のこの約 10 数年を追加する形で現状を述べるためのものである。

2　1993 年以前の回顧

『目録』は，前述のとおり，日本と欧米で発表された文献を網羅してリストアップしたものであるが，ここでは，その中から日朝対照研究のものを抽出し，論考数，研究分野・テーマ，研究者，アプローチなどの観点から分析することによって，1993 年までの日朝対照研究が有する特徴や傾向を明らかにしたい。

2.1　論考数

『目録』は国内文献と欧米文献の部分から成っているが，国内文献について日朝対照研究の論考数を調査した結果，次のことが明らかになった[1]。その論考数は，全論考 2183 編中 275 編（全体の約 13%）である。ただ，全論考 2183 編は，実質的には対照研究が関与しようのない歴史的な研究や朝鮮語母語話者に対する日本語教育の論考 1442 編を含んだ数字であり，それらを除外した現代語研究の論考に限って言えば，日朝対照研究が占める割合は 741 編中 242 編の約 32% になる。また一方，欧米文献における日朝対照研究の論考は，非常に少ない。

論考数自体は，同じ対照研究でも，日本語と英語の対照研究や日本語と中国語の対照研究の論考数に比べると，はるかに少ない数字であると思われる。従って，日朝対照研究がまだまだ遅れをとっていることは否めない。し

かしながら，国内で発表された朝鮮語研究において日朝対照研究が占める割合を見ると，比較的高い方であると判断できる。これは注目すべきことであり，朝鮮語研究にとって日本語からの視点が欠くことのできない重要な研究姿勢となっていることを物語っている。

また，論考数を発表年別に整理すると，次のようになる[2]。

(1)

発表年	論考数	発表年	論考数	発表年	論考数
1949 年	1 編	1976 年	2 編	1986 年	11 編
1967 年	2 編	1977 年	7 編	1987 年	7 編
1968 年	1 編	1978 年	7 編	1988 年	18 編
1969 年	1 編	1979 年	9 編	1989 年	17 編
1970 年	1 編	1980 年	7 編	1990 年	40 編
1971 年	2 編	1981 年	8 編	1991 年	22 編
1972 年	4 編	1982 年	11 編	1992 年	28 編
1973 年	4 編	1983 年	5 編	1993 年	21 編
1974 年	4 編	1984 年	10 編	1994 年	2 編
1975 年	4 編	1985 年	17 編		

1960年代中頃までは全くと言ってよいほど日朝対照研究の発表論考はない。それ以後，非常に少数ながら出て来始め，1980年代初旬までは一桁とは言え，徐々に増えている。そして，1980年代中旬に入る前ぐらいから二桁になり，1990年には最も多い40編に達している。1990年代は20編台で定着しており，2.3で述べる理由からしても，以後しばらくの間はこれぐらいの編数が続いているものと思われる。

2.2 研究分野・テーマ

国内文献における現代語研究の部分から抽出した日朝対照研究（総数246編）を研究分野別に見て，論考数の多い研究分野の順に列挙すると，次のようになる。

（2）

研究分野	論考数
文法	117編
語彙(語種・慣用句・辞典研究)・意味	49編
敬語・言語行動・言語生活(在日韓国・朝鮮人の言語，中国の朝鮮族)	39編
音韻(音声・音韻・アクセント・イントネーション)	16編
文字・表記	9編
言語情報処理(漢字コード)	4編
文章・文体(翻訳)	3編
朝鮮語教育の現状・歴史(国語としての朝鮮語教育，朝鮮通詞)	3編
その他	3編
朝鮮語教育教授法・教材研究(教材紹介)	2編
国語国字問題・言語政策(南北間の問題)	1編
方言	0編

　全体の半数近くが文法に関するもので，次に多い語彙・意味や敬語・言語行動・言語生活ぐらいで大半を占めるようになり，それ以外のものは非常に少ない。
　また，最も論考数が多い文法の分野(総数117編)において主にどのようなテーマが扱われているか，ということについて調べると，次のとおりである。

(3)

文法の分野におけるテーマ	論考数
格助詞	23編
ヴォイス	13編
アスペクト	13編
動詞(特に「する」と「하다〈hata〉」)	11編
授受表現	7編
「は」「が」と「는/은〈nun/un〉」「가/이〈ka/i〉」	6編
テンス	6編
指示詞	6編

格助詞を扱ったものが最も多く，1993年において近年の傾向としては，受身や使役のヴォイスなどがよく取り上げられている。

2.3 研究者

　日朝対照研究に携わっている研究者について見ると，次の4種類に分類できる研究者で構成されているのがわかる。

(4)(A)　日本語を第一言語とする朝鮮語学研究者
　　(B)　朝鮮語を第一言語とする(特に韓国の)日本語学研究者，日本語教育学研究者
　　(C)　朝鮮語が第一言語で，(特に韓国から)留学で来日している日本語学研究者，日本語教育学研究者
　　(D)　言語学研究者

日本における日朝対照研究は，大半が(A)か(C)のいずれかの研究者によっており，80年代の終わり頃から1993年までの数年間の傾向として(C)の占める割合がかなり高くなった。2.1で見た論考数の増加も，こういったことと大いに関係し合っている。また，日本以外の国，例えば韓国におけるその研究者はほとんどが(B)であるが，(C)の研究者が留学を終えて帰国することにより，今後しばらくの間，(B)の研究者数は増えるものと予想される。(D)は，言語学研究の中で日本語と朝鮮語をともに理解し，関心を寄せてい

る日本や韓国の研究者，日本や韓国からアメリカなどに留学している研究者が該当するが，その人数は非常に少ない。

2.4 アプローチ

　研究のアプローチは，言語事実・言語現象を忠実に記述し，それに説明を与えようとする記述・説明的なものと，最終的には理論的枠組みの構築を目指す理論指向的なものに大別できると思われるが，日朝対照研究について言えば，前者のアプローチをとっているものが圧倒的大多数である。それは，研究者のカラーの違いと大いに関係している。2.3で研究者を4種類に分類したうちの(A)～(C)の研究者は前者のアプローチで，(D)の研究者は後者のアプローチでそれぞれ研究を行う傾向にあるため，自ずと前者のアプローチが圧倒的大多数を占めるようになるわけである。

2.5 主要な論考

　1993年までに発表された日朝対照研究の主要な論考を本書末に掲げたが，ここでは，それらを研究分野別に整理して挙げておく。最も論考数が多い文法の分野については，テーマによってさらに下位分類をした。

(5)(A)　概説・総論
　　　　大村(1969)，塚本勲(1976)，北嶋(1977)，梅田(1980)，渡辺・鈴木(1981)，梅田(1982c)，田窪(1987)，渡辺(1987)，黄燦鎬〈Hwan, Chanho〉(ファン＝チャンホ)他(1988)，菅野(1990b)，志部(1990)，塚本秀樹(1990b)，村崎(1990)，多和田(1991)，森下・池景来(チ＝ギョンネ)(1992)
　(B)　音声・音韻
　　　　梅田(1983)，閔光準(ミン＝クァンヂュン)(1990)
　(C)　文字・表記
　　　　梅田(1989)，志部(1989)
　(D)　文法
　　(i)　格助詞
　　　　梅田・村崎(1982b)，塚本秀樹(1990a)，伊藤・田原・朴

　　　　　　媛淑(パク＝ウォンスク)(1993)，塚本秀樹(1993)
（ⅱ）　「は」「が」と「는〈nun〉／은〈un〉」「가〈ka〉／이〈i〉」
　　　　　　前田(1978)，金仁炫(キム＝インヒョン)(1989)
（ⅲ）　ヴォイス
　　　　　　李文子(イ＝ムンヂャ)(1979)，生越直樹(1980)，生越直樹(1982)，菅野(1982b)，鄭秀賢(チョン＝スヒョン)(1986)，李吉遠(イ＝ギルウォン)(1991)
（ⅳ）　アスペクト
　　　　　　梅田・村崎(1982c)，前田(1982)，菅野(1990a)，深見(1990)，生越直樹(1991)，柴(1993)
（ⅴ）　テンス
　　　　　　梅田・村崎(1982c)
（ⅵ）　動詞(特に「する」と「하다〈hata〉」)
　　　　　　李光秀(イ＝グァンス)(1985)，田村宏(1992)
（ⅶ）　授受表現
　　　　　　奥津(1983)，門脇(1994)
（ⅷ）　指示詞
　　　　　　田村マリ子(1978)，梅田(1982a)
（ⅸ）　その他，種々の構文・現象
　　　　　　梅田・村崎(1982a)，梅田・村崎(1982d)，菅野(1982c)，塚本秀樹(1986)，生越直樹(1987)，生越直樹(1989)
（E）　語彙・意味
　　　　玉城(1975)，梅田(1982b)，門脇(1982)，菅野(1982a)，中村(1982)，梅田(1984)，李漢燮(イ＝ハンソップ)(1984)，油谷(1990)，車美愛(チャ＝ミエ)(1990)
（F）　敬語・言語行動
　　　　梅田(1977)，韓美卿(ハン＝ミギョン)(1982)，森下・池景来(チ＝ギョンネ)(1989)，荻野他(1990)，生越まり子(1993)

3 1993年の時点における問題点・課題及びその解決と展望

　第1節で挙げた二つ目と三つ目の目的は，切り離すことができない関係にあるので，ここで両者を合わせて扱い，一つ一つ提起した1993年の時点における問題点・課題についてその都度，解決と展望を論述することにする。なお，考察の対象は，2.2で挙げた分野の中で研究が最も盛んに行われている文法の分野に限定する。

3.1 方法論・方向性

　日朝対照研究に携わっていて気にかかる最大の問題点は，次のような方法論に関することである。日本語と朝鮮語の間でどこが似ており，またどこが異なっているか，といった表面的な観察・指摘に終始してしまっている論考が圧倒的に多い。日本語と朝鮮語は非常に似ている言語であるため，特に両言語間の相違点が発見できれば，それだけで良しとするものが頻繁に見受けられるのである。例えば，先ほど2.2で見たように文法の分野において発表論考数が比較的多い受身や使役などのヴォイスや，日本語の助詞「は」「が」と朝鮮語の助詞「는／은〈nun/un〉」「가／이〈ka/i〉」に関する問題を扱ったものでも，そういったことが当てはまる。

　言語研究では，言語事実の観察・記述は確かに大変重要な作業である。これはどういう研究をするにも土台となるものであり，これのない言語研究はあり得ない。日朝対照研究では，もちろんその中に両言語間の類似と相違を把握することが含まれる。従って，両言語間の類似と相違について言及することを軽んずる考えは全くない。しかしながら，それだけで終わってしまっているのでは，いかにも物足りない。記述の内容に誤りがあれば，別であるが，それがない限り，議論が起こらない。日朝対照研究が言語研究という科学の一分野である以上，議論が起こらないのは無意味であり，何の発展性もない。

　それでは，上で指摘した問題点・課題を解決するためには，どうすればよいのであろうか。今後，次のような方向性をとることが必要になってくる。両言語間でどこが同じ，どこが違う，ということがわかったからと言って，

決してそこでとどまってはならない。それは到達点ではなく，まだ出発点であると考えるべきである。対照研究に携わるどの研究者にとっても重要なのは，両言語を対照することによって，1言語を見ていただけではわからないより奥深いことが何か言えないか，という探究の姿勢を常に持って問題に取り組むことである。

確かに，このように言うことはたやすいが，いざこういった姿勢で実践するとなると，いかにも難しい。これは，研究者の誰もが痛感するところである。なぜそうなのかは，また次のような問題とも深くかかわっている。日本語のどの部分と朝鮮語のどの部分を対照するのか，という問題である。これは，何も日朝対照研究に限らず，どの言語を扱った対照研究でも伴う難しい問題である。特に日朝対照研究の場合には，両言語がよく似ているため，ここを見ればよい，といったように対照すべき部分は簡単に決めることができるように思われがちである。ところが，これが大きな落とし穴であり，これに陥ると，先ほど指摘したように，どこが同じ，どこが違う，といった表面的な観察で終わる，ということになってしまう可能性が高い。

これの解決に向けての対策は，次のとおりである。まず，観察段階では，最終的にどのような考察結果が導き出されるかにとらわれず，一応想定される範囲よりも広い範囲を視野に入れるようにすることである。次いで，ある言語現象とまた別の言語現象がどう結び付くのか，といった考察の仕方を積極的に導入することが奨励される。もちろん，これは，幅広く観察することができていなければ，なし得ないことである。体系を押さえたり一般原則を引き出したりすることは，こういった実践の積み重ねによって可能となるのである。著者(塚本)は，この言語現象と言語現象を関連づける見方を非常に重視しており，積極的に行っている。これは，日朝対照研究が今後とるべき方向性のまた一つである。本書における以後の各章はまさに，こういったことを提示しているものである。

日朝対照研究の現状を打破するために，今後とるべき方向性がもう一つ考えられる。それは，言語理論研究への貢献である。別の言語について考察することによって構築された理論的枠組みにただ単に朝鮮語を当てはめて分析するだけで，新たな言語事実の発掘がない，というのでは問題であるが，こういったことが日朝対照研究を通じてもっと活発に試みられるべきである。

日本語と朝鮮語を対照の視点から見つめることが，これまでに提唱された理論とは趣が異なった，それならではのものを生み出すはずである。このような姿勢をとれば，2.4 で指摘したように，記述・説明的なアプローチと理論指向的なアプローチの不均衡さがある，という点を是正することにもなる。

3.2　研究成果の報告・伝播

　日朝対照研究が専門ではなく，例えば日本語のみを研究対象としている研究者には，形態統語的な側面から見て朝鮮語が日本語と最も類似している言語の一つである，ということは結構知られている。ところが，そういったことが強調されすぎているため，両言語間で相違点もかなりある，ということが知られていない場合も頻繁にある。また，両言語がどのレベルや範疇においても均等に似ていると思われているところがある。

　しかしながら，塚本 (1990b) に基づいた本書の第 16 章で主張しているように，考察すると，レベルや範疇間で類似性にも程度の差があることがわかる。単文は言語普遍的に，文の中核を成す客観的素材の部分である命題と，主観的な内容を表す部分であるモダリティという，大別された二つの範疇から構成され，後者のモダリティは話し手の客観的素材の部分に対する主観的な判断を表すのか，話し手の聞き手に対する主観的な伝達態度を表すのかでさらに二分できると考えられる。その命題とモダリティを比べると，前者よりも後者における方が，両言語間の根本的な相違点が数多く見出される。単文と複文のレベルでも，両言語間で前者より後者の方が根本的に異なっているところが多い。さらには，文と談話のレベルについて見ても，両言語間で前者よりも後者の方が根底からかなり違っているのである。要するに，日本語と朝鮮語は非常に似ている，と一般的に言われてきたのは命題の部分ばかりに着目してのことであり，それ以外のところに目を向けた場合，そうとも限らないとわかることが見過ごされているわけである。

　具体的に個々の類似点・相違点を知るだけでもそうたやすくはできないので，上述した現状は，当然と言えば当然である。また，実際，日本語のみを研究対象としている研究者も，自身が考察中の問題を解決するため，朝鮮語ではどう表現するのか，朝鮮語ではどうなっているのか，といった言語事実を知りたがることが少なくない。従って，朝鮮語研究，日朝対照研究の成果

をあげるだけでは不十分である。研究成果を，それを専門とする研究者ばかりではなく，それ以外の研究者などにも広く伝える必要がある。これも，その研究に携わっている者の責務である。

　以上のことを総合的に解決するためにも，日本語との対照の観点から書かれ，全体像を見渡すことができる朝鮮語のいわゆる参照文法（Reference Grammar）のような参考書が望まれる。参考書やそれに類するものが全くないわけではない。梅田（1980），Baek（1984），田窪（1987），黄燦鎬〈Hwang, Chanho〉（ファン＝チャンホ）他（1988），Ihm et al.（1988），任瑚彬〈Im, Hopin〉（イム＝ホビン）他（1989），Lee（1989），Martin（1992），Lee（1993），Sohn（1994），Chang（1996），Sohn（1999）などがあり，これらは大いに参考になる。しかしながら，いずれも今述べたような条件をすべては満たしていない。そういった参考書を作成するとなると，もちろん短期間でできるものではなく，相当な時間がかかると予想されるが，できる限り早く成し遂げられなければならない。朝鮮語研究，日朝対照研究自体が堅実なものでなければ，不可能なことであるから，それを目指すことで研究自体の活性化にもつながるのである。

3.3　研究成果の応用

　日朝対照研究の三つ目の問題点・課題は，そのせっかくの研究成果がまだまだ応用されておらず，そういったことについての報告も非常に少ない，ということである。

　応用が可能な分野の一つに，朝鮮語を母語とする者に対する日本語教育，及び日本語を母語とする者に対する朝鮮語教育といった語学教育を挙げることができる。日本語及び朝鮮語を外国語として学ぶ際，両言語間で異なっている点は類似している点よりも習得するのに困難を伴うのが普通である。従って，その部分を教える場合には，より時間を割いて十分に注意を払わなければならず，それに即した教授法の確立が必要になってくる。また，習得上の困難を取り払う教材の開発も必須である。基礎となる日朝対照研究が堅実であり，さらにそれを教育に適切に応用できなければ，円滑で効果的な教育は行われないのである[3]。

　語学教育以外の分野，例えばコンピュータ科学がかかわる機械翻訳などの

自然言語処理の分野でも，日朝対照研究のより積極的な応用が試みられてよいはずである。そういったシステムの開発には，コンピュータ科学ばかりではなく，言語研究の成果も不可欠である。朝鮮語から日本語，あるいは日本語から朝鮮語への翻訳となると，日朝対照研究が大きな役割を果たす。今後は，日朝対照研究の研究者が自然言語処理の研究者に協力する体制を強化して研究が進められることになるであろう。

ここでは，日朝対照研究の成果の応用として，語学教育と自然言語処理の二例しか挙げることができなかったが，それ以外の分野でもその応用が可能であり，また大いに期待される。

4　1994 年以後の状況

第 2 節では，1993 年までの日朝対照研究を振り返り，その状況について述べた。また，第 3 節では，1993 年の時点において日朝対照研究が抱える問題点や課題を指摘した上で，それらの解決策について論ずるとともに，1993 年の時点における日朝対照研究の今後を展望した。

本節では，そういったことを受けて，1994 年以降，現在までを振り返り，日朝対照研究の近年の状況について，日本で発表されたものを中心に述べることにする[4]。

4.1　論考数と研究分野・テーマ

1994 年以後に発表された日朝対照研究の主要な論考を本章末に掲げたが，1993 年以前に比べると，論考数がより多くなり，研究分野・テーマも飛躍的な広がりを見せている。前時代からの研究者はもちろんのこと，若い次世代の研究者の活躍も目立つ。

その中でも特筆すべきものとして，安平鎬(アン＝ピョンホ)・福嶋(2005)や円山(2007)，高田(2008)を挙げることができる。前者は，現代朝鮮語は現代日本語と比べると，かなり異なった様態を示すが，日本語の古典語と比べると，非常に類似した様態になっている，ということを論じたものであり，また後者二つは，現代朝鮮語は現代日本語の共通語とは異なってはいるものの，現代日本語の方言とは相通ずるところがある，ということを論じた

ものである。このように，これらの論考は，日本語でも古典語や方言など，前時代には見られなかった対象を取り上げて考察することにより，非常に興味深い成果を導き出している，という点で大いに注目される。

　先に指摘した，研究分野・テーマの飛躍的な広がりということについてより具体的に言えば，「命題」にかかわるものばかりではなく，「モダリティ」にかかわるものも，「単文」におけるものばかりではなく，「複文」におけるものも，「文」レベルのものばかりでなく，「談話」レベルのものも取り上げられ，研究が深められている，ということである。「モダリティ」にかかわる主要な論考，「複文」について考察した主要な論考，「談話」レベルを取り上げた主要な論考それぞれとしては，次のものを挙げることができる。

(6)(A)　「モダリティ」にかかわる主要な論考
　　　　秦秀美(チン＝スミ)(2002)，嚴廷美(オム＝ヂョンミ)(1999)，Horie(2007)，堀江・パルデシ(2009)，Horie and Taira(2002)，印省熙(イン＝ソンヒ)(2006)，河村(1999)，Kawanishi(1994)，金智賢(キム＝ヂヒョン)(2006)，Kim, Joungmin and Horie(2009)，金善美(キム＝ソンミ)(2009)，Lee, Jung-Hyuck(2010)，李光輝(イ＝グァンフィ)(2008)，盧妵鉉(ノ＝ヂュヒョン)(2006)，生越まり子(1994, 1995b)，生越直樹(2008b)，奥山(2005)，尾崎(2005a, 2005b)，Park, Yong-Yae(1998)，平(2003, 2009)，田窪・金善美(キム＝ソンミ)(2009)，幸松(2006)

(B)　「複文」について考察した主要な論考
　　　　Akatsuka and Sung-Ock S. Sohn(1994)，Horie(2000)，堀江(2002b)，堀江・パルデシ(2009)，Ikawa(1998)，金恩希(キム＝ウニ)(1995)，Motomura(2003)，野間(1997)，Ozeki and Shirai(2007)，柴(1995)，塚本秀樹(1995)

(C)　「談話」レベルを取り上げた主要な論考
　　　　堀江(1998b)，堀江・パルデシ(2009)，Horie and Sassa(2000)，Kim, Jeong-Seok and Keun-Won Sohn(1998)，金珍娥(キム＝ヂナ)(2002, 2003, 2004a, 2004b)，金慶珠(キム＝ギョンヂュ)

(2001), 金善美(キム＝ソンミ)(2004, 2006a, 2006b, 2007, 2008a, 2008b), 金水・岡崎・曺美庚(チョ＝ミギョン)(2002), 熊谷・石井(2005), 李吉鎔(イ＝ギリョン)(2001, 2003), Nakahama (2003), Strauss (1998), Strauss and Kawanishi (1996), Wako, Horie, and Sato (2003)

　また，1994年以後の時代に入ってからの特徴の一つは，博士学位論文が提出・受理・発表されるようになった，ということである。その日朝対照研究に関する主要な博士学位論文を，本書末に主要研究教育機関別に掲げておいた。前時代において人文社会系の学問分野では，課程博士の制度は存在しても，博士学位の取得は実際，困難であったが，制度の改定に伴って，言語学分野の日朝対照研究についても，博士学位論文が書かれるようになり，その数も年を追うごとに増加している。

　博士学位論文を改訂した上で，あるいは博士学位論文を土台に一層，研究を進めることにより，著書にまとめて出版されたものもある。これに該当するものとして，朴在權(パク＝チェグォン)(1997)，許明子(ホ＝ミョンヂャ)(2004)，朴貞姫(パク＝チョンヒ)(2006)，鄭聖汝(チョン＝ソンヨ)(2006)，金善美(キム＝ソンミ)(2006b)などが挙げられる。

　さらに，研究史上，今時代に入ってからの大きな出来事の一つに，日本語と朝鮮語を対象とした並列コーパスが作成された，ということが指摘できる。「コーパス(corpus)」というのは，言語研究に用いるため，言語データを電子化して集積したもののことであるが，大きく単一コーパスと並列コーパスの2種類に分けることができる。単一コーパスについて言うと，日本語のものとしては，日本の国立国語研究所が作成した，あるいは作成中の「言語コーパスKOTONOHA」「現代日本語書き言葉均衡コーパス」「日本語話し言葉コーパス」「太陽コーパス」などがあり，朝鮮語のものとしては，韓国の国語研究院が作成した「21世紀世宗計画韓国語コーパス」をはじめ，「延世大学校言語情報開発研究院韓国語コーパス」「国立国語院コーパス」「韓国科学技術院コーパス」「高麗大学校民族文化研究院韓国語コーパス」などがある。

　また，並列コーパスのうち，日本語と朝鮮語を対象とした並列コーパスと

しては，日本で作成されたものはまだないが，韓国では「21世紀世宗計画韓国語コーパス」の中に含まれている「韓・日対訳コーパス」，「21世紀世宗計画」の「日韓・韓日対訳コーパス」（代表者：高麗大学校日語日文学科李漢燮（イ＝ハンソップ）教授），高麗大学校日語日文学科李漢燮（イ＝ハンソップ）教授研究室による「韓日・日韓並列コーパス」の三つがある。前者二つはまだ一般による利用のための公開はされていないが，後者はウェブサイト（http://transkj.com）上で公開されており，一般による利用が可能である。

　単一コーパスを利用することによって日朝対照研究を推進し，成果を上げることはもちろんできるが，その目的のためには，並列コーパスの利用の方が適していると判断される。並列コーパスの作成と利用，及びそれによる研究事例について解説したものに，李漢燮（イ＝ハンソップ）(2008, 2009) がある。また，並列コーパスを利用した日朝対照研究は，論考数としてはまだ少数であるが，徐々に発表されてきており，今後，さらなる研究成果が大いに期待されるところである。

4.2　研究者とアプローチ

　2.3において，日朝対照研究に携わっている研究者は，(4)に示した4種類の研究者で構成されている，ということを述べた上で，前時代の日本における日朝対照研究は，多くの場合，(A)「日本語を第一言語とする朝鮮語学研究者」か(C)「朝鮮語が第一言語で，（特に韓国から）留学で来日している日本語学研究者，日本語教育学研究者」のいずれかの研究者によって行われており，その時代の傾向として，(C)の占める割合が高い，ということを指摘した。こういった状況は，次の時代に入っても大きな変化がなく，続いていると言える。

　また，前時代では，韓国における日朝対照研究の研究者のほとんどが(B)「朝鮮語を第一言語とする（特に韓国の）日本語学研究者，日本語教育学研究者」であり，(C)の研究者が留学を終えて帰国することにより，(B)の研究者は今後，増加するものと予測した。今時代に入ると，(C)の研究者は日本で就職した者もある程度いるものの，母国に帰国して就職した者も多く，この予測どおりとなっている。韓国の学界では，このように日本に留学して帰

国した研究者が中心的な存在となって研究活動を行い、大いに活躍している。

さらに、前時代において、日朝対照研究を行っている(D)「言語学研究者」は非常に少ないことを述べたが、今時代では、前時代からの柴谷方良に加え、鷲尾龍一、堀江薫、鄭聖汝(チョン＝ソンヨ)、塚本秀樹らがそれぞれ一連の研究を進めており、この(D)の研究者も徐々にではあるが、増えてきている。

なお、研究アプローチについても、今述べたことが大いにかかわっている。前時代では、記述・説明的な研究が圧倒的大多数を占め、理論指向的な研究は非常に限られていることを指摘したが、今時代では、後者の理論指向的な研究は、(D)の研究者の増加に伴い、徐々に増えてきている、と言うことができる。

4.3　研究成果の報告・伝播に関連して

前時代において、朝鮮語に直接かかわらない言語研究者にも研究成果を伝えるため、日本語との対照の観点から書かれ、全体像を見渡すことができる朝鮮語のいわゆる参照文法(Reference Grammar)のような参考書の作成が急務である、ということを3.2で論じた。

今時代に入っても、こういったことは、厳密な意味では残念ながら、まだ実現していないが、上記の性質のものに近く、非常に有用なものとして、油谷(2005)と李翊燮(イ＝イクソプ)・李相億(イ＝サンオク)・蔡琬(チェ＝ワン)(2004)が出版された[5]。前者は、純粋な学術書ではなく、特に上級レベルの朝鮮語学習者が日本語と朝鮮語の類似点と相違点を知ることを意図したものであるが、研究レベルでも、両言語間の類似点と相違点を把握するのに大変便利である。また、後者は、朝鮮語で書かれた李翊燮〈I, Iksep〉(イ＝イクソプ)・李相億〈I, Sangek〉(イ＝サンオク)・蔡琬〈Chay, Wan〉(チェ＝ワン)(1997)の日本語訳であり、日本語との対照の視点から書かれたものではないが、朝鮮語がどういう言語かといったその大まかな全体像をたやすく知ることができるようになっているため、これも大変便利である。

さらに、朝鮮語研究の参考書として、野間(編)(2007, 2008)がある。これは、全4巻の出版が予定されているうち、本書執筆時には第1巻と第4

の 2 巻しか出版されていないが，文学や文化など言語関係以外の分野も含め，朝鮮語研究の現状について詳しく知ることができるものである。

4.4 研究成果の応用に関連して

　日朝対照研究の成果を応用できる研究分野として，朝鮮語を母語とする者に対する日本語教育，及び日本語を母語とする者に対する朝鮮語教育といった語学教育や，コンピュータ科学がかかわる機械翻訳などの自然言語処理を挙げることができ，そういった応用が今後，大いに期待されることを 3.3 で述べた。

　そのうち，前者の語学教育に目を向けると，許明子（ホ＝ミョンヂャ）(2010)，鄭惠卿（チョン＝ヘギョン）(1995)，黒崎・松下 (2009)，ニャンジャローンスック (2001)，齊藤 (2008)，孫禎慧（ソン＝ヂョンヘ）(2005)，鶴見 (1998)，油谷 (2006) のように，1994 年以降，取り組まれた研究が散見されるが，1993 年の時点で展望したほど活発ではないように思われる。

　ただ，そういった状況下で，注目すべき次の共同研究プロジェクトがあることを指摘しておきたい。

　　人間文化研究機構・国立国語研究所共同研究プロジェクト〈独創・発展型〉（研究期間：2009 〜 2013 年度，研究課題名：日本語学習者用基本動詞用法ハンドブックの作成，研究代表者：プラシャント＝パルデシ）

本共同研究プロジェクトは，言語学・日本語学の研究成果を活かす形で，日本語を外国語として学ぶ者にとって有用な，基本動詞の用法が記述されたハンドブックの開発を目指している。また，このハンドブックの特徴の一つとして，日本語 – 英語，日本語 – 中国語，日本語 – 朝鮮語，日本語 – マラーティー語の 4 種類の対訳版が用意される予定であることが挙げられる。なお，対訳版とは言っても，ただ単に日本語からそれぞれの言語への翻訳というわけではなく，日本語とそれぞれの言語との対照言語学的研究の成果が盛り込まれることになっており，著者(塚本)も，本共同研究プロジェクトにおける日本語と朝鮮語の対訳版の開発に共同研究者の一人としてかかわっている。このように，本研究プロジェクトは，日朝対照研究が語学教育に応用さ

れ，貢献できる好例であり，今後，こういった研究がさらに進展することが期待される。

　また，もう一方の，コンピュータ科学がかかわる自然言語処理について言及しておく。その中の一研究分野である機械翻訳に限って見てみると，日朝対照研究による応用は，散見されるものの，1993年の時点で展望したほどの広がりがないように思われる。しかしながら，先の4.1で述べたように，コーパスを利用した研究に急速な進展が見られ，それによる日朝対照研究も徐々に取り組まれてきている。それを可能としているのは，自然言語処理分野におけるコーパス開発及びその研究の結果である，と言うことができるわけであり，言語研究（中でも特に日朝対照研究）と自然言語処理の相互活性化は，今後も大いに期待されるところである。

5　結語

　以上，本章では，1993年以前を振り返り，その時点において日朝対照研究が抱える問題点や課題を指摘した上で，それらを解決するためにはどうすべきか，ということについて論ずるとともに，日朝対照研究の今後を展望した。さらに，1994年以降，近年の状況についても述べた。

　本書は，その指摘された特に方法論・方向性に関する問題点や課題を解決するための答えを，次章以後の考察で提出することを意図している。

注
1)　例えば，考察の対象は朝鮮語のみであるが，日本語の研究成果を基礎としている論考など，日朝対照研究の部類に入れるかどうか判断が難しいものもあったが，基本的には題目からそのように読み取れるものを数え上げた。
2)　94年は，2編といったように前年までよりも極端に少ない数値になっているが，これは，『目録』に最新の94年についてのデータが一部しか入っていないためであり，実際はもっと多いはずである。
3)　具体例を挙げながら，そういったことのあり方について論じているものとして，塚本(1990b)に基づいた本書の第16章があるので，詳細は同章を参照されたい。

4) 韓国と日本における朝鮮語研究(一部に日朝対照研究も含む)の状況について解説したものに野間(2005)が，また欧米における日本語研究，朝鮮語研究，及び日朝対照研究の状況について解説したものに堀江(2005)がそれぞれある。
5) 李翊燮(イ＝イクソプ)・李相億(イ＝サンオク)・蔡琬(チェ＝ワン)(2004)の書評に，塚本(2004b)と生越(2005)がある。

※本章で，本書末の「日朝対照研究関係　主要参考文献一覧」に示された文献以外に引用した文献については，本書末の「参考文献」の欄に掲げているので，同欄を参照されたい。

第3章　日本語における必須補語と副次補語

1　序

　日本語におけるさまざまな文について観察すると,「名詞類＋格助詞」という構成をとる「補語」がどういった格助詞を伴い,また一文においていくつの補語が存在しているのか,という点から,一定のパターンが見出され,何種類かの文型を設定することができる。述語がどのような種類の文型を形成するのかに基づいて述語を分類できるばかりでなく,逆に,述語に着目した場合,その述語がどのような種類の文型を形成するのか,といったことを予測することも可能である。こういった事実は,これまでの研究で徐々に明らかにされてきた（詳細については,仁田1980,1982b,寺村1982a,石綿・荻野1983,小泉他（編）1989,村木1991,国立国語研究所［木村］1997,石綿1999などを参照のこと）。

　その補語は,「必須補語」と呼ばれるものと,「副次補語」と呼ばれるものの二つに大別できるが,本章では,日本語における「必須補語」及び「副次補語」がいかなる性質を有し,文を構成するどういった要素が「必須補語」あるいは「副次補語」に相当するのか,ということについて考察することにする。

2　談話構造上の必須補語の性質

　まず本節では,日本語における必須補語が談話構造上どういった性質を有しているのか,ということを押さえておきたい[1]。
　「必須補語」というのは,情報伝達を行おうとする際,必要欠くべからざ

るものとして述語によって要求される,「名詞類+格助詞」といった構成をとる要素である, と仮定的な定義をすることができる。従って, なされた発話が必須補語を欠いていると, 聞き手はそれを聞いて理解するには十分ではなく, 省かれた感じを覚えるため, 問い返したくなる, ということが生じ得る[2]。必須補語は, 今述べた性質を有しており, こういったことが「必須補語」と呼ばれる所以でもある。

　以上のことは, 次に挙げる例文によって確認することができる。

（1）　漫画を描いた。
（2）　酔っ払いが殴った。
（3）　母が荷物を送った。

聞き手は, これらの文を聞くと, 何か省かれており, 不十分な文であると感じ,（1）の場合には「誰が？」,（2）の場合には「誰を？」,（3）の場合には「誰に？」といったように, 話し手に反問したくなる。

　しかしながら, それぞれの文を次のように言えば, そういったことは生じない。

（4）　兄が漫画を描いた。
（5）　酔っ払いが車掌を殴った。
（6）　母が息子に荷物を送った。

すなわち,（4）では, 漫画を描くという行為をした〈動作主〉の「兄が」が,（5）では, 酔っ払いが殴るという行為が及んだ〈対象〉の「車掌を」が,（6）では, 荷物を送るという行為をした〈動作主〉の母が荷物を送るという行為を行い, その行為が及んだ〈対象〉の荷物が行き着いた〈相手〉の「息子に」がそれぞれ具現化されていれば, 落ち着きのある文を得ることができるのである。

　仁田（1980）なども指摘しているように, 各々の動詞は, どういう種類の補語がいくつ必然的に現れるかを決定する能力を有している。（1）及び（4）における「描く」という動詞を例にとると, 描くという行為をする〈動作

主〉と，そういった行為によって存在しなかった状態から生み出される〈対象〉兼〈生産物〉をそれぞれ意味する二つの補語が現れなければならない。同様に，(2)及び(5)における「殴る」という動詞の場合には，殴るという行為をする〈動作主〉と，そういった行為が及んで影響を受ける〈対象〉兼〈被動作主〉をそれぞれ意味する二つの補語が必要とされる。また，(3)及び(6)における「送る」という動詞は，送るという行為をする〈動作主〉，送られる〈対象〉，〈動作主〉によって送られた〈対象〉を受け取る〈相手〉をそれぞれ意味する三つの補語を要求するのである。

　以上，本節で見てきたことは，次のようにまとめることができる。各々の動詞は，どういう種類の必須補語をいくつとるか，ということを決定する機能を有しており，また必須補語は，談話構造上，省くことができない構成要素である。

3　寺村(1982a)に対する反論

　本節では，どういう種類の構成要素が必須補語に相当するのか，ということについて，さらに詳しい考察を進めることにする。

　前節における(1)〜(6)の例で見たように，「が」「を」「に」といった格助詞で表示された補語は，それらの格助詞自体が明示的な意味を有しておらず，主として統語的な機能を果たしているため，概してすべての場合において必須的な存在となっている[3]。しかしながら，議論されるべき問題は，「と」「で」「へ」「から」などといった他の格助詞で表示された補語についてである。以下では，この後者の点に着目することにする。

　寺村(1982a: 179–185)は，(7)に記した，(A)〜(N)の14種類の格助詞で表示された補語を挙げ，これらの補語はすべて，いかなる述語にとっても副次補語(すなわち，述語が必ずしも要求するとは限らない補語)である，と論じている。

(7)(A)　動的事象を包む場所:「〔場所〕で」
　　(B)　出どころ:「〔場所，時刻，状態〕から」
　　(C)　到達点:「〔場所，時刻，状態〕まで」

(D)　連れ：「〔もの〕と」
(E)　時：「〔時刻〕(に)」
(F)　期限：「〔時〕までに」
(G)　判断の及び範囲：「〔空間の拡がり，またはある集合〕で」
(H)　比較の基準：「〜より」
(I)　道具，手段：「〜で」
(J)　原因：「〜で」
(K)　規準：「〜で」
(L)　動作主：「〜で」
(M)　性状規定の表現における「主体」の一部ないし一面を特定する「〜が」
(N)　格助詞句（複合格助詞）：〜によって，〜に対して，〜につれて，〜に関して，〜にとって，〜について，〜として，〜とともに

　これらの14種類の項目の中で問題にしたいのは，「(B)出どころ：『〔場所，時刻，状態〕から』」「(J)原因：『〜で』」「(L)動作主：『〜で』」「(N)格助詞句（複合格助詞）」の四つである[4]。以下で個別に一つずつ検討していくことにする。

3.1　動作主：「〜で」

　まず最初に，「(L)動作主：『〜で』」を取り上げる。寺村(1983: 183)は，「動作主は『〜ガ』となるのが普通であるが，それが機関とか，ある資格を持った人を指す時，『ガ』の代わりに『デ』が使われることがある。」と述べ，それに加えて，(8)〜(10)に示す三つの具体例を挙げている。

(8)　警察で調べたところ，うそだとわかった。
(9)　日取りは，あなたの方で決めて下さい。
(10)　〔振替用紙〕＊印の欄は，申込人の方で書き込んで下さい。

　このように，動作主である「警察」「あなた（の方）」「申込人（の方）」のそれぞれを表示するのに格助詞「で」が用いられたこれらの文は，十分に認めら

れるものである。寺村は指摘していないが，むしろ，(11)～(13)のとおり，その動作主を表示するのに格助詞「が」を用いた方が，やや不自然であったり，落ち着きが悪かったりする文を作り出してしまうことがあるように思われる。

(11)　警察が調べたところ，うそだとわかった。
(12)　?日取りは，あなたの方が決めて下さい。
(13)　?〔振替用紙〕＊印の欄は，申込人の方が書き込んで下さい。

　確かに，動作主を格助詞「で」で表示することが可能な場合があることは寺村が述べているとおりであるが[5]，必須補語か副次補語かという観点から指摘でき，主張したいのは，寺村がどのような述語にとっても副次補語としているこの場合の補語が必須補語と見なされなければならない，ということである。このように主張するための根拠は，前述したように，必須補語と考えられる構成要素が省かれた文は聞き手が理解するのに不十分であり，その省かれた部分を得るために聞き手による反問が生じ得る，という事実に基づいている。(11)～(13)のそれぞれの文における格助詞「で」で表示された補語を省くと，(14)～(16)のような文が得られる。

(14)　∅ 調べたところ，うそだとわかった。
(15)　日取りは，∅ 決めて下さい。
(16)　〔振替用紙〕＊印の欄は，∅ 書き込んで下さい。

これらの文すべてからわかることは，今問題としている補語を省くと，必要な情報が欠けている感じがする，ということである。(14)では調べる，(15)では決める，(16)では書き込むというそれぞれの行為を誰がなすのか，ということについて，聞き手は問い返したくなるわけである。
　また，こういった，格助詞「で」で表示された補語は，動作主を意味する場合，一般的には格助詞「が」で表示され，この格助詞「が」が格助詞「で」に置き換わったものである。これは寺村の論述にもあったとおりであるが，動作主を意味する，格助詞「が」で表示された補語は，常に必須補語

として機能しているものである。従って，今問題としている補語において，こういった性質を有する格助詞「が」と格助詞「で」が交替可能である，という事実は，格助詞「で」で表示された補語が必須補語であると見なすための一つの証拠にもなる。

3.2　原因：「〜で」

　第二に，「(J)原因：『〜で』」について考察する。寺村(1982: 183)は，(17)(18)の例を挙げ，格助詞「で」で表示された，〈原因〉を表す補語が副次補語であることを述べている。

(17)　結核で死んだ。
(18)　家を火事で失った。

(17)では，〈原因〉を表す「結核で」という補語は「死ぬ」という動詞によって出現が強く要求されておらず，また(18)でも同様に，〈原因〉を表す「火事で」という補語は「失う」という動詞による出現の要求度が高くはない。従って，その〈原因〉を表す補語は両方とも，それぞれの文において副次補語と判断することに問題を投げかけるものではない。
　一方，この〈原因〉を表す格助詞「で」が，〈相手〉を表す格助詞「に」と交替できる場合があることが見出せる[6]。こういったことが可能な場合は，非常に限られているが，(19)(20)のような例を挙げることができる。

(19)　友達が失恋{に／で}悩んでいる。
(20)　父が借金{に／で}苦しんだ。

(19)では「失恋」は友達が悩んでいる原因であり，また(20)では「借金」は父が苦しんだ原因であるため，「失恋」と「借金」はともに，格助詞「で」で表示することができる。それに加えて，「失恋」は，(19)におけるように「悩む」という動詞が用いられた場合，「借金」は，(20)におけるように「苦しむ」という動詞が用いられた場合，それぞれ格助詞「に」で表示することも可能である。

こういった，〈原因〉を意味する格助詞「で」で表示された補語には，十分に注意を払う必要がある。(19)と(20)に示された，〈原因〉を意味する格助詞「で」で表示された補語を省くと，次のようになる。

(21) 友達が ∅ 悩んでいる。
(22) 父が ∅ 苦しんだ。

このように，〈相手〉を意味する格助詞「に」と交替することができる，〈原因〉を意味する格助詞「で」で表示された補語が省略されれば，先に見た，〈動作主〉を意味する時に用いられる格助詞「で」で表示された補語の場合と同様に，情報伝達上，どうしても必要な要素が何か欠けている印象を受ける。

格助詞「に」は，今問題となっている〈原因〉を意味する格助詞「で」と交替できる可能性を有しており，また主に統語的な役割を果たす格助詞であるが，この格助詞「に」で表示された補語は当然，必須補語と見なされるべきものである。格助詞「に」で表示された補語が省かれた文も，(21)と(22)におけるのと同一の文となるわけであり，今述べたように，その補語が必須補語に相当すると考えられるため，やはり何か要素が抜け落ちている感じを抱かせる。

従って，〈相手〉を意味する格助詞「に」で表示された補語ばかりでなく，それと交替することができる，〈原因〉を意味する格助詞「で」で表示された補語も，必須補語と見なさなければならない，ということになる。この点は，〈原因〉を意味する格助詞「で」で表示された補語がどういった述語にとっても副次補語であるとする寺村の記述に問題を投げかけることになり，上で指摘したように，そういった寺村の記述が必ずしも当てはまるとは限らない場合も存在するのである。

3.3 出どころ：「〔場所，時刻，状態〕から」

第三は，「(B) 出どころ：『〔場所，時刻，状態〕から』」についてである。寺村 (1982a: 179–180) は，こういった〈出どころ〉を意味する格助詞「から」で表示された補語は副次補語を扱った節に含まれているが，これらの補

語はすべてが必ずしも副次補語であるわけではなく，そのうちのいくつかは必須補語に相当する，ということを述べている。こういったことから，この〈出どころ〉を意味する格助詞「から」で表示された補語は，先に見た，〈動作主〉を意味する格助詞「で」で表示された補語や，〈原因〉を意味する格助詞「で」で表示された補語ほど決定的な問題を投げかけるものではない，と言えるが，もう少し詳細な考察が必要であろう。

　〈出どころ〉を意味する格助詞「から」に取って代わって用いることができる格助詞には，(A)〈動作主〉を意味する格助詞「が」，(B)〈対象〉を意味する格助詞「を」，(C)〈相手〉を意味する格助詞「に」，(D)〈相棒〉を意味する格助詞「と」，の4種類がある[7]。それぞれの具体例として，次のようなものを挙げることができる((23)と(26)の例は村木 1982: 27–28 からの引用)。

(23)　あなた{が／から}課長に渡してほしい。
(24)　太郎がバス{を／から}降りた。
(25)　太郎が花子{に／から}お金を借りた。
(26)　太郎が恋人{と／から}別れた。

(23)～(25)では，〈出どころ〉を意味する格助詞「から」で表示された補語においてその格助詞「から」が格助詞「が」「を」「に」それぞれと交替可能なわけであるが，この「が」「を」「に」という格助詞はそれ自体，実質的な意味をほとんど有さず，統語的な機能を果たすのが中心であることから，必須補語を成り立たせるものである，と言うことができる。また，(26)では，〈出どころ〉を意味する格助詞「から」で表示された補語において同じくその格助詞「から」を〈相棒〉を意味する格助詞「と」に置き換えることができるのである。この場合，「別れる」という動詞が表すのは2者による動作・行為で初めて成り立つ事態であり，格助詞「と」で表示された補語はそのうちの1者であるために必須補語である，と判断される。こういった性質を有する格助詞「が」「を」「に」「と」それぞれと交替できる格助詞「から」で表示されている補語は，必須補語の地位を得ていることになり，またそれは，その補語が実際，省かれると，情報が不足している感じがするとい

う談話構造上のことからも正当化される。

　しかしながら，上述の「が」「を」「に」「と」といったそれぞれの格助詞と交替できる格助詞「から」で表示された補語以外の，格助詞「から」で表示されたすべての補語が，副次補語となるというわけではない。そういった格助詞と置き換えることができない格助詞「から」で表示された補語でも，必須補語と見なすことができる場合がある。これに該当するのは，移動の概念がある表現において〈出どころ〉に着目されている場合である。次の例を見てみよう。

(27)　台風10号が台湾(の方)から日本｛に／へ｝近づいている。
(28)　台風10号が日本から韓国(の方)｛に／へ｝遠ざかった。

　(27)における動詞「近づく」は，視線を移動物の出発点よりも到達点に向けている。それに対して，(28)における動詞「遠ざかる」はそれ自体，「近づく」と反対の意味を有するが，その視線は到達点ではなく，出発点にある。従って，動詞「近づく」にとって，〈出どころ〉を意味する格助詞「から」で表示された補語((27)の例で言えば，「台湾(の方)から」)は副次補語であり，動詞「遠ざかる」にとって，そういった補語((28)の例で言えば，「日本から」)は必須補語である。また，〈目標〉を意味する格助詞「に」，あるいは〈方向〉を意味する格助詞「へ」で表示された補語((27)の例では「日本｛に／へ｝」，(28)の例では「韓国(の方)｛に／へ｝」)は，それぞれの例において，〈出どころ〉を意味する格助詞「から」で表示された補語とは意味的に反対の関係にあるため，動詞「近づく」にとっては必須補語であり，動詞「遠ざかる」にとっては副次補語である，ということになる。

　以上から，〈出どころ〉を意味する格助詞「から」で表示された補語が副次補語であることは確かに多く存在するが，(23)～(26)及び(28)におけるような格助詞「から」で表示された補語は，それには該当せず，必須補語と見なすべきである，という帰結が得られる。

3.4　格助詞句(複合格助詞)

　最後に第四として，「(N)格助詞句(複合格助詞)」を取り上げることがで

きる。寺村 (1982: 185) は，「格助詞句」と呼ぶものに「〜によって」「〜に対して」「〜につれて」「〜に関して」「〜にとって」「〜について」「〜として」「〜とともに」といったものがあり，これらによって表示された補語はどのような述語にとっても副次補語であるとしている。しかしながら，こういった補語のいくつかは，ある種の述語にとっては必須補語と見なさなければならない場合があることを本書では主張したい。ただ，著者の塚本は寺村が「格助詞句」と呼んでいるのと同じものを「複合格助詞」と呼んでいるが，日本語における複合格助詞については，第6章で詳述しており，今述べた主張のための議論もそこで行うことにするので，同章を参照されたい。

3.5　まとめ

　本節における以上の考察をまとめると，次のようになる。寺村 (1982a: 179–185) は，いかなる述語にとっても副次的となる補語として14種類のものを挙げているが，そのうちのいくつかは，ある種の述語にとっては必須補語と見なさなければならない場合があることを明らかにした。

4　必須補語及び副次補語の認定基準

　前節では，必須補語と見なすのか，副次補語と見なすのかの手段として，談話構造上，当該補語が省略可能か，不可能か，というものを用いた。すなわち，当該補語を省略した場合，求める情報が不足し，その情報を得るために反問したくなるのであれば，円滑なコミュニケーションのために欠かせない要素であり，従って必須補語と見なすことができるのであった。また，逆に，当該補語を省いても，入手したい情報が不足している感じがせず，反問も生じないのであれば，その分，なくてはならない要素ということにはならず，従って副次補語と見なすことができるのであった。

　本節では，そういったことを踏まえ，「必須補語」及び「副次補語」を認定するための基準について論ずることにしたい。前述の「談話構造上の省略の不可能性」も一つの基準となり，先に結論を述べると，基準としては，それも含めた次の4項目が設定できると考えられる[8]）。

(29) (A)　談話構造上の省略の不可能性
　　 (B)　連体修飾構造における主要語への転出の可能性
　　 (C)　主題化における無格成立の可能性
　　 (D)　意味的な格助詞の，統語的な格助詞との交替可能性

　(A)は，第2節で見たように，文レベルを超えた談話レベルにおいて母語話者の直感に依拠する基準である．それに対して，(B)(C)(D)の三つは，文レベルにおける統語的な基準であり，従って(A)よりも客観性の高いものである，と言うことができる．
　これらの基準の詳細について論述するために，次の文を見てみよう．

(30) a.　犯人が銃で警官を撃った．
　　 b.　犯人が銃で撃った警官(はまもなく死亡した．)
　　 c.　警官は犯人が銃で撃った．
　　 d.　*警官をは犯人が銃で撃った．
(31) a.　僕は(その)友達｛に／から｝この漫画の本をもらった．
　　 b.　僕がこの漫画の本をもらった友達(は漫画のことなら何でもよく知っている．)
　　 c.　*その友達は僕がこの漫画の本をもらった．
　　 d.　その友達｛に／から｝は僕がこの漫画の本をもらった．
(32) a.　弟が(その)のこぎりでこの丸太を切った．
　　 b.　弟がこの丸太を切ったのこぎり(はよく切れる．)
　　 c.　*そののこぎりは弟がこの丸太を切った．
　　 d.　そののこぎりでは弟がこの丸太を切った．
(33) a.　兄が夏に(その)人とハワイへ行った．
　　 b.　*兄が夏にハワイへ行った人(は高校時代の同級生だそうだ．)
　　 c.　*その人は兄が夏にハワイへ行った．
　　 d.　その人とは兄が夏にハワイへ行った．

　上例それぞれにおいては，(a)に対して，(b)は連体修飾構造における主要語への転出を，(c)は格助詞を残しながら主題化を，(d)は格助詞を落として

から主題化を適応して得られたものである。そういった統語的な操作の対象となっているのは、(30)では「を」格補語の「警官を」であり、(31)では「に／から」格補語の「(その)友達{に／から}」であり、(32)では「で」格補語の「(その)のこぎりで」であり、(33)では「と」格補語の「(その)人と」である。

(30)では、(a)における「を」格補語の「警官」を主要語として、(b)における「犯人が銃で撃った警官」といったように連体修飾構造を作ることができ、また(a)の文を基に、「を」格補語の「警官」は、(c)における「警官は犯人が銃で撃った。」のように格助詞「を」を脱落させてから主題化することも可能である。ただ、同じ主題化でも、(d)における「*警官をは犯人が銃で撃った。」のように格助詞「を」を残したままの主題化は認められない。なお、「が」格補語の場合の例は挙げていないが、この「を」格補語の場合と同じ振る舞いを示す。

(31)では、(a)における「に／から」格補語の「友達」を主要語とした連体修飾構造の成立は、(b)における「僕がこの漫画の本をもらった友達」といったように可能である。また、(a)の文を基に、「を」格補語の「警官」を主題化することについては、(d)における「その友達{に／から}は僕がこの漫画の本をもらった。」のように格助詞「に／から」を残したままなら、可能であるが、(c)における「*その友達は僕がこの漫画の本をもらった。」のように格助詞「に／から」を落としてからであれば、不可能である。

(32)では、(a)における「で」格補語の「のこぎり」を主要語とした連体修飾構造は、(b)における「弟がこの丸太を切ったのこぎり」といったように成り立つ。また、(a)の文を基に、「で」格補語の「のこぎり」を主題化すると、(d)における「そののこぎりでは弟がこの丸太を切った。」のように格助詞「で」を残した場合は許されるが、(c)における「*そののこぎりは弟がこの丸太を切った。」のように格助詞「で」を落とした場合は認められない。

最後に(33)では、(a)における「と」格補語の「人」を主要語として連体修飾構造を作ると、(b)における「*兄が夏にハワイへ行った人」のように、(30)(31)(32)の場合とは異なり、受け入れられないものとなる。また、(a)の文を基にした「と」格補語の「人」の主題化については、(d)における

「その人とは兄が夏にハワイへ行った。」のように格助詞「と」を残すと，可能であるが，(c)における「*その人は兄が夏にハワイへ行った。」のように格助詞「と」を落とすと，不可能である。

また，日本語について観察すると，用いられている格助詞をまた別の格助詞に置き換えて表現することが可能な場合があることがわかる。第4章で，こういった格助詞の交替現象にどのような種類のものがあるのかを網羅して整理し，考察しており，詳細については，同章を参照されたいが，ここでは，この格助詞の交替現象のうち，一部のものを，必須補語か副次補語かを判断するための基準の一つに活用できることを主張したい。それが，(D)「意味的な格助詞の，統語的な格助詞との交替可能性」である。

これを示す例の一つが，(31)である。「もらう」という動詞の場合，「(その)友達から」のように〈出どころ〉の補語に用いられている格助詞「から」を，「(その)友達に」のように〈相手〉の補語に用いられている格助詞「に」に置き換えても，適格な文が得られる。すなわち，「から」はそれ自体，意味を有する格助詞であるのに対して，「に」はそれほど明確な意味を有さず，より統語的な働きを果たしている格助詞であるが，そういった性質の両者が交替できるわけである。

加えて，第3節で挙げた例も，この(D)の基準を設定するための根拠となっている。そのうちの一つ目は，3.1で見た，〈動作主〉を意味する「で」格補語についてである。こういった補語の格助詞「で」は，「警察{で／が}調べたところ，うそだとわかった。」のように，格助詞「が」と交替できるのであった。

二つ目は，3.2で見た，〈原因〉を意味する「で」格補語についてである。こういった補語の格助詞「で」は，「友達が失恋{で／に}悩んでいる。」のように，格助詞「に」と交替できる場合があるのであった。

三つ目は，3.3で見た中で関係するものとして，〈出どころ〉を意味する「から」格補語を指摘することができる。こういった補語は，〈動作主〉でもある場合は，「あなた{から／が}課長に渡してほしい。」のように，格助詞「から」を格助詞「が」に置き換えることができるのであった。

最後に四つ目は，3.4で触れた複合格助詞のうち，一部のものが該当する。その詳細については，第6章で論述しているので，同章を参照されたい。

以上，見たそれぞれの例における言語現象の成立状況を，本章で主張したいことと合わせて表にまとめると，次の(34)のようになる。(表内の○は標記の言語現象が成立することを，×は成立しないことをそれぞれ表す。また，くさび形は，標記の言語現象が幅の広い部分では成立しやすく，幅の狭い部分では成立しにくい度合いを表す。)

(34)

		A	B	C	D
カテゴリーI	(30)		○	○	
カテゴリーII	(31)		○	×	○
カテゴリーIII	(32)		○	×	×
カテゴリーIV	(33)		×	×	×

A＝談話構造上の省略の不可能性
B＝連体修飾構造における主要語への転出の可能性
C＝主題化における無格成立の可能性
D＝意味的な格助詞の，統語的な格助詞との交替可能性

　なお，表内のA〜Dは，表の下に記したことを意味するが，(29)に示したとおり，本章で主張したい，必須補語及び副次補語と判断するための基準である。また，(30)〜(33)に挙げた例の他にもさまざまな例を観察すると，(B)「連体修飾構造における主要語への転出の可能性」は，(C)「主題化における無格成立の可能性」よりも当てはまる範囲がはるかに広い，ということがわかる。

　上述した言語事実に基づき，次のように，必須補語及び副次補語に関する興味深い提案を行うことができる。すなわち，(29)及び(34)に示した4種類の基準のうち，どれが当てはまるのかということに従って，本章でこれまで大ざっぱに必須補語と呼んできたものには，いくつかの段階を設定することが可能なのである。

　まず，第一のカテゴリーは，「が」格補語と「を」格補語が関与するものである。これらは，(30)に例示したように，(B)「連体修飾構造における主要語への転出の可能性」と，(C)「主題化における無格成立の可能性」の両方においてそういったことが許され，また(A)「談話構造上の省略の不可能

性」においてもその度合いが最も高く，省略しがたい構成要素となっている。なお，この「が」格補語と「を」格補語の場合は，含まれている格助詞「が」「を」が当初から統語的な性質を有するものであり，統語的な性質を有する格助詞に交替できるかどうかといった事象自体が成り立たないため，(D)「意味的な格助詞の，統語的な格助詞との交替可能性」には該当しない。

　第二のカテゴリーは，(31)に例示したように，(B)においてはそういったことができるが，(C)においてはそういったことができない補語の場合である。また，このような補語の場合，(A)については，先ほど述べた第一のカテゴリーに属する補語の場合と同等か，それに近い状況であり，簡単には省くことができない構成要素となっている。さらに，この第二のカテゴリーに属する補語は，(D)においてそういったことが許される。

　第三のカテゴリーは，(32)に例示したように，(B)については可能であるが，(C)については不可能な補語が属している，という点で第二のカテゴリーと共通しているものの，(D)については認められない，という点で相違が見られるものである。また，(A)については，こういった相違も反映され，第二のカテゴリーに属する補語の場合よりも成立度が低いと判断される。

　最後に，第四のカテゴリーは，(33)に例示したように，(B)(C)ともに不可能であり，また(D)も認められない補語が属するものである。(A)についても，成立度は第三のカテゴリーに属する補語の場合よりさらに落ち，すべてのカテゴリーの中で最も低いと判断される。

　以上のことから，次のまとめが得られる。ある補語が，談話レベルにおいて母語話者の直感に依拠する基準である(A)，及び文レベルにおける統語的な基準である(B)(C)(D)を満たせば満たすほど，すなわち(34)の表における上位の「カテゴリーⅠ」に行けば行くほど，その補語は必須姓が高くなる。それに対して，ある補語が，基準の(A)及び(B)(C)(D)に該当しなければしないほど，すなわち下位の「カテゴリーⅣ」に行けば行くほど，その補語は必須性が低く，副次性が高くなる。

　さらに，こういったまとめから，次のように提案を行うことができる。(A)〜(D)の四つの基準のいずれをも満たしていない「カテゴリーⅣ」の補

語だけが副次補語に相当すると見なされる。また，その基準を一つでも満たしている「カテゴリーⅢ」以上のものが必須補語に相当すると見なされる。ただ，必須補語の中でも段階があり，最も多くの基準を満たす「カテゴリーⅠ」や「カテゴリーⅡ」の補語の方が必須補語の度合いが高く，また満たす基準が最も少ない「カテゴリーⅢ」の補語は必須補語の度合いが低い，と言える。

　このように，カテゴリーⅢとカテゴリーⅣの間に境界線を引く区分の仕方は，必須補語を緩く認定することになっている，と言うことができる。もちろん，必須補語をより厳しく認定することも可能であり，その一つは，カテゴリーⅡとカテゴリーⅢの間に境界線を引く区分の仕方である。ただ，その場合は，副次補語に相当するのがカテゴリーⅢとカテゴリーⅣの両方の補語ということになり，副次補語の方を緩く認定していることになるわけである。従って，いずれの区分の仕方を採用するにせよ，必須補語と副次補語は，明確に区切ることができるものではなく，また必須補語と副次補語それぞれの中にあっても，その性質が強い典型的なものからその性質が弱い周辺的なものまで，程度の差が存在するのである。

　本章でも当初，必須補語か副次補語かを判断するのは，(A)「談話構造上の省略の不可能性」という，談話における母語話者の直感に頼る基準一つのみに依拠していたが，その後，(B)「連体修飾構造における主要語への転出の可能性」，(C)「主題化における無格成立の可能性」，(D)「意味的な格助詞の，統語的な格助詞との交替可能性」という統語的な三つの基準を加えることによって，必須補語か副次補語かをより客観的に判断できる形式のものが得られたことになる。

　しかしながら，これにも問題がなくはない。補語の必須性及び副次性ということが依拠しているのは，意味的なレベルであると考えられるため，補語のそういった性質が統語的なレベルにある基準に忠実に反映されているのか，ということである。確かにそういう問題はあるが，ここで挙げている統語的な基準はいずれも意味的なこととは全く無関係ではないので，そういった意味的なことも考慮に入れられている統語的な基準は有効であると判断される。

5 結語

　本章では，日本語における必須補語及び副次補語のいくつかの興味深い問題について論じた。本章の各節で得られた結果の要旨を以下に記すことにより，結びのことばとする。

　まず第2節では，必須補語の性質について考察した。各々の動詞は，どういう種類の必須補語をいくつとるのかを決定する機能を有しており，必須補語は，そういったことによって談話構造上，省くことができない構成要素となっている，ということを明らかにした。

　次に第3節では，寺村(1982a)による副次補語の議論について検討した。寺村は，いかなる述語にとっても副次的となる補語として14種類のものを挙げているが，そのうちのいくつかは，ある種の述語にとっては必須補語と見なさなければならない場合がある，ということを主張した。

　最後に第4節では，必須補語及び副次補語と認定するための妥当な基準について探究した。その基準としては，談話レベルにおいて母語話者の直感に依拠する1項目に加えて，文レベルにおける統語的な3項目が設定できる，という提案を行った。また，その基準に従うと，必須補語と副次補語は，必須性・副次性に程度の差を有するため，いくつかの段階があるものとして捉えられる，ということについても論じた。

注

1) 寺村(1982a)及び仁田(1980)も，本節におけるのと同じ論調となっており，本節は，それらを踏まえた上で論を展開している。
2) 削除された要素が旧情報としてすでに知られている文は省略的な感じを与えないが，文全体を新情報と認識する場合はそういった感じを持つようになると言える。
3) ここでの格助詞「に」というのは，〈相手〉を示す，与格と言ってもよいもののことであり，〈目標〉，〈場所〉，〈時〉をそれぞれ意味するものを指してはいない。
4) 寺村秀夫氏(個人的談話；1983年10月及び11月)は，本節における以下の著者(塚本)の議論が正当であると認めている。
5) 日本語における格助詞の交替現象については，第4章で全種類を網羅して整理

し，詳述しているので，同章を参照のこと。
6) 注5)に同じ。
7) 注5)に同じ。
8) 仁田義雄氏(個人的談話；1983年12月)も，「必須補語」と認定するための基準として，(29)に挙げた(A)(B)(C)を設定することができると考えている。また，益岡(1984b)は，その基準として，(29)の(B)以外に「命題核敬語化」という現象を加えることができることを論じている。ただし，(29)の(D)は，仁田や益岡も指摘しておらず，著者(塚本)独自のものである。

第 4 章　日本語における格助詞の交替現象

1　序

　日本語について観察すると，用いられている格助詞をまた別の格助詞に置き換えて表現することが可能な場合があることがわかる。日本語におけるこういった格助詞の交替現象は，これまでその一部の個々については議論がなされてきたが，全体を網羅して考察したものはなく，より深く追求すべき問題もたくさん残されている。

　本章では，この交替現象にどういう種類のものがあるのかを整理し，全体にわたって見通すことを目的としたい。従って，格助詞の交替現象に関する特定の問題だけを扱って考察することは別の機会に譲り，また著者(塚本)がすでに論じたことのある内容については，要点のみを述べることにする。なお，本章における考察は，第3章における議論の基礎となっているところがあり，本章は，第3章における議論を理解しやすくするためにも設定している。

2　種類

　日本語における格助詞の交替現象には，大きく分けて2種類のものがあると考えられる。一つは単一格助詞同士の交替であり，もう一つは単一格助詞と複合格助詞の交替である。

　日本語の単一格助詞には，「が」「を」「に」「と」「で」「から」「へ」「より」「まで」「の」があるが，前者の単一格助詞同士の交替というのは，これら単一格助詞のうちの一つがまた別の単一格助詞の一つに置き換えられるも

のである。この単一格助詞同士の交替については，次節で詳述する。

また，日本語には，「〜に {つき／ついて}」「〜に {関し／関して}」「〜に {とり／とって}」などのように，「単一格助詞＋動詞連用形（＋接続語尾「て」）」をいう構成をとり，また「〜のために」「〜のせいで」「〜といっしょに」などのように，「単一格助詞＋名詞＋単一格助詞」という構成をとり，その両方とも格助詞と同等の機能を果たす表現形式がある。こういったものが複合格助詞と呼ばれるが，後者の単一格助詞と複合格助詞の交替というのは，上記の単一格助詞のうちの一つが，今述べた複合格助詞のうちの一つに置き換えられるものである。なお，この単一格助詞と複合格助詞の交替については，本章では扱わず，複合格助詞について考察している第6章及び第7章で合わせて論述することにする。

3　単一格助詞同士の交替

本節では，日本語における格助詞の交替現象を二大別したうち，単一格助詞同士の交替の方を整理・分類した上で考察することにする。

3.1　「が」と「の」

日本語の連体修飾構文においては，「が」で表示しても「の」で表示してもよいと思われる補語がある。それは，次に例示されるとおりである。（この交替現象については，これまでHarada (1971), Shibatani (1975), 柴谷 (1978), 塚本 (1984a: 第1章) などで考察されている。）

（1）a.　先生が買った本
　　 b.　先生の買った本
（2）a.　お金が要る人
　　 b.　お金の要る人

また，(1)(2)のように「本」や「人」などの実質名詞を主要語とした連体修飾構文ばかりではなく，(3)のように，「時」「ところ」「こと」「の」といった形式名詞を主要語としたものにおいても，補語を表示するのに「が」

と「の」の両方が許される場合がある。

（3）a.　友達が来た時
　　　b.　友達の来た時

(1)と(3)は，「先生 {が／の}」「友達 {が／の}」という補語が主語に相当するもので，その主語の補語における「が」と「の」の交替の例であり，(2)は，「お金 {が／の}」という補語が直接目的語に相当するもので，その直接目的語の補語における「が」と「の」の交替の例である。
　ところが，主語と直接目的語を表示する「が」がすべての場合，「の」に交替可能かと言うと，そうではなく，「の」が用いられて文が認められるには，制約が課される。
　まず，一つは，柴谷 (1978b: 248) が指摘するように，「が」が「の」に交替しうるのは先ほど少し見たような連体修飾構造，言い換えれば，補語の下に埋め込まれた補文の場合に限定される，ということである。それは，次の観察によってもわかる。(1)(2)の主要語を元の位置に戻し，連体修飾前の構造にしてみると，「が」では表示可能であるが，「の」は許されない。

（4）a.　先生が本を買った。
　　　b.　*先生の本を買った。[1]
（5）a.　（その）人 {に／が} お金が要る。
　　　b.　*（その）人 {に／が} お金の要る。

このように，「の」が連体修飾構造における場合に限られるのは，「が」が連用修飾の格助詞であるのに対して，「の」が連体修飾の格助詞である，という性質の相違によっているからであると思われる。
　また，次のような例が見出される。

（6）a.　弟が友達にやった本
　　　b.　*弟の友達にやった本[2]

このように，連体修飾構造にあっても，「が」は認められるが，「の」は認められないことがある。これは，制約の二つ目として，柴谷 (1978: 248–250) が指摘するように，「の」で表示された主語あるいは直接目的語のすぐ後ろに別の補語が現れると，『『名詞句』の『名詞句』』という構造になって所有の意味を有すると解釈されてしまうため，文法性が低くなる，と説明される。(6a) の「が」の場合は当然，十分に許容されるが，(6b) の「の」の場合は「弟の友達」で一つの名詞句と見なされ，「弟の」単独では主語として解釈されない，という意味論的な原因により認められないわけである。これも，「が」が有する連用修飾の機能と，「の」が有する連体修飾の機能の相違が根底にあると思われる。

次のような例も観察される。

(7) a. 花子が買った服
   b. 花子がきのう買った服
   c. 花子がきのうスーパーマーケットで買った服
   d. 花子がきのうスーパーマーケットで急いで買った服
   e. 花子の買った服
   f. ?花子のきのう買った服
   g. ??花子のきのうスーパーマーケットで買った服
   h. *花子のきのうスーパーマーケットで急いで買った服

このように，「の」で表示された補語の後ろに別の補語とは限らず，副詞的な要素が現れても，文全体の文法性は低くなる。今の観察の結果と，先ほどの二つ目の制約をまとめると，次のような制約を提出することになろう。それは，Shibatani (1975: 473) が指摘するように，「の」で表示された主語あるいは直接目的語と述語との間に，他の補語や副詞類などの構成要素が長く介在すればするほど，その文全体の文法性は低くなる，というものである。それに対して，(7a～d) に示されるように，「が」で表示された補語と述語との間に他の構成要素が長く介在しても，その文は適格文である。日本語においては，上記の制約に抵触しない限り，主語及び直接目的語を表示する「が」が「の」に交替可能であって，その制約の存在が「が」よりも「の」

の使用範囲を狭くしているということが，以上の観察によってわかる。

3.2 「に」と「が」

　(8)の「できる」という可能を表す動詞，(9)の「～｛れる／られる｝」という可能を表す動詞句，(10)の「わかる」や(11)の「見える」という自意志によらない感覚動詞，(12)の「ある」という所有を表す動詞，(13)の「要る」という必要を表す動詞を用いた場合，それぞれ(a)が示すように，〈経験者〉の補語は「に」で，〈対象〉の補語は「が」で表示される。

(8) a.　太郎にスキーができる。
　　b.　太郎がスキーができる。
(9) a.　僕に朝鮮語が話せる。
　　b.　僕が朝鮮語が話せる。
(10) a.　木村君に英独仏の三か国語がわかる。
　　 b.　木村君が英独仏の三か国語がわかる。
(11) a.　あなたにあの白いビルが見えますか。
　　 b.　あなたがあの白いビルが見えますか。
(12) a.　H元首相に莫大な財産がある。
　　 b.　H元首相が莫大な財産がある。
(13) a.　私立大学の学生を子に持つ親に多額の金が要る。
　　 b.　私立大学の学生を子に持つ親が多額の金が要る。

　ここで注意すべきことは，(a)における〈経験者〉の補語を表示する「に」に取って代わって，(b)のように「が」が現れることもできる，ということである。(この交替現象については，これまで Kuno (1973a), 柴谷 (1978b), 塚本 (1984a: 第1章) などで考察されている。) ただ，(8)～(13)における動詞(句)は状態述語であるので，〈経験者〉の補語を「が」で表示すると，総記 (Exhaustive Listing) の読みを有することになる[3]。従って，実際の発話の中で中立叙述 (Neutral Description) の意味を表すためには，その問題の補語が主題化され，取り立て助詞の「は」で表示されるのが普通である。

3.3 「が」と「を」

「〜{れる／られる}」という可能を表す動詞句の場合，(14a)のように，〈経験者〉の補語は「に」で，〈対象〉の補語は「が」でそれぞれ表示される。

(14) a. 僕に朝鮮語が話せる。
    b. *僕に朝鮮語を話せる。
    c. 僕が朝鮮語が話せる。
    d. 僕が朝鮮語を話せる。

(14a)における〈対象〉の補語を表示する「が」に代わって，(14b)に示すように「を」を用いることはできない。それに対して，(14c)は，先の3.2で見たように，(14a)における〈経験者〉の補語を表示している「に」が「が」に交替したものであるが，(14d)のように，(14c)の〈対象〉の補語を表示する「が」の代わりに「を」を用いることが許される。すなわち，「〜{れる／られる}」という可能表現にあっては，〈経験者〉の補語を表示する格助詞が「に」から「が」になった場合に限り，〈対象〉の補語を表示する「が」が「を」と交替可能であるというわけである。（この交替現象については，これまで Shibatani (1972, 1975), Tonoike (1977), 柴谷 (1978b), 佐川・菊地 (1978), 塚本 (1984a: 第1章) などで考察されている。）

(14)の例から興味深い点が指摘できる。それは，(14a, c, d)の正当な文はすべて，補語の少なくとも一つが「が」で表示されているのに対して，(14b)の不正当な文だけは「が」で表示された補語が一つもない，ということである。このような事実の観察によって，柴谷 (1978b: 256) は，文は少なくとも一つの「が」格補語を含んでいなければならない，とする「主格保持の原則」を提案している。換言すると，文は「が」で表示されている補語を欠いていれば，不正当な文になるというわけである。

また，「〜たい」という願望を表す動詞句の場合，(15a)のように，〈経験者〉の補語と〈対象〉の補語の両方が「が」で表示される。

(15) a. 僕がヨットが買いたい。

b. 僕がヨットを買いたい。

　この構文の場合も，(15b) に示されるように，〈対象〉の補語を表示する「が」を「を」に置き換えることができる。
　「が」と「を」の使用を比較してみると，「が」の方に制約が課せられているのがわかる。その制約というのは，Shibatani (1972: 300, 1975: 472)，柴谷 (1978b: 264) が指摘するように，「が」で表示された補語と動詞（句）の間に別の構成要素が長く介在すればするほど，その文全体の文法性は低くなる，というものである。

3.4 「が」と「から」

　(16)の「伝える」，(17)の「渡す」，(18)の「話す」，(19)の「贈る」，(20)の「申し込む」に共通するのは，3項動詞であって，「を」で表示された補語の事物あるいは人物が「が」で表示された補語の人物から「に」で表示された人物に移動するという方向性の意味を含んでおり，それ故に「が」で表示された補語がその移動の起点に，「に」で表示された補語が着点にそれぞれなっている，ということである。さらにそれに加えて，「が」で表示された補語は行為をなす主体，つまり〈動作主〉という意味的な役割をも有している。従って，このような構文における「が」で表示された補語は，〈動作主〉と〈源泉〉という二つの意味役割の重なりが生じているということになる。今，問題の補語の格表示に，〈動作主〉を表す場合の一般的な格表示である「が」が用いられているのが (a) であるが，その補語は〈源泉〉という意味役割をも有するのであるから，(b) が示すように，「が」は起点を表す格助詞の「から」と交替可能である。（この交替現象については，これまで村木 (1982)，仁田 (1982b)，塚本 (1984a: 第1章)，Tsukamoto (1984b)，益岡・田窪 (1987) などで考察されている。）

(16) a. 父が先生に伝える。[4]
　　 b. 父から先生に伝える。
(17) a. あなたが課長に渡してほしい。
　　 b. あなたから課長に渡してほしい。

(18) a. 僕が彼に話したのはそれだけだ。
　　 b. 僕から彼に話したのはそれだけだ。
(19) a. 展覧会の主催者がA氏に金賞を贈ることが決まった。
　　 b. 展覧会の主催者からA氏に金賞を贈ることが決まった。
(20) a. あなたが結婚してほしいと私に申し込んだくせに。
　　 b. あなたから結婚してほしいと私に申し込んだくせに。

3.5 「に」と「から」

　(21)の「借りる」，(22)の「教わる」，(23)の「もらう」はすべて，3項動詞であって，「を」で表示された補語の事物あるいは人物が「に」で表示された補語の人物から「が」で表示された補語の人物に移動するという方向性の意味を含んでおり，それ故に「に」で表示された補語がその移動の起点に，「が」で表示された補語が着点にそれぞれなっている，ということが共通点である。さらにそれに加えて，「に」で表示された補語は行為が向けられる〈相手〉という意味的な役割をも有しており，従って，このような構文における「に」で表示された補語は，〈相手〉と〈源泉〉という二つの意味役割を合わせ持っているわけである。今，問題の補語を，〈相手〉を表す場合に用いられる「に」で表示しているのが(a)であるが，その補語は〈源泉〉という意味役割をも有するのであるから，(b)が示すように，「に」は起点を表す格助詞の「から」に置き換えることができる。(この交替現象については，これまで寺村(1982a)，塚本(1984a: 第1章)，Tsukamoto(1984b)，益岡・田窪(1987)などで考察されている。)

(21) a. 太郎が花子にお金を借りた。
　　 b. 太郎が花子からお金を借りた。
(22) a. 太郎が花子に英語を教わった。
　　 b. 太郎が花子から英語を教わった。
(23) a. 私が友達に本をもらった。
　　 b. 私が友達から本をもらった。

　ただ，「預かる」や「買う」のようないくつかの動詞の場合には，今，問

題にしている補語は「に」を取ることが困難であり，「から」で表示されるのが普通である。

(24) a. *僕が友達に財布を預かった。
　　 b. 　僕が友達から財布を預かった。
(25) a. *兄が伯父に車を買った。[5]
　　 b. 　兄が伯父から車を買った。

3.6　「を」と「に」

　日本語における2項動作動詞文を統語的な側面から観察すると，一方の補語は「が」で表示され，もう一方の補語は「を」「に」「と」のいずれかで表示されるのがわかるが，動詞によっては，その格助詞の一つしか認められないというのではなく，そのうちの二つが使用可能な場合がある。ここで取り上げるのは，今，問題の補語を表示するのに「を」と「に」のいずれをも採用することができる場合，すなわち「を」と「に」の交替を許す場合である。(この交替現象については，これまで塚本(1984a: 第1章)で考察されている。)

(26) a. 　僕の友達が貴重な絵を触った。
　　 b. 　僕の友達が貴重な絵に触った。
(27) a. 　父が弁護士を頼った。
　　 b. 　父が弁護士に頼った。
(28) a. 　太郎が貧しさを耐えた。
　　 b. 　太郎が貧しさに耐えた。
(29) a. 　クラブの合宿のためにマネージャーが安い民宿を当たった。
　　 b. 　クラブの合宿のためにマネージャーが安い民宿に当たった。

この「を」と「に」の交替が認められる動詞は，「喜ぶ」や「悲しむ」などの感情を表す動詞を除けば，(26)～(29)の「触る」「頼る」「耐える」「(旅館など{を／に})当たる」の他には「欠席する」「反対する」「納得する」ぐらいしかなく，次の3.7で扱う「に」と「と」の交替を許す動詞に比べる

と，数ははるかに少ない。

3.7 「に」と「と」

3.6 で，2 項動作動詞文における片方の補語が「を」「に」「と」のいずれかで表示され，動詞によっては，そのうちの二つが用いられうる場合があることを指摘したが，ここでは，その補語を「に」でも「と」でも表示できる場合を取り上げる。(この交替現象については，これまで久野(1973b)，仁田(1980, 1982b)，塚本(1984a: 第 1 章)，益岡・田窪(1987)などで考察されている。)

(30) a.　トラックがバスに衝突した。
　　 b.　トラックがバスと衝突した。
(31) a.　太郎が先輩に相談した。
　　 b.　太郎が先輩と相談した。

このように，「衝突する」や「相談する」といった動詞は，今問題の補語を表示するのに「に」と「と」のいずれを要求してもよい。このような「に」と「と」の交替を許す動詞としては，他に「会う」「ぶつかる」「つき合う」「一致する」「似る」などがある。

ところが一方，「質問する」という動詞は，(32)に示すように，「に」の使用は可能であるが，「と」の使用は不可能であり，また「結婚する」という動詞はその逆で，(33)に示すように，「と」は認められるが，「に」は許されない。

(32) a.　学生が先生に質問した。
　　 b.　*学生が先生と質問した。
(33) a.　*皇太子が雅子さんに結婚した。
　　 b.　皇太子が雅子さんと結婚した。

前者と同じ振る舞いをする動詞には，他に「答える」「惚れる」「甘える」などがあり，後者と同じ振る舞いをする動詞には，他に「離婚する」「戦う」

「けんかする」などがある。

　ここで，「に」を用いた場合と「と」を用いた場合とでは，明らかに意味の違いがあることを指摘しておかなければならない。(30)を例にとると，「に」の場合には，トラックがバスに対してぶつかるといった一方的な移動の意味を表すが，「と」の場合には，トラックとバスがともに動いていてぶつかり合うといった相互的な移動の意味を表す。

　久野(1973b: 第6章)が論述しているとおり，こういった意味の相違に基づくと，なぜ，(34)(35)の(a)が文法的であるのに，(b)が非文法的であるのか，ということについて適切に説明を行うことができる。

(34) a.　トラックが電柱にぶつかった。
　　 b.　*トラックが電柱とぶつかった。
(35) a.　太郎が災難に会った。
　　 b.　*太郎が災難と会った。

「電柱」「災難」が物理的に動き得るという特性を有する名詞ではなく，このことが，「に」を用いた場合に表される一方的な移動の意味とは合致するが，「と」を用いた場合に表される相互的な移動の意味とは矛盾するわけである。

3.8　「が」と「で」

　「が」格補語が〈動作主〉の意味役割を果たしており，なお且つその補語に場所性という特性を有する名詞が現れたり(仁田1980: 34-35, 1982b: 125-126)，その補語内の名詞が機関やある資格を持った人物を指したり(寺村1982a: 183)する場合には，「が」に代わって「で」で表示することもできる。(この交替現象については，これまで仁田(1980, 1982b)，寺村(1982a)，塚本(1984a: 第1章)，Tsukamoto(1984b)，益岡・田窪(1987)などで考察されている。)

(36) a.　警察が事の真相を発表した。[6]
　　 b.　警察で事の真相を発表した。

(36)における「警察が」は〈動作主〉を表しているが,「警察」は場所性という特性を有する名詞であり,機関でもあるので,「が」を「で」に置き換えることができる。

(37) a. 日取りは,あなたが決めて下さい。[7]
     b. *日取りは,あなたで決めて下さい。
(38) a. ?日取りは,あなたの方(ほう)が決めて下さい。
     b. 日取りは,あなたの方(ほう)で決めて下さい。

(37)の「あなた」,(38)の「あなたの方(ほう)」はともに,〈動作主〉として機能している名詞である。しかし,前者は場所性という特性を有していないのに対して,後者は「〜の方(ほう)」という場所的な要素が加えられて,場所性という特性を有するようになったものである。従って,「が」と「で」の交替は前者においては生じないが,後者においては生ずる,という違いが出て来る。(なお,「〜の方(ほう)」を付けると,(38b)のように「で」の場合の方がごく普通であり,(38a)のように「が」の場合はやや不自然となる。)

ところが,(37)で見たように,「あなた」の場合には「が」を「で」に替えることはできないが,

(39) a. 日取りは,あなた{達(がた)/方}が決めて下さい。
     b. 日取りは,あなた{達(がた)/方}で決めて下さい。

のように,「あなた{達(がた)/方}」なら,「が」も「で」も使用可能である。このように,場所性という特性を有していなくても,複数形などでグループや団体を表している場合には,「で」を用いることが許されるのである(益岡・田窪1987: 82)。

3.9 「を」と「から」

移動を表す表現のうちの「出どころ」を表す表現において,〈源泉〉の意味役割を担う補語は「を」で示されるが,移動の起点を表しているので,「を」は起点の意味を有する格助詞「から」と一般的に交替可能である。(こ

の交替現象については，これまで寺村(1982a)，塚本(1984a: 第 1 章)，Tsukamoto(1984b)，益岡・田窪(1987)，三宅(1996)などで考察されている。）

(40) a. 太郎がバスを降りた。
　　 b. 太郎がバスから降りた。
(41) a. 船が港を離れた。
　　 b. 船が港から離れた。

このような「を」と「から」の交替を許す動詞には，他に「出る」「出発する」などがある。
　しかしながら，「卒業する」という動詞の場合は，「を」は使用可能であるが，「から」は容認されない。

(42) a. 太郎が大学を卒業した。
　　 b. *太郎が大学から卒業した。

このことに対して，寺村(1982a: 107, 120)は，出発点が物理的な場所というよりは観念的な場所，ないし制度や状態として考えられている場合には「から」は用いられない，という説明を与えている。
　さらに，寺村(1982a: 107)は，(43)(44)のような例文を挙げ，「出どころ」を表す表現で，生き物，有情物の意識的な動きの場合，問題の補語は「を」と「から」の交替を許すが，自然な動きの場合，「から」しか取れない，ということを指摘している。

(43) a. *煙が部屋を｛出る／出て行く｝。
　　 b. 煙が部屋から｛出る／出て行く｝。
(44) a. 彼が部屋を｛出る／出て行く｝。
　　 b. 彼が部屋から｛出る／出て行く｝。

　また，「を」でも「から」でも表示されうるが，前者の場合と後者の場合

とでは，その実質的な意味内容が異なることがある。

(45) a. 貴乃花は土俵を降りた。
　　 b. 貴乃花は土俵から降りた。
(46) a. あの熱弁家は演壇を降りた。
　　 b. あの熱弁家は演壇から降りた。

(45)(46)の(b)はともに，「土俵」「演壇」という場所からそれよりも低いある場所に移動したという実際の場面を意味するだけであるが，それぞれの(a)は，そういった意味を表しうる他に，実際の場面的な意味から派生して「相撲界から引退する」「人前で話をする職業をやめる」ということも含意する。こういったことは，「降りる」以外の動詞の場合では観察されないことから，格助詞の交替現象自体による影響ではなく，むしろ「降りる」という動詞が有する意味的なことに起因すると思われる。

3.10 「に」と「で」

2項動作動詞文のうちの「対面」の表現において，〈相手〉という意味役割を果たす補語は「に」で示されるが，その補語が原因を表す場合には原因の意味を有する格助詞「で」で示すこともできる。(この交替現象については，これまで塚本(1984a: 第1章)，Tsukamoto(1984b)，益岡・田窪(1987)などで考察されている。)

(47) a. 友達が失恋に悩んでいる。
　　 b. 友達が失恋で悩んでいる。
(48) a. 父が借金に苦しんだ。
　　 b. 父が借金で苦しんだ。

(47)では，「失恋」が太郎の悩んでいる原因に，(48)では，「借金」が父の苦しんだ原因にそれぞれなっている。

それに対して，(49)の「肺癌」も(50)の「火山の噴火」も原因を表しているので，「で」による表示は可能であるが，「死ぬ」と「失う」という動詞

が2項動作動詞文のうちの「対面」の表現を成立させることができないため，「に」の使用は許されない。

(49) a. *彼は肺癌に死んだ。
　　 b.　彼は肺癌で死んだ。
(50) a. *多くの人達が火山の噴火に家を失った。
　　 b.　多くの人達が火山の噴火で家を失った。

3.11　「で」と「から」

原因を意味する補語は，一般的に「で」で表示されるが，その原因が出来事の出どころと見なされる場合には，「から」で表示される。(この交替現象については，これまで益岡・田窪(1987)で考察されている。)

(51) a.　その運転手は前方不注意で大事故を起こした。
　　 b.　その運転手は前方不注意から大事故を起こした。
(52) a.　私達はささいなことでけんかをしてしまった。
　　 b.　私達はささいなことからけんかをしてしまった。

また，益岡・田窪(1987: 46)が指摘するように，判断の材料を意味する補語は，「で」で表示されるが，それが判断の出どころと見なされる場合には「から」をとる。

(53) a.　話す言葉の特徴で出身地がわかることがある。
　　 b.　話す言葉の特徴から出身地がわかることがある。
(54) a.　人を外見だけで判断してはいけない。
　　 b.　人を外見だけから判断してはいけない。

3.12　「に」と「へ」

移動を表す表現において，目的地になっている補語は到達点を意味する格助詞「に」で示されるが，方向を意味する「へ」でも表示できることが多い。(この交替現象については，これまで柴谷(1978b)，寺村(1982a)，塚本

(1984a: 第1章)，益岡・田窪(1987)などで考察されている。)

(55) a.　父が東京に行った。
　　 b.　父が東京へ行った。
(56) a.　学生が教室に入った。
　　 b.　学生が教室へ入った。

　移動の意味を有する動詞でも移動の様態にはそれぞれ違いがあり，(57)の「着く」のように，移動の到達ということがより明確な場合には，「へ」よりも「に」が用いられるのが普通であり，また(58)の「出発する」のように，移動の到達というよりも移動の方向という概念が一層明らかな場合には，「に」よりも「へ」の方が好まれる。

(57) a.　電車が駅に着いた。
　　 b.　?電車が駅へ着いた。
(58) a.　?父がオーストラリアに出発した。
　　 b.　父がオーストラリアへ出発した。

　(59)の「反対する」，(60)の「惚れる」，(61)の「憧れる」は，2項動作動詞文のうちの「対面」の表現を成立させる動詞であるが，この表現の場合は，「に」による表示しか許されず，「へ」の使用はまず不可能である。

(59) a.　野党が予算案に反対した。
　　 b.　*野党が予算案へ反対した。
(60) a.　秘書が社長に惚れていた。
　　 b.　*秘書が社長へ惚れていた。
(61) a.　弟がパイロットに憧れた。
　　 b.　*弟がパイロットへ憧れた。

3.13　「に」「へ」と「まで」

　移動を表す表現において，目的地になっている補語は「に」でも「へ」で

も表示できることが多い，ということを先の 3.12 で指摘したが，その補語が移動の終わる場所を意味する時には，「まで」を用いる。(この交替現象については，これまで益岡・田窪(1987)で考察されている。)

(62) a. 母が駅｛に／へ｝行った。
　　　b. 母が駅まで行った。

3.14 「に」と「まで」

〈相手〉という意味役割を果たす補語は「に」で表示されるが，それが移動の終わる場所と見なされる場合には，「まで」で表示することもできる。(この交替現象については，これまで益岡・田窪(1987)で考察されている。)

(63) a. 詳細は事務局にお問い合わせ下さい。
　　　b. 詳細は事務局までお問い合わせ下さい。
(64) a. 参加希望者は幹事に申し出ること。
　　　b. 参加希望者は幹事まで申し出ること。

このような格助詞の交替を許す動詞には，他に「申し込む」「請求する」「連絡する」「知らせる」「伝える」などがある。

3.15 「と」と「から」

「離れる」「別れる」という動詞の場合には，一方の補語を表示するのに「と」でも「から」でも可能である。(この交替現象については，これまで村木(1982)，塚本(1984a: 第1章)，Tsukamoto(1984b)などで考察されている。)

(65) a. 父が家族と離れて暮らす。[8]
　　　b. 父が家族から離れて暮らす。
(66) a. 太郎が恋人と別れた。
　　　b. 太郎が恋人から別れた。

3.16 「を」と「の」

連体修飾構造において，〈対象〉を意味する補語を表示した「を」を「の」に置き換えることができる場合がある。(この交替現象については，これまでOhye (1983)，塚本 (1984a: 第1章) で考察されている。)

(67) a. 切符を買っていない人はありませんか。
　　 b. 切符の買っていない人はありませんか。
(68) a. 切符をお持ちでない方は，車掌までお申し付け下さい。
　　 b. 切符のお持ちでない方は，車掌までお申し付け下さい。

ただ，この交替現象は，(67)(68) に示された文ぐらいの，非常に限られた場合にしか見出されないものである。

4　結語

　本章では，日本語における格助詞の交替現象が単一格助詞同士の交替と，単一格助詞と複合格助詞の交替の二つに大別できることを指摘した上で，前者については，16種類のものがあることを明らかにし，その全体像を浮き彫りにした。(なお，後者については，本章では触れず，日本語における複合格助詞を考察の対象としている第6章の中で取り上げることとした。) また，第3章では，日本語における必須補語と副次補語について考察し，それらを認定するための基準を設けた。その基準の一つが，「意味的な格助詞の，統語的な格助詞との交替可能性」であったが，これは，本章で論述した格助詞の交替現象のうちの何種類かを活用した性質のものであると言える。

注
1) 「先生の本」を一つの名詞句と見なし，先生が書いた本，あるいは先生に割り当てるための本を誰かが買った，というように解することは可能であるが，本を買った行為主が先生である，というように捉えることはできない。

2) 注1）と同様のことが言える。「弟の友達」を弟が所有する友達という意で一つの名詞句と見なし，誰かがその友達に本を与えた，というように捉えることはできる。しかし，友達に本を与えた行為主が弟であると解釈することは不可能である。
3) 「総記（Exhaustive Listing）」「中立叙述（Neutral Description）」の詳細については，Kuno (1973a)，久野(1973b)を参照のこと。
4) (16)(17)は村木(1982: 28)から，(18)(19)(20)は仁田(1982b: 125)からそれぞれ引用した例文である。
5) 兄が伯父のために車を買って与える，という意味であれば，「に」は可能であると考えられるが，買うという行為によって車が伯父の方から兄の方へ移動する，という今論じている意味の場合は，「に」は不可能で，「から」しか用いることができない。
6) (36)は，仁田(1980: 34, 1982b: 125)から引用した例文である。
7) (37)(38)は，寺村(1982a: 183)から引用した例文である。
8) (63)と(64)の例文は，村木(1982: 27)の例文を少々補充し，改変したものである。

第5章　日本語と朝鮮語における数量詞の遊離

1　序

　現代言語学研究，その中でも特に生成文法研究は生来，修正・補完を繰り返しながら，目覚ましい発展をとげてきた。興味深い言語事実，言語現象が新しく発見され，それを説明することのできる文法を作り上げようとする態度が確立した。生成文法研究がなした功績は，極めて多大である。
　日本語における数量詞遊離の現象についても生成文法研究の成果の一つであり，多くの研究者によって論じられてきた。しかし，考察すべき問題，残された問題は，まだまだ多いように思われる。また，朝鮮語における数量詞遊離の現象については，日本語の場合に比べると，考察がはるかに限られていたようである。
　本章の目的は，日本語と朝鮮語を対照しながら，両言語における数量詞遊離の現象の性質を，朝鮮語の方に重点を置いて解明することにある。

2　数量表現の型と「数量詞の遊離」の現象

　まず始めに，日本語と朝鮮語における数量表現の型を整理し，提示する。日本語では，次のような4種類の数量表現が見出される。

（1）a.　3人の友達が私の家に来た。
　　 b.　友達が3人私の家に来た。
　　 c.　3人友達が私の家に来た。
　　 d.　友達3人が私の家に来た。

(1a)は，数量詞「3人」が属格の格助詞「の」を付して名詞「友達」を直接修飾している表現であるのに対し，(1b)は，数量詞「3人」が副詞的な役割を果たしているが，意味的には名詞「友達」を修飾している表現である。(1a)と(1b)の関係を結び付けるために，数量詞がそれの含まれている名詞句の後ろへと移動する「数量詞の遊離（Quantifier Floating）」の変形規則が以前，提案された[1]。従って，(1b)は，(1a)に数量詞遊離の変形規則が適用されて派生した文であると考えられる[2]。

(1a)の型に数量詞遊離の変形規則が適用されて(1b)の型が派生されるには，いくつかの条件を満たさなければならないが，その条件を満たすものに限って(1c)の型も派生可能である。それは，(1a, b, c)と(2)の例を対比して観察すれば，明らかになる。

(2) a. 僕達は4台の自動車で富士山に行った。
　　b. *僕達は自動車で4台富士山に行った。
　　c. *僕達は4台自動車で富士山に行った。

(1b)は，(1a)に数量詞遊離の変形規則が適用されて主格で表示された主語「友達が」の後ろに数量詞「3人」が置かれた表現で，適格文であり，また(1c)のように「友達が」の前に「3人」を置いて表現することもできる[3]。それに対して，(2a)の「4台の自動車で」のような具格で表示された名詞句の場合には，(2b)が示すように数量詞「4台」を後ろに遊離させることができず，また(2c)のように「4台」を前に持ってくることも不可能である。以上のことからわかるように，(1a)のような型から(1b)のような型に派生することが可能な場合に限って，(1c)のような型も成立するのである。従って，(1b)は数量詞を後置する数量詞遊離の変形規則によって派生されたものであったが，(1c)は数量詞を前置する数量詞遊離の変形規則のよって派生されたものであると言える（Haig 1980: 1081 も参照のこと）。本章では，前者を「数量詞後方遊離（Quantifier Backward Floating）」，後者を「数量詞前方遊離（Quantifier Forward Floating）」と称することにする。ただ，何の断りもなく「数量詞遊離」と言った場合は，「数量詞後方遊離」のことを指しているものとする。

最後に，(1d)に関して言及する。(2b)と(2c)は，具格で表示された名詞句が数量詞後方遊離と数量詞前方遊離の両方を許さないことを示していたが，同じ具格で表示された名詞句の場合であっても，

(2) d. 僕達は自動車4台で富士山に行った。

のように，数量詞「4台」を名詞「自動車」と格助詞「で」ではさんだ，(1d)と同一の型を用いて表現すれば，十分受け入れられる文になる。(1b)(1c)はともに数量詞が名詞句の外に移動し，その数量詞が副詞的な機能を果しているものであるが，(1d)は名詞句内で移動した数量詞「3人」が名詞的な性質を持って名詞「友達」との同格的関係をなしていると言うことができる。(1d)は，今(2)の例を用いて実証したように，(1b)(1c)が成立する際の条件を守らなくても成立可能であるということからも，(1b)(1c)とは性格を異にする。よって，(1d)のような現象は「数量詞の転位(Quantifier Shifting)」と言って，数量詞遊離の現象とは区別する(Shibatani 1977: 798, 柴谷 1978b: 244 も参照のこと)[4]。

さて，朝鮮語の方に目を転じてみよう。次の(3)は，(1)の日本語の例に対応する朝鮮語の例である。

(3) a. 세 명의 친구가 우리 집에 왔다.
　　　 Sey myeng-uy chinkwu-ka wuli cip-ey wassta.
　　b. 친구가 세 명 우리 집에 왔다.
　　　 Chinkwu-ka sey myeng wuli cip-ey wassta.
　　c. *세 명 친구가 우리 집에 왔다.
　　　 *Sey myeng chinkwu-ka wuli cip-ey wassta.
　　d. 친구 세 명이 우리 집에 왔다.
　　　 Chinkwu sey myeng-i wuli cip-ey wassta.

(3a)は，(1a)の日本語文と同様に，数量詞「세 명〈sey myeng〉(3人)」が属格の格助詞「의〈uy〉(の)」を付して名詞「친구〈chinkwu〉(友達)」を直接修飾している表現である。(3b)は，これも(1b)の日本語文と同じように，

副詞的な役割を果たしている数量詞「세 명〈sey myeng〉(3人)」が意味的に名詞「친구〈chinkwu〉(友達)」を修飾している表現であり、(3a)の文に数量詞後方遊離の変形規則が適用されることによって派生されたものであると考えられる[5]。

そして、ここで最も注目すべきことは、(1c)の日本語文に相当する(3c)の朝鮮語文が認められない、ということ、すなわち、朝鮮語は統語的に日本語と酷似しているにもかかわらず、(3)の4種類うち(3c)の数量詞前方遊離の現象のみが起こり得ない、ということである[6]。

次の(4)は、(2a, b, d)の日本語文に対応する朝鮮語の例である。

(4) a. 우리들은 네 대의 자동차로 후지산에 갔다.
　　　　Wulitul-un ney tay-uy catongcha-lo hwucisan-ey kassta.
　　b. *우리들은 자동차로 네 대 후지산에 갔다.
　　　　*Wulitul-un catongcha-lo ney tay hwucisan-ey kassta.
　　d. 우리들은 자동차 네 대로 후지산에 갔다.
　　　　Wulitul-un catongcha ney tay-lo hwucisan-ey kassta.

このように、(4a, b, d)の朝鮮語文は、(2a, b, d)の日本語文と同じ振る舞いを示す。よって、(3d)の型は、日本語における(1d)の場合と同様に、数量詞後方遊離の条件を満たしていなくても成立可能であり、名詞句内で数量詞が移動する数量詞転位の変形規則によって派生された文であると言える。数量表現のどの形式を用いるかは談話上の要因に多く依存するが、日本語において最も無標(unmarked)の型は(1b)であり、朝鮮語においてはこの(3d)の型が最も無標であると思われる[7]。

また、日本文学とその朝鮮語への翻訳から採取した次の実例を見てみよう。(それらの出典についての詳細は、本書末の「用例出典」を参照のこと。)

(5) a. 刑事の1人が電話をかけていたが、すぐに報告した。
　　　　　　　　　　　　　　　　　　　　　　(『点と線』p. 28)
　　b. 형사 한 사람이 전화를 건 다음 곧 보고했다.

第 5 章　日本語と朝鮮語における数量詞の遊離　73

(『点과 線〈cem-kwa sen〉(点と線)』p. 27)

Hyengsa han salam-i cenhwa-lul ken taum kot poko-hayssta.

(6) a. 和尚はむっちりした指さきで，鋏(はさみ)をとって，小包の一つを器用に剝(む)
　　　いた。　　　　　　　　　　　　　　　　　　　　　（『金閣寺』p. 28）
　　b. 스님은 피둥피둥한 손가락으로 가위를 들고서는 소포 하나를 익숙
　　　하게 풀었다.　　　　　　　　　　　　　（『金閣寺〈kumkaksa〉』p. 31）
　　　Sunim-un phitwungphitwunghan sonkalak-ulo kawi-lul tul-kose-nun
　　　sopho hana-lul ikswukha-key phulessta.

　先ほど(1)で数量表現の4種類の型を観察したが，それに加えて，日本語においては，(5a)の「刑事の1人が」，(6a)の「小包の一つを」のように数量詞が主要語となった形式も見出される。それに対応する朝鮮語への翻訳は，(5b)の「형사 한 사람이〈hyengsa han salam-i〉(刑事1人が)」，(6b)の「소포 하나를〈sopho hana-lul〉(小包一つを)」のようになっている。すなわち，属格の格助詞「의〈uy〉(の)」がなく，先ほど見た(3d)の数量詞転位の現象による形式で翻訳・表現されているわけである。母語話者に聞いてみても，日本語と同じように属格の格助詞「의〈uy〉(の)」を挿入して「*형사의 한 사람이〈*hyengsa-uy han salam-i〉(刑事の1人が)」「*소포의 하나를〈*sopho-uy hana-lul〉(小包の一つを)」のような数量詞を主要語とした形式で表現することは不可能である，という答えが返ってくる。日本語の，数量詞が主要語となった型を朝鮮語で表現するには，実例(5b)(6b)が示すとおり，数量詞転位の現象による型を用いたり，また場合によっては数量詞が遊離する前の型を用いたりするといったように，朝鮮語で可能な型の中から何か適当なものを選んで置き換えるしかない。

3　数量詞遊離の条件

　本節では，朝鮮語において数量詞がどのような条件の下で遊離することができ，またできないか，そしてそれが何を対象とする現象であるのか，ということについて，特に目的語の場合に着目して考察する。
　まず，次の例文を見てみよう。

（7）a. 3人の学生が欠席した。

　　 b. 学生が3人欠席した。

　　 c. 세 명의 학생이 결석했다.

　　　　Sey myeng-uy haksayng-i kyelsek-hayssta.

　　 d. 학생이 세 명 결석했다.

　　　　Haksayng-i sey myeng kyelsek-hayssta.

（8）a. 父は4本のビールを飲んだ。

　　 b. 父はビールを4本飲んだ。

　　 c. 아버지는 네 병의 맥주를 마셨다.

　　　　Apeci-nun ney pyeng-uy maykcwu-lul masyessta.

　　 d. 아버지는 맥주를 네 병 마셨다.

　　　　Apeci-nun maykcwu-lul ney pyeng masyessta.

（9）a. 彼は2人の友達にお金を貸した。

　　 b. ??彼は友達に2人お金を貸した。

　　 c. 그는 두 명의 친구에게 돈을 빌려 주었다.

　　　　Ku-nun twu myeng-uy chinkwu-eykey ton-ul pillye cwuessta.

　　 d. *그는 친구에게 두 명 돈을 빌려 주었다.

　　　　*Ku-nun chinkwu-eykey twu myeng ton-ul pillye cwuessta.

（10）a. 弟は毎日2匹の犬と散歩する。

　　 b. *弟は毎日犬と2匹散歩する。

　　 c. 동생은 매일 두 마리의 개와 산보한다.

　　　　Tongsayng-un mayil twu mali-uy kay-wa sanpo-hanta.

　　 d. *동생은 매일 개와 두 마리 산보한다.

　　　　*Tongsayng-un mayil kay-wa twu mali sanpo-hanta.

それぞれの例において、(a)(b)の日本語文に(c)(d)の朝鮮語文が対応している。日本語の(b)、朝鮮語の(d)は、それぞれ(a)、(c)における数量詞を遊離させてでき上がった文である。(7)と(8)の(b)(d)は適格文であるが、(9)と(10)の(b)(d)は不適格文あるいは非文法文となり、両言語ともにほぼ同じ振る舞いを示す。(7b, d)は主格で表示された主語、(8b, d)は対格で表示された直接目的語、(9b, d)は与格で表示された間接目的語、(10b, d)は共格

で表示された斜格目的語それぞれの名詞句から数量詞を遊離させたものであり，数量詞の遊離は前者二つの場合には許されるが，後者二つの場合には許されないと一般化することができる。

　上で観察したデータは，ごく一部にすぎないが，その他の豊富なデータも観察して議論することにより，日本語における数量詞の遊離はいかなる条件の下で可能となるのか，それを記述・説明するにはいかなる概念によるのが最も妥当か，という問題に対して従来三つの仮説が提案されている。それぞれの仮説に適当な名称を与え，どの論考がどの仮説を提案・支持しているかを明示すると，次のようにまとめられる。

(11) (A)　「文法関係説」
　　　　　　奥津(1969)，Kamio (1973)，Harada (1976)，神尾(1977)，久野(1977)，Kuno (1978a)，Masuoka (1978)，佐川(1978)，益岡(1981)，Ono (1984)
　　 (B)　「格助詞説」
　　　　　　Shibatani (1976b, 1977, 1978a)，柴谷(1978b)
　　 (C)　「文法関係・格助詞説」
　　　　　　Kageyama (1977)，井上(1978)，Kuno (1978b)，Haig (1980)，Tomoda (1982)，塚本(1982a, 1984a)，Tsukamoto (1982b)

(A)の「文法関係説」とは，「日本語において，数量詞はそれを含んでいる名詞句が主語かあるいは直接目的語である時のみ，遊離することが可能である。」という結論に達し，「主語」「直接目的語」などといった「文法関係」の概念を導入することによって記述・説明をする仮説である。(B)の「格助詞説」は，のちに(14)に示されるように，適切な記述・説明を与えるためには，「主格」「対格」などといった「格助詞」の範疇に依拠しなければならないと主張するものである。最後の(c)の「文法関係・格助詞説」の主張は，文法関係か格助詞のどちらか一方にのみ基づくのではなく，その両方を考慮に入れなければ，妥当な記述・説明は得られない，ということである。なお，(11)に挙げられた文献のほとんどのものは日本語のみを対象言語とした研究であるが，Shibatani (1976b, 1977)，塚本(1984a)，Tsukamoto

(1982b)は朝鮮語も考察の対象に入れ，それぞれの結論に至っている。

以下では，Shibatani (1976b, 1977) の朝鮮語における数量詞遊離の現象の議論を概観する。まず，次のような考察がなされている。

(12) a. 내가 아이 {에게/를} 영어를 가르쳤다.[8]
   Nay-ka ai {-eykey/-lul} yenge-lul kaluchyessta.
   (私が子供{に／を}英語を教えた。)
 b. 영어가 아이에게 (나에 의해서) 가르쳐졌다.
   Yenge-ka ai-eykey (na-ey uyhayse) kaluchyecyessta.
   (英語が子供に（私によって）教えられた。)
 c. *아이가 영어를 (나에 의해서) 가르쳐졌다.
   *Ai-ka yenge-lul (na-ey uyhayse) kaluchyecyessta.
   (子供が英語を（私によって）教えられた。)

(a)の能動文における「영어를〈yenge-lul〉（英語を）」という名詞句を主語にした受身文は，(b)が示すように認められるのに対して，(a)の能動文における「아이 {에게/를}〈ai {-eykey/-lul}〉（子供{に／を}）」という名詞句を主語にした受身文は，(c)が示すように認められない。朝鮮語では，能動文の直接目的語を主語にして受身化できるが，間接目的語を主語にしてはできない，ということが一般的に知られている。従って，(a)において，「영어를〈yenge-lul〉（英語を）」は対格で表示された直接目的語，そして「아이에게〈ai-eykey〉（子供に）」なら与格で表示された間接目的語，「아이를〈ai-lul〉（子供を）」なら対格で表示された間接目的語という地位がそれぞれ与えられることになる。また，間接目的語に「아이를〈ai-lul〉（子供を）」の方を採用すれば，「아이를 영어를〈ai-lul yenge-lul〉（子供を英語を）」となって，朝鮮語は日本語とは異なり，単文において二重対格を許すというわけである。

柴谷は，(12)における受身文のテストによって文法関係を明らかにした上で，(13)に示される数量詞遊離の現象の観察を行っている。

(13) a. 내가 세 아이에게 영어를 가르쳤다.[9]
   Nay-ka sey ai-eykey yenge-lul kaluchyessta.

（私が 3 人の子供に英語を教えた。）
b. *내가 아이에게 셋 영어를 가르쳤다.
    *Nay-ka ai-eykey seys yenge-lul kaluchyessta.
    （??私が子供に 3 人英語を教えた。）
c. 내가 세 아이를 영어를 가르쳤다.
    Nay-ka sey ai-lul yenge-lul kaluchyessta.
    （*私が 3 人の子供を英語を教えた。）
d. 내가 아이를 셋 영어를 가르쳤다.
    Nay-ka ai-lul seys yenge-lul kaluchyessta.
    （*私が子供を 3 人英語を教えた。）

　この観察によると，(a)から(b)のように「아이에게〈ai-eykey〉(子供に)」という与格間接目的語から「셋〈seys〉(三つ)」という数量詞が遊離することは不可能であるのに対して，(c)から(d)のように「아이를〈ai-lul〉(子供を)」という対格間接目的語から「셋〈seys〉(三つ)」という数量詞が遊離することは可能である。このように，朝鮮語における数量詞遊離の現象は，同一の間接目的語という文法関係の範疇にあっても与格の場合と対格の場合とでは文法性に相違が生ずるため，文法関係を対象としていないというわけである。
　以上のような朝鮮語の観察に従って，また日本語にあっての別の観察からも，Shibatani (1977: 805)は次に示される，(11)で「格助詞説」と呼んだ仮説を立てている。

(14) A straightforward account for the QF phenomenon in Japanese and Korean can be given only if the notion of surface cases is taken into account: in these languages, Q's can float from both the NOM and ACC NP, regardless of the grammatical relations they bear.

　次に以下では，朝鮮語において見出されるこの格助詞説に対する反証を提示し，議論することにしたい。
　Shibatani (1977: 804)は，朝鮮語の単文において二重対格を許す動詞とし

て，(12)(13)に示した「가르치다〈kaluchita〉(教える)」の他に「주다〈cwuta〉(やる；与える)」と「먹이다〈mekita〉(食べさせる)」を指摘し，それらを用いた次の例文も挙げている。

(15) a.　내가 아이에게 영어를 가르쳤다. 10)
　　　　　Nay-ka ai-eykey yenge-lul kaluchyessta.
　　　　　(私が子供に英語を教えた。)
　　　b. ?내가 아이를 영어를 가르쳤다.
　　　　　?Nay-ka ai-lul yenge-lul kaluchyessta.
　　　　　(*私が子供を英語を教えた。)
(16) a.　내가 아이에게 책을 주었다.
　　　　　Nay-ka ai-eykey chayk-ul cwuessta.
　　　　　(私が子供に本をやった。)
　　　b. ?내가 아이를 책을 주었다.
　　　　　?Nay-ka ai-lul chayk-ul cwuessta.
　　　　　(*私が子供を本をやった。)
(17) a.　내가 아이에게 밥을 먹였다.
　　　　　Nay-ka ai-eykey pap-ul mekyessta.
　　　　　(私が子供にごはんを食べさせた。)
　　　b.(?)내가 아이를 밥을 먹였다.
　　　　　(?)Nay-ka ai-lul pap-ul mekyessta.
　　　　　(*私が子供をごはんを食べさせた。)

それぞれの(a)文は間接目的語が与格で表示されたものであり，(b)文は間接目的語が対格で表示され，二重対格になっているものである。しかしながら，朝鮮語の単文において二重対格を成立させることのできる動詞が，上記のようなものに限られているばかりではなく，それぞれの(b)文のような二重対格は，(a)文のような間接目的語が与格で表示された文に比べると，柴谷が受容できる例として挙げているほど高い文法性を持って認められるわけではない。ただ，(15)(16)のような与える動作の表現における二重対格よりも，(17)のような使役文におけるそれの方がまだ受け入れられやすいよ

うである。

　その他にも容認できる二重対格の例として，Shibatani(1976a: 245)，柴谷(1978b: 366)が(18)を，柴谷(1978b: 366)が(19)をそれぞれ挙げている。

(18)　*太郎는 次郎를 머리를 때렸다.[11]
　　　*Taloo-nun Ciloo-lul meli-lul ttaylyessta.
　　　(*太郎は次郎を頭を殴った。)
(19)　?太郎는 영어를 공부를 했다.
　　　?Taloo-nun yenge-lul kongpu-lul hayssta.
　　　(*太郎は英語を勉強をした。)

これらも著者(塚本)の調査によれば，十分な文法性を持って受容される例ではない。もちろん，(18)は(20)のように「次郎를〈Ciloo-lul〉(次郎を)」を「次郎의〈Ciloo-uy〉(次郎の)」とすれば，十分認められる文になるが，このままでは受け入れられ難い。

(20)　太郎는 次郎의 머리를 때렸다.
　　　Taloo-nun Ciloo-uy meli-lul ttaylyessta.
　　　(太郎は次郎の頭を殴った。)

また，(19)は「漢語名詞＋하다〈hata〉(する)」の「하다〈hata〉(する)」が二重対格をとった場合で，このままでは文法性の低い文であるが，(21)のように漢語名詞と「하다〈hata〉(する)」が結合した形式にすれば，適格文となる。

(21)　太郎는 영어를 공부했다.
　　　Taloo-nun yenge-lul kongpu-hayssta.
　　　(太郎は英語を勉強した。)

　以上，朝鮮語の単文における二重対格は，一切それが認められない日本語の場合と比べるとまだ見出されうるが，高い文法性を持ってすべての母語話

者に受け入れられるわけではない，ということを指摘した。これは，二重対格が認められなければ，言い換えると，対格間接目的語の存在が認められなければ，(13)の例で柴谷が行っているような数量詞遊離の現象の議論は成立しないわけであるので，軽視することはできない。実際，(12a)(13c, d)のような二重対格自体を受け入れ難いとする母語話者も少なからずいる。

　上述したことを念頭に置いて，柴谷が行っている，朝鮮語における数量詞遊離の現象の議論を再検討することにする。朝鮮語の単文において二重対格が高い文法性を持って受け入れられるわけではないとは言うものの，その中でも(17)のような使役文は二重対格の出現にまだ寛大なのであった。以下においては，そのような使役文を用いて数量詞遊離の現象の考察を行う[12]。柴谷の論考では，(17)のような使役文は二重対格の例として挙げられているだけで，それを用いての数量詞遊離の現象は観察がなされていないので，以下のデータ及びその観察は著者（塚本）自身のオリジナルなものである。

　まず，次の例が見出される。

(22) a. 선생님이 학생에게 책을 읽혔다.
　　　Sensayngnim-i haksayng-eykey chayk-ul ilkhyessta.
　　　（先生が学生に本を読ませた。）
　　b.(?)선생님이 학생을 책을 읽혔다.
　　　(?)Sensayngnim-i haksayng-ul chayk-ul ilkhyessta.
　　　（*先生が学生を本を読ませた。）

(22)は「읽히다〈ilkhita〉（読ませる）」という動詞を用いた使役文の例である。(a)は「학생에게 책을〈haksayng-eykey chayk-ul〉（学生に本を）」というように与格，対格が現れている，一般的に認められる形式である。また，(b)は(a)の「학생에게〈haksayng-eykey〉（学生に）」という与格名詞句の与格が対格と交替して「학생을〈haksayng-ul〉（学生を）」という対格名詞句になり，文全体としては「학생을 책을〈haksayng-ul chayk-ul〉（学生を本を）」というように二重対格を形成しているものである。

　(12)に見た柴谷の論考に合わせて，受身文の成立状況により，文法関係

のチェックを行う。

(23) a.　책이 학생에게 (선생님에 의해서) 읽혀졌다.
　　　　 Chayk-i haksayng-eykey (sensayngnim-ey uyhayse) ilkhyecyessta.
　　　　（本が学生に（先生によって）読まされた。）
　　 b.　*학생이 책을 (선생님에 의해서) 읽혀졌다.
　　　　 *Haksayng-i chayk-ul (sensayngnim-ey uyhayse) ilkhyecyessta.
　　　　（学生が本を（先生によって）読まされた。）

　(22a)の「책을〈chayk-ul〉(本を)」という名詞句を主語にして受身化させると、(23a)に示されるように適格文となるのに対して、(22a)の「학생에게〈haksayng-eykey〉(学生に)」あるいは(22b)の「학생을〈haksayng-ul〉(学生を)」という名詞句を主語にして受身化させると、(23b)に示されるように非文法文となる[13]。朝鮮語は、一般的に言って、能動文の直接目的語を主語とした受身文は許すが、能動文の間接目的語を主語とした受身文は許さない。従って、(22a, b)の「책을〈chayk-ul〉(本を)」という名詞句は直接目的語という地位が、(22a)の「학생에게〈haksayng-eykey〉(学生に)」及び(22b)の「학생을〈haksayng-ul〉(学生を)」という名詞句はともに間接目的語、ことに前者は与格間接目的語、後者は対格間接目的語という地位がそれぞれ与えられることがわかる。

　次に、数量詞遊離の現象に関する議論に移る。(14)に示した、柴谷が提出している格助詞説に従うと、日本語と朝鮮語における数量詞遊離の現象は文法関係とはかかわりなく、主格及び対格の名詞句の場合にのみ可能であるというように格助詞によって説明されるわけであるので、(22a, b)の「책을〈chayk-ul〉(本を)」という対格直接目的語及び(22b)の「학생을〈haksayng-ul〉(学生を)」という対格間接目的語は数量詞の遊離を誘発することができるが、(22a)の「학생에게〈haksayng-eykey〉(学生に)」という与格間接目的語は不可能であることが予測される。次の(24)の例を観察してみよう。

(24) a.　선생님이 네 학생에게 책을 읽혔다.[14]

Sensayngnim-i ney haksayng-eykey chayk-ul ilkhyessta.
(先生が4人の学生に本を読ませた。)
b. *선생님이 학생에게 넷 책을 읽혔다.
*Sensayngnim-i haksayng-eykey neys chayk-ul ilkhyessta.
(?先生が学生に4人本を読ませた。)
c.(?)선생님이 네 학생을 책을 읽혔다.
(?)Sensayngnim-i ney haksayng-ul chayk-ul ilkhyessta.
(*先生が4人の学生を本を読ませた。)
d. *선생님이 학생을 넷 책을 읽혔다.
*Sensayngnim-i haksayng-ul neys chayk-ul ilkhyessta.
(*先生が学生を4人本を読ませた。)

　(b)は、(a)における「학생에게〈haksayng-eykey〉(学生に)」という与格間接目的語から数量詞「넷〈neys〉(四つ)」が遊離した文であり、また(d)は、(c)における「학생을〈haksayng-ul〉(学生を)」という対格間接目的語から数量詞「넷〈neys〉(四つ)」が遊離した文である。しかしながら、その(b)と(d)に示されるように、上述の予測に反して与格間接目的語の場合であろうと対格間接目的語の場合であろうと、同等の非文法文になる。ここで注意したいことは、(13)のような与える動作の表現における対格間接目的語からの数量詞遊離を容認する母語話者でも、この(24)のような使役文における対格間接目的語からのそれは非文法的だとする、という事実である。

　同一文における同一形態の対格名詞句であっても、直接目的語の場合は難なく数量詞の遊離が可能である。

(25) a. 선생님이 학생에게 네 권의 책을 읽혔다.
　　　Sensayngnim-i haksayng-eykey ney kwen-uy chayk-ul ilkhyessta.
　　　(先生が学生に4冊の本を読ませた。)
　　b. 선생님이 학생에게 책을 네 권 읽혔다.
　　　Sensayngnim-i haksayng-eykey chayk-ul ney kwen ilkhyessta.
　　　(先生が学生に本を4冊読ませた。)
　　c.(?)선생님이 학생을 네 권의 책을 읽혔다.

(?)Sensayngnim-i haksayng-ul ney kwen-uy chayk-ul ilkhyessta.
（*先生が学生を4冊の本を読ませた。）
d.(?)선생님이 학생을 책을 네 권 읽혔다.
(?)Sensayngnim-i haksayng-ul chayk-ul ney kwen ilkhyessta.
（*先生が学生を本を4冊読ませた。）

(b)は，(a)の「主格−与格−対格」型の使役文における対格直接目的語から数量詞が遊離した例であり，また(d)は，(c)の「主格−対格−対格」型の使役文における対格直接目的語から数量詞が遊離した例であり，ともに数量詞遊離前の文(a)(c)よりも文法性が低くなるということはなく，許容される。

従って，形態上同一の対格名詞句からの数量詞遊離でありながら，(24d)のような対格間接目的語の場合と，(25b, d)のような対格直接目的語の場合との間における文法性の相違は，格助詞説に対する反証となる。このような文法性の違いは，間接目的語と直接目的語という文法関係の範疇の違いに起因すると考えられる。なお，以上観察してきたことは，使役文においてなら他の動詞を用いた場合でも有効であり，一般化することができる。

以上，本節では，本書における以後の議論(特に第10章)に関連づけるため，朝鮮語において「格助詞説」を論破するにとどまったが，著者(塚本)は，(11)にも記したように，日本語と朝鮮語の両方に関して「文法関係・格助詞説」の立場に立っている。それを支持するための詳しい議論については，第10章及び別の拙論(特に塚本1984a)を参照されたい。

4 使役構文の考察に向けて

本節では，前節における考察に基づき，第10章における考察への橋渡しとなる議論を行う。

Harada (1976: 47–48)は，(26)〜(29)の例を挙げ，以下に示す考察をしている。

(26) a. 太郎は2人の力の強そうな人に来てもらった。
b. 太郎は力の強そうな人に2人来てもらった。

(27) a. ?1人の英語のできる人に来てほしい。
　　 b. 　英語のできる人に1人来てほしい。
(28) a. 　次郎は3人の子供に死なれた。
　　 b. 　次郎は子供に3人死なれた。
(29) a. ?監督が全員の選手に赤いヘルメットをかぶらせた。
　　 b. 　監督が選手に全員赤いヘルメットをかぶらせた。

このように，日本語では，数量詞の遊離を許す与格名詞句があることがわかる。これらは，形態上同じ与格名詞句でも(9b)に挙げたものと比べると，明らかに文法性が高い。(26b)〜(29b)と(9b)の文法性の差は，次のように説明される。上例の中の一つ(28)は間接受身文であるが，その深層構造を，今，数量詞「3人」を省いて仮定すると，(30)のようになる。

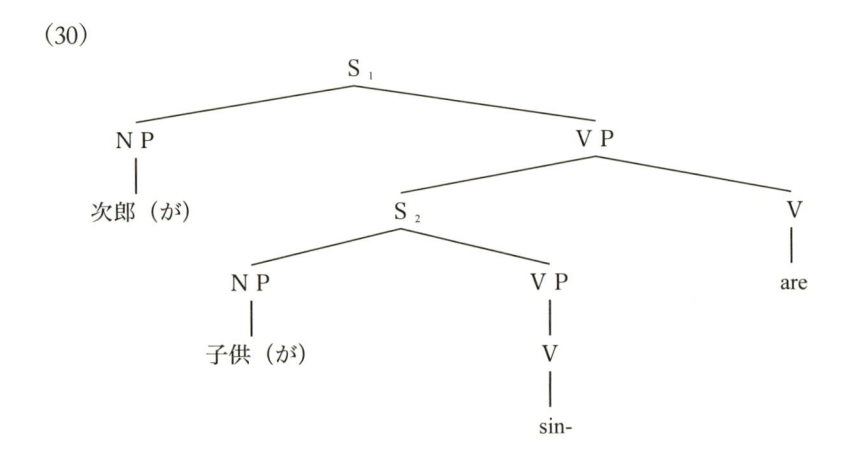

(30)

```
                S₁
            ／     ＼
         NP         VP
          │       ／   ＼
        次郎(が)  S₂      V
                ／ ＼     │
              NP   VP    are
               │    │
             子供(が) V
                    │
                   sin-
```

標準理論の枠組みに従うと，間接受身文はこのような，母型文 S_1 に補文 S_2 が埋め込まれた複合形式の深層構造をとる。この深層構造から表層構造が得られるためには，「死ぬ」という埋め込み文の動詞が繰り上げられて母型文の動詞(r) are と結び付き，S_2 という埋め込み文の節点が刈り込まれて「子供」という名詞句が母型文の構成要素になり，それぞれの名詞句に適当な格助詞が付与される，といった過程を経なければならないが，注目すべき点は，表層構造では与格名詞句である「子供」が深層構造では埋め込み文 S_2

の主語だということである。深層構造の段階において「子供」という名詞句が埋め込み文 S_2 の主語であるということで，すでに名詞句「子供」に対する数量詞遊離の規則の適用条件が満たされているから，この段階で数量詞遊離の規則が適用されて数量「3人」が名詞句「子供」の後ろに置かれる。その後，先ほど述べた派生の過程を経て，名詞句「子供」に与格が付与された結果，「子供に3人」という表層構造の適格文が生み出される。

　(28)の間接受身文と同様に，(26)の「〜てもらう」構文，(27)の「〜てほしい」構文，(29)の使役文もすべて，標準理論の枠組みでは補文が母型文に埋め込まれた複合形式の深層構造が設定され，表層構造では与格で表示されている名詞句が埋め込み文の主語である。このように数量詞遊離の条件を満たしている深層構造の段階で最初にその規則の適用を受けて派生されるので，表層構造において与格名詞句に数量詞が後置された形であっても容認可能な文になると説明される。それに対して，(9)の文における与格名詞句は，派生のどの段階でも首尾一貫して間接目的語という地位にあるために数量詞遊離の条件に当てはまらず，その適用はかなり難しい。以上のように，Harada(1976)などが行っている，同一形態の与格名詞句からの数量詞遊離でありながら(26b)〜(29b)と(9b)で文法性が異なるということに対する説明の仕方は，明らかに(11)で挙げた文法関係説を支持する議論の一つである。

　さて，朝鮮語の方に立ち返ることにしよう。朝鮮語では，日本語における(26)の「〜てもらう」構文，(27)の「〜てほしい」構文，(28)の間接受身文と同一の表現形式をとることができない。よって，上記の，日本語におけるような複合的な深層構造を仮定することも，当然不可能である。ただ，(29)の使役文のみは日本語と同様に表現されるので，複合的な深層構造が仮定できると一応は考えられる。例えば，先ほど格助詞説を反駁するために用いた(22)の使役文の深層構造を仮定してみると，次のようになるであろう。

(31)

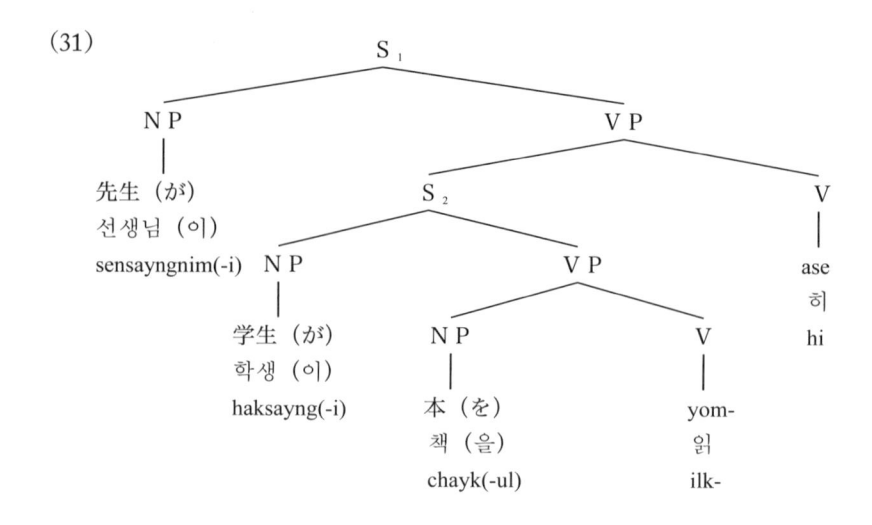

```
                    S₁
             ┌──────┴──────┐
            N P            V P
         先生（が）     ┌────┴────┐
         선생님（이）    S₂         V
       sensayngnim(-i) │          │
                  ┌────┴────┐    ase
                 N P        V P   히
              学生（が）  ┌───┴───┐ hi
              학생（이） N P      V
            haksayng(-i) │       │
                      本（を）   yom-
                      책（을）    읽
                     chayk(-ul)  ilk-
```

　使役文の深層構造(31)においては，動詞繰り上げなどが生じて「학생〈haksayng〉(学生)」という名詞句が母型文の構成要素になり，それに与格が付与される，という過程を経る前に，「학생〈haksayng〉(学生)」が埋め込み文 S₂ の主語であるために数量詞遊離の規則の適用条件に合って数量詞「넷〈neys〉(四つ)」が後置される，と考えられる。このように想定すると，朝鮮語の使役文にあって表層上の与格間接目的語からの数量詞の遊離であろうと((24b))，表層上の対格間接目的語からの数量詞遊離であろうと((24d))，適格な文が生み出されなければならないが，実際はどちらも同等に(24b)に付した対応する日本語文ほど文法性が高くはならない。((24d)の朝鮮語文に対応する日本語文は，日本語においては朝鮮語ほど単文にあっての二重対格が許されないということで，非文法文となっている。)

　以上のことから，両言語間における次の相違を導き出すことができる。すなわち，動詞繰り上げなどが起こる前の深層構造の段階で，日本語においては最初，埋め込み文の主語に数量詞遊離の規則が適用されやすいのに対して，朝鮮語においてはそういったことが生じていない，という相違である。

　なお，こういった両言語間の相違をどのように捉えるべきか，ということについて探究する必要があるが，これについては，第10章で使役構文に関する詳しい考察を行っているので，同章で合わせて論ずることにしたい。

5 数量詞遊離の範囲

　第3節では，特に朝鮮語において数量詞がどのような条件の下で遊離できるのか，そしてそれが何を対象とする現象であるのか，ということについて，一部の問題に限って考察したが，それは，数量詞がその数量詞を含んでいた名詞句のすぐ後ろへ遊離することのみを考慮に入れての分析であった。本節では，数量詞遊離の範囲，すなわち遊離した数量詞が文中どこまで移動できるのか，ということについて検討する。ただ，議論は，無標語順の文における主格主語からの数量詞遊離の場合に限って行う。

　Haig (1980: 1068) は，日本語について次の観察を行っている。

(32) a.　数人の学生 {は／が} 手紙を書いた。
　　 b.　学生 {は／が} 数人手紙を書いた。
　　 c. ?*学生 {は／が} 手紙を数人書いた。

(b)文は(a)文の主格主語からそのすぐ後ろに数量詞が遊離したもので，適格文であるのに対して，(c)文は(a)文の主格主語から遊離した数量詞が「手紙を」という対格直接目的語を飛び越えた場合で，不適格文となる。Haig (1980: 1068) は，このような観察から結論として次の(33)の制約を提案している。

(33)　While quantifiers float from (*ga*-marked) subjects and direct objects over adverbs and oblique noun phrases (from which floating is generally prohibited) with ease, they do not float easily from subjects over objects.

Haig は主語から遊離した数量詞が他の構成要素を飛び越える例として，副詞と斜格目的語と(32c)のようないわゆる直接目的語の場合の他に挙げていないため，(33)の制約における末尾の "object" という用語は直接目的語を指しているようにも受け取られるが，いわゆる間接目的語をも含めて包括的に言っているのかもしれない。その点については不明確であるが，より豊富な例を観察することによって検討し，結論を出さなければならないであろう。

また，佐川 (1978: 37-39) はもう少し多くの例を観察することによって，(33) の Haig の制約とは用語こそ異なるものの，同様の性質のものであると考えられる (34) の制約を提案している。

(34)　主語の NP 内の Q を他の文法項を越えて動かすことはできない。[15]

　上述した，2者による日本語に関しての従来の考察と制約を念頭に置き，以下では，朝鮮語も入れたより豊富な例をより綿密に観察・分析する。まず，次の日本語の文を見てみよう。

(35) a.　20人の宿泊客が火事で死亡した。
　　 b.　宿泊客が20人火事で死亡した。
　　 c.　宿泊客が火事で20人死亡した。

(36) a.　5，6人の子供が公園で野球をしている。
　　 b.　子供が5，6人公園で野球をしている。
　　 c.　子供が公園で5，6人野球をしている。
　　 d.　*子供が公園で野球を5，6人している。

(37) a.　私のいない時，3人の友達が大切な人形を触った。
　　 b.　私のいない時，友達が3人大切な人形を触った。
　　 c.　*私のいない時，友達が大切な人形を3人触った。
　　 d.　私のいない時，3人の友達が大切な人形に触った。
　　 e.　私のいない時，友達が3人大切な人形に触った。
　　 f.　??私のいない時，友達が大切な人形に3人触った。

(38) a.　5人の学生が先生の質問に答えた。
　　 b.　学生が5人先生の質問に答えた。
　　 c.　?学生が先生の質問に5人答えた。

(39) a.　3人の子供が犬にえさをやっている。
　　 b.　子供が3人犬にえさをやっている。
　　 c.　?子供が犬に3人えさをやっている。
　　 d.　*子供が犬にえさを3人やっている。

(35)は,「死亡する」という1項動詞の場合の文であるが,副次的な名詞句として「火事で」という原因格の「で」で表示された斜格目的語が現れている。次に,(36)は,対格直接目的語をとる「する」という2項動詞の場合の文であり,ところを表す状況成分「公園で」を副次的な名詞句として含んでいる。(37)は,対格直接目的語かあるいは与格直接目的語をとる「触る」という2項動詞の場合の文であり,(38)は,与格直接目的語をとる「答える」という2項動詞の場合の文であり,そして(39)は,与格間接目的語と対格直接目的語をとる「やる」という3項動詞の場合の文である。

それぞれの(b)及び(37e)は,数量詞が主格主語からそのすぐ後ろへ遊離したものであり,十分に適格な文である。(36d)(37c)(39d)は,数量詞が主格主語から対格直接目的語を飛び越えて遊離したものであり,かなり文法性が低い。また,主格主語から遊離した数量詞が,(37f)(38c)のように与格直接目的語を飛び越えた場合と,(39c)のように与格間接目的語を飛び越えた場合も,対格直接目的語を飛び越えた場合ほどではないが,それぞれ文法性のやや低い文になる。特に(37f)のように,対格直接目的語と交替のできる与格直接目的語の場合は,かなり文法性が低くなるようである。主格主語から遊離した数量詞が別の構成要素を飛び越えても最も文法性が高いのは,(35c)のような斜格目的語の場合,及び(36c)のような状況成分の場合である。

以上の観察からわかることで,注意したいことは,主格主語から遊離した数量詞が別の構成要素を飛び越えた場合,その構成要素の地位の違いによって文法性にも違いが生ずるわけであるが,それが段階性として現れる,ということである。すなわち,主格主語から遊離した数量詞が他の構成要素を飛び越えた場合,その構成要素が文法関係の範疇の直接目的語,間接目的語,斜格目的語の順において前者であるほど,文法性が低くなるわけである。また,同一の直接目的語という文法関係の範疇にあっても,(36d)(37c)(39d)と(37f)(38c)を比べればわかるように,遊離した数量詞が与格のものよりも対格のものを飛び越えた場合の方が文法性が低くなる。

従来,種々の統語現象について考察した結果,文法関係の範疇の間に言語普遍的に次のような階層性があることが指摘されている(詳細については,Keenan and Comrie 1977,塚本1984aなどを参照のこと)。

(40)　主語＞直接目的語＞間接目的語＞斜格目的語

　また，格助詞間に次のような階層性が存在することも実証されている（詳細については，三上 1953, 1970, 渡辺 1971, 塚本 1984a などを参照のこと）。

(41)　主格＞対格＞与格＞斜格

　以上観察してきた，主格主語から遊離した数量詞が文中どこまで移動できるのか，という数量詞遊離の範囲も，(40)の文法関係の階層性と(41)の格助詞の階層性に従って順当に記述・説明され，次のような一般化の得られた制約を提出することができる。

(42)　（主格主語から）遊離した数量詞が文法関係の階層性のより上位に位置する構成要素を飛び越えれば飛び越えるほど，また同一の文法関係の範疇にあっても格助詞の階層性のより上位に位置する構成要素を飛び越えれば飛び越えるほど，文全体の文法性は低下する。

この場合，本章で言う状況成分と副詞類は，斜格目的語に準ずるものとして把握することができると思われる。
　Haig(1980)による(33)の制約や佐川(1978)による(34)の制約は，遊離した数量詞は斜格目的語や副詞を飛び越えることはできるが，いわゆる目的語を飛び越えることはできない，という簡素化された可能性の二分法である。しかし，上で豊富な例を観察することで明らかになったように，目的語でも直接目的語と間接目的語の違いによって文法性が段階的に異なる。本章で提出した制約(42)は，文法関係及び格助詞の階層性を駆使することによって従来の２者の制約よりも一層一般化された性質のものであるが，それらが重視していなかったそのような文法性の段階性を的確に捉えることができる。
　さて次に，朝鮮語の方に目を転ずることにする。次の(43)～(47)の例は，先ほど挙げた(35)～(39)の日本語の例にそれぞれ対応する。

(43) a. 이십 명의 숙박객이 화재로 사망했다.

　　　Isip myeng-uy swukpakkayk-i hwacay-lo samang-hayssta.

　　　（20人の宿泊客が火事で死亡した。）

　　b. 숙박객이 이십 명 화재로 사망했다.

　　　Swukpakkayk-i isip myeng hwacay-lo samang-hayssta.

　　　（宿泊客が20人火事で死亡した。）

　　c.(?)숙박객이 화재로 이십 명 사망했다.

　　　(?)Swukpakkayk-i hwacay-lo isip myeng samang-hayssta.

　　　（宿泊客が火事で20人死亡した。）

(44) a. 대여섯 명의 아이들이 공원에서 야구를 하고 있다.

　　　Tayyeses myeng-uy aitul-i kongwen-eyse yakwu-lul ha-ko issta.

　　　（5，6人の子供が公園で野球をしている。）

　　b. 아이들이 대여섯 명 공원에서 야구를 하고 있다.

　　　Aitul-i tayyeses myeng kongwen-eyse yakwu-lul ha-ko issta.

　　　（子供が5，6人公園で野球をしている。）

　　c.(?)아이들이 공원에서 대여섯 명 야구를 하고 있다.

　　　(?)Aitul-i kongwen-eyse tayyeses myeng yakwu-lul ha-ko issta.

　　　（子供が公園で5，6人野球をしている。）

　　d. *아이들이 공원에서 야구를 대여섯 명 하고 있다.

　　　*Aitul-i kongwen-eyse yakwu-lul tayyeses myeng ha-ko issta.

　　　（*子供が公園で野球を5，6人している。）

(45) a. 내가 없을 때, 세 명의 친구가 귀중한 인형을 만졌다.

　　　Nay-ka epsul ttay, sey myeng-uy chinkwu-ka kwicwung-han inhyeng-ul mancyessta.

　　　（私のいない時，3人の友達が大切な人形を触った。）

　　b. 내가 없을 때, 친구가 세 명 귀중한 인형을 만졌다.

　　　Nay-ka epsul ttay, chinkwu-ka sey myeng kwicwung-han inhyeng-ul mancyessta.

　　　（私のいない時，友達が3人大切な人形を触った。）

　　c. *내가 없을 때, 친구가 귀중한 인형을 세 명 만졌다.

　　　*Nay-ka epsul ttay, chinkwu-ka kwicwung-han inhyeng-ul sey myeng mancyessta.

(*私のいない時，友達が大切な人形を3人触った。)

(46) a. 다섯 명의 학생이 선생님의 질문에 대답했다.

Tases myeng-uy haksayng-i sensayngnim-uy cilmun-ey taytap-hayssta.

(5人の学生が先生の質問に答えた。)

b.(?)학생이 다섯 명 선생님의 질문에 대답했다.

(?)Haksayng-i tases myeng sensayngnim-uy cilmun-ey taytap-hayssta.

(学生が5人先生の質問に答えた。)

c. ?학생이 선생님의 질문에 다섯 명 대답했다.

?Haksayng-i sensayngnim-uy cilmun-ey tases myeng taytap-hayssta.

(?学生が先生の質問に5人答えた。)

(47) a. 세 명의 아이가 개에게 밥을 주고 있다.

Sey myeng-uy ai-ka kay-eykey pap-ul cwu-ko issta.

(3人の子供が犬にえさをやっている。)

b.(?)아이가 세 명 개에게 밥을 주고 있다.

(?)Ai-ka sey myeng kay-eykey pap-ul cwu-ko issta.

(子供が3人犬にえさをやっている。)

c. ?아이가 개에게 세 명 밥을 주고 있다.

?Ai-ka kay-eykey sey myeng pap-ul cwu-ko issta.

(?子供が犬に3人えさをやっている。)

d. *아이가 개에게 밥을 세 명 주고 있다.

*Ai-ka kay-eykey pap-ul sey myeng cwu-ko issta.

(*子供が犬にえさを3人やっている。)

ただ，(45)の朝鮮語の「만지다〈mancita〉(触る；触れる)」という動詞は，(37)に示した，それに対応する日本語の「触る」という動詞が直接目的語の表示に対格と与格のいずれをもとりうる反面，対格直接目的語の方しかとることができない。

上記の例文は，数量詞遊離の範囲について朝鮮語は日本語とほぼ平行的である，ということを示している。従って，日本語の例文を観察することによって提出された(42)の制約は，朝鮮語の場合にも適用され，有効である。

以上，日本語と朝鮮語は共通して，主格主語から遊離した数量詞が他の構成要素を飛び越しにくいことを見たが，なぜそうであるのか，ということについて考察する必要がある。それは，Haig (1980: 1068-1069) も指摘しているように，遊離した数量詞が最も近い適当な名詞句を対象として解釈されるという性質を有しているからであると考えられる。それを裏付ける証拠として，次の例文を挙げることができる。Haig (1980) も日本語に関しては同様の例文を挙げ，観察を行っているが，本章では朝鮮語をも並列させて見てみることにする。次の (d)～(f) の朝鮮語の文は，(a)～(c) の日本語の文に対応する。

(48) a. 3人の男が警官を殴った。
　　 b. 男が3人警官を殴った。
　　 c. 男が警官を3人殴った。
　　 d. 세 명의 남자가 경관을 때렸다.
　　　　Sey myeng-uy namca-ka kyengkwan-ul ttaylyessta.
　　 e. 남자가 세 명 경관을 때렸다.
　　　　Namca-ka sey myeng kyengkwan-ul ttaylyessta.
　　 f. 남자가 경관을 세 명 때렸다.
　　　　Namca-ka kyengkwan-ul sey myeng ttaylyessta.

(a)(d) は，数量詞「3人」「세 명〈sey myeng〉」が属格の格助詞「の」「의〈uy〉」を付して名詞「男」「남자〈namca〉」を直接修飾している，数量詞遊離前の文である。この場合，もちろん，警官を殴った男の人数が3人である，という意味しかない。日本語の方の (b) は二義性がある。つまり，一つは，警官を殴った男の人数が3人であるという意味で，主格主語からの数量詞後方遊離と考えられる場合であり，もう一つは，男に殴られた警官の人数が3人であるという意味で，対格直接目的語からの数量詞前方遊離と考えられる場合である。一方，(b) に対応する朝鮮語の (e) は，(b) と異なり，警官を殴った男の人数が3人であるという一義性しか有さない。この日本語と朝鮮語の相違は，次のように説明される。第1節で見たように，朝鮮語は，日本語において数量詞前方遊離が許される場合でも一切それを認めな

いので，対格直接目的語からの数量詞前方遊離と考えることによってもたらされる，男に殴られた警官の人数が3人であるという意味を得ることができない。従って，主格主語からの数量詞後方遊離と考えられる場合の，警官を殴った男の人数が3人であるという意味しか有さないのである。そして最後に，(c)(f)はともに，男に殴られた警官の人数が3人であるという一義性を有するだけで，対格直接目的語からの数量詞後方遊離とは考えられるが，警官を殴った男の人数が3人であるという意味の，主格主語からの数量詞後方遊離とは考えられない。

　以上観察してきたことから，日本語にあっても朝鮮語にあっても，遊離した数量詞は最も近い適当な名詞句を対象として解釈されるという性質を有しているのがわかる。従って，主格主語から遊離した数量詞が文法関係と格助詞の階層性において最も上位に位置する対格直接目的語を飛び越えると，その数量詞は助数詞と名詞の性質が一致しなくても，それ自体数量詞の遊離を誘発できる対格直接目的語から遊離したものではないかというように解釈されるため，その文全体の文法性が低くなると考えられる。また，与格直接目的語，与格間接目的語，斜格目的語といったように文法関係と格助詞の階層性にあってより下位に位置する構成要素を，主格主語から遊離した数量詞が飛び越えた場合は，その数量詞は最も近い名詞句を対象として解釈されようとするのであるが，その名詞句自体が階層性の下位に位置するものであって数量詞遊離の誘発の可能性を持ちにくいため，階層性のより上位の構成要素を飛び越えた場合ほど文全体の文法性は悪くならないわけである。

　最後に，留意しなければならない点を一つ指摘し，本節を閉じることにする。朝鮮語も日本語と同様に，主格主語は述語が2項状態述語ではなく（詳細については，塚本1984aを参照のこと），そのすぐ後方へなら数量詞遊離の誘発が可能であると記述することができると思われるが，(46b)(47b)に示されたようにそういった条件を満たした朝鮮語における主格主語からの数量詞遊離でも，それに対応する(38b)(39b)の日本語の場合に比べると少し文法性の低くなる時があるようである。それは，朝鮮語においては日本語よりも数量詞の副詞としての機能が弱いからであると考えられる。そのように言える根拠としては，次の二つが挙げられる。

　一つは，第1節でも少し述べたことであるが，日本語は(1b)のように数

量詞が副詞的に働いている型である，数量詞遊離による表現を用いるのが最も一般的であるのに対して，朝鮮語は (3d) のように数量詞が名詞的に働いている型である，数量詞転位による表現が最も無標で好まれる，ということである．実際，(46b)(47b) を少し文法性が低いとする母語話者も，それを (3d) のような数量詞転位による型で表現すると，十分に認めるようになる．

もう一つは，主格主語あるいは対格直接目的語からそのすぐ後方へ遊離した数量詞に「(이)나 〈(i) na〉」というような副詞的な要素を付け加えれば，座りがよくなり，文法性も高くなる，ということである [16]．次の例を見てみよう．

(49) a. 耳門の内側には，午後 10 時以後は，最後の帰山者が戸締りをする旨の内規が貼られ，まだ表へ返されていない名札が 2 枚あった．

(『金閣寺』p. 152)

b. 옆문 바로 안에는 오후 열시 이후에는 맨 나중에 돌아오는 자가 문을 잠그라는 내규(內規)가 붙어 있었는데, 아직 밖에서 돌아오지 않은 명단이 두 장이나 있었다.　(『金閣寺〈kumkaksa〉』p. 166)
Yephmun palo an-ey-nun ohwu yelsi ihwu-ey-nun mayn nacwung-ey tolaonun ca-ka mun-ul camku-lanun naykyu-ka puthe issessnuntey, acik pakk-eyse tolao-ci anhun myengtan-i twu cang-ina issessta.

(50) a. ラッセルを 3 台備えて雪を待つ，国境の山であった．(『雪国』p. 7)

b. 제설용(除雪用) 기관차를 세 대나 갖추고 눈을 기다리는 접경의 산이었다.　(『雪國〈selkwuk〉／千羽鶴〈chenwuhak〉』p. 7)
Ceyselyong kikwancha-lul sey tay-na kacchwu-ko nun-ul kitalinun cepkyeng-uy san-iessta.

(49)(50) は，日本文学とそれに対応する朝鮮語への翻訳から採取した実例である（それらの出典についての詳細は，本書末の「用例出典」を参照のこと）．(49) においては，日本語と朝鮮語の両方が「名札が 2 枚」「명단이 두 장이나 〈myengtan-i twu cang-ina〉」といったように主格主語からの数量詞遊離の型で表現されている点では同じであるが，朝鮮語の方は遊離した数量詞「두 장 〈twu cang〉(2 枚)」に「이나 〈ina〉」という副詞的な要素を付加して

訳出してある。また、(50)は両言語ともに「ラッセルを3台」「제설용(除雪用) 기관차를 세 대나〈ceyselyong kikwancha-lul sey tay-na〉」というように対格直接目的語が数量詞の遊離を引き起こした例である。この場合も(49b)と同様、朝鮮語にあっては、遊離した数量詞「세 대〈sey tay〉(3台)」に「나〈na〉」という副詞的な要素が付け加えられている。このように主格主語あるいは対格直接目的語から遊離した数量詞に「(이)나〈(i) na〉」という副詞的な要素を付加して翻訳されているのは、予想以上に数量が多いという内容を表す意味的なこともあるが、それが省かれると文法性が低くなったり、落ち着きのない文になったりするからであると考えられる[17]。

第2節で、日本語は数量詞後方遊離を許す場合に限って数量詞前方遊離も可能である、ということを述べた。もう一度、例を、第2節で挙げたものに付け加えて観察しておこう。

(1) a.　3人の友達が私の家に来た。
　　b.　友達が3人私の家に来た。
　　c.　3人友達が私の家に来た。
(51) a.　先生が2冊の本を買った。
　　b.　先生が本を2冊買った。
　　c.　先生が2冊本を買った。
(52) a.　僕は3人の友達に本をやった。
　　b. ??僕は友達に3人本をやった。
　　c. ??僕は3人友達に本をやった。
(2) a.　僕達は4台の自動車で富士山に行った。
　　b. *僕達は自動車で4台富士山に行った。
　　c. *僕達は4台自動車で富士山に行った。

それぞれの(b)文は、(a)文に数量詞後方遊離の変形規則が適用されて派生したものであり、また(c)文は、(a)文に数量詞前方遊離の変形規則が適用されて派生したものである。(1)は主格主語が、(51)は対格直接目的語が、(52)は与格間接目的語が、(2)は斜格目的語である具格名詞句がそれぞれ数量詞後方遊離あるいは数量詞前方遊離を誘発する状況を示している例である。

(1)(51)のように(b)の数量詞後方遊離が許される場合は，(c)の数量詞前方遊離も可能であるが，(52)(2)のように(b)の数量詞後方遊離が認められない場合は，(c)の数量詞前方遊離も不可能なわけである。

　数量詞後方遊離が可能な場合に限って許されるという，このような日本語における数量詞前方遊離の成立条件を適切に応用することによって，朝鮮語においては日本語で数量詞前方遊離が認められる場合でもなぜそれが不可能であるのかに対して次のように一説明が与えられる。つまり，上述のように日本語におけるのと比べると，朝鮮語においては数量詞の副詞としての機能が弱いという要因によって例えば主格主語でも数量詞後方遊離を引き起こしにくい場合があることが，日本語において数量詞前方遊離が認められるそのような場合でも朝鮮語においてはそれが一切許されないということを説明するのにつながっていくわけである。

6　結語

　本章では，日本語と朝鮮語を対照し，両言語における数量詞遊離の現象について考察を行った。本章の各節で得られた結果を以下に要約することにより，結語とする。

　第1節では，数量表現の型を整理して提示し，数量詞の遊離とはどういう現象であるのかを概観した。日本語においては，数量詞遊離前の表現，数量詞後方遊離による表現，数量詞前方遊離による表現，数量詞転位による表現，数量詞を主要語とした表現，といった5種類の数量表現の型が見出される。一方，朝鮮語においては，その5種類のうち，数量詞前方遊離による表現と数量詞を主要語とした表現の2種類が成り立たないが，それ以外の3種類は表現可能である。

　第2節では，朝鮮語において数量詞がどのような条件の下で遊離することができ，またできないか，そしてそれが何を対象とする現象であるのか，ということについて，目的語の場合に限って究明した。朝鮮語における数量詞遊離の現象を記述・説明するに当たり，柴谷が「格助詞説」を提案している。しかしながら，まず，朝鮮語の単文では二重対格が認められにくいことを指摘した。次に，たとえ二重対格が許されたとしても，同一文中の対格直

接目的語と対格間接目的語に着目すると，前者が難なく数量詞の遊離を引き起こすのに対して，後者からの数量詞遊離は不可能な場合があり，このように同一形態の対格名詞句であっても，文法関係の範疇の違いによって文法性の違いが生ずるのは，「格助詞説」に対する反証となることを論じた。

　第3節では，第10章で行う，日本語と朝鮮語における使役構文の詳しい考察に向けて，数量詞の遊離が両言語それぞれ同構文上でいかに振る舞うのか，ということについて分析した。その結果，両言語ともに使役構文について補文が母型文に埋め込まれた複合形式の深層構造を仮定した場合，数量詞の遊離がその埋め込み文レベルにおいて，日本語では生じ得るのに対して，朝鮮語では生起不可能である，ということを明らかにした。この両言語間の相違が何を意味するのか，ということについては，第10章で数量詞の遊離以外の言語現象も取り上げて探究する。

　最後に第4節では，遊離した数量詞が文中どこまで移動可能であるのか，という数量詞遊離の範囲を，無標語順の文における主格主語からの数量詞遊離の場合に限定して考察した。両言語とも主格主語から遊離した数量詞が飛び越えた構成要素が，文法関係と格助詞の階層性の上位に位置するものであればあるほど，文全体の文法性は低下する。このように，数量詞遊離の可能な範囲も，文法関係と格助詞の階層性に従い，これまでに提案されてきた制約より一層一般化の得られた形式で記述・説明されることを論述した。また，遊離した数量詞は，最も近い適当な名詞句を対象として解釈されるという性質を有していることも明らかにした。さらに，日本語より朝鮮語の方が数量詞の副詞的な機能が弱いことを示すデータも観察された。朝鮮語において数量詞前方遊離が認められないのは，一つにこういったことがかかわっているからであると考えられるが，この考えは，数量詞後方遊離の可能な場合に許されるという，日本語における数量詞前方遊離の成立条件を活用することによって導かれるのである。

注
1) 本書における他章では，「名詞類＋格助詞」の単位を「補語」という用語で呼ん

でいるが，本章では，それと同じものを指して，数量詞の遊離などの現象について考察する際に最も一般的に用いられている用語である「名詞句」と称することにする。
2) 数量詞遊離前の文と数量詞遊離後の文は，必ずしも同義ではない。次の例のように，特に定名詞句からの数量詞遊離は意味が変わる。
　　（ⅰ）　僕は古本屋で買った3冊の本を友達にやった。
　　（ⅱ）　僕は古本屋で買った本を3冊友達にやった。
(ⅰ)(ⅱ)の「本」は，連体修飾節によって導かれた定名詞句である。(ⅰ)においては買った本は3冊で，友達にやった本もその3冊であるのに対し，(ⅱ)においては買った本は3冊以上で，そのうちの3冊を友達にやったという部分的な含意が与えられる。
また，(1a)と(1b)の関係を，変形規則で捉えるのではなく，意味解釈規則に依存して説明しようとする立場もある。どちらの考え方に優位性が置かれるか，という問題について論ずることは本章の趣旨ではないし，本章では，以下，いずれの立場をとっても直接・間接に関連する問題を考察するので，便宜上，変形規則を認める立場の方に立って議論を進めていく。
3) 本書における他章では，「が」格や「を」格，「가／이〈ka/i〉(が)」格や「를／을〈lul/ul〉(を)」格などといったように，格助詞を，具体的な格助詞を含んだ名称で呼んでいるが，本章では，それと同じものを指して，数量詞の遊離などの現象について考察する際に最も一般的に用いられている用語である「主格」や「対格」などと称することにする。
4) (1b)を導くには(1a)ではなく，(1d)を基底にした方が妥当である，という奥津(1983)の論考もあるが，本章では，議論に支障を来さないように従来の考え方を採った。
5) 注2)で指摘した意味的なことは，朝鮮語においても当てはまる。
6) 朝鮮語において数量詞前方遊離が不可能であるという事実は，最初 Takubo (1981b)で知り，それに関連して田窪行則氏からいろいろと御教示をいただいた。また，菅野(1981: 137)にも若干の言及があり，参照した。
7) Takubo (1981b)にも同様の指摘がある。
8) (12)は Shibatani (1976b: 250, 1977: 804–805)の例文であり，それぞれの文法性の判定も柴谷自身による。また，(12)(13)(15)～(17)における（　）内の日本語訳は，柴谷の論考には記載されていないが，対照研究としての議論をわかりやすくするために著者(塚本)が付記したものである。
9) (13)は Shibatani (1976b: 250–251, 1977: 805)の例文であり，それぞれの文法性の判定も柴谷自身による。また，人間を数える場合，朝鮮語は日本語と違って，助数詞「명［＝名］〈myeng〉(名)」がなくてもよい。
10) (15)～(17)はすべて柴谷の論考における例文であるが，それぞれの文法性の判定は柴谷自身ではなく，著者(塚本)のインフォーマント調査によった。

11) (18) (19) はいずれも柴谷の論考における例文であるが，それぞれの文法性の判定は柴谷自身ではなく，著者(塚本)のインフォーマント調査によった。
12) 本章で扱う朝鮮語の使役文は，語幹に接尾辞「이〈i〉」「기〈ki〉」「리〈li〉」「히〈hi〉」「우〈wu〉」「구〈kwu〉」「추〈chwu〉」のいずれかが付加された動詞のものに限定し，「～게 하다〈-key hata〉(～ようにする)」という迂言的な使役表現や「名詞＋시키다〈sikhita〉(させる)」という使役文などは除外する。なお，接尾辞を用いた使役文については，第10章で日本語と朝鮮語を対照しながら，詳しく考察しているので，同章も参照のこと。
13) 塚本勲(1983: 182–183)にも指摘されているが，朝鮮語の「使役受身文」はそのほとんどが日本語のそれのようには成立せず，別の形式で表現されるのが一般的である。しかしながら，(23a)における「읽히다〈ilkhita〉(読ませる)」のように語によっては，直接目的語を主語にした使役受身文なら，十分に可能なものもある。
14) (13)の例における Shibatani (1976b, 1977) の議論と合わせるために，「학생〈haksayng〉(学生)」の数を表す数量詞は，助数詞「명［＝名］〈myeng〉(名)」を省いたものを採用した。
15) 「文法項」というのは関係文法における主語，直接目的語，間接目的語を総括した用語で，「失業者(chômeur)」とは一線を引かれた概念である。
16) 「나〈na〉」は，開音節語つまり母音で終結する語に付着する形態であり，閉音節語つまり子音で終結する語に付着する場合は「이나〈ina〉」となる。
17) その後の研究として，楊凱栄(2002)がある。楊は，特に数量表現において用いられた日本語の「も」と中国語の「也」を対照して考察を行っているが，この中国語の「也」は，本章で取り上げて論じている朝鮮語の「(이)나〈(i)na〉」と相通ずるところもあり，大変興味深い。

第6章　日本語における複合格助詞

1　序

　現代日本語研究の中で，最も活発に議論されてきたテーマの一つに，格助詞に関するものが挙げられる。しかしながら，これまで話題にされてきたのは，単一格助詞が中心であり，複合格助詞に関する分析は遅れをとっていたことは否めない[1)]。

　本章では，日本語における複合格助詞に焦点を当て，形態・統語・意味のそれぞれの側面から考察し，その三側面の相互作用についても論ずることにしたい。また，次章では，同じく複合格助詞について，日本語に朝鮮語を加えて両言語を対照しながら考察することにするが，本章を日本語のみの考察に当てているのは，その議論を明確に且つわかりやすくするためでもある。

2　形態的側面

　まず本節では，日本語における複合格助詞について形態的側面から考察する。

2.1　形式と種類

　日本語について観察すると，格助詞に相当する働きをしており，ある一定のまとまった形式になっていると考えられるものが存在することがわかる。それを整理して提示すると，次のとおりである。

（1）（A）（ア）　単一連用格助詞＋動詞連用形

　　　　（イ）　単一連用格助詞＋動詞連用形＋接続語尾「て」
　　（B）　単一｛連体／連用｝格助詞＋名詞＋単一連用格助詞

　まず，(A)のように動詞が用いられているものと，(B)のように名詞が用いられているものの二つに大別される。(A)の場合は，(ア)のように，何か単一の連用格助詞に連用形の動詞が後続する形態をとるものがある。その他に，(イ)のように，(ア)の形態に「て」という接続語尾が付け加えられたものもある。また，(B)の場合は，単一の連体格助詞あるいは連用格助詞に名詞が続き，さらにその後ろに何か単一の連用格助詞が置かれたものである。
　(1)をより具体的に提示したものが，次の(2)である[2]。

(2)(A)(ア)　～に｛あたり／あたって｝，～にあって，～において，～に｛応じ／応じて｝，～に後れて，～に｛限り／限って｝，～に｛かけ／かけて｝，～に｛関し／関して｝，～に｛先立ち／先立って｝，～に｛際し／際して｝，～に｛従い／従って｝，～にして，～に｛沿い／沿って｝，～に｛対し／対して｝，～に｛つき／ついて｝，～に｛つけ／つけて｝，～に｛つれ／つれて｝，～に｛伴い／伴って｝，～に｛とり／とって｝，～に｛のっとり／のっとって｝，～に｛向かい／向かって｝，～に｛基づき／基づいて｝，～に｛より／よって｝，～に｛わたり／わたって｝

　　　（イ）　～をおいて，～を｛介し／介して｝，～をして，～を｛通じ／通じて｝，～を通して，～をはじめ，～を｛踏まえ／踏まえて｝，～を｛めぐり／めぐって｝，～をもって，～を問わず
　　　（ウ）　～でもって
　　　（エ）　～として，～と違って
　　　（オ）　～｛に／と｝似て
　　（B）(ア)　～の合間に，～の暁に，～のおかげで，～の代わりに，～のくせに，～の資格で，～のせいで，～のたびに，～のために，～のついでに，～のとおり(に)，～の下(もと)で
　　　（イ）　～といっしょに，～と同様(に)，～とともに

（ウ）　〜と(は)あべこべに，〜と(は)裏腹に，〜と(は)逆に，〜と(は)反対に，〜と(は)無縁に
　　（エ）　〜が原因で，〜が証拠に，〜がために，〜が故に

　この(2)も(1)と同じく，(A)は動詞が用いられているものであり，(B)は名詞が用いられているものである。(A)(B)ともに，先頭に立つ単一格助詞の違いによって，さらに分類してある。すなわち，(A)においては，(ア)が「に」，(イ)が「を」，(ウ)が「で」，(エ)が「と」，(オ)が「に」あるいは「と」で，また(B)においては，(ア)が「の」，(イ)が「と」，(ウ)が「と(は)」，(エ)が「が」でそれぞれ始まるものである[3]。
　本書では，このような形式のものを，「複合格助詞」という名称を用いて呼ぶことにし，その中でも，主として(1)及び(2)の(A)のような動詞が用いられたものについて考察したい[4]。なお，以後（特に第3節及び第4節），本文中においてその複合格助詞を示す際には，表記上の煩雑さを避けるために，支障がない限り，(1)(A)に掲げた2種類のうち，(イ)「単一連用格助詞＋動詞連用形＋接続語尾『て』」の形式を代表させる。

2.2　動詞が含まれていると考えられる点

　今述べたように，本書における考察の対象となるのは，主として(1)及び(2)の(A)の方であるが，それらの複合格助詞の中に動詞が含まれていると解するための根拠を2点挙げることができる。
　一つは，村木(1983[1991: 326–327])も指摘しているように，動詞の格支配の特徴を受け継いでいる，という点である。例えば，「〜に {つき／ついて}」や「〜に {あたり／あたって}」は，「つく(付く)」「あたる(当たる)」が着点を含意する動詞であるおかげで格助詞「に」が現れ，また「〜をもって」において格助詞「を」が登場するのは，「もつ(持つ)」が対象を要求する動詞であって，その反映のためである。ただ，こういったことは，すべての複合格助詞に該当するとは限らない。なお，この動詞の格支配の問題については，意味論とも大いにかかわりがあるので，第4節で再び言及する。
　もう一つは，Martin(1975)，仁田(1982a: 395–397)，村木(1983[1991: 326–327])も述べているように，動詞に付く丁寧体の形式をとることができ

る，という点である。

（3）　～にあたりまして，～におきまして，～に従いまして，～に対しまして，～につきまして，～にとりまして，～によりまして，～をもちまして，～としまして，……

今，指摘している形式は，(3)が示すように，丁寧体の形式「ます」を用いて表現することができ，この「ます」は動詞に付くことはできるが，形容詞や形容動詞といった他の述語には付くことができないものである[5]。（形容詞と形容動詞の場合における丁寧体には，現代語では「です」という形式がとられる。）こういったことは，ほぼすべての複合格助詞に当てはまる。

2.3　単なる「単一連用格助詞＋動詞連用形（＋接続語尾『て』）」という結び付きと異なる点

　ただ単に「単一連用格助詞＋動詞連用形（＋接続語尾『て』）」というように連続しているのではなく，これがある一定のまとまった形式になっている，と解すべき根拠を5点指摘することができる。
　一つ目は，Martin(1975)と村木(1983[1991])も指摘しているように，「は」「も」「だけ」「ばかり」などの取り立て助詞を挿入することはできない，という点である。一般の文では，例えば

（4）　その子はいつも母親にだけ付いて行く[6]。

のように，その中に含まれている要素である「母親に」を取り立て助詞の「だけ」で取り立てることができる。それに対して，今問題にしている形式では，例えば

（5）　＊その子はアニメにだけついて話をした。

のように，その中に含まれている要素である「アニメに」を取り立て助詞の「だけ」で取り立てることはできない。

二つ目は，Matsumoto (1998: 30) も指摘しているように，様態副詞をとって動詞部分を修飾することができない，という点である。一般の文では，例えば

（6）　その子はべったりと母親に付いて歩いていた。

のように，「べったりと」といった様態副詞が動詞部分の「付く」を修飾することができる。それに対して，今問題にしている形式では，例えば

（7）　*その子はべったりとアニメについて話をした。

のように，「べったりと」といった様態副詞が動詞部分の「つく」を修飾することはできない。
　三つ目は，Matsumoto (1998: 30, 33) も指摘しているように，動詞部分が使役，受身，願望，否定などを表す接辞をとることができない，という点である。一般の文では，例えば

（8）　その子は母親に付かないで家から外に出て行った。

のように，動詞部分の「付く」が否定を表す接辞の「ない」をとって表現することができる。それに対して，今問題にしている形式では，例えば

（9）　*その子はアニメにつかないで話をした。

のように，動詞部分の「つく」はそういったことが不可能である。
　四つ目は，今問題にしている形式の連体表現には 2 種類があることを指摘できるが，そのうち，全体の形を変えないものの方は常に成立が認められるのに対して，一部の形を変えるものの方は必ずしも成り立つとは限らない，という点である。これについては，本章の 2.4 で具体例を示しながら，詳述することにする。
　最後に五つ目として，動詞部分の表記の違いが挙げられる。一般の文で

は，動詞部分が〈付着〉あるいは〈到着〉という実質的な意味を有しており，この場合には，「〜に {付き／付いて}」や「〜に {着き／着いて}」のように，動詞部分を漢字で表記することが多い。これは，次の(10)(11)に示されるとおりである。

(10) その子は母親に付いて歩いていた。
(11) 友達は駅に着いて売店で新聞を買った。

それに対して，今問題にしている形式の場合には，「〜に {つき／ついて}」のようにひらがなで表記するのが普通である。これは，次の(12)に示されるとおりである。

(12) その子はアニメについて話をした。

　また，「〜に {置き／置いて}」「〜において」についても同様のことが言える。今問題にしている形式として使われる時は，

(13) 物理学の国際学会が京都国際会議場において開催された。

に示されるように，ひらがな表記であり[7]，

(14) うちの子は家にかばんを置いてすぐに遊びに出て行った。

に示されるように，漢字表記は〈設置〉といった実質的な意味が存在する一般の文の場合にしか用いられない。
　なお，この五つ目の表記の問題については，意味的な側面と大いに関係するので，4.1でさらに論ずることにする。

2.4　複合格助詞の連体表現

　後続する名詞類に複合格助詞がかかっていく連体表現には，(A)「複合格助詞に連体格助詞の『の』を付加する方法」と，(B)「複合格助詞における

動詞部分を連体形にする方法」の2種類がある[8]。これは，(15)に示されるとおりである。

(15) a. 環境保護に関しての問題
　　 b. 環境保護に関する問題

(15a)は，名詞「環境保護」に後続した複合格助詞「〜に関して」が連体格助詞の「の」を伴って名詞「問題」を修飾している表現になっており，(15b)は，名詞「環境保護」に後続した複合格助詞「〜に{関し／関して}」における動詞部分「関する」が連体形の「関する」として名詞「問題」を修飾している表現となっている。

　今，例には，(A)(B)の両方が可能な「〜に{関し／関して}」を挙げたが，種々の複合格助詞について観察してみると，複合格助詞によっては，(A)(B)ともに成り立つとは限らないことがわかる。その成立状況をまとめると，次の(16)のようになる[9]。(なお，(A)「複合格助詞に連体格助詞の『の』を付加する方法」を「連体格助詞付加形」，(B)「複合格助詞における動詞部分を連体形にする方法」を「動詞連体形」と簡素化して称することにする。また，○は標記の形式が成立可能なことを，×は成立不可能なことを，△は不自然であったり，認められても，一般的ではなかったりすることをそれぞれ表す。)

(16)

	連体格助詞付加形	動詞連体形
〜に{あたり／あたって}	○	×
〜にあって	○	×
〜において	○	×[10]
〜に{応じ／応じて}	○	×
〜に{限り／限って}	△	×
〜に{かけ／かけて}	×	×
〜に{かけ／かけて}〈期間〉	△	×
〜に{関し／関して}	○	○

〜に {先立ち／先立って}	○	△
〜に {際し／際して}	○	△
〜に {従い／従って}	△	×
〜にして	×	×
〜に {沿い／沿って}	○	×
〜に {対し／対して}	○	○
〜に {つき／ついて}	○	×
〜に {つけ／つけて}	△	×
〜に {つれ／つれて}	△	×
〜に {伴い／伴って}	○	○
〜に {とり／とって}	○	×
〜に {のっとり／のっとって}	○	×
〜に {向かい／向かって}	○	△
〜に {基づき／基づいて}	○	○
〜に {より／よって}	○	○
〜に {わたり／わたって}	○	○
〜をおいて	×	×
〜を {介し／介して}	○	△
〜をして	×	×
〜を {通じ／通じて}	○	×
〜を通して	○	×
〜をはじめ	×	×
〜を {踏まえ／踏まえて}	○	×
〜を {めぐり／めぐって}	○	○
〜をもって	△	×
〜を問わず	×	×
〜でもって	△	×
〜として	○	×
〜と違って	×	×
〜 {に／と} 似て	×	×

上記の表から次のことが言える。

第一に，(Ⅰ)《「連体格助詞付加形」と「動詞連体形」の両方が可能なもの》が存在し，それに該当するものとして，先の「～に｛関し／関して｝」の他に「～に｛対し／対して｝」「～に｛より／よって｝」などを挙げることができる。

第二に，(Ⅱ)《「連体格助詞付加形」は可能であるが，「動詞連体形」は不可能なもの》も存在し，それに該当するものは，「～に｛つき／ついて｝」「～に｛とり／とって｝」などである。そのうち，「～に｛とり／とって｝」を取り上げて具体的な例を示すと，次のとおりである。

(17) a. 我々にとっての問題
　　 b. *我々にとる問題

(17a)が示すように，名詞「我々」に後続した複合格助詞「～にとって」が連体格助詞の「の」を携えて名詞「問題」を修飾することは許されるのに対して，(17b)が示すように，名詞「我々」に後続した複合格助詞「～に｛とり／とって｝」における動詞部分「とる」が連体形の「とる」となって名詞「問題」を修飾することは認められない。

第三に，今述べた(Ⅱ)の逆で，(Ⅲ)《「動詞連体形」は可能であるが，「連体格助詞付加形」は不可能なもの》というのは見当たらない。

第四に，先に述べた(Ⅰ)の逆で，(Ⅳ)《「連体格助詞付加形」と「動詞連体形」の両方が不可能なもの》が見出される。こういったことに該当するのは，「～にして」「～をおいて」「～をはじめ」などである。

以上のことを総合すると，次のことが導き出せる。複合格助詞の連体表現が成立する時，(A)「複合格助詞に連体格助詞の『の』を付加する方法」を採れば，必ず認められるが，(B)「複合格助詞における動詞部分を連体形にする方法」は可能な場合と不可能な場合があり，必ずしも受け入れられるとは限らない。また，(A)では，複合格助詞全体の形を全く変えずに連体格助詞の「の」が付け加えられているだけであるのに対して，(B)は，複合格助詞における一部の形を変えることによって生み出されたものである。言い換えれば，必ず認められるのは複合格助詞全体の形を全く変えない(A)の方で

あり，複合格助詞における一部の形を変える(B)の方は，必ずしも受け入れられるとは限らないのである．さらに，こういった事実は，2.3で少し指摘したように，ここで複合格助詞と称しているものが単なる「単一連用格助詞＋動詞連用形(＋接続語尾「て」)」という連続とは異なり，ある一定のまとまった形式になっている，と解すべき証拠の一つに挙げることができる．

なお，上記の(IV)は(A)(B)ともに不可能で，連体表現自体が成立しないものであるが，こういったことは，名詞を修飾して叙述するのに意味的にそぐわない性質があるためであると考えられる．

以上，この2.4で述べてきたこともまた，意味論との密接な相関関係にあるので，意味的な側面から考察する4.1でより詳しく論ずることにする．さらに，朝鮮語と対照して考察すると，明らかになることがあるが，それについては，第7章における4.1で論ずることにする．

3 統語的側面

本節では，統語論に関する問題を2点扱うことにする．

3.1 単一格助詞との交替現象

まず一つ目として指摘できる統語的特徴は，いくつかの複合格助詞が単一格助詞に置き換えられる場合が多い，ということである．複合格助詞と単一格助詞の交替にどういう種類のものがあるのか，その具体例を以下に挙げて見ていくことにするが，ただ，当然のことながら，ある文中で成立した交替現象がまた別の文中でも生じ得るとは限らないので，交替が不可能な文例も必要に応じて併記する場合がある[11]．

3.1.1 「〜において」と「〜で」

〈動作・行為が行われる場所〉を表す複合格助詞「〜において」は大体，次に示されるように，単一格助詞「〜で」に置き換えることができる[12]．

(18) 委員会は第1会議室｛において／で｝行います．
(19) 同巡査はその後，岡山県江見町｛において／で｝雑貨商を開業し，店

員の彰吉を養子とし，それに妻をめあわせ，平和な老後の生活をいとなむようになりました。　　　　　　　　（『砂の器（下）』p. 382）

しかしながら，その逆で，〈動作・行為が行われる場所〉を表す「〜で」が「〜において」に置き換えられるかと言うと，次に示されるように，必ずしもそうではない[13]）。

(20)　高橋尚子選手が競技場｛*において／で｝走っていた。

3.1.2　「〜について」「〜に関して」と「〜を」

〈かかわり〉を表す複合格助詞の「〜について」あるいは「〜に関して」は，(21)(22)に示されるように，〈対象〉を表す単一格助詞の「〜を」に置き換えることができる場合がある。一方，(23)(24)に示されるように，そういったことが不可能な場合もある。

(21)　政府・自民党は10日午後，首相官邸で，二階堂自民党副総裁を団長とする訪米団の派遣を前に，日米間の経済摩擦問題の対応｛について／を｝協議した。　　　　（『朝日新聞』1985年9月11日朝刊 p. 1）
(22)　首脳会談は，4回計8時間を越す予定で①軍縮②二国間関係③地域紛争④人権の諸問題｛について／を｝討議するが，……
　　　　　　　　　　　　　　　　　（『朝日新聞』1985年11月19日朝刊 p. 1）
(23)　臨時教育審議会第三部会（有田一寿部会長）は7日，「基本答申」の柱となる教員の資質向上策｛について／*を｝部会案をまとめた。
　　　　　　　　　　　　　　　　　（『朝日新聞』1985年10月8日朝刊 p. 1）
(24)　朝日新聞社はこのほど，主な企業100社（製造業54社，非製造業46社）のトップ経営者を対象に，景気の動き，政策運営，経営判断｛について／*を｝アンケート調査をした。それによると，景気の現状｛について／*を｝「ゆるやかに下降している」，「下降している」という判断が合わせて53％に達した。
　　　　　　　　　　　　　　　　　（『朝日新聞』1985年11月24日朝刊 p. 1）

なお，ここで指摘している，複合格助詞「～について」あるいは「～に関して」と単一格助詞「～を」の交替がどういう場合に可能であり，またどういう場合に不可能であるのか，ということの詳細については，関連する問題を取り上げて考察している 3.2.2 で論述することにする。

3.1.3 「～に対して」と「～に」

〈対抗〉や〈対面〉を表す複合格助詞「～に対して」は，(25) に示されるように，〈相手〉を表す単一格助詞「～に」に置き換えることができる場合が多い[14]。

(25) このパレスチナ人4人は去る7日，エジプトのアレキサンドリア港沖でアキレ・ラウロ(23,629トン)を乗っ取って，乗客乗員400人余りを人質にとり，イスラエル {に対して／に} 仲間のゲリラの釈放を要求した。 (『朝日新聞』1985年10月11日夕刊 p.1)

一方，〈相手〉を表す単一格助詞「～に」は，(26)に示されるように，〈対抗〉や〈対面〉を表す複合格助詞「～に対して」に必ずしも容易に交替できるとは限らない。

(26) 祖母が孫 {*に対して／に} お小遣いをあげた。

3.1.4 「～にとって」と「～に」

〈立場〉を表す複合格助詞「～にとって」は，(27)(28)が示すように，〈相手〉を表す単一格助詞「～に」に置き換えることが困難な場合が大半であるが，(29)が示すように，後続する「重大だ」「重要だ」「大切だ」などの述語によっては，そういう置き換えが完全とは言えないものの，かなりの程度まで認められることもある[15]。

(27) 米ソ {にとって／*に} 中心的な課題は安全の問題である。
(『朝日新聞』1985年11月22日朝刊 p.3)
(28) 世界のひのき舞台を目指すスケーターたち {にとって／*に}，NHK

杯に出場することが一つの目標とまでいわれる大会。
(『朝日新聞』1985 年 11 月 22 日朝刊 p. 24)
(29) それは，別な事件に関係したことです．捜査上，詳しいことはちょっと申しあげかねますが，われわれ {にとって／?に} は，重大なんですよ。　(『砂の器 (上)』p. 322)

なお，この交替については，朝鮮語と対照して考察すると，非常に興味深いことが明らかになるので，第 7 章の 5.2 でより詳しく言及することにする。

3.1.5 「〜によって」と「〜に」

〈動作主〉を表す複合格助詞「〜によって」は，単一格助詞「〜に」に交替できる場合がある。これを示す具体例が (30) であるが，こういった交替が常に可能であるとは限らない．複合格助詞「〜によって」を単一格助詞「〜に」に置き換えると，(31) のようにやや不自然であったり，(32) のように認められなかったりする場合も多く見られる。

(30) 中国残留孤児第三班 (吉林，黒竜江省組) の付士花さんは 21 日，京都での予定されていなかった対面調査の結果，同じ班で来日し，16 日に「生家はパン屋」との記憶から身元が判明していた張彦斌 (望月芙美枝) さん (47) の妹，望月信枝さん (43) であることが日本側の叔母たち {によって／に} 確認された。
(『朝日新聞』1985 年 9 月 22 日朝刊 p. 22)
(31) 米ホワイトハウスのスピークス副報道官は 10 日夜，記者会見し，パレスチナ・ゲリラを乗せたエジプト機が米海軍機 {によって／?に} イタリアのシチリア島に強制着陸させられた事件はレーガン大統領の直接命令によることを明らかにした。
(『朝日新聞』1985 年 10 月 11 日夕刊 p. 1)
(32) 服部四郎，平山輝男らの熱心な研究家の手 {によって／*に}，ほぼ全国の各市町村のアクセントのだいたいの性格は見当がつけられており，相互の親近関係もほぼ見通しがついている。　(『砂の器 (上)』p. 238)

なお，ここで指摘している，複合格助詞「〜によって」と単一格助詞「〜に」の交替がどういう場合に可能であり，またどういう場合に不可能であるのか，ということの詳細については，4.2.1 で論述することにする。

3.1.6 「〜をおいて」と「〜より」

〈除外〉を表す複合格助詞「〜をおいて」は，次の (33) が示すように，単一格助詞「〜より」に置き換えることができるのが一般的である[16]。

(33) この難題を解決できるのは，彼 {をおいて／より} ほかにいない。

3.1.7 「〜をして」と「〜に」

複合格助詞「〜をして」は，使役文の中で用いられて〈被使役者〉を表すため，次の (34) が示すように，単一格助詞「〜に」に置き換えることが一応は可能である[17]。((34) の例は，林(監修)1985: 1361 からの引用。)

(34) 得難き機会は凡ての動物 {をして／に}，好まざることをも敢てせしむ。　　　　　　　　　　　　　　　（夏目漱石(著)『吾輩は猫である』）

ただ，複合格助詞「〜をして」は，「〜しむ」という使役の接尾辞と共起して用いられることからわかるように，古典語的な表現であり，それに対して，単一格助詞「〜に」は現代語の表現である。「〜をして」が「〜に」と交替したものが不自然な文であると感じられるのであれば，それはこういった歴史的な文体の違いが要因となっていると考えられる。

3.1.8 「〜をもって」と「〜で」

複合格助詞「〜をもって」は，〈終わり・境界〉〈方法・手段〉〈理由・原因〉の 3 種類の意味・用法を有するが[18]，いずれの場合も，次の (35) 〜 (37) に示すように，単一格助詞「〜で」に置き換えることができる。

(35) これ {をもって／で} 本会議を終わります。〈終わり・境界〉
(36) 術 {をもって／で} 衆を惑わし，たぶらかし，そのことによってか

えって衆を惹きつけていた。(井上ひさし(著)『腹鼓記』p. 177)〈方法・手段〉

(37) 彼は業務上過失致死の疑い{をもって/で}逮捕された。〈理由・原因〉

3.1.9 「〜でもって」と「〜で」

　複合格助詞「〜でもって」は,〈限界〉〈方法・手段〉〈原因・理由〉〈動作・過程の状態〉の4種類の意味・用法を有するが [19],いずれの場合も,次の(38)〜(41)に示すように,単一格助詞「〜で」に置き換えることができる。

(38) 申し込みは先着100人{でもって/で}締め切らせていただきます。〈限界〉
(39) 拍手{でもって/で}新郎新婦を祝福して下さいますようお願い致します。〈方法・手段〉
(40) たばこの不始末{でもって/で}大きな山火事となった。〈原因・理由〉
(41) 目上の人には、そんな生意気な態度{でもって/で}接してはいけない。〈動作・過程の状態〉

3.1.10 「〜として」と「〜に」「〜で」

　〈資格・立場〉を表す複合格助詞「〜として」は,(42)(43)が示すように単一格助詞「〜に」に置き換えることができる場合と,(44)が示すように単一格助詞「〜で」に置き換えることができる場合がある [20]。また,(45)(46)が示すように,単一格助詞「〜に」「〜で」のいずれとも交替できない場合も見られる。

(42) また「適格審査会」は都道府県教委の諮問機関として設置。①構成員は「人格が高潔で識見の高い者」20〜25人程度②任期2年③2年ごとに三分の一が入れ替わる、などを留意点{として/に/*で}挙げ、「公平にして公正」なものにすることを強調している。

(『朝日新聞』1985 年 10 月 8 日朝刊 p.1)

(43) 神戸市地域福祉課は「地下水源を探していたので，予想もしないもうけもの。せっかく福祉施設の造成地に出たのだから，浴場 {として／に／*で} 利用するだけでなく，水治療室や，若い人も利用できる健康増進施設などもつくりたい」といっている。

(『朝日新聞』1985 年 10 月 10 日朝刊 p.23)

(44) また，ヘビースモーカー {として／*に／で} も知られ，1 日 5 箱のたばこを吸っていたが，83 年 9 月，肺がんと診断された。

(『朝日新聞』1985 年 10 月 11 日朝刊 p.23)

(45) 「ぜひ，本当のことを」—ロス疑惑の中心人物三浦和義が殺人未遂容疑で逮捕されたことで，三浦の妻 {として／*に／*で} ナゾの死を遂げた一美さん(当時 28)の両親，佐々木良次さんと康子さん(川崎市川崎区在住)は 12 日午前 10 時から，東京都千代田区のホテル・ニューオータニで記者会見した。(『朝日新聞』1985 年 9 月 12 日夕刊 p.15)

(46) 韓国の美人歌手桂銀淑(ケー・ウンスク)がゲスト。桂は CF モデル，歌手 {として／*に／*で} 韓国の芸能界で活躍，このほど「大阪暮色」で日本デビューした。(『朝日新聞』1985 年 10 月 8 日朝刊 p.24)

なお，ここで指摘している，複合格助詞「～として」と単一格助詞「～に」あるいは「～で」の交替がどういう場合に可能であり，またどういう場合に不可能であるのか，ということの詳細については，関連する問題を取り上げて考察している 3.2.3 で論述することにする。

3.1.11 「～のために」と「～に」

複合格助詞「～のために」は〈受益者〉や〈目的〉を表すが，そのいずれの場合も，(47)(48)が示すように，後続する述語によっては単一格助詞「～に」に置き換えることができる[21]。ところが一方，同じ意味を表しても，(49)が示すように，後続する述語によっては単一格助詞「～に」への置き換えが不可能なこともある。

(47) 太郎は恋人 {のために／に} プレゼントを {買った／買ってやった}。

〈受益者〉
(48) 花子は読書 {のために／に} 多くの時間を費やした。〈目的〉
(49) 父は家族 {のために／*に} 一生懸命に働いた。

なお，ここで指摘している，複合格助詞「〜のために」と単一格助詞「〜に」の交替がどういう場合に可能であり，またどういう場合に不可能であるのか，ということの詳細については，関連する問題を取り上げて考察している 3.2.4 で論述することにする。

3.1.12 「〜とともに」「〜といっしょに」と「〜と」

〈共同〉を表す複合格助詞「〜とともに」及び「〜といっしょに」は通常，次の (50) が示すように，単一格助詞「〜と」に置き換えることができる。

(50) 2日訪仏したゴルバチョフ・ソ連共産党書記長 {とともに／と} パリにやってきた夫人のライサさんは，ミッテラン仏大統領夫人のダニエルさんの案内で車で市内ツアーへ。

『朝日新聞』1985 年 10 月 4 日朝刊 p. 7)

3.2 動詞の結合価に関する問題

ここでは，ある補語がある動詞にとって必須的であるのか（つまり，ある動詞のある補語に対する要求度が高いのか），副次的であるのか（つまり，その要求度が低いのか），といった動詞の結合価に関する問題を取り上げる。

第 3 章で，日本語においてどのような補語が必須補語に相当し，またどのような補語が副次補語に相当するのか，ということについて考察し，それを認定するための基準を設定した。その際，単一格助詞ばかりではなく，複合格助詞も考察の対象となるが，同章で取り上げて考察したのは，前者の単一格助詞のみであった。従って，ここでは，同章で触れなかった後者の複合格助詞に焦点を当て，論ずることにしたい。

寺村 (1982a: 179–185) は，どのような述語にとっても副次的であるとする補語を 14 種類挙げており，「〜によって」「〜に対して」「〜につれて」「〜

に関して」「〜にとって」「〜について」「〜として」「〜とともに」といった複合格助詞で表示された補語も，その中の一つに含まれている。しかしながら，その複合格助詞の何種類かが，それが取る述語によっては必須補語と見なすべき場合がある，ということをここでは主張する。

3.2.1 「〜に対して」

　まず一つ目は，「〜に対して」である。次の例を見てみよう（(51)の例は，金田一・池田(編)1978: 1160 からの引用）。

(51)　叔父さんが姉さんに対して讃美を惜しまない。

（森本薫(著)『女の一生』）

「姉さんに対して」という補語は，「讃美」という名詞に向けられ，その属性を補足説明しているのであって，「惜しむ」という動詞自体によって強く要求されている性質のものとは言い難い。「姉さんに対して」が「讃美」についての補足説明的な要素になっていると言えるための一つの証拠として，2.4で見た複合格助詞の連体格助詞付加形または動詞連体形を用いて

(52)　叔父さんが姉さんに{対しての／対する}讃美を惜しまない。

のように「〜に対して」が名詞「讃美」を直接修飾する表現が可能である，ということが挙げられる。動詞「惜しむ」にとっての，複合格助詞「〜に対して」で表示された補語は，寺村の言うように副次補語と見なすことに異論はない。
　一方，次の例を見てみよう。

(53)　容疑者が警察の尋問に対して答えた。
(54)　フランス軍がドイツ軍に対して抵抗した。

(53)の「警察の尋問に対して」及び(54)の「ドイツ軍に対して」，また(25)の「イスラエルに対して」は，(52)の「姉さんに対して」よりもはるかに

省略しにくい要素であり，省いてしまうと，談話構造上，何か情報伝達が不足しているのではないかという感を覚える。このように，「警察の尋問に対して」は動詞「答える」によって，「ドイツ軍に対して」は動詞「抵抗する」によって，「イスラエルに対して」は動詞「要求する」によってそれぞれ必要とされており，従って，複合格助詞「～に対して」で表示された補語は，「答える」や「抵抗する」や「要求する」という動詞にとっては必須補語と見なさなければならない。こう言えるのは，「～に対して」が必須補語を形成する与格「～に」と交替して

(55) 容疑者が警察の尋問 {に対して／に} 答えた。
(56) フランス軍がドイツ軍 {に対して／に} 抵抗した。
(57) イスラエル {に対して／に} 仲間のゲリラの釈放を要求した。

のように表現できる，ということからも導かれる。

3.2.2 「～に関して」及び「～について」

次に二つ目として，「～に関して」と「～について」とを合わせて検討するが，議論には，先に挙げた(21)～(24)の実例も適宜，参照することにする。

(58) 先生は中国の歴史に関して問題を出した。
(59) Ａさんは最近，アスペクトについて論文を書いた。

(58)の「中国の歴史に関して」，(59)の「アスペクトについて」，(23)の「教員の資質向上策について」，(24)の「景気の動き，政策運営，経営判断について」はそれぞれ，「問題」「論文」「部会案」「アンケート調査」という名詞の属性を叙述しているものであり，その証拠に，(58)は連体格助詞付加形あるいは動詞連体形を取って

(60) 先生は中国の歴史に {関しての／関する} 問題を出した。

というように，(59)(23)(24)は連体格助詞付加形を取って

(61)　Aさんは最近，アスペクトについての論文を書いた。
(62)　教員の資質向上策についての部会案をまとめた。
(63)　景気の動き，政策運営，経営判断についてのアンケート調査をした。

というように，名詞「問題」「論文」「部会案」「アンケート調査」に直接かかっていく表現が可能である。「～に関して」及び「～について」は「出す」「書く」「まとめる」「する」という動詞自体の影響で具現化しているのではなく，よって，そのような動詞にとっての，「～に関して」「～について」で表示された補語は副次補語と考えられるが，これは寺村(1982a)に問題を投げかけるものではない。

　問題となるのは，次のようなものである。

(64)　会社側が大学新卒者の採用に関して説明した。
(65)　山田教授が講義で日韓関係の問題点について論じた。
(66)　生徒達は将来の夢について語り合った。

(58)(59)(23)(24)それぞれにおける「中国の歴史に関して」「アスペクトについて」「教員の資質向上策について」「景気の動き，政策運営，経営判断について」は副次補語と判断しただけあって，その部分を取り去ってもさほど情報伝達量が足りない感じはしないが，それに比べて(64)～(66)及び(21)(22)においては，複合格助詞で表示された補語の部分，つまり「大学新卒者の採用に関して」「日韓関係の問題点について」「将来の夢について」「日米間の経済摩擦問題の対応について」「④人権の諸問題について」を取り除くと，説明したり，論じたり，語り合ったり，協議したり，討議したりしたのはどういう内容かと反問したくなるように，情報伝達不足の感じが非常に強い。それもそのはずで，(64)～(66)(21)(22)の「説明する」「論じる」「語り合う」「協議する」「討議する」はすべて，各々なされる行為の内容に着眼した表現を成立させる動詞である。

　さらに，(58)(59)(23)(24)においては，

(67)　先生は中国の歴史｛に関して／*を｝問題を出した。
(68)　教員の資質向上策｛について／*を｝部会案をまとめた。

などのように「〜に関して」「〜について」を「〜を」に置き換えることができないのに対して，(64)〜(66)(21)(22)においては，

(69)　生徒達は将来の夢｛について／を｝語り合った。
(70)　日米間の経済摩擦問題の対応｛について／を｝協議した。

などのように，大体そういったことが可能である[22)]。このような〈対象〉を表す「〜を」はいかなる場合でも必須補語を成り立たせる格助詞であり，(64)〜(66)(21)(22)における「〜に関して」「〜について」がその「〜を」と交替できるという事実は，それらが各々の動詞にとっての必須補語の地位を占めていると判断するための決定的な証拠となる。

3.2.3　「〜として」

　三つ目に，「〜として」を挙げることができる。これに関しては，すでに記した実例を用いて議論することにする。注意深く見るべきなのは，(42)における「留意点として」，(43)における「浴場として」，(44)における「ヘビースモーカーとして(も)」である。(42)では，何が「留意点」なのかと言うと，「①構成員は『人格が高潔で識見の高い者』20〜25人程度②任期2年③2年ごとに三分の一が入れ替わる，など」という，「〜を」が付加された補語の内容であり，(43)において「浴場」となるのは，文脈の関係上，省略されているが，「(湧き出た)温泉」であって，それを省かずに表現すれば，「(湧き出た)温泉を浴場として利用するだけでなく，」のように「〜を」格の補語の中に入り込んで現れる。
　また，同様に，(44)の「ヘビースモーカー」とは誰のことを指しているのかと言えば，これも既出の，文脈上わかるものであるため，今落とされているが，俳優の「ユル・ブリンナー」のことである。それを補うと，この場合，動詞「知られる」が受身形であるから，

(71) また，ユル・ブリンナーはヘビースモーカーとしても知られ，……

といったように，主格「〜が」が裏に隠された「〜は」という補語の中に出て来る。

　以上の3例から，次のような興味深いことがわかる。(42)の「①構成員は[中略]入れ替わる，など」と「留意点」，(43)の「(湧き出た)温泉」と「浴場」，(44)の「ユル・ブリンナー」と「ヘビースモーカー」のそれぞれの間には，例えば

(72) ユル・ブリンナーはヘビースモーカーである。

と言えるように，イコールの関係が成り立つ。すなわち，「〜として」という補語内に現れている名詞類が，能動の動詞の場合なら「〜を」，受身の動詞の場合なら「〜が」で表示された補語の中にある名詞類と同一視されているわけである。このように，それぞれの動詞「挙げる」「利用する」「知られる」は今の場合，同定認定を表すものであって[23]，それ故に，どのように同定され，認定されているかという部分，つまり「〜として」という補語に主眼が置かれている。よって，もちろん「〜が」や「〜を」が付与された補語と同等とは言い難いが，上記のような動詞にとっての「〜として」は必須補語性がかなり高いことは確かであり，これも寺村(1982)に対する反証になると思われる。

　ところが一方，(45)(46)における「〜として」を含む文は同定認定の表現にはなっておらず，それは，(45)を例に取ると，

(73) *三浦の妻はナゾの死である。

と言えず，「三浦の妻」と「ナゾの死」の間にイコールの関係がないことからも証明される。(45)の「遂げる」，(46)の「活躍(する)」にとっての「〜として」は実際，談話構造上，容易に取り除くことができる要素であるので，副次補語とすることに間違いはない。

　さらに，非常におもしろいことに，必須補語と見なされた「〜として」

は，「〜に」((42)(43))や「〜で」((44))といった単一格助詞との交替が許されるのに対して，副次補語と見なされた「〜として」は，そのような現象が起こり得ない。

3.2.4 「〜のために」

最後に四つ目として，「〜のために」を取り上げることができる。これも，先に示した例を用いて議論することにする。(49)における「家族のために」はこの場合，利益を含意するが，省略しても情報量不足とはあまり感じられない要素であるから，動詞「働く」にとっての「〜のために」は，副次補語と見なされる。それに比べて，(47)における「恋人のために」と(48)における「読書のために」は，省きにくい。「恋人」は，太郎がプレゼントを買うことで利益を得ると同時に，そのプレゼントを受け取る者でもあり，また「読書」は，花子が多くの時間を費やす目的である。このようなことが，「買う／買ってやる」「費やす」という動詞の持つ意味内容と結び付きやすいからである。従って，「〜のために」という補語は，「買う／買ってやる」や「費やす」という動詞にとって必須性がかなり高いと言える。

上記の「〜に対して」，「〜に関して」及び「〜について」，「〜として」の3例と同様に，単一格助詞に置き換えられるかどうかが，必須補語性の度合いと密接にかかわっている。必須補語性が高いと判断された「〜のために」は，

(74) 太郎は恋人 {のために／に} プレゼントを {買った／買ってやった}。
(75) 花子は読書 {のために／に} 多くの時間を費やした。

のように「〜に」に置き換えることが可能である。それに対して，副次補語と判断された「〜のために」の場合，

(76) 父は家族 {のために／*に} 一生懸命に働いた。

のようにそういった置き換えは認められない。

3.2.5 まとめ

以上，ここでは，統語的な側面からの考察の一つとして，複合格助詞で表示された補語が必須的か，副次的かといった，動詞の結合価に関する問題を取り上げた。複合格助詞で表示された補語を，いかなる述語にとっても副次補語とする寺村（1982a）の記述に対して，それらは必ずしもすべてが副次的であるわけではなく，「～に対して」「～に関して」「～について」「～として」「～のために」のようないくつかの複合格助詞は，ある種の動詞にとっては必須的あるいは必須性の高い補語を成り立たせる，ということを論証した。また，複合格助詞で表示された補語のうち，そのような必須補語と見なすべきものはすべて，それぞれの複合格助詞を，統語的な性格を強く帯びた，「～を」あるいは「～に」という単一格助詞に置き換えて表現することが可能であるが，一方，副次補語と見なされるものの場合には，そういう現象は許されない。こういった非常に興味深いことも上で個々指摘したが，著者は，第3章で，このような格助詞の交替現象を重要視し，必須補語と見なすための基準の一つに設定している。

4 意味的側面

最後に本節では，意味的な側面からの考察を行う。

4.1 動詞部分の意味の実質性の段階

複合格助詞がその中に含んでいる動詞部分に着目すると，意味の実質性を保持しているものから欠いているものまで，一様ではないことがわかり，動詞部分の意味の実質性には，いくつかの段階があると考えられる。ここでは，下記の(77)のように，3段階ぐらいに分類されるのが適当であると判断した。Aのグループは，動詞部分の意味の実質性を比較的保持しているものであるのに対して，Cのグループは，かなりそれを欠いてしまっているものである。また，Bのグループは，AとCの中間に位置づけられるものである。

(77)

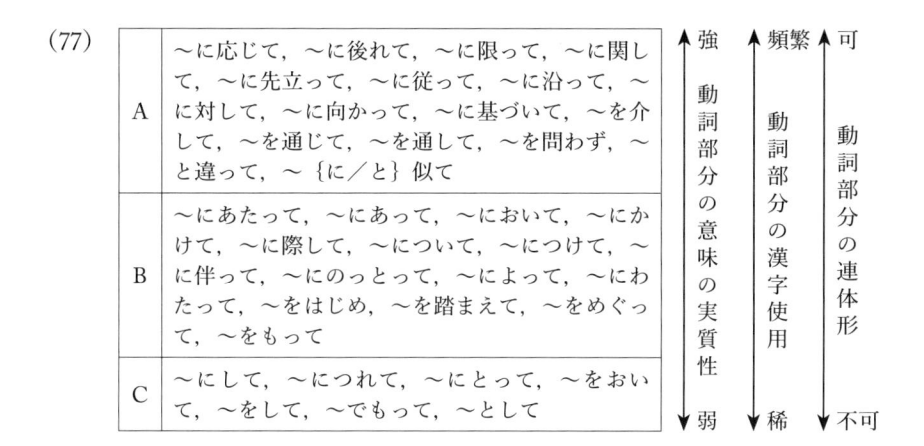

A	〜に応じて，〜に後れて，〜に限って，〜に関して，〜に先立って，〜に従って，〜に沿って，〜に対して，〜に向かって，〜に基づいて，〜を介して，〜を通じて，〜を通して，〜を問わず，〜と違って，〜{に／と}似て	
B	〜にあたって，〜にあって，〜において，〜にかけて，〜に際して，〜について，〜につけて，〜に伴って，〜にのっとって，〜によって，〜にわたって，〜をはじめ，〜を踏まえて，〜をめぐって，〜をもって	
C	〜にして，〜につれて，〜にとって，〜をおいて，〜をして，〜でもって，〜として	

強 ← 動詞部分の意味の実質性 → 弱
頻繁 ← 動詞部分の漢字使用 → 稀
可 ← 動詞部分の連体形 → 不可

　ここで，興味深いことに，今述べた動詞部分の意味の実質性の強弱といった意味的側面と，2.3で指摘した動詞部分の漢字使用の頻度，及び2.4で指摘した動詞部分の連体形の可能性といった形態的側面との間に密な相関関係があるのが見出せる。動詞部分の意味の実質性が保持されていればいるほど，つまりAの方に行けば行くほど，動詞部分が頻繁に漢字で表記され，また動詞部分の意味の実質性が欠けていればいるほど，つまりCの方に行けば行くほど，動詞部分が漢字で表記されることはまれであり，ひらがな表記が普通になる。同様に，動詞部分の意味の実質性が保持されていればいるほど，つまりAの方に行けば行くほど，動詞部分の連体形が可能になるが，動詞部分の意味の実質性が欠けていればいるほど，つまりCの方に行けば行くほど，動詞部分の連体形が不可能になるわけである。

　また，動詞部分の意味の実質性が最も低いCのグループに限って，格支配の逸脱，及びスロットに入る名詞類の特性の逸脱といった現象が見られる。前者の例として，「〜にとって」「〜でもって」「〜として」が挙げられる。これらの中に含まれる「とる（取る）」「もつ（持つ）」「する」という動詞は，有する意味内容から考えて，それぞれ「に」「で」「と」という格助詞の出現を要求してはいない。従って，「に」「で」「と」が現れたのは，それぞれ「とる（取る）」「もつ（持つ）」「する」という動詞の格支配によるものではないと言えるのである。

　後者の例としては，「〜をおいて」「〜をして」が挙げられる。これらにお

いて「〜を」という格助詞が出て来る点では，その中に存在する「おく（置く）」「する」が〈対象〉を含意する動詞であるから，今，上で見たような格支配の逸脱は起こっていない。しかしながら，「〜を」の前に立つ名詞類の特性が，実質的な意味を有する「おく（置く）」「する」の場合とは異なることがわかる。実質的な意味を有する「おく（置く）」の場合には，例えば

(78) テーブルの上に花瓶を置いて……

に示されるとおり，通常，「〜を」格の補語に「花瓶」といったような具象物を表す名詞類が来なければならない。それに対して，複合格助詞の場合には，すでに(33)に示されたとおり，「彼」といったような人を表す名詞類を持って来ることができる。「〜をして」にあっても同様で，実質的な意味を有する場合には，

(79) 仕事をして……

のように「仕事」といった行為を表す名詞類しか立たないのに対して，複合格助詞の場合には，(34)のように「凡ての動物」といった生物や，その他にも人を表す名詞類が難なく現れ得る。

　以上の考察から，次のことが言える。Ｃのグループに属するものが，句として最も固定化したまとまりをなしており，従って最も単一格助詞に近い存在である。そして，B，Aの方に行くにつれて，そのような度合いが低くなり，Aに至っては，単なる「単一連用格助詞＋動詞連用形（＋接続語尾『て』）」という結び付きのものとの境界に接する。そういった，Aの括弧の外側に位置することになる，単なる「単一連用格助詞＋動詞連用形（＋接続語尾『て』）」という結び付きのものは，複合格助詞と比べものにならないぐらい多数存在する。複合格助詞と，単なる「単一連用格助詞＋動詞連用形（＋接続語尾『て』）」という結び付きのものは，場合によっては明確に区分できるのではなく，連続体をなす関係になっているとも考えられる。

4.2 複合格助詞と単一格助詞の使い分け

意味的側面にかかわるもう一つの問題として，複合格助詞と単一格助詞のいずれでも用いられうる環境で，いかなる場合に前者を用い，またいかなる場合に後者を用いるのか，といったその使い分けを，二つの事例を取り上げて考察する。

4.2.1 「〜によって」と「〜に」

一つ目の事例は，「〜によって」と「〜に」のいずれを用いるべきかといった，いわゆる受身文における動作主（Agent）のマーカーに関する問題である。この問題については，簡単に述べるにとどめておくことにする。

先に挙げた(30)〜(32)の三つの例のいずれにおいても，受身文の動作主を表示するのに複合格助詞の「〜によって」が使用可能である。しかしながら，単一格助詞の「〜に」を用いようとすると，(30)では十分に認められるが，(31)ではやや不自然であり，(32)に至っては非文法的になる。

「〜によって」と「〜に」のいずれが選択されるかは，いくつかの論考で活発に議論されてきたように（益岡 1982，砂川 1984a，細川 1986，佐伯 1987a, b などを参照のこと），いろいろな要因が絡み合っており，それが総合されて決定されるわけであるから，条件づけを一つだけに絞り込むことはできないが，複合格助詞に関する意味論の観点からすれば，次のことが言える。単一格助詞「〜に」は，動詞や前置される名詞類など文における情報から判断できる〈動作主性（Agentivity）〉といった特性が高ければ，用いることができるが，そういった特性が低ければ，用いにくくなる。複合格助詞「〜によって」は，そういった特性の有無に関係なく，使用可能である。動詞や前置される名詞類など文における情報から判断できる動作主性といった特性が，(30)では最も高く，(32)では最も低く，(31)ではその中間であると思われ，これら三つの例が，今述べたことを導き出し，またそれが妥当であることを証明している。

4.2.2 「〜について」「〜に関して」と「〜を」

もう一つの事例は，「〜について」「〜に関して」と「〜を」の使い分けについてである。(58)(59)(23)(24)においては，「〜について」や「〜に関

して」は後続する名詞類を補足説明しており，動詞によって強く要求されているのではない副次補語と見なされるのであった。すでに 3.2.2 でも見たとおり，その副次補語と見なされる「～について」「～に関して」を「～を」に置き換えると，

(80)　Aさんは最近，アスペクト{について／*を}論文を書いた。
(81)　景気の動き，政策運営，経営判断{について／*を}アンケート調査をした。

といったように非文法的な文になってしまう。このような場合，「～について」「～に関して」の「～を」への置き換えが不可能なのは，日本語の単文では二重対格の出現が許されない，という統語的な制約に抵触するためであると説明できる。

　一方，(64)～(66)(21)(22)における「～について」「～に関して」は，必須補語と判断すべきものであった。(64)～(66)を例に取り上げ，その「～に関して」あるいは「～について」を「～を」に置き換えて表現してみると，次のようになる。

(82)　会社側が大学新卒者の採用{に関して／?を}説明した。
(83)　山田教授が講義で日韓関係の問題点{について／を}論じた。
(84)　生徒達は将来の夢{について／を}語り合った。

(83)(84)は，十分に容認されるが，(82)にあっては，構文が(83)(84)と同様であるにもかかわらず，「～を」を用いると，少し不自然である。
　その理由を導き出すには，(58)(59)(23)(24)と(64)～(66)(21)(22)との統語的及び意味的な違いを確実に押さえておく必要がある。前者においては，〈内容性〉といった特性が強い「問題」や「論文」という名詞類が「～を」を伴って立ち，その名詞類と「かかわり」を持つ名詞類ならどのような特性の名詞類でも，「～について」あるいは「～に関して」の前に置くことができるのがわかる。それに対して，後者においては大体，議論・思考・伝達関係の動詞が現れるために，その影響で多くの場合，「問題点」や「夢」

のような,〈内容性〉といった特性が強い名詞類が「〜に関して」あるいは「〜について」で表示された補語の中に入り込んでしまっており,もう一つ余分に,適当な「〜を」の補語を置くことができないのである。

(82)が(83)(84)に比べて不自然なのは,今述べた,「〜に関して」あるいは「〜について」と交替した「〜を」に前置されている名詞類の〈内容性〉といった特性に解答が求められる。問題の名詞類はそれぞれ,(82)では「採用」,(83)では「問題点」,(84)では「夢」である。「問題点」「夢」は両方とも,抽象的な概念を含み持っており,すなわち先ほど使った用語で言えば,〈内容性〉といった特性が強い名詞類である。それに対して,「採用」は,「する」を付加して「採用する」と言えることからもわかるように,〈行為〉を表す名詞類であり,従って〈内容性〉といった特性は非常に弱い。こういったことから,次のまとめが導き出される。必須補語と判断される場合において,前置される名詞類が有する〈内容性〉といった特性が強いと,複合格助詞「〜に関して」「〜について」と単一格助詞「〜を」のいずれでも用いることができる。しかし,その特性が弱いと,「〜に関して」「〜について」は使えるが,「〜を」の使用は困難になる。

今,述べた結論を支持する証拠が,次のような現象においても見出される。

(85) a. 会社側が大学新卒者の採用に関して説明した。
　　　b. ?会社側が大学新卒者の採用を説明した。
　　　c. 会社側が大学新卒者の採用の件を説明した。
(86) a. 花井先生が漢詩について話した。
　　　b. *花井先生が漢詩を話した。
　　　c. 花井先生が漢詩のことを話した。

(85a, b)はそれぞれ,(64)(82)に挙げた例文と全く同一のものである。「〜に関して」の代わりに「〜を」を用いると,不自然な文になってしまうのは,先ほど見たとおりである。また,(86a)においては,「漢詩について」と「話した」の間に何か補語が省略されているのではなく,適切な補語を挿入しようとしても,それ自体が不可能である,という統語的側面と,「話す」

という動詞が持つ意味内容を考え合わせれば、「漢詩について」は動詞「話す」にとって必須補語であると見なされる。その「〜について」を単一格助詞の「〜を」に置き換えると、(86b)が示すように、認められない文になる。ところが、(85c)(86c)のように、同じ「〜を」を用いていても、「採用」「漢詩」に格助詞の「の」を付加して「件」あるいは「こと」といった名詞を後続させれば、十分に受け入れられる文になる。これはやはり、上述したことと同様に、前置された名詞類が〈内容性〉といった特性を有しているか否か、によって適切に説明される。すなわち、前置された名詞の「採用」「漢詩」が有する〈内容性〉といった特性の度合いが、既出の「問題点」や「夢」に比べると、はるかに低いために、「〜に関して」または「〜について」は使えるが、「〜を」の使用は許されない。しかしながら、「〜を」の場合でも「の件」「のこと」を挿入すると容認されるのは、「件」「こと」のおかげで「採用」「漢詩」に関する〈内容性〉が高められたからであると考えられる。

　以上、意味的な側面のみを考えて、現象を説明するのに〈内容性〉といった特性を導入したが、〈内容性〉といった特性を有する名詞類は、例えば

(87)　議長がまだ決まっていないという問題点
(88)　ヨットで太平洋を横断するという夢

が示すように、「〜という」といった引用節をとることができるのに対して、そのような特性を持たない名詞類の場合には、

(89)　*供給が需要を上回るという採用

のように、「〜という」といった引用節の付随は認められない。このように、〈内容性〉といった概念・特性は、複合格助詞「〜に関して」「〜について」と単一格助詞「〜を」のいずれを用いるかといった使い分けばかりではなく、「〜という」といった引用節をとることができるか否かということとも深くかかわっており、そのような概念・特性の設定・導入は、たった一つの現象ではなく、二つの現象を適切に説明できるという意味でも非常に有効

であると思われる．

4.2.3 まとめ

以上，複合格助詞と単一格助詞の使い分けについて，二つの事例を取り上げて考察した．「〜によって」と「〜に」では，動詞や前置される名詞類など文における情報から判断できる〈動作主性〉といった特性が低いと，「〜に」の方は使えず，また，「〜に関して」「〜について」と「〜を」では，前置される名詞類の〈内容性〉といった特性が低いと，「〜を」の方は使えない，ということが明らかになった．このようなことから，複合格助詞は，前に来る名詞類などが持つ何らかの特性（前者の事例なら〈動作主性〉，後者の事例なら〈内容性〉）が弱くても，動詞部分（前者の事例なら「よる」，後者の事例なら「関する」「つく」）の意味がその特性を補い，強化することによって，使用が可能となる機能を有している，と言える．

5 結語

本章は，塚本（1991a）を基に，その後，得られた成果も含め，加筆・修正を施したものであるが，本章の基となった塚本（1991a）が目指したのは，日本語における複合格助詞の考察がほとんど行われていなかった時代にあっても，個々の複合格助詞の意味・用法を記述することよりはむしろ，複合格助詞全体の体系的な位置づけを解明することであった．塚本（1991a）以後，日本語における複合格助詞については，何人もの研究者によって種々の考察が行われ，進展が見られるが，その大多数が個々の複合格助詞の意味・用法を記述することを目的としたものである．

そういった状況下で，日本語における複合格助詞全体の体系的な位置づけの問題を取り上げている数少ない研究として，近年，杉本（2005）が発表された．杉本（2005）は，塚本（1991a）の内容を検討しながら，考察を進め，論評も行っているものである．その論評への返答も兼ね，複合格助詞全体の体系的な位置づけについては，次のようなまとめとして言及することができる．

事態を日本語で叙述する際，何か適格な単一格助詞を用いてそれが可能で

あれば，それに越したことはない。ところが，単一格助詞のみでは表現しきれない場合がどうしても生ずる。複合格助詞は，含んでいる動詞を活用し，それが有する意味で補うことによって，そういったところを埋め合わせている位置づけにあると言えるのである。

注
1) 佐伯 (1966) や砂川 (1987) があるが，これらは，初期において複合格助詞を取り上げた，数少ない研究である。
2) (2) のリストは，仁田 (1982a: 395–397)，寺村 (1982a: 185)，村木 (1983 [1991]，1987)，Matsumoto (1998: 26–28)，山崎・藤田 (2001) を参照して作成したものであるが，これらすべてがどの文献でも取り上げられているとは限らない。また，逆に，これらの文献で挙がっていても，(2) のリストに含めていないものもある。
3) (2) (A) (イ) の中の「～を問わず」は，「*～を {問い／問うて}」が示すように「動詞連用形」と「動詞連用形＋接続語尾『て』」のどちらの形式にもなれず，古典語としての否定の形式をとる，という点で他のものとは異なっているが，「を」という単一格助詞で始まることから，ここに含めて挙げておいた。
4) 「複合格助詞」という用語は，仁田 (1982a) に依拠しており，山崎・藤田 (2001) なども，同じ「複合格助詞」を用いている。また，同種のものを指して，寺村 (1982a) は「格助詞句」，鈴木 (1972)，村木 (1983 [1991])，金子 (1983) は「後置詞」，益岡・田窪 (1987) は「格助詞相当句」とそれぞれ呼んでいる。
5) ただ，これは，「*～に従いまし」「*～につきまし」「*～にとりまし」などのように，接続語尾「て」の後続がない場合は一切，成立が不可能である。
6) (4)～(9) の例は，Matsumoto (1998) の例を参考にして作成したものである。
7) ただし，この場合，「～において」のようなひらがな表記の他に，「～に於いて」といった漢字表記が採られることもあるが，決して「～に置いて」といった漢字表記にはならない。
8) ただし，(A)「複合格助詞に連体格助詞の『の』を付加する方法」の場合，「*～に関しの…」「*～に対しの…」「*～にとりの…」などのように，接続語尾「て」が存在しなければ，一切，認められないものとなる。
9) 仁田 (1982a: 395–397) でも，(A)「複合格助詞に連体格助詞の『の』を付加する方法」及び (B)「複合格助詞における動詞部分を連体形にする方法」が成り立つ場合についてのみ，その簡単な言及がある。また，山崎・藤田 (2001) でも，その成立可否について簡単な記述がある。(16) の表における成立可否の判断は，これらも参考にして決定している。

10) 「〜において」については，もちろん，「〜における…」という連体表現は可能であるが，動詞部分「おく」の連体形を用いた「*〜におく…」が認められないために，×印をつけた。
11) 具体例を示すのに実例を用いている場合は，認められる複合格助詞の方が原文どおりということになる。
12) このような交替現象があるという事実の簡単な指摘だけは，仁田(1982a: 395–397)においてもなされている。
13) どのような場合に「〜で」が「〜において」と交替でき，またできないか，ということについて考察したものに，野村(1984)，森田・松木(1989)，山崎・藤田(2001)，三井(2004)などがあり，その中でも特に三井(2004)が詳しい考察を行っている。
14) 注12)と同じ。
15) 複合格助詞「〜にとって」について考察したものに，野村(1984)，森田・松木(1989)，山崎・藤田(2001)，三井(2001)，杉本(2003)などがあり，その中でも特に三井(2001)と杉本(2003)が詳しい考察を行っている。
16) 注12)と同じ。
17) 注12)と同じ。
18) ここで〈　〉内に記した意味・用法は，仁田(1982a: 396)に基づいている。
19) 注18)と同じ。
20) このような交替現象があるという事実の簡単な指摘だけは，益岡・田窪(1987: 78–79)においてもなされている。
21) このような交替現象があるという事実の簡単な指摘だけは，仁田(1986: 193–194)及び益岡・田窪(1987: 36–37)においてもなされている。
22) 必須的と判断される「〜に{関し／関して}」あるいは「〜に{つき／ついて}」で表示された補語においても，その複合格助詞を単一格助詞「〜を」に置き換えることができない場合がある。それについては，意味的な問題と大いに関係するので，4.2.2で論ずることにする。
23) 「同定認定」という用語は，仁田(1986: 204)に基づいている。

第7章　日本語と朝鮮語における複合格助詞

1　序

　本章の目的は，日本語と朝鮮語を対照しながら，両言語における複合格助詞について考察することであるが，前章で日本語のみに着目し，その複合格助詞について考察したので，本章では，それを踏まえて朝鮮語の方に重点を置く，といった考察方法を採ることにする。

　本章では，次の3点を行う。まず第一に，形態・統語・意味それぞれの側面から日本語と朝鮮語における複合格助詞を分析することによって，両言語間の類似点と相違点を明らかにする。第二に，日本語に対応する複合格助詞が朝鮮語にない場合，どのように表現されるのか，ということについて考察する。第三に，明らかにされた両言語間の相違は何を意味し，またどのように捉えるべきであるのか，ということについて論じたいが，それは第11章で他の諸言語現象と合わせて行うため，本章を第11章への橋渡しとする。

2　形態的側面

　まず本節では，朝鮮語における複合格助詞について，形態的側面から日本語と対照させて考察する。

2.1　形式と種類

　第6章で述べたように，日本語について観察すると，格助詞に相当する働きをしており，ある一定のまとまった形式になっていると考えられるもの

が存在することがわかる。それを整理して提示すると，次のとおりであった。

（1）（A）（ア）　単一連用格助詞＋動詞連用形
　　　　（イ）　単一連用格助詞＋動詞連用形＋接続語尾「て」
　　（B）　単一｛連体／連用｝格助詞＋名詞＋単一連用格助詞

また，具体的には，次の（2）のようなものがあるのであった。

（2）（A）（ア）　〜に｛あたり／あたって｝，〜にあって，〜において，〜に｛応じ／応じて｝，〜に後れて，〜に｛限り／限って｝，〜に｛かけ／かけて｝，〜に｛関し／関して｝，〜に｛先立ち／先立って｝，〜に｛際し／際して｝，〜に｛従い／従って｝，〜にして，〜に｛沿い／沿って｝，〜に｛対し／対して｝，〜に｛つき／ついて｝，〜に｛つけ／つけて｝，〜に｛つれ／つれて｝，〜に｛伴い／伴って｝，〜に｛とり／とって｝，〜に｛のっとり／のっとって｝，〜に｛向かい／向かって｝，〜に｛基づき／基づいて｝，〜に｛より／よって｝，〜に｛わたり／わたって｝
　　　　（イ）　〜をおいて，〜を｛介し／介して｝，〜をして，〜を｛通じ／通じて｝，〜を通して，〜をはじめ，〜を｛踏まえ／踏まえて｝，〜を｛めぐり／めぐって｝，〜をもって，〜を問わず
　　　　（ウ）　〜でもって
　　　　（エ）　〜として，〜と違って
　　　　（オ）　〜｛に／と｝似て
　　（B）（ア）　〜の合間に，〜の暁に，〜のおかげで，〜の代わりに，〜のくせに，〜の資格で，〜のせいで，〜のたびに，〜のために，〜のついでに，〜のとおり（に），〜の下(もと)で
　　　　（イ）　〜といっしょに，〜と同様（に），〜とともに
　　　　（ウ）　〜と（は）あべこべに，〜と（は）裏腹に，〜と（は）逆に，〜と（は）反対に，〜と（は）無縁に

（エ）　～が原因で，～が証拠に，～がために，～が故に

　次に，朝鮮語に目を転ずることにしよう。朝鮮語について観察すると，日本語と同様，格助詞に相当する働きをしており，ある一定のまとまった形式になっていると考えられるものが見出される。それを整理して提示すると，次のとおりである。

（３）（A）（ア）　単一連用格助詞＋動詞連用形
　　　　（(イ)　単一連用格助詞＋動詞連用形の縮約形)
　　　　（ウ）　単一連用格助詞＋動詞連用形（の縮約形）＋接続語尾「서〈se〉」
　　（B）　（単一{連体／連用}格助詞＋）名詞＋単一連用格助詞

　まず，日本語と同じく，(A)のように動詞が用いられているものと，(B)のように名詞が用いられているものの二つに大別される。
　(A)の場合には，3種類がある。まず，(ア)のように，何か単一の連用格助詞に連用形の動詞が後続する形態をとるものがあり，これは日本語におけるのと同様である。次に，(イ)のように，(ア)の形態における動詞連用形の部分で縮約が生じたものがある。この縮約は日本語にはなく，朝鮮語特有である。また，これは，動詞によって生ずる場合とそうでない場合があり，常に生ずるとは限らない性質のものである。(イ)に（ ）を付けてあるのは，そういったことを意味する。最後は，(ウ)のように，(ア)あるいは(イ)の形態に「서〈se〉」という接続語尾が付け加えられたものである。ただし，縮約が生ずる動詞の場合，「서〈se〉」は必ず，縮約が生じた形態に付け加えなければならず，縮約が生じていない形態に付け加えることはできない。また，「서〈se〉」は，日本語における「て」に似ており，それに相当すると言えなくはないが，両者は，細部に至っては完全に一致するわけではない。
　(B)の場合は，日本語におけるのと同様，単一の連体格助詞あるいは連用格助詞に名詞が続き，さらにその後ろに何か単一の連用格助詞が置かれたものである。ただ，日本語とは異なり，名詞の前に単一格助詞が現れないものもある。「単一{連体／連用}格助詞」に（ ）を付けてあるのは，そういっ

たことを意味する。

(3)をより具体的に提示すると、(4)のようになる。

(4)(A)(ア)　〜에 {관[＝關]하여／관[＝關]해／관[＝關]해서}
-ey {kwanhaye/kwanhay/kwanhayse}
(〜に {関し／関して}；〜に {つき／ついて})
〜에 {걸쳐／걸쳐서}
-ey {kelchye/kelchyese}
(〜に {かけ／かけて}；〜に {わたり／わたって})
〜에 {대[＝對]하여／대[＝對]해／대[＝對]해서}
-ey {tayhaye/tayhay/tayhayse}
(〜に {対し／対して}；〜に {つき／ついて})
〜에 {따라／따라서}
-ey {ttala/ttalase}
(〜に {従い／従って})
〜에 {의[＝依]하여／의[＝依]해／의[＝依]해서}
-ey {uyhaye/uyhay/uyhayse}
(〜に {より／よって})
〜에 있어서
-ey issese
(〜にあって；〜において；〜に {あたり／あたって})
〜에 {즈음하여／즈음해서}
-ey {cuumhaye/cuumhayse}
(〜に {際し／際して}；〜に {あたり／あたって})
〜에 {한[＝限]하여／한[＝限]해／한[＝限]해서}
-ey {hanhaye/hanhay/hanhayse}
(〜に {限り／限って})

(イ)　〜를／을 {비롯하여／비롯해／비롯해서}
-lul/ul {piloshaye/piloshay/piloshayse}
(〜をはじめ)
〜를／을 {위시[＝爲始]하여／위시[＝爲始]해／위시[＝爲

始]해서}

-lul/ul {wisihaye/wisihay/wisihayse}

(〜をはじめ)

〜를／을 {위[＝爲]하여／위[＝爲]해／위[＝爲]해서}

-lul/ul {wihaye/wihay/wihayse}

(〜のために〈目的〉)

〜를／을 {통[＝通]하여／통[＝通]해／통[＝通]해서}

-lul/ul {thonghaye/thonghay/thonghayse}

(〜を {通じ／通じて}；〜を通して)

（ウ）〜로／으로 {인[＝因]하여／인[＝因]해／인[＝因]해서}

-lo/ulo {inhaye/inhay/inhayse}

(〜に {より／よって}〈原因〉)

〜로／으로 말미암아

-lo/ulo malmiama

(〜に {より／よって}〈原因〉)

（B）（ア）〜의 덕택[＝德澤]으로

-uy tekthayk-ulo

(〜のおかげで)

〜의 대리[＝代理]로서

-uy tayli-lose

(〜の代わりに)

（イ）〜 {와／과} 마찬가지로

{-wa/kwa} machankaci-lo

(〜と同様に)

（ウ）〜 {와／과}（는) 반대[＝反對]로

{-wa/kwa}（-nun) pantay-lo

(〜と(は)反対に)

（エ）〜 때문에

ttaymun-ey

(〜のために〈原因・理由〉；〜のせいで)

〜 덕분[＝德分]에

tekpun-ey
(〜のおかげで)
〜 대신[＝代身]{에／으로}
taysin {-ey/-ulo}
(〜の代わりに)

　この(4)も(3)と同じく，(A)は動詞が用いられているものであり，(B)は名詞が用いられているものである。(A)(B)ともに，先頭に立つ単一格助詞の違いによって，さらに分類してある。すなわち，(A)においては，(ア)が「에〈ey〉(に)」，(イ)が「를／을〈lul/ul〉(を)」，(ウ)が「로／으로〈lo/ulo〉(で)」でそれぞれ始まるものである。また，(B)においては，(ア)が「의〈uy〉(の)」，(イ)が「와／과〈wa/kwa〉(と)」，(ウ)が「와／과(는)〈wa/kwa(-nun)〉(と(は))」でそれぞれ始まり，(エ)が名詞の前に単一格助詞の出現を認めないものである。

　ここで(4)の中から(A)(ア)の一つ目を選び，もう少し詳しく見ておくことにする。これは，日本語における場合と同様に，単一格助詞「에〈ey〉(に)」に動詞「관하다〈kwanhata〉(関する)」が後続しており，その動詞内の一要素である「관〈kwan〉」は漢語の「關」である。さらに，{ }内の最初の形式はその動詞の連用形((3)(A)(ア)参照)であり，次の形式はその連用形の縮約形((3)(A)(イ)参照)であり，最後の形式はその連用形の縮約形が接続語尾「서〈se〉」を伴ったもの((3)(A)(ウ)参照)である。

　本書では，第6章における日本語の場合と同様に，朝鮮語の場合でも上記の形式のものを，「複合格助詞」という名称を用いて呼ぶことにし，その中でも，主として(3)及び(4)の(A)のような動詞が用いられたものについて考察することにする。なお，以後(特に第3節及び第4節)，本文中においてその複合格助詞を示す際には，表記上の煩雑さを避けるために，支障がない限り，(3)(A)に掲げた3種類のうち，(ウ)「単一連用格助詞＋動詞連用形(の縮約形)＋接続語尾『서〈se〉』」の形式を代表させる。

　こういった動詞を含む複合格助詞を用いて表現された朝鮮語の具体例を以下に挙げておく。

第7章　日本語と朝鮮語における複合格助詞　　141

(5) 미국이 이라크에 {대하여／대해／대해서} 선제 공격을 했다.
　　Mikwuk-i ilakhu-ey {tayhaye/tayhay/tayhayse} sencey kongkyek-ul hayssta.
　　（アメリカがイラクに {対し／対して} 先制攻撃をした。）

(6) 간부들은 인원 삭감 문제에 {관하여／관해／관해서} 협의했다.
　　Kanputul-un inwen sakkam muncey-ey {kwanhaye/kwanhay/kwanhayse} hyepuyhayssta.
　　（幹部達は人員削減の問題について協議した。）

(7) 회의 개최에 {즈음하여／*즈음해／즈음해서} 한 마디 인사말을 했다.
　　Hoyuy kaychoy-ey {cuumhaye/*cuumhay/cuumhayse} han mati insamal-ul hayssta.
　　（会議の開催 に {あたり／あたって}；に {際し／際して}　一言挨拶をした。）

(8) 인질은 많은 사람들의 힘에 {의하여／의해／의해서} 구출되었다.
　　Incil-un manhun salamtul-uy him-ey {uyhaye/uyhay/uyhayse} kwuchwultoyessta.
　　（人質は多くの人達の力によって救出された。）

(9) 그 사고는 운전수의 부주의로 {인하여／인해／인해서} 일어났다.
　　Ku sako-nun wuncenswu-uy pucwuuy-lo {inhaye/inhay/inhayse} ilenassta.
　　（その事故は運転手の不注意によって起こった。）

(10) 여기에는 매년 사월부터 오월에 {걸쳐／걸쳐서} 관광객이 많이 찾아온다.
　　Yeki-ey-nun maynyen sawel-puthe owel-ey {kelchye/kelchyese} kwankwangkayk-i manhi chacaonta.
　　（ここには毎年、4月から5月にかけて観光客がたくさん訪れる。）

(11) 이 기계는 꼭 설명서의 지시에 {따라／따라서} 사용하십시오.
　　I kikyey-nun kkok selmyengse-uy cisi-ey {ttala/ttalase} sayonghasipsio.
　　（この機械は必ず説明書の指示に従って使用して下さい。）

(12) 이 용지는 지도 교수님을 {통하여／통해／통해서} 제출해야 한다.

I yongci-nun cito kyoswunim-ul {thonghaye/thonghay/thonghayse} ceychwulhayya hanta.
（この用紙は指導教授を通じて提出しなければならない。）

(13) 이 쿠폰은 처음 온 사람에 {한하여／한해／한해서} 쓸 수 있습니다.
I khwuphon-un cheum on salam-ey {hanhaye/hanhay/hanhayse} ssul swu isssupnita.
（このクーポンは初めて来た人に｛限り／限って｝使うことができます。）

(14) 이 서점은 일본말이나 영어를 {비롯하여／?비롯해／비롯해서} 여러 가지 언어로 쓰인 책을 팔고 있다.
I secem-un ilponmal-ina yenge-lul {piloshaye/?piloshay/piloshayse} yelekaci ene-lo ssuin chayk-ul phal-ko issta.
（この書店は日本語や英語をはじめいろいろな言語で書かれた本を売っている。）

(15) 이 파티를 {위하여／위해／위해서} 열심히 요리 연습을 했다.
I phathi-lul {wihaye/wihay/wihayse} yelqsimhi yoli yensup-ul hayssta.
（このパーティーのために一生懸命に料理の練習をした。）

2.2　動詞が含まれていると考えられる点

　本書における考察の対象となるのは，主として (3) 及び (4) の (A) の方であるが，朝鮮語におけるそういった複合格助詞の中に動詞が含まれていると解するための根拠を一つだけ挙げる。

　それは，日本語の場合にも指摘したことと同じく，動詞の格支配の特徴を受け継いでいる，という点である。例えば，「〜에 ｛대[＝對]하여／대[＝對]해／대[＝對]해서｝⟨-ey {tayhaye/tayhay/tayhayse}⟩（〜に｛対し／対して｝；〜に｛つき／ついて｝）」は，「대[＝對]하다 ⟨tayhata⟩（対する）」が ⟨対抗・対応する相手・事物⟩ を含意する動詞であるために，「〜에 ⟨-ey⟩（〜に）」という補語が出てくるのであり，「〜에 있어서 ⟨-ey issese⟩（〜にあって；〜において；〜に｛あたり／あたって｝）」は，「있다 ⟨issta⟩（ある；いる）」という存在を表す動詞のおかげで，⟨事物・人物の所在⟩ を表す「〜에 ⟨-ey⟩（〜に）」という補語が具現化されるのであり，また，「〜를／을

{위[＝爲]하여／위[＝爲]해／위[＝爲]해서⟩⟨-lul/ul {wihaye/wihay/wihayse}⟩（〜のために〈目的〉）」において「〜를／을〈-lul/ul⟩（〜を）」という補語が現れるのは，「위[＝爲]하다〈wihata⟩（文字どおりには「爲する」）」が〈対象〉を要求する動詞だからである。

　複合格助詞の中に動詞が含まれていると考えられるための根拠として，日本語については第6章で述べたとおり，もう一つ，動詞に付く丁寧体の形式をとることができる，という点を挙げることができるが，朝鮮語では，このようなことは該当しないので，根拠の一つには数えられない。つまり，日本語では，

(16) 〜にあたりまして，〜におきまして，〜に従いまして，〜に対しまして，〜につきまして，〜にとりまして，〜によりまして，〜をもちまして，〜としまして，……

といったように，ほとんどすべての複合格助詞にわたり，動詞に付く丁寧体の形式「ます」を用いて表現することができるのに対して，朝鮮語では，接続表現内における丁寧体の形式の成立は日本語よりもはるかに限られ，どの複合格助詞の場合にも動詞に付く丁寧体の形式「(스)ㅂ니다〈-(su)pnita⟩」を用いて表現することは許されないわけである。

2.3　単なる「単一連用格助詞＋動詞連用形（の縮約形）（＋接続語尾『서〈se⟩』）」という結び付きと異なる点

　ただ単に「単一連用格助詞＋動詞連用形（の縮約形）（＋接続語尾『서〈se⟩』）」というように連続しているのではなく，これがある一定のまとまった形式になっている，と解すべき根拠がいくつか指摘できる。

　一つ目は，「는／은〈nun/un⟩（は）」「도〈to⟩（も）」「만〈man⟩（だけ）」などの取り立て助詞を挿入することはできない，という点である。例えば(17)が示すように，中に含まれている要素である「이 문제에〈i muncey-ey⟩（この問題に）」を取り立て助詞の「도〈to⟩（も）」で取り立てることはできない。

(17)　*선생님은 이 문제에도 관해서 해설했다.
　　　*Sensayngnim-un i muncey-ey-to kwanhay-se hayselhayssta.
　　　(*先生はこの問題にも関して解説した。)

　二つ目は，動詞部分が使役，受身，願望，否定などの表現をとることができない，という点である。例えば(18)のように，動詞部分の「관하다〈kwanhata〉(関する)」に否定の表現「지 않다〈-ci anhta〉」を付け加えることは認められない。

(18)　*선생님은 이 문제에 관하지 않아서 해설했다.
　　　*Sensayngnim-un i muncey-ey kwanha-ci anha-se hayselhayssta.
　　　(*先生はこの問題に関さないで解説した。)

　今，指摘した2点は，複合格助詞がある一定のまとまった形式になっていると解すべき根拠として，日本語と朝鮮語の両方で同様のものである。なお，日本語では，根拠として上記2点以外に連体表現に関するものを挙げることができたが，朝鮮語では，日本語の場合とは成立状況が異なるので，根拠とすることはできない。これについては，2.4で詳述する。また，日本語では，動詞部分の表記に関するものも挙げることができたが，朝鮮語では，日本語とは表記体系が異なるため，根拠の一つに数えることは不可能である。

　一方で，以上に加え，日本語には存在しないが，朝鮮語には見出せる根拠として，次の2点を指摘することができる。

　一つは，複合格助詞の中に含まれている単一格助詞の与格の現れ方である。朝鮮語では，一般の文における与格は，前置される名詞類が無生物であれば，「에〈ey〉」で現れ，その名詞類が生物であれば，「에게〈eykey〉」となる。

(19) a.　담 {에／*에게} 부딪치다
　　　　tam {-ey/*-eykey} puticchita
　　　　(塀にぶつかる)

b.　선생님 {*에／에게} 질문하다
　　　　sensayngnim {*-ey/-eykey} cilmunhata
　　　　（先生に質問する）

　例えば(19)に示されるように,「담〈tam〉(塀)」は無生物の名詞であるから,後続する与格は「에〈ey〉」が用いられ,「에게〈eykey〉」の方は不可能であるのに対して,生物の名詞である「선생님〈sensayngnim〉(先生)」の場合には,後続が許される与格は「에〈ey〉」ではなく,「에게〈eykey〉」である。
　ところが,複合格助詞の中に含まれている与格は,今述べた一般の文の場合とは異なった現れ方をする。

(20) a.　담 {에／*에게} 관해(서); 대해(서); 의해(서)
　　　　tam {-ey/*-eykey} kwanhay(se); tayhay(se); uyhay(se)
　　　　（塀に　関し(て); 対し(て); より／よって）
　　b.　선생님 {에／*에게} 관해(서); 대해(서); 의해(서)
　　　　sensayngnim {-ey/*-eykey} kwanhay(se); tayhay(se); uyhay(se)
　　　　（先生に　関し(て); 対し(て); より／よって）

　(20)に,例として,「관해(서)〈kwanhay(se)〉(関し(て))」「대해(서)〈tayhay(se)〉(対し(て))」「의해(서)〈uyhay(se)〉(より／よって)」という三つの代表的な複合格助詞を挙げた。「담〈tam〉(塀)」のような無生物の名詞が前に来ると,「에〈ey〉」が使われ,「에게〈eykey〉」は認められない。これは,(19a)で見た一般の文の場合と成立状況が同じである。しかしながら,一方,「선생님〈sensayngnim〉(先生)」のような生物の名詞が前置されると,その三つの複合格助詞のいずれにおいても,成立状況は(19b)で見た一般の文の場合とは逆で,使用可能な与格は「에게〈eykey〉」ではなく,「에〈ey〉」の方である。つまり,複合格助詞の中に含まれている与格は,前に立つ名詞類の生物か無生物かという特性の違いに関係なく,「에〈ey〉」で現れる,と言えるのである。このような振る舞いは,複合格助詞があるまとまった表現であると判断できる証拠の一つになると考えられる。

もう一つは，複合格助詞の中に含まれている動詞部分の連体形の現れ方である。現代日本語における動詞と形容詞は，言い切りの場合の形態（いわゆる終止形）と，名詞類を修飾する場合の形態（いわゆる連体形）が同じであるが，朝鮮語では，すべての種類の述語について両者は区別され，異なった形態で現れる。また，朝鮮語におけるその連体形は，動詞や形容詞などの品詞，及び現在や過去などのテンスによって異なっている。朝鮮語における連体形の語尾がどういう形態をとるかを整理してまとめると，次のようになる。

(21)　〈動　詞〉連体形現在：語幹＋는〈nun〉
　　　　　　　　連体形過去：語幹＋ㄴ〈n〉／은〈un〉[1]
　　〈形容詞〉連体形現在：語幹＋ㄴ〈n〉／은〈un〉
　　　　　　　　連体形過去：語幹＋던〈ten〉

注意点として，動詞の連体形過去の場合と形容詞の連体形現在の場合における語尾が「ㄴ〈n〉／은〈un〉」のように同形である，ということが挙げられる。
　例えば「공부하다〈kongpuhata〉（勉強する）」は動詞であり，これが一般の文で連体形として用いられた場合，その語尾は「는〈nun〉」と「ㄴ〈n〉／은〈un〉」のどちらでも可能であるが，前者は現在（つまり，発話時と同時），後者は過去（つまり，発話時以前）をそれぞれ意味する。

(22)　영어를 {공부하는／공부한} 학생
　　　yenge-lul {kongpuhanun/kongpuhan} haksayng
　　　（英語を {勉強する／勉強した} 学生）

　ところが，複合格助詞における動詞部分については，このような一般の文における動詞と状況が異なることがわかる。次に示した例は，複合格助詞「～에 {관하여／관해／관해서} 〈-ey {kwanhaye/kwanhay/kwanhayse}〉（～に {関し／関して}；～に {つき／ついて}）」と，複合格助詞「～에 {의하여／의해／의해서} 〈-ey {uyhaye/uyhay/uyhayse}〉（～に {より／よって}）」がそ

れぞれ用いられており，ともにその複合格助詞における動詞部分が連体形をとっているものである。

(23) 인원 삭감 문제에 {*관하는／관한} 협의
     inwen sakkam muncey-ey {*kwanhanun/kwanhan} hyepuy
     (人員削減の問題に {関する／*関した} 協議)
(24) 많은 사람들의 힘에 {*의하는／의한} 구출
     manhun salamtul-uy him-ey {*uyhanun/uyhan} kwuchwul
     (多くの人達の力 {による／*によった} 救出)

両例とも意味的には現在を表すにもかかわらず，動詞部分の連体形は，「*관하는〈*kwanhanun〉」「*의하는〈*uyhanun〉」といったように現在の語尾「는〈nun〉」では認められず，「관한〈kwanhan〉」「의한〈uyhan〉」といったように過去の語尾「ㄴ〈n〉」を伴わなければならない。それに対して，日本語では，訳からわかるとおり，「関する」「よる」といったように非過去のル形で表現しなければならず，「*関した」「*よった」といったように過去のタ形は不可能である。

　ただ，次の日本語の例を見れば，非常に興味深いことがわかる。

(25) 4月から5月に {かけての／*かける／?かけた} 開催
(26) 説明書の指示に {従っての／*従う／従った} 使用
(27) 指導教授を {通じての／*通じる／通じた} 提出
(28) 初めて来た人に {限っての／?限る／限った} 使用

(25)〜(28) で用いられている日本語の複合格助詞は，共通して以下のようになっている。連体表現としては，連体格助詞付加形なら認められるのに対して，動詞連体形，しかもル形であれば，成立が不可能であったり，難しかったりする。ところが，動詞連体形でもタ形であれば，中にはやや不自然に感じられるものがあるものの，許容度は非過去のル形に比べてはるかに上がる。これは，朝鮮語におけるのとまさに同様のことが起こっているわけである。

また，これは，(29)～(32)に示されるように，日本語で動詞が名詞を修飾して性質や状態を表す場合，タ形が用いられる，ということと相通ずるところがあると言える。

(29)　優れた作品
(30)　先がとがったナイフ
(31)　父に似た人
(32)　犬を連れた人

2.4　複合格助詞の連体表現

朝鮮語において後続する名詞類に複合格助詞がかかっていく連体表現には，(A)「複合格助詞に連体格助詞の『의〈uy〉(の)』を付加する方法」と，(B)「複合格助詞における動詞部分を連体形にする方法」の2種類がある[2]。その具体例を次に示す。

(33) a.　환경 보호에 관해서의 문제
　　　　hwankyeng poho-ey kwanhayse-uy muncey
　　　　（環境保護に関しての問題）
　　 b.　환경 보호에 관한 문제
　　　　hwankyeng poho-ey kwanhan muncey
　　　　（環境保護に関する問題）

(33a)は，名詞「환경 보호〈hwankyeng poho〉(環境保護)」に後続した複合格助詞「～에 관해서〈-ey kwanhayse〉(～に関して)」が連体格助詞の「의〈uy〉(の)」を伴って名詞「문제〈muncey〉(問題)」を修飾している表現になっており，(34b)は，名詞「환경 보호〈hwankyeng poho〉(環境保護)」に後続した複合格助詞「～에 {관하여／관해／관해서}〈-ey {kwanhaye/kwanhay/kwanhayse}〉(～に {関し／関して})」における動詞部分「관하다〈kwanhata〉(関する)」が連体形の「관한〈kwanhan〉(関する)」として名詞「문제〈muncey〉(問題)」を修飾している表現となっている。

このように，朝鮮語の複合格助詞「～에 {관하여／관해／관해서}〈-ey

{kwanhaye/kwanhay/kwanhayse}〉」は、それに相当する日本語の複合格助詞「〜に {関し／関して}」と同じく、連体表現として上記の (A) と (B) の両方を許す。従って、朝鮮語における様態は、日本語 (詳細については第 6 章参照) におけるのと極めてよく似ている。

(33) に挙げた例は、(A) (B) の両方が認められる「〜에 {관하여／관해／관해서} 〈-ey {kwanhaye/kwanhay/kwanhayse}〉」であったが、他の複合格助詞について見てみると、日本語におけるのと同様に、複合格助詞によっては、(A) (B) ともに成立が可能であるとは限らないことがわかる。それを示す例を以下に挙げてみよう。

(34) 이라크에 {대해서의／대한} 선제 공격
ilakhu-ey {tayhayse-uy/tayhan} sencey kongkyek
(イラクに {対しての／対する} 先制攻撃)

(35) 인원 삭감 문제에 {관해서의／관한} 협의
inwen sakkam muncey-ey {kwanhayse-uy/kwanhan} hyepuy
(人員削減の問題に {関しての／関する} 協議)
(　〃　　〃　に {ついての／*につく} 〃)

(36) 회의 개최에 {즈음해서의／즈음한} 인사말
hoyuy kaychoy-ey {cuumhayse-uy/cuumhan} insamal
(会議の開催に {あたっての／*あたる} 挨拶)
(　〃　　〃　に {際しての／*際する} 　〃)

(37) 많은 사람들의 힘에 {?의해서의／의한} 구출
manhun salamtul-uy him-ey {?uyhayse-uy/uyhan} kwuchwul
(多くの人達の力に {?よっての／よる} 救出)

(38) 운전수의 부주의로 {?인해서의／인한} 사고
wuncenswu-uy pucwuuy-lo {?inhayse-uy/inhan} sako
(運転手の不注意に {?よっての／よる} 事故)

(39) 사월부터 오월에 {?걸쳐서의／걸친} 개최
sawel-puthe owel-ey {?kelchyese-uy/kelchin} kaychoy
(4月から5月に {かけての／*かける} 開催)

(40) 설명서의 지시에 {?따라서의／따른} 사용

selmyengse-uy cisi-ey {?ttalase-uy/ttalun} sayong

（説明書の指示に {従っての／*従う} 使用）

(41) 지도 교수님을 {통해서의/통한} 제출

cito kyoswunim-ul {thonghayse-uy/thonghan} ceychwul

（指導教授を {通じての／*通じる} 提出）

(42) 처음 온 사람에 {한해서의/?한한} 사용

cheum on salam-ey {hanhayse-uy/?hanhan} sayong

（初めて来た人に {限っての／?限る} 使用）

(43) 연주회를 {?위해서의/위한} 연습

yencwuhoy-lul {?wihayse-uy/wihan} yensup

（演奏会のための練習）

以上の成立状況を表にまとめると，次のようになる。（なお，表内には，日本語の場合と同じく，(A)「複合格助詞に連体格助詞の『의〈uy〉(の)』を付加する方法」を「連体格助詞付加形」，(B)「複合格助詞における動詞部分を連体形にする方法」を「動詞連体形」と呼んで記した。また，○は標記の形式が成立可能なことを，×は成立不可能なことを，△は不自然であったり，認められても，一般的ではなかったりすることをそれぞれ表す。）

(44)

	連体格助詞付加形	動詞連体形
～에 {관[＝關]하여／관[＝關]해／관[＝關]해서} -ey {kwanhaye/kwanhay/kwanhayse} （～に {関し／関して}；～に {つき／ついて}）	○	○
～에 {걸쳐／걸쳐서} -ey {kelchye/kelchyese} （～に {かけ／かけて}；～に {わたり／わたって}）	△	○
～에 {대[＝對]하여／대[＝對]해／대[＝對]해서} -ey {tayhaye/tayhay/tayhayse} （～に {対し／対して}；～に {つき／ついて}）	○	○
～에 {따라／따라서} -ey {ttala/ttalase} （～に {従い／従って}）	△	○

第7章 日本語と朝鮮語における複合格助詞　151

~에 {의[=依]하여／의[=依]해／의[=依]해서} -ey {uyhaye/uyhay/uyhayse} (~に {より／よって})	△	○
~에 있어서 -ey issese (~にあって；~において；~に {あたり／あたって})	○	×
~에 {즈음하여／즈음해서} -ey {cuumhaye/cuumhayse} (~に {際し／際して}；~に {あたり／あたって})	○	○
~에 {한[=限]하여／한[=限]해／한[=限]해서} -ey {hanhaye/hanhay/hanhayse} (~に {限り／限って})	○	△
~를／을 {비롯하여／비롯해／비롯해서} -lul/ul {piloshaye/piloshay/piloshayse} (~をはじめ)	△	○
~를／을 {위시[=爲始]하여／위시[=爲始]해／위시[=爲始]해서} -lul/ul {wisihaye/wisihay/wisihayse} (~をはじめ)	△	○
~를／을 {위[=爲]하여／위[=爲]해／위[=爲]해서} -lul/ul {wihaye/wihay/wihayse} (~のために〈目的〉)	△	○
~를／을 {통[=通]하여／통[=通]해／통[=通]해서} -lul/ul {thonghaye/thonghay/thonghayse} (~を {通じ／通じて}；~を通して)	○	○
~로／으로 {인[=因]하여／인[=因]해／인[=因]해서} -lo/ulo {inhaye/inhay/inhayse} (~に {より／よって}〈原因〉)	△	○
~로／으로 말미암아 -lo/ulo malmiama (~に {より／よって}〈原因〉)	×	○

　上記の表から次のことが言える。第一に，（Ⅰ）《「連体格助詞付加形」と「動詞連体形」の両方が可能なもの》が存在する。それに該当するのは，先に挙げた「~에 {관[=關]하여／관[=關]해／관[=關]해서}〈-ey {kwanhaye/kwanhay/kwanhayse}〉（〜に {関し／関して}；〜に {つき／ついて}）」の他に，「〜에 {대[＝對]하여／대[＝對]해／대[＝對]해서} 〈-ey {tayhaye/tayhay/tayhayse}〉（〜に {対し／対して}；〜に {つき／ついて}）」や「〜를／을 {통[＝通]하여／통[＝通]해／통[＝通]해서} 〈-lul/ul {thonghaye/thonghay/thonghayse}〉（〜を {通じ／通じて}；〜を通して)）」などである。

第二に，（Ⅱ)《「連体格助詞付加形」は可能であるが，「動詞連体形」は不可能なもの》が見受けられる。それに該当するのは，「〜에 있어서 〈-ey issese〉（〜にあって；〜において；〜に {あたり／あたって}）」や「〜에 {한[＝限]하여／한[＝限]해／한[＝限]해서} 〈-ey {hanhaye/hanhay/hanhayse}〉（〜に {限り／限って}）」である。

第三に，今述べた（Ⅱ)の逆で，（Ⅲ)《「動詞連体形」は可能であるが，「連体格助詞付加形」は不可能なもの》も見出すことができる。それに該当するのは，「〜에 {걸쳐／걸쳐서} 〈-ey {kelchye/kelchyese}〉（〜に {かけ／かけて}；〜に {わたり／わたって}）」「〜에 {따라／따라서} 〈-ey {ttala/ttalase}〉（〜に {従い／従って}）」「〜를／을 {위[＝爲]하여／위[＝爲]해／위[＝爲]해서} 〈-lul/ul {wihaye/wihay/wihayse}〉（〜のために〈目的〉)」「〜로／으로 {인[＝因]하여／인[＝因]해／인[＝因]해서} 〈-lo/ulo {inhaye/inhay/inhayse}〉（〜に {より／よって}〈原因〉)」などである。

上述した朝鮮語の状況を，第6章で述べた日本語の状況と照らし合わせてみると，第一と第二については両言語間で同様であるが，第三についてのみやや異なっていることがわかる。すなわち，（Ⅲ)として記した《「動詞連体形」は可能であるが，「連体格助詞付加形」は不可能な複合格助詞》が日本語では見出されないのに対して，朝鮮語では存在するわけである。従って，概して言うと，日本語における複合格助詞よりも朝鮮語における複合格助詞の方が動詞連体形の成立を許す度合いが高いわけである。こういった両言語間の相違を引き起こしている要因については，意味論的な問題と大いにかかわるので，4.1で詳しく論ずることにする。

2.5　両言語間の相違点

以上，朝鮮語における複合格助詞について，形態的側面から日本語と対照

させて考察してきた。両言語間で類似点が多いことを示したが，ここでは，両言語間で見出される相違点を指摘しておきたい。この相違点については，明確な論述の都合上，すでに上で記したものもあるが，それも含めて表にまとめると，次のようになる。

(45)

		日本語	朝鮮語
(A)	数と種類	比較的多い	比較的少ない
(B)	語種	和語のものが多い	漢語のものが多い
(C)	接続語尾「て」／「서〈se〉」の付随	付けて表現することが多い	付けずに表現できることが多い
(D)	丁寧体の可能性	できるものが多い	できない
(E)	動詞連体形の可能性	できないものが多い	できるものが多い
(F)	証拠づける現象	日本語には存在しないが，朝鮮語には存在するものがある。	

表内における (A)〜(F) の個々について，以下にもう少し詳しく述べることにする。

2.5.1 数と種類

一つ目は，複合格助詞の数と種類が日本語では比較的多いのに対して，朝鮮語では比較的少ない，ということである。これについては，(2) に示された日本語の状況と，(4) に示された朝鮮語の状況を見れば，明らかになる。

また，そういったことと関連し，朝鮮語で日本語に直接対応する複合格助詞がないものとして，次のようなものを挙げることができる。

(46) 〜に {あたり／あたって}，〜において，〜に {つき／ついて}，〜に {つれ／つれて}，〜に {とり／とって}，〜に {わたり／わたって}，〜を {めぐり／めぐって}，〜を {もち／もって}，〜でもって，〜として

2.5.2　語種

　二つ目は、複合格助詞を構成する語種に着目すれば、日本語では漢語よりも和語のものが比較的多いのに対して、朝鮮語では固有語よりも漢語のものが比較的多い、ということである。これについても、(2)に示された日本語の状況と、(4)に示された朝鮮語の状況を見れば、明らかになる。

2.5.3　接続語尾「て」/「서〈se〉」の付随

　三つ目は、日本語では接続語尾「て」を付けて表現することが比較的多いのに対して、朝鮮語では接続語尾「서〈se〉」を付けずに表現できることが比較的多い、ということである。これは、(5)～(15)に挙げた朝鮮語の具体例とその日本語訳によって示すことができる。

　例えば(12)においては、両言語ともに同様の複合格助詞「～を{通じ/通じて}」/「～를/을{통[=通]하여/통[=通]해/통[=通]해서}」が用いられているが、日本語では、接続語尾「て」を付けずに

(47)　?この用紙は指導教授を通じ提出しなければならない。

と表現すると、やや不自然で落ち着きの悪い文となり、認められる文にするには、接続語尾「て」を付けて

(48)　この用紙は指導教授を通じて提出しなければならない。

と表現する必要がある。

　それに対して、朝鮮語では、接続語尾「서〈se〉」を付けて表現した文である

(49)　이 용지는 지도 교수님을 통해서 제출해야 한다.
　　　 I yongci-nun cito kyoswunim-ul thonghayse ceychwulhayya hanta.

が成立可能であるだけでなく、接続語尾「서〈se〉」を付けずに

(50) 이 용지는 지도 교수님을 {통하여/통해} 제출해야 한다.
I yongci-nun cito kyoswunim-ul {thonghaye/thonghay} ceychwulhayya hanta.

と表現した場合も十分に容認される文が得られる。

なお，第14章では，なぜ両言語間でこういった相違が生ずるのか，ということに大いにかかわってくる問題をも取り上げて論ずることにする。

2.5.4　丁寧体の可能性

四つ目は，日本語では，次に示すように，ほとんどすべての複合格助詞が丁寧体をとることができるのに対して，朝鮮語ではそういったことが全く不可能である，ということである。

(51) 〜にあたりまして，〜におきまして，〜に従いまして，〜に対しまして，〜につきまして，〜にとりまして，〜によりまして，〜をもちまして，〜としまして，……

これは，複合格助詞の中に動詞が含まれていると考えられるための根拠に関連して2.2でも述べたとおりである。

2.5.5　動詞連体形の可能性

五つ目は，後続する名詞類に複合格助詞がかかっていく連体表現を成立させる際，複合格助詞の中に含まれる動詞部分を連体形にした形式が認められるか否か，といったその度合いに関するものであるが，日本語では，そういった形式をとることができない複合格助詞が比較的多いのに対して，朝鮮語では，そういった形式をとることができる複合格助詞が比較的多い。このことについては，すでに2.4で具体例を挙げながら，論述したので，詳細はそちらを参照されたい。

2.5.6　証拠づける現象

最後に六つ目は，複合格助詞がある一定のまとまった形式になっているこ

とを証拠づける現象で，日本語には見出せないが，朝鮮語には存在するものを二つ指摘することができる，というものである。その現象の一つは，複合格助詞の中に含まれている単一格助詞の与格の現れ方であり，もう一つは，複合格助詞の中に含まれている動詞部分の連体形の現れ方であるが，これらについても，すでに 2.3 で具体例を挙げながら，論述したので，詳細はそちらを参照されたい。

3 統語的側面

本節では，朝鮮語における複合格助詞について，統語的側面から日本語と対照させて考察する。

3.1 単一格助詞との交替現象

ここで指摘したい統語的特徴は，第 6 章の 3.1 で日本語について見たのと同様に，いくつかの複合格助詞が単一格助詞に置き換えて表現できる場合がある，ということである。こういった複合格助詞と単一格助詞の交替にどのような種類のものがあるのか，その具体例を以下に挙げて見ていくことにする。また，交替が不可能な文例も必要に応じて併記する。

3.1.1 「〜에 대해서〈-ey tayhayse〉（〜に対して）」と「〜에〈-ey〉；〜에게〈-eykey〉（〜に）」

〈対抗〉や〈対面〉を表す複合格助詞「〜에 대해서〈-ey tayhayse〉（〜に対して）」は，(52)〜(54) に示されるように，〈相手〉を表す単一格助詞「〜에〈-ey〉；〜에게〈-eykey〉（〜に）」に置き換えることができる場合がある。

(52)　용의자가 경찰의 신문 {에 대해서／에} 대답했다.
　　　Yonguyca-ka kyengchal-uy sinmun {-ey tayhayse/-ey} taytaphayssta.
　　　（容疑者が警察の尋問 {に対して／に} 答えた。）
(53)　프랑스군이 독일군 {에 대해서／에} 저항했다.
　　　Phulangsukwun-i tokilkwun {-ey tayhayse/-ey} cehanghayssta.
　　　（フランス軍がドイツ軍 {に対して／に} 抵抗した。）

(54) 사원들은 사장 {에 대해서/에게} 대우 개선을 요구했다.
Sawentul-un sacang {-ey tayhayse/-eykey} taywu kaysen-ul yokwuhayssta.
(社員達は社長 {に対して／に} 待遇の改善を要求した。)

一方で，(55)に示したように，そういった交替が認められない場合もある。

(55) 주민들은 경찰 {에 대해서/ *에} 협력을 아끼지 않았다.
Cwumintul-nun kyengchal {-ey tayhayse/*-ey} hyeplyek-ul akki-ci anhassta.
(住民達は警察 {に対して／*に} 協力を惜しまなかった。)

3.1.2 「～에 관해서〈-ey kwanhayse〉(～に関して；～について)」及び「～에 대해서〈-ey tayhayse〉(～に対して；～について)」と「～를／을〈-lul/ul〉(～を)」

〈かかわり〉を表す複合格助詞の「～에 관해서〈-ey kwanhayse〉(～に関して；～について)」及び「～에 대해서〈-ey tayhayse〉(～に対して；～について)」は，(56)(57)に示されるように，〈対象〉を表す単一格助詞の「～를／을〈-lul/ul〉(～を)」に置き換えることができる場合がある。

(56) 김교수가 강의에서 한일 관계의 문제점 {에 관해서；에 대해서／을} 논했다.
Kimkyoswu-ka kanguy-eyse hanil kwankyey-uy munceycem {-ey kwanhayse; -ey tayhayse/-ul} nonhayssta.
(金教授が講義で日韓関係の問題点 {に関して；について／を} 論じた。)

(57) 학생들은 장래의 꿈 {에 관해서；에 대해서／을} 서로 이야기했다.
Haksayngtul-un canglay-uy kkwum {-ey kwanhayse; -ey tayhayse/-ul} selo iyakihayssta.
(学生達は将来の夢 {に関して；について／を} 話し合った。)

また，(58)に示すように，同様の置き換えをすると，全く不可能ではないものの，(56)(57)ほど高い文法性を持って認められるわけではないものもある。

(58)　회사측이 대학교 졸업자의 채용 {에 관해서 ; 에 대해서／?을} 설명했다.
　　　Hoysachuk-i tayhakkyo colepca-uy chayyong {-ey kwanhayse; -ey tayhayse/?-ul} selmyenghayssta.
　　　(会社側が大学卒業者の採用 {に関して；について／?を} 説明した。)

　さらに，(59)(60)に示すように，この交替が全く許されない場合もある。

(59)　선생님은 중국 역사 {에 관해서 ; 에 대해서／*를} 문제를 내었다.
　　　Sensayngnim-um cwungkwuk yeksa {-ey kwanhayse; -ey tayhayse/*-lul} muncey-lul nayessta.
　　　(先生は中国の歴史 {に関して；について／*を} 問題を出した。)
(60)　다나카씨는 최근 일본어 시제 {에 관해서 ; 에 대해서／*를} 논문을 썼다.
　　　Tanakhassi-nun choykun ilpone sicey {-ey kwanhayse; -ey tayhayse/*-lul} nonmun-ul ssessta.
　　　(田中さんは最近，日本語の時制 {に関して；について／*を} 論文を書いた。)

3.1.3　「〜에 의해서〈-ey uyhayse〉(〜によって)」と「〜에〈-ey〉；〜에게〈-eykey〉(〜に)」

　〈動作主〉を表す複合格助詞「〜에 의해서〈-ey uyhayse〉(〜によって)」は，(61)のように，〈相手〉を表す単一格助詞「〜에〈-ey〉；〜에게〈-eykey〉(〜に)」に置き換えることが可能な場合がある。

(61)　인질이 범인 {에 의해서／에게} 죽여졌다.
　　　Incil-i pemin {-ey uyhayse/-eykey} cwukyecyessta.

(人質が犯人 {によって／に} 殺された。)

　また，(62)のように，そういう置き換えをすると，やや不自然となる場合や，(63)のように，それが全く不可能な場合もある。

(62) 행방 불명이었던 어선이 자위대기 {에 의해서／(?)에} 발견되었다.
Hayngpang pulmyeng-iessten esen-i cawitayki {-ey uyhayse/ (?) -ey} palkyentoyessta.
(行方不明だった漁船が自衛隊機 {によって／(?)に} 発見された。)
(63) 유전자 재구성의 메카니즘이 도네가와박사의 연구 {에 의해서／*에} 해명되었다.
Yucenca caykwuseng-uy meykhanicum-i toneykawapaksa-uy yenkwu {-ey uyhayse/*-ey} haymyengtoyessta.
(遺伝子再構成のメカニズムが利根川博士の研究 {によって／*に} 解明された。)

3.1.4 「〜를／을 위해서〈-lul/ul wihayse〉(〜のために)」と「〜에〈-ey〉；〜에게〈-eykey〉(〜に)」

　〈受益者〉や〈目的〉を表す複合格助詞「〜를／을 위해서〈-lul/ul wihayse〉(〜のために)」は，(64)(65)のように，〈相手〉を表す単一格助詞「〜에〈-ey〉；〜에게〈-eykey〉(〜に)」に置き換えることが可能な場合がある。

(64) 철수는 아들 {을 위해서／에게} 자전거를 {샀다／사 주었다}.
Chelswu-nun atul {-ul wihayse/-eykey} cacenke-lul {sassta/sa cwuessta}.
(チョルスは息子 {のために／に} 自転車を {買った／買ってやった}。)
(65) 영희는 수험 공부 {를 위해서／에} 많은 시간을 소비했다.
Yenghuy-nun swuhem kongpu {-lul wihayse/-ey} manhun sikan-ul sopihayssta.
(ヨンヒは受験勉強 {のために／に} 多くの時間を費やした。)

また，(66)のように，そういった交替ができない場合もある。

(66)　아버지는 가족 {을 위해서／*에게} 열심히 일했다.
　　　Apeci-nun kacok {-ul wihayse/*-eykey} yelqsimhi ilhayssta.
　　　（父は家族 {のために／*に} 一生懸命に働いた。）

3.2　動詞の結合価

　第3章では，日本語においてどういう補語が動詞にとって必須的であるのか（つまり，動詞の補語に対する要求度が高いのか），また副次的であるのか（つまり，その要求度が低いのか），といった動詞の結合価の問題について考察し，必須補語か副次補語かを認定するするための基準を設定した。その中で考察の対象にしたのは，単一格助詞のみであったが，第6章の3.2では，日本語の複合格助詞に焦点を当て，その問題について論じた。以下，ここでは，日本語で得られた成果を基に，朝鮮語に目を転じて考察することにする。

3.2.1　「～에 대해서〈-ey tayhayse〉（～に対して）」

　一つ目は，〈対抗〉や〈対面〉を表す複合格助詞「～에 대해서〈-ey tayhayse〉（～に対して）」であるが，すでに挙げた例を用いて議論を進める。
　まず，(55)の例を見てみよう。「경찰에 대해서〈kyengchal-ey tayhayse〉（警察に対して）」という補語は，「협력〈hyeplyek〉（協力）」という名詞に向けられて，その属性を補足説明しているのであり，「아끼다〈akkita〉（惜しむ）」という動詞自体の影響で具現化されているものではない。「경찰에 대해서〈kyengchal-ey tayhayse〉（警察に対して）」が「협력〈hyeplyek〉（協力）」にとって補足説明的な要素になっているとする一つの証拠として，次のことが指摘できる。すなわち，2.4で述べた，(A)「複合格助詞に連体格助詞の『의〈uy〉（の）』を付加する方法」あるいは(B)「複合格助詞における動詞部分を連体形にする方法」をとり，「경찰에 대해서〈kyengchal-ey tayhayse〉（警察に対して）」が名詞「협력〈hyeplyek〉（協力）」に直接かかっていく表現が可能となる。具体的には，次に示されるとおりである。

(67) 주민들은 경찰 {에 대해서의／에 대한} 협력을 아끼지 않았다.
Cwumintul-un kyengchal {-ey tayhayse-uy/-ey tayhan} hyeplyek-ul akki-ci anhassta.
(住民達は警察 {に対しての／に対する} 協力を惜しまなかった。)

従って，複合格助詞「〜에 대해서〈-ey tayhayse〉(〜に対して)」で表示された補語は，動詞「아끼다〈akkita〉(惜しむ)」にとっては副次補語とすることに何ら問題はない。

　次に，(52)〜(54)の例を見てみよう。(52)の「경찰의 신문에 대해서〈kyengchal-uy sinmun-ey tayhayse〉(警察の尋問に対して)」，(53)の「독일군에 대해서〈tokilkwun-ey tayhayse〉(ドイツ軍に対して)」，(54)の「사장에 대해서〈sacang-ey tayhayse〉(社長に対して)」は，省いてしまうと，談話構造上，何か情報伝達が不足している感じがし，(55)の「경찰에 대해서〈kyengchal-ey tayhayse〉(警察に対して)」に比べれば，はるかに省略しにくい構成要素となっている。(52)の「대답하다〈taytaphata〉(答える)」，及び(53)の「저항하다〈cehanghata〉(抵抗する)」という行為は，その行為をなす〈行為者〉と，その行為が向けられる〈相手〉の2者が登場しなければ，成り立たないものであり，また，(54)の「요구하다〈yokwuhata〉(要求する)」という行為が成立するためには，今述べた2者に加えて，その行為を被る〈対象〉も出現しなければならない。このように，〈相手〉を含意する「경찰의 신문〈kyengchal-uy sinmun〉(警察の尋問)」「독일군〈tokilkwun〉(ドイツ軍)」「사장〈sacang〉(社長)」という名詞は，「대답하다〈taytaphata〉(答える)」「저항하다〈cehanghata〉(抵抗する)」「요구하다〈yokwuhata〉(要求する)」という動詞によってそれぞれ必要とされており，従って，複合格助詞「〜에 대해서〈-ey tayhayse〉(〜に対して)」で表示された補語は，「대답하다〈taytaphata〉(答える)」や「저항하다〈cehanghata〉(抵抗する)」や「요구하다〈yokwuhata〉(要求する)」という動詞にとっては必須補語と見なさなければならない。

　こう言えるのは，(52)〜(54)の例で示したように，「〜에 대해서〈-ey tayhayse〉(〜に対して)」を常に必須補語を形成する単一格助詞の与格「〜에〈-ey〉；〜에게〈-eykey〉(〜に)」に置き換えて表現することができる，

ということからも導かれる。それに対して，興味深いことに，副次補語と考えられる(55)のような「〜에 대해서〈-ey tayhayse〉(〜に対して)」は，そういった交替が認められない。

3.2.2 「〜에 관해서〈-ey kwanhayse〉(〜に関して；〜について})」及び「〜에 대해서〈-ey tayhayse〉(〜に対して；〜について)」

二つ目として，「〜에 관해서〈-ey kwanhayse〉(〜に関して；〜について)」及び「〜에 대해서〈-ey tayhayse〉(〜に対して；〜について)」について考察する。

(59)の「중국 역사 {에 관해서；에 대해서}〈cwungkwuk yeksa {-ey kwanhayse; -ey tayhayse}〉(中国の歴史 {に関して；について})」と，(60)の「일본어 시제 {에 관해서；에 대해서}〈ilpone sicey {-ey kwanhayse; -ey tayhayse}〉(日本語の時制 {に関して；について})」はそれぞれ，「문제〈muncey〉(問題)」と「논문〈nonmun〉(論文)」という名詞の属性を補足的に叙述している性格のものである。その証拠に，2.4で述べた，(A)「複合格助詞に連体格助詞の『의〈uy〉(の)』を付加する方法」あるいは(B)「複合格助詞における動詞部分を連体形にする方法」をとり，複合格助詞が「문제〈muncey〉(問題)」と「논문〈nonmun〉(論文)」という名詞を直接修飾する表現が認められる。

(68) 선생님은 중국 역사 {에 관해서의, 에 관한；에 대해서의, 에 대한} 문제를 내었다.
Sensayngnim-um cwungkwuk yeksa {-ey kwanhayse-uy, -ey kwanhan; -ey tayhayse-uy, -ey tayhan} muncey-lul nayessta.
(先生は中国の歴史 {に関しての，に関する；についての} 問題を出した。)

(69) 다나카씨는 최근 일본어 시제 {에 관해서의, 에 관한；에 대해서의, 에 대한} 논문을 썼다.
Tanakhassi-nun choykun ilpone sicey {-ey kwanhayse-uy, -ey kwanhan; -ey tayhayse-uy, -ey tayhan} nonmun-ul ssessta.
(田中さんは最近，日本語の時制 {に関しての，に関する；について

の} 論文を書いた。)

「～에 관해서〈-ey kwanhayse〉(～に関して；～について)」及び「～에 대해서〈-ey tayhayse〉(～に対して；～について)」は、「내다〈nayta〉(出す)」や「쓰다〈ssuta〉(書く)」という動詞自体が要求して現れているのではない。従って、そのような動詞にとって、「～에 관해서〈-ey kwanhayse〉(～に関して；～について)」及び「～에 대해서〈-ey tayhayse〉(～に対して；～について)」で表示された補語は、副次補語であると考えられる。

次に、(56)～(58)の例を見てみよう。(59)の「중국 역사 {에 관해서；에 대해서}〈cwungkwuk yeksa {-eykwanhayse; -ey tayhayse}〉(中国の歴史 {に関して；について})」と、(60)の「일본어 시제 {에 관해서；에 대해서}〈ilpone sicey {-ey kwanhayse; -ey tayhayse}〉(日本語の時制 {に関して；について})」は今、副次補語と判断したが、実際、その部分を取り除いても、さほど情報伝達量が不足しているとは感じられない。

一方、(56)～(58)においては、「한일 관계의 문제점 {에 관해서；에 대해서}〈hanil kwankyey-uy munceycem {-ey kwanhayse; -ey tayhayse}〉(日韓関係の問題点 {に関して；について})」「장래의 꿈 {에 관해서；에 대해서}〈canglay-uy kkwum {-ey kwanhayse; -ey tayhayse}〉(将来の夢 {に関して；について})」「대학교 졸업자의 채용 {에 관해서；에 대해서}〈tayhakkyo colepca-uy chayyong {-ey kwanhayse; -ey tayhayse}〉(大学卒業者の採用 {に関して；について})」という複合格助詞で表示された補語の部分を取り去ると、情報伝達不足の感じが非常に強く、論じたり、話し合ったり、説明したりしたのはどういう内容かと問い返したくなる。それは、(56)～(58)の「논하다〈nonhata〉(論ずる)」「서로 이야기하다〈selo iyakihata〉(話し合う；〈直訳〉互いに話す)」、「설명하다〈selmyenghata〉(説明する)」はすべて、各々なされる行為の内容に着眼した表現を成立させる動詞であるからである。

さらにその上、それぞれの例に示したように、(59)(60)においては、「～에 관해서〈-ey kwanhayse〉(～に関して；～について)」「～에 대해서〈-ey tayhayse〉(～に対して；～について)」を「～를／을〈-lul/ul〉(～を)」と交替させることができないのに対して、(56)～(58)においては、そういったことが大体容認される。このように、(56)～(58)における「～에 관해서

〈-ey kwanhayse〉（〜に関して；〜について）」「〜에 대해서〈-ey tayhayse〉（〜に対して；〜について）」が，いかなる場合でも必須補語を成り立たせる格助詞である〈対象〉の「〜를／을〈-lul/ul〉（〜を）」に置き換え可能であることは，それらが各々の動詞にとって必須補語であることを証拠づけることになる。

3.2.3 「〜를／을 위해서〈-lul/ul wihayse〉（〜のために）」

最後に三つ目として，〈受益者〉や〈目的〉を表す複合格助詞「〜를／을 위해서〈-lul/ul wihayse〉（〜のために）」を指摘することができる。これについても，具体例はすでに示しておいた。

(66)における「가족을 위해서〈kacok-ul wihayse〉（家族のために）」はこの場合，〈受益者〉を含意するが，省いても，情報伝達量が不足している感じがしないことから，動詞「일하다〈ilhata〉（働く）」にとって副次補語であると判断される。

ところが，(64)における「아들을 위해서〈atul-ul wihayse〉（息子のために）」と，(65)における「수험 공부를 위해서〈swuhem kongpu-lul wihayse〉（受験勉強のために）」は，省略すると，情報伝達量が不足していると感じられる。「아들〈atul〉（息子）」は，チョルスが自転車を買うことで利益を得るとともに，その自転車を受け取る者でもある。また，「수험 공부〈swuhem kongpu〉（受験勉強）」は，ヨンヒが多くの時間を費やす目的である。この場合，「〜를／을 위해서〈-lul/ul wihayse〉」という補語の省略が難しいのは，こういったことが「사다；사 주다〈sata; sa cwuta〉（買う；買ってやる）」や「소비하다〈sopihata〉（費やす）」という動詞の有する意味内容と深くかかわっていることに起因する。従って，複合格助詞「〜를／을 위해서〈-lul/ul wihayse〉（〜のために）」で表示された補語は，「사다；사 주다〈sata; sa cwuta〉（買う；買ってやる）」や「소비하다〈sopihata〉（費やす）」という動詞にとってかなり高い必須性を帯びているということになる。

上の二つの事例において，複合格助詞が単一格助詞と交替可能かどうかが，補語の必須性の度合いと密接に関係していることを論述したが，これは今の事例でも有効である。すなわち，補語の必須性が高いと判断された(64)や(65)のような「〜를／을 위해서〈-lul/ul wihayse〉（〜のために）」は，「〜

에〈-ey〉；～에게〈-eykey〉（～に）」に置き換えることができるのに対して，副次補語と判断された (66) のような「～를／을 위해서〈-lul/ul wihayse〉（～のために）」の場合は，そういった置き換えは受け入れられないのである。

3.2.4 まとめ

3.2 では，統語的な側面からの考察の一つとして，朝鮮語の複合格助詞で表示された補語が必須的か，副次的かといった，動詞の結合価に関する問題を取り上げた。以上の考察から次の結論を導き出すことができる。

「～에 대해서〈-ey tayhayse〉（～に対して）」「～에 관해서〈-ey kwanhayse〉（～に関して；～について）」「～를／을 위해서〈-lul/ul wihayse〉（～のために）」などのいくつかの複合格助詞で表示された補語は，常に副次補語となっているわけではなく，ある種の動詞にとっては必須補語を成り立たせているのである。

寺村 (1982a: 179–185) は，日本語において，どのような述語にとっても副次的であるとする補語を 14 種類挙げており，複合格助詞で表示された補語も，その中の一つに含まれているが，第 6 章では，日本語の複合格助詞に関する考察から，寺村によるこの考えに対して異論を唱えるに至った。さらには，日本語における議論に基づき，ここで考察した朝鮮語における複合格助詞の様態は，日本語におけるのと同じであることが明らかになった。従って，以上の主張は，日本語だけではなく，朝鮮語でも論証できた性質のものであることになる。

4 意味的側面

最後に本節では，朝鮮語における複合格助詞について，意味的側面から日本語と対照させて考察する。

4.1 動詞部分の意味の実質性の段階

第 6 章の 4.1 で，日本語における複合格助詞に含まれる動詞部分について意味的な分析を行ったが，その結果を要約すると，次のとおりである。

日本語の複合格助詞は，その中に含まれている動詞部分の意味の実質性を

保持しているものから欠いているものまで，一様ではなく，動詞部分の意味の実質性には，三つぐらいの段階があると判断されるのであった。それぞれの段階にどういう複合格助詞が属するかを再度，次に示す。

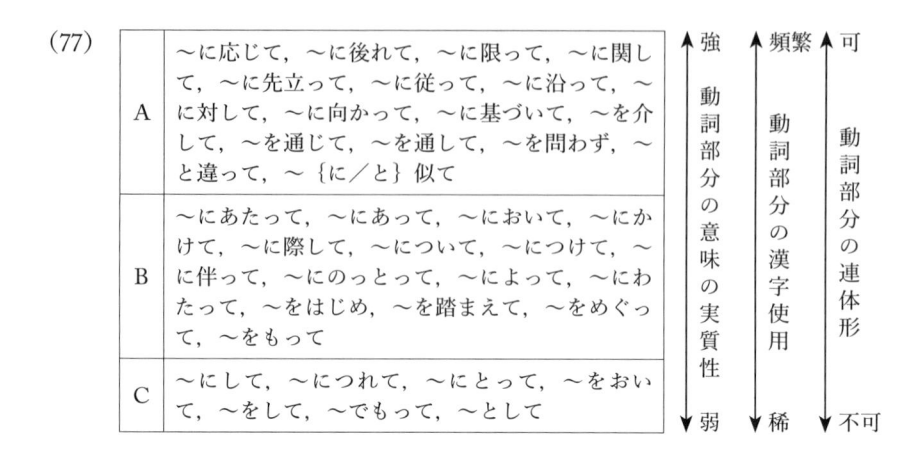

(77)

		強　動詞部分の意味の実質性　弱	頻繁　動詞部分の漢字使用　稀	可　動詞部分の連体形　不可
A	〜に応じて，〜に後れて，〜に限って，〜に関して，〜に先立って，〜に従って，〜に沿って，〜に対して，〜に向かって，〜に基づいて，〜を介して，〜を通じて，〜を通して，〜を問わず，〜と違って，〜｛に／と｝似て			
B	〜にあたって，〜にあって，〜において，〜にかけて，〜に際して，〜について，〜につけて，〜に伴って，〜にのっとって，〜によって，〜にわたって，〜をはじめ，〜を踏まえて，〜をめぐって，〜をもって			
C	〜にして，〜につれて，〜にとって，〜をおいて，〜をして，〜でもって，〜として			

(70A)の方に行けば行くほど，複合格助詞の動詞部分は，意味の実質性が保持されている。(70A)に限って，「〜に関して」や「〜に対して」のように，動詞部分が「漢語＋する」という構成をとるものが存在し，漢語が含まれている分だけ，「関」なら〈かかわり〉，「対」なら〈向かい合い〉といったような原義を残している。それに対して，(70C)の方に行けば行くほど，複合格助詞の動詞部分は固有語(和語)ばかりになって，実質的な意味をほとんど失ってしまっている。例えば(70C)に属する「〜について」「〜にとって」の動詞部分「つく」と「とる」はそれぞれ，〈付着〉〈奪取〉といったような，一般の文における動詞として用いられた時の意味をもはや保持していない。また，(70B)は，(70A)と(70C)の中間に位置する性格のものである。

　さらに，今述べた，複合格助詞に含まれる動詞部分の意味的側面は，動詞部分の連体形の可能性や，動詞部分の漢字使用の頻度といった形態的側面と大いに相関関係があるのであった。(70A)の方に行けば行くほど，つまり，動詞部分が実質的な意味を保持していればいるほど，動詞部分の連体形が許され，また動詞部分に漢字が使われる率が高くなる。そして，(70C)の方に行けば行くほど，つまり，動詞部分が実質的な意味を欠いていればいるほ

ど，動詞部分の連体形が不可能になり，連体格助詞付加形を用いるしかなく，また動詞部分に漢字表記ではなく，ひらがな表記がより頻繁に出現するようになるのである。

　日本語における以上のことを踏まえた上で，朝鮮語の複合格助詞に含まれる動詞部分について，同じく意味の実質性の観点から考察すると，以下のことが明らかになる。朝鮮語におけるその状況を，(70)で日本語における状況を示した様式に合わせて示す。

(71)

		動詞部分の意味の実質性	動詞部分の連体形
A	～에 관[=關]해서〈-ey kwanhayse}〉(～に関して；～について)，～에 의[=依]해서〈-ey uyhayse〉(～によって)，～에 한[=限]해서〈-ey hanhayse〉(～に限って)，～를／을 통[=通]해서〈-lul/ul thonghayse〉(～を通じて；～を通して)，～로／으로 인[=因]해서〈-lo/ulo inhayse〉(～によって〈原因〉)	強	可
B	～에 걸쳐서〈-ey kelchyese〉(～にかけて；～にわたって)，～에 대[=對]해서〈-ey tayhayse〉(～に対して；～について)，～에 따라서〈-ey ttalase〉(～に従って)，～에 있어서〈-ey issese〉(～にあって；～において；～にあたって)，～에 즈음해서〈-ey cuumhayse〉(～に際して；～にあたって)，～를／을 비롯해서〈-lul/ul piloshayse〉(～をはじめ)，～를／을 위시[=爲始]해서〈-lul/ul wisihayse〉(～をはじめ)，～를／을 위[=爲]해서〈-lul/ul wihayse〉(～のために〈目的〉)，～로／으로 말미암아〈-lo/ulo malmiama〉(～によって〈原因〉)	↓弱	↓不可
C	該当なし		

(71A)のように動詞部分の意味の実質性を高く保持している複合格助詞や，(71B)のようにそれをある程度まで保持している複合格助詞は，存在するが，(71C)のようにそれをほとんど失ってしまっている複合格助詞は，見出されない，といった状況になっていることがわかる。従って，朝鮮語では，日本語の場合に比べると，中に含まれた動詞部分において実質的な意味を保持している複合格助詞が多数を占め，それを欠いたものは非常に限られる，と言うことができる。

　今指摘した両言語間の相違は，複合格助詞に含まれる動詞部分の語種に関する両言語間の相違が一要因となっていると考えられる。2.5で述べたよう

に，日本語では，動詞部分が漢語で成り立っている複合格助詞の他に，それが和語で成り立っているものも多いのに対して，朝鮮語では，固有語で成り立っているものが少なく，漢語で成り立っているものが多数派なのであった。このように，朝鮮語では，日本語に比べて，漢語で成り立っている複合格助詞が多く，漢語は和語／固有語よりも実質的な意味を保持できる力があると考えられることが，朝鮮語では動詞部分において実質的な意味を保持している複合格助詞が多い，ということにつながっていくわけである。

　また，朝鮮語でも，日本語におけるのと同様，複合格助詞に含まれる動詞部分の意味的側面は動詞部分の連体形の可能性といった形態的側面と密な相関関係にあることがわかり，その相関関係についての両言語間の相違にも，次のように適切な記述・説明を与えることができる。

　まず，日本語と同様に，複合格助詞に含まれる動詞部分の意味の実質性が保持されていればいるほど，動詞部分の連体形の可能性が高くなり，またその実質性が失われていればいるほど，動詞部分の連体形が成立しにくくなるのがわかる。すなわち，(71A)に属する複合格助詞と，(71B)に属する複合格助詞を比べると，動詞部分の連体形の可能性は，後者よりも前者の方が高いのである。

　次に，朝鮮語では，日本語に比べて，動詞部分の連体形が可能な複合格助詞が占める割合が高い，という両言語間の相違を2.4で指摘したが，これは，(70)に示された日本語の状況と，(71)に示された朝鮮語の状況を突き合わせれば明らかになるように，動詞部分の実質的な意味を保持した複合格助詞が，日本語よりも朝鮮語における方が多い，ということに起因していると言える。すなわち，動詞部分の意味の実質性が保持されている複合格助詞が多い分，自ずと動詞部分の連体形が可能な複合格助詞が増えるわけである。

　なお，日本語では，複合格助詞に含まれる動詞部分の意味の実質性が，動詞部分の漢字使用の頻度といった形態的側面とも大いに相関関係がある，ということを先に述べたが，こういったことは朝鮮語には当てはまらない。それは，両言語間の表記システムの相違による。日本語は，一般的にひらがな・漢字・カタカナの3種類の文字を交ぜて表記される言語である。それに対して，朝鮮語は，朝鮮文字（ハングル）と漢字の2種類の文字を有する

が，必ずしも漢字使用が強いられず，朝鮮文字(ハングル)のみによる表記も十分に認められている言語である。朝鮮語では，このような事情があるために，現象が表記上に反映されること自体が成り立たないわけである。

4.2　日本語と朝鮮語における意味領域のずれ

　4.1 では，日本語あるいは朝鮮語という一つの言語内で，複合格助詞によって動詞部分の意味の実質性に程度の差があることを見たが，ある一つの複合格助詞を取り出した場合，2 言語間で形態上同じであっても，その動詞部分が有する意味は異なるということがある。ここでは，その一つである，「～に対して」と「～에 대해서〈-ey tayhayse〉」の意味・用法上の相違を取り上げる。

　ただ，両者は有する意味・用法のすべてにわたって異なり，ずれているというわけではなく，もちろん同一で重なる部分もある。先に，その共通部分を指摘しておく。例として，すでに挙がっている (52)～(55) を援用することができる。これらの例における朝鮮語の「～에 대해서〈-ey tayhayse〉」と，それに相当する日本語の「～に対して」はすべて，単一格助詞「～에〈-ey〉；～에게〈-eykey〉」／「～に」に置き換え可能か否かにかかわらず，動詞部分の漢語「대［＝對］〈tay〉」／「対」が持つ〈対抗〉や〈対面〉といった原義を保持している。このように〈対抗〉や〈対面〉という意味を表す時には，「～に対して」も「～에 대해서〈-ey tayhayse〉」も同じように用いられるわけである。

　「～に対して」と「～에 대해서〈-ey tayhayse〉」の意味・用法が異なる場合は，次のような例に示される[3]。

(72) a.　先生から日本語 {*に対して／に関して} いろいろな話を聞いた。
　　 b.　선생님에게서 일본말 {에 대해서／에 관해서} 여러 가지 이야기를 들었다.
　　　　Sensayngnim-eykeyse ilponmal {-ey tayhayse/-ey kwanhayse} yele kaci iyaki-lul tulessta.

日本語の「～に関して」と，それに相当する朝鮮語の「～에 관해서〈-ey

kwanhayse〉」はどちらも，中に含む漢語「関」／「관［＝關］〈kwan〉」の原義を保っており，前置された「日本語」／「일본말〈ilponmal〉」という名詞との〈かかわり〉を含意している。そして，注目すべき点は，このように〈かかわり〉を表す場合に朝鮮語では「〜에 대해서〈-ey tayhayse〉」が使用可能であるのに対して，日本語ではそれに対応する「〜に対して」が認められない，という違いである。

　日本語における「〜に対して」と朝鮮語における「〜에 대해서〈-ey tayhayse〉」の意味・用法上の類似点と相違点を合わせてまとめると，次のようなことが言える。「〜に対して」は常に，中に含まれた漢語「対」の原義〈対抗〉や〈対面〉を表す場合にしか用いられない。それは，動詞部分の意味の実質性が最も強い(70A)の段階に属することからもわかる。一方，「〜에 대해서〈-ey tayhayse〉」は，「〜に対して」と同様に，中に含まれた漢語「대［＝對］〈tay〉」の原義〈対抗〉や〈対面〉を表す場合に使われるばかりではなく，原義から少し外れた〈かかわり〉を表す場合にも使用が可能である。〈対抗〉や〈対面〉を表す場合に用いられた「〜에 대해서〈-ey tayhayse〉」は，「〜に対して」と同様に(71A)の段階に位置するが，〈かかわり〉の場合の「〜에 대해서〈-ey tayhayse〉」は，原義から少しずれて使われているわけであるので，動詞部分の意味の実質性がやや低くなる(71B)の段階に属すると判断される。

4.3　複合格助詞と単一格助詞の使い分け

　意味的側面にかかわるさらなる問題として，複合格助詞と単一格助詞のいずれでも用いられうる環境で，いかなる場合に前者を用い，またいかなる場合に後者を用いるのか，といったその使い分けを，朝鮮語における二つの事例を取り上げて考察する。

4.3.1　「〜에 의해서〈-ey uyhayse〉(〜によって)」と「〜에〈-ey〉；〜에게〈-eykey〉(〜に)」

　一つ目の事例は，「〜에 의해서〈-ey uyhayse〉(〜によって)」と「〜에〈-ey〉；〜에게〈-eykey〉(〜に)」のいずれを用いるべきかといった，いわゆる受身文における動作主(Agent)のマーカーについての問題である。すでに

3.1.3 で具体例が挙がっているので，それを用いて論ずることにする。

　(61)〜(63)の三つの例のいずれにおいても，受身文の動作主を表示するのに複合格助詞の「〜에 의해서〈-ey uyhayse〉(〜によって)」が可能である。しかしながら，単一格助詞の「〜에〈-ey〉；〜에게〈-eykey〉(〜に)」を使おうとすると，(61)では十分に認められるが，(62)ではやや不自然であり，(63)に至っては非文法的になる。

　それぞれの文における動詞について見てみると，(61)の「죽이다〈cwukita〉(殺す)」が最も〈動作主性（Agentivity)〉が高く，(63)の「해명하다〈haymyengtata〉(解明する)」あるいは「밝히다〈palkhita〉(明らかにする)」が最も〈動作主性〉が低く，(62)の「발견하다〈palkyenhata〉(発見する)」は，「해명하다〈haymyengtata〉(解明する)」あるいは「밝히다〈palkhita〉(明らかにする)」よりも〈動作主性〉が少し高いと思われる。また，今，問題となっているマーカーの前に立つ名詞自体の〈動作主性〉について考えれば，(61)の「범인〈pemin〉(犯人)」が〈生物〉ということで最も高く，〈物体〉である(62)の「자위대기〈cawitayki〉(自衛隊機)」が次に高く，(63)の「연구〈yenkwu〉(研究)」は〈事柄・行為〉であるので，最も低い。すなわち，文から判断できる〈動作主性〉が，(61)の方へ行けば行くほど高く，(63)の方へ行けば行くほど低くなっているわけである。

　複合格助詞「〜에 의해서〈-ey uyhayse〉(〜によって)」と単一格助詞「〜에〈-ey〉；〜에게〈-eykey〉(〜に)」のいずれが選択されるかは，いろいろな要因が絡み合っており，それが総合されて決定されるわけであるから，条件づけを一つだけに絞り込むことはできないが，複合格助詞に関する意味論の観点からすれば，次のことが言える。単一格助詞「〜에〈-ey〉；〜에게〈-eykey〉(〜に)」は，動詞や前置される名詞など文における情報から判断できる〈動作主性〉といった特性が高ければ，用いることが可能であるが，そういった特性が低ければ，使用が困難になる。それに対して，複合格助詞「〜에 의해서〈-ey uyhayse〉(〜によって)」は，そういった特性の有無にかかわらず，用いることが認められるのである。

4.3.2 「〜에 관해서〈-ey kwanhayse〉(〜に関して；〜について)」及び「〜에 대해서〈-ey tayhayse〉(〜に対して；〜について)」と「〜를／을〈-lul/ul〉(〜を)」

この交替現象の具体例は，3.1.2 で示されたとおりである。(59) と (60) においては，〈内容性〉といった特性が強い「문제〈muncey〉(問題)」と「논문〈nonmun〉(論文)」という名詞が対格「〜를／을〈-lul/ul〉(〜を)」を伴って立ち，その名詞とかかわりを持つ名詞ならどのような特性の名詞でも，「〜에 관해서〈-ey kwanhayse〉(〜に関して；〜について)」あるいは「〜에 대해서〈-ey tayhayse〉(〜に対して；〜について)」の前に置くことができる。今，「중국 역사〈cwungkwuk yeksa〉(中国の歴史)」と「일본어 시제〈ilpone sicey〉(日本語の時制)」という名詞が前置されているが，この場合の「〜에 관해서〈-ey kwanhayse〉(〜に関して；〜について)」と「〜에 대해서〈-ey tayhayse〉(〜に対して；〜について)」は，朝鮮語の単文では二重対格はほとんど許されない，という統語的な制約に抵触するため，単一格助詞「〜를／을〈-lul/ul〉(〜を)」への置き換えが不可能である。

(56) (57) が (59) (60) と異なるのは，「문제점〈munceycem〉(問題点)」や「꿈〈kkwum〉(夢)」のような，〈内容性〉といった特性が強い名詞が「〜에 관해서〈-ey kwanhayse〉(〜に関して；〜について)」あるいは「〜에 대해서〈-ey tayhayse〉(〜に対して；〜について)」で表示された補語の中に入り込んでしまっており，もう一つ余分に，適当な対格「〜를／을〈-lul/ul〉(〜を)」の補語を設定することができない，という点である。このような，〈内容性〉といった特性が強い名詞が前置された場合の「〜에 관해서〈-ey kwanhayse〉(〜に関して；〜について)」あるいは「〜에 대해서〈-ey tayhayse〉(〜に対して；〜について)」は，単一格助詞「〜를／을〈-lul/ul〉(〜を)」に置換可能である。

ところが，(58) では，構文が (56) (57) と同様であるにもかかわらず，「〜를／을〈-lul/ul〉(〜を)」を用いると，少し不自然である。この原因はやはり，前に立つ名詞の〈内容性〉といった特性に求められる。今，問題となる名詞は「채용〈chayyong〉(採用)」であるが，これは行為を表す名詞で，「문제점〈munceycem〉(問題点)」や「꿈〈kkwum〉(夢)」に比べると，〈内容性〉といった特性がかなり弱い。

以上のことから，次のように言及できる。前置される名詞類が有する〈内容性〉といった特性が強い場合は，複合格助詞「〜에 관해서〈-ey kwanhayse〉（〜に関して；〜について）」「〜에 대해서〈-ey tayhayse〉（〜に対して；〜について）」と単一格助詞「〜를／을〈-lul/ul〉（〜を）」のいずれでも用いることが可能である。ところが一方，その特性が弱い場合は，「〜에 관해서〈-ey kwanhayse〉（〜に関して；〜について）」と「〜에 대해서〈-ey tayhayse〉（〜に対して；〜について）」は使えるが，「〜를／을〈-lul/ul〉（〜を）」の使用は困難になるのである。

4.3.3 まとめ

以上，朝鮮語における複合格助詞と単一格助詞の使い分けについて，二つの事例を取り上げて考察したが，その状況は，第6章の4.2で考察した日本語の場合と同様であることが明らかになった。従って，複合格助詞は，前置される名詞類などが持つ〈動作主性〉や〈内容性〉といった特性が弱くても，「의하다〈uyhata〉（よる）」や「관하다〈kwanhata〉（関する）」「대하다〈tayhata〉（対する）」といった動詞部分の意味がその特性を補い，強化することによって，用いることが可能となる機能を有している，と言え，こういったことが朝鮮語を通じても確証できたことになる。

5 日本語に対応する複合格助詞が朝鮮語にない場合

本節では，日本語に対応する複合格助詞が朝鮮語にない場合，朝鮮語ではどのように表現されるのか，ということについて考察したい。ここでは，二つの事例を取り上げ，日本語で書かれた小説が朝鮮語に翻訳されたものにおいてどのように翻訳されているかを見る，といった方法を採る。

5.1 「〜に｛つき／ついて｝」

日本語の複合格助詞「〜に｛つき／ついて｝」は「つく（付く）」という動詞を含んだものであるが，朝鮮語では，それに相当する「붙다〈puthta〉（付く）」という動詞を用い，「*〜에｛붙어／붙어서｝〈*-ey {puthe/puthese}〉」のように，複合格助詞として成立させることはできない。それでは，日本語

の「～に｛つき／ついて｝」は，朝鮮語ではどのように表現されるのであろうか。採取された実例の中から次のものを見てみよう。(それらの出典についての詳細は，本書末の「用例出典」を参照のこと。)

(73) a. どうでもいいような事柄の細かい部分についていつまでもいつまでもしゃべりつづけた。　　　　　　　(『ノルウェイの森(上)』p. 74)
　　　b. 아무래도 상관없는 사연의 세세한 부분<u>에 관해</u> 언제까지나 계속해서 떠들어댔다.
　　　　　　　(『상실의 시대〈sangsil-uy sitay〉(喪失の時代)』p. 93)
　　　Amulayto sangkwanepsnun sayen-uy seyseyhan pupun<u>-ey kwanhay</u> encey-kkaci-na kyeysokhayse ttetuletayssta.

(74) a. 脳の大きさとその能力の相関関係についてずっと話をしていた。
　　　　　　　(『ノルウェイの森(下)』p. 5)
　　　b. 뇌의 크기와 그 능력의 상관 관계<u>에 대해</u> 줄곧 이야기해댔다.
　　　　　　　(『상실의 시대〈sangsil-uy sitay〉(喪失の時代)』p. 256)
　　　Noy-uy khuki-wa ku nunglyek-uy sangkwan kwankyey<u>-ey tayhay</u> cwulkot iyakihaytayssta.

(75) a. もう一人の女の子はセックスのあとで僕についてあらゆることを知りたがった。　　　　　　　(『ノルウェイの森(上)』p. 81)
　　　b. 또 한 여자는 섹스를 끝내고 나자, 나<u>에 대한</u> 모든 것을 알고 싶어했다.　　(『상실의 시대〈sangsil-uy sitay〉(喪失の時代)』p. 99)
　　　Tto han yeca-nun seyksu-lul kkuthnay-ko na-ca, na<u>-ey tayhan</u> motun kes-ul al-ko siphehayssta.

　(73)では，「～について」に対応するところが「～에 관해〈-ey kwanhay〉」と翻訳されている。これは，「관〈kwan〉」が「關」という漢語で，日本語の「～に関して」に平行的なものである。このように，日本語では，「～について」と非常によく似た意味・用法を持つものに「～に関して」があり，朝鮮語では，日本語の「～について」に直接，相当するものがないため，日本語の「～に関して」に平行的な「～에 관해서〈-ey kwanhayse〉」で表現されているわけである。

また，(74)に示されるように，「〜について」に当たるところが「〜에 대해〈-ey tayhay〉」と翻訳されているものも見出される。これは，形式的には日本語の「〜に対し」に対応し，日本語の場合と同様に，「대〈tay〉」は漢語の「對」である。ところが，日本語の「〜に対して」と朝鮮語の「〜에 대해서〈-ey tayhayse〉」についてもう少し詳しく見てみると，意味的には両者間に相違があることがわかる。「〜に対して」は〈対抗性〉を意味する場合にしか用いられないのに対して，「〜에 대해서〈-ey tayhayse〉」はそれだけではなく，(74)におけるように，〈かかわり〉を意味する場合にも使用が許されるのである(4.2参照)。

(75)では，「〜について」に対応するところが「〜에 대해서〈-ey tayhayse〉」を用いて表現されているのは(74)におけるのと同じであるが，動詞部分が連体形をとって，次の「모든 것〈motun kes〉(あらゆること)」という名詞を修飾すること(2.4参照)により，「나에 대한 모든 것〈na-ey tayhan motun kes〉(直訳：僕に対するあらゆること)」といったように翻訳されている。

5.2 「〜に｛とり／とって｝」

　日本語の複合格助詞「〜に｛とり／とって｝」は「とる(取る)」という動詞を含んだものであるが，朝鮮語では，先に述べた「〜に｛つき／ついて｝」の場合と同様，それに相当する「들다〈tulta〉(取る)」という動詞を用いた複合格助詞「*〜에｛들어／들어서｝〈*-ey ｛tule/tulese｝〉」は認められない。採取された実例を次に示し，日本語の「〜に｛つき／ついて｝」がどのように朝鮮語に翻訳され，表現されているかを見ることにする。

(76) a. 十八歳の年の僕<u>にとって</u>最高の書物はジョン・アップダイクの「ケンタウロス」だったが……　　　　(『ノルウェイの森(上)』p.58)
　　 b. 열여덟 살의 나<u>에게</u> 최고의 책은 존 업다이크의《켄타우로스》였는데, ……　(『상실의 시대〈sangsil-uy sitay〉(喪失の時代)』p.80)
　　 Yelyetelp sal-uy na-<u>eykey</u> choyko-uy chayk-un con eptaikhu-uy "kheynthawulosu" yessnuntey, …

(77) a. それは僕<u>にとって</u>は素敵な体験だった。

　　　　　　　　　　　　　　　（『ノルウェイの森（下）』p. 123）
　　b. 그것은 나에게는 멋진 경험이었다.
　　　　　　　　（『상실의 시대〈sangsil-uy sitay〉(喪失の時代)』p. 354)
　　　　Kukes-un na-eykey-nun mescin kyenghem-iessta.
(78) a. そして「グレート・ギャツビイ」はその後ずっと僕にとっては最高
　　の小説でありつづけた。　　　　　　（『ノルウェイの森（上）』p. 58）
　　b. 그리고《위대한 개츠비》는 그후 줄곧 내게 있어서는 최고의 소설
　　로 지속되었다.
　　　　　　　　（『상실의 시대〈sangsil-uy sitay〉(喪失の時代)』p. 80)
　　　　Kuliko "witayhan kaychupi"-nun kuhwu cwulkot naykey issese-nun
　　　　choyko-uy sosel-lo cisoktoyessta.
(79) a. もっとも永沢さんにとってはそんなものはどちらでもよいことで，
　　……　　　　　　　　　　　　　　（『ノルウェイの森（上）』p. 67）
　　b. 하기야 나가사와로서는 그런 건 아무려면 어떠냐는 생각이었고,
　　……　　　　（『상실의 시대〈sangsil-uy sitay〉(喪失の時代)』p. 88)
　　　　Hakiya nakasawa-lose-nun kulen ken amulemyen ettenya-nun
　　　　sayngkak-iess-ko, …

　(76)と(77)では，「〜にとって」に当たるところが単一格助詞の「〜에게〈-eykey〉（〜に）」を用いて表現されている。これは，実際の翻訳であり，朝鮮語の母語話者に十分に受け入れられる。ところが，その朝鮮語をそのまま日本語にすると，(76)は「?十八歳の年の僕に最高の書物は……」，(77)は「?それは僕には素敵な体験だった。」となるが，「〜に」だけでは，日本語の母語話者にとって落ち着きが悪い感じがするため，どうしても原文のように「とって」を補って「〜にとって」と表現したいところである。
　また，(78)では，「〜にとって」に当たるところが「〜에게 있어서〈-eykey issese〉（〜にあって）」というように翻訳されている[4]。その朝鮮語をそのまま日本語で表現すると，「?僕にあっては最高の小説でありつづけた」といったように，不自然なものとなる。確かに，日本語にも「ある」という動詞を用いた複合格助詞「〜にあって」が存在するが，今，提示されている文の中で用いることは難しい。

さらに，(79)が示すように，「～にとって」に当たるところが単一格助詞の「～로서〈-lose〉(～として)」で翻訳されているものも見出される。ただ，この例の場合は，日本語でも「～として」を用いて「……永沢さんとしてはそんなものはどちらでもよいことで」と表現することは可能である。

なお，本節の最後に付言しておきたいことがある。2.3で論述したように，朝鮮語では，一般の文における与格は，前置される名詞類が無生物であれば「에〈ey〉」，その名詞類が生物であれば「에게〈eykey〉」でそれぞれ現れる，という区別があるのに対して，朝鮮語の複合格助詞の中に含まれている与格は，そういった区別を有さず，前置される名詞類が生物の場合も「에〈ey〉」となるのであった。ところが，(78b)の朝鮮語の例における「～에게 있어서〈-eykey issese〉(～にあって)」という部分は，複合格助詞と捉えて差し支えがないにもかかわらず，「나〈na〉(私；僕)」という生物名詞の後ろの与格として「에게〈eykey〉」の方が用いられている[5]。こういったことが起こったのは，当該の部分が典型から外れ，一般の文にやや近づいた性質のものであるためと考えられる。

6 結語

本章では，日本語と朝鮮語における複合格助詞について，両言語を対照しながら，形態・統語・意味のそれぞれの側面から考察してきた。文法体系における複合格助詞の位置づけという観点からすると，両言語ともに次の結論が得られる。

事態を叙述する際，単一格助詞を用いるだけでは，それが可能とならない場合があり，複合格助詞は，含んでいる動詞を活用し，それが有する意味で補うことによって，そういったところを埋め合わせているのである。

これは，日本語のみの複合格助詞について考察した第6章においても導き出されたものであり，朝鮮語にも日本語におけるのと同じことが該当するわけである。ただ，朝鮮語では単一格助詞の「에게〈eykey〉(に)」で表現できるところを，日本語はそれに相当する単一格助詞の「に」で表現することが難しく，複合格助詞の「～にとって」を用いる必要がある，といった両言語間の相違があることを5.2で指摘した。

こういったことから，日本語よりも朝鮮語における方が単一格助詞が幅を利かせており，朝鮮語よりも日本語の方が複合格助詞に寄りかかっている，と言及できることになる。これには，朝鮮語における与格が無生物の名詞類に付く場合は「에〈ey〉」，生物の名詞類に付く場合は「에게〈eykey〉」といったように使い分けを有するのに対して，日本語の与格はそういった使い分けがなく，いずれの場合にも同一の形態である「に」が用いられる，といった両言語間の相違(2.3参照)も影響していると考えられるが，単一格助詞及び複合格助詞の位置づけに関する両言語間の相違が何を意味するかについては，さらなる詳しい考察に俟たなければならない。

注
1)　／は，母音で終結する語幹にはその左側の語尾が付けられ，子音で終結する語幹にはその右側の語尾が付けられることを表す。
2)　ただし，(A)「複合格助詞に連体格助詞の『의〈uy〉(の)』を付加する方法」の場合，「*～에 {관하여／관해} 의 …〈*-ey {kwanhaye/kwanhay} -uy〉」「*～에 {대하여／대해} 의 …〈*-ey {tayhaye/tayhay} -uy〉」「*～에 있어의 …〈*-ey isse-uy〉」などのように，接続語尾「서〈se〉」が存在しなければ，一切，認められないものとなる。これは，第6章の注8)で指摘したように，日本語でも接続語尾「て」なしにそれぞれ「*～に関しの…」「*～に対しの…」「*～にありの…」とすることができないのと状況が同じである。
3)　この例は，森田(1981: 85)が挙げている，朝鮮語を母語とする日本語学習者による誤用例を参考にして作成したものである。
4)　実際の翻訳は「내게 있어서는〈naykey issese-nun〉」となっているが，その「내게〈naykey〉」という部分は，「나〈na〉(私；僕)」と「에게〈eykey〉(に)」との間に音の縮約が生じた結果のものである。
5)　ここでもう一度，注4)に注意されたい。

第8章　日本語における複合動詞

1　序

　現代日本語研究において積極的に考察されてきたテーマの一つに動詞に関するものがある。その動詞には，単独のものだけでなく，複数連なったものも見出される。後者については，前者に劣らず，盛んに取り組まれるようになってきているが，さらなる研究が必要とされるところである。

　本章では，日本語におけるその複合動詞を取り上げ，形態的側面及び統語的側面に重点を置いた考察を行う。また，次章では，同じく複合動詞について，日本語に朝鮮語を加えて両言語を対照しながら考察することにするが，本章を日本語のみの考察に当てているのは，その議論を明確に且つわかりやすくするためでもある。

2　形態的側面

　まず本節では，日本語における複合動詞について形態的側面から考察する。

2.1　形式と種類

　日本語について観察すると，次の(1)のように，連用形の動詞にまた別の動詞が後続してひとまとまりをなしている形式のものが見出される。

（1）　動詞連用形＋動詞

より具体的に示すと、例えば次のようなものがあることがわかる。

（2）　泣き叫ぶ，飲み歩く，たたき壊す，押し上げる，積み残す，追い付く，押し込む，降り出す，消えかかる，読み返す，食べ過ぎる，助け合う，書き直す，買い損なう，取り囲む，振り向く，取り組む，……

　このような形式のものが一般的に「複合動詞」という名称で呼ばれ，本書でも以後，この名称を用いて考察を進めていく[1]。また，この複合動詞を構成する二つの動詞のうち，先行するものを「前項動詞」あるいは単に「前項」，後続するものを「後項動詞」あるいは単に「後項」とそれぞれ称することにする。

2.2　構成要素の自動詞・他動詞
　日本語における複合動詞は，それを構成する前項動詞と後項動詞それぞれが自動詞であるのか，他動詞であるのか，という点からすると，（3）に示すように，四つのタイプがあることが想定される。

（3）（A）　自動詞＋自動詞
　　　（B）　自動詞＋他動詞
　　　（C）　他動詞＋自動詞
　　　（D）　他動詞＋他動詞

なお，この四つのタイプそれぞれが実存するのかなどを含め，詳細については，以下の個々の箇所で論述することにする。

2.3　構成要素の自立性
　寺村（1969: 42-44, 1984: 167-171）は，日本語における複合動詞を，それが構成される前項動詞と後項動詞の自立性という観点から見た場合，（4）に示すように四つのタイプに分類できることを指摘し，それぞれのタイプに該当する具体例を挙げている。

（4）（A）　V－V：呼び入れる，握りつぶす，殴り殺す，ねじ伏せる，出迎える，……
　　　（B）　V－v：降り始める，呼びかける，思い切る，泣き出す，……
　　　（C）　v－V：差し出す，振り向く，打ち立てる，引き返す，……
　　　（D）　v－v：払い下げる，（話を）切り上げる，（仲を）取り持つ，（芸を）仕込む，とりなす，……

　寺村は，「自立語」と「付属語」という用語を用いており，自立語であることを大文字のVで，付属語であることを小文字のvでそれぞれ表している。自立語というのは，その要素が単独で用いられた場合も成り立つ自由形式のことであり，付属語というのは，単独では用いられず，何か別の要素に寄りかからなければ成立できない拘束形式のことである。別の言い方をすれば，大文字のVは自立性が高く，小文字のvはその逆で，自立性が低い，ということになる。
　（4）から次のことが言える。日本語の複合動詞を構成する前項動詞と後項動詞それぞれにおいて自立性が高いのか，それとも低いのか，ということについて，組み合わせは数字上，4とおりが想定でき，その4とおりすべてにわたって実際に該当する例が見出されるわけである。

2.4　「語彙的」対「統語的」

　上述のとおり，日本語では，連用形の動詞にまた別の動詞が後続してひとまとまりをなしている形式の複合動詞が非常に数多く見出されるわけであるが，詳しく考察してみると，このように形態上，同じであっても，複合動詞を構成している要素において生じ得る統語的な振る舞いが一様ではないことがわかる。(5B)が示すように，後項動詞を使役や受身といったヴォイスの形にすることができるとともに，前項動詞においてもそういったことが許される複合動詞がある。ところが一方，(5A)が示すように，先に述べたことなら可能であるが，後に述べたことは認められない複合動詞もある（寺村1969: 46–47，関1977: 51，Kageyama 1984: 17–23 を参照のこと）。

（5）（A）　歩き回らせる，*歩かせ回る，投げ入れられる，*投げられ入れる

（B）　歩き始めさせる，歩かせ始める，投げ続けられる，投げられ続ける

　また，影山（1993: 第3章）は，その統語的な振る舞いとして，次の5種類を挙げている。

（6）（A）　代用形「そうする」
　　（B）　主語尊敬語
　　（C）　受身形
　　（D）　サ変動詞
　　（E）　重複構文「飲みに飲む」

ここでは，このうち「お〜になる」といった（6B）「主語尊敬語」についてだけ例を見ておくことにする。
　（5）で指摘した使役や受身のヴォイスの場合と同様に，後項動詞と前項動詞のどちらも主語尊敬語が生起する対象となることができる（7B）のような複合動詞がある一方で，そういったことが後項動詞においては可能であるが，前項動詞においては認められない（7A）のような複合動詞もある。

（7）（A）　お歩き回りになる，*お歩きになり回る，お投げ入れになる，*お投げになり入れる
　　（B）　お歩き始めになる，お歩きになり始める，お投げ続けになる，お投げになり続ける

　日本語の複合動詞は，以上のように，その構成要素である前項動詞及び後項動詞における統語的な振る舞いの生起可能性という観点から見ると，2種類があることがわかる。上記の種々の統語的な振る舞いが後項動詞において生じている場合は，「動詞連用形＋動詞」という形式をとって一語を形成している複合動詞の全体を対象として統語的な振る舞いが生じていることになり，こういったことは2種類の両者に共通して可能である。両者間で異なるのは，前項動詞において統語的な振る舞いが生起可能か不可能か，という

点であるが，そういったことが生じている場合は，「動詞連用形＋動詞」という形式をとって一語を形成している複合動詞の一部を対象として統語的な振る舞いが生じていることになる。

　従って，(5)及び(7)の(A)に挙げた複合動詞は，語の一部である前項動詞を対象として統語的な振る舞いが起こり得ないことから，「語彙的」な性質を有するものであり，その(B)に挙げた複合動詞は，語の一部である前項動詞を対象として統語的な振る舞いが生起可能であることから，「統語的」な性質を有するものである，と言うことができる。以後，前者を「語彙的複合動詞」，後者を「統語的複合動詞」とそれぞれ呼ぶことにする。

3　統語的側面

　日本語の複合動詞に関する統語的側面からの考察として，格支配の問題を取り上げる。

3.1　格支配

　ここでは，日本語における複合動詞自体がどのような格を支配し，その複合動詞を構成する前項・後項それぞれの単一動詞や接辞自体はどのような格を支配するのか，またその間に見られる関係はいかなる様相を示すのか，という格支配のパターンについて考察する。なお，ここでの論述の仕方は，塚本(1987)の研究成果に基づくものになっていることをお断りしておく。

　著者(塚本)は，武部(1953)に整理・分類された，後項動詞が補助動詞の役割を果たしている複合動詞約300語，Tagashira(1978)が議論に用いた複合動詞を資料として最後にまとめたもの634語，文化庁(1975)に掲載された語から著者が複合動詞のみを抽出したもの298語を観察・分析の対象とした。今回の調査にこの3資料を選定したのは，この3資料を合わせることにより，複合動詞にあって同じ様相を示すものばかりに偏るわけではなく，代表的なものが網羅されているからである。ただし，3資料に重複している語がある程度，含まれた数字であることを言い添えておく。また，上記3資料に出て来る複合動詞以外にも，著者が金田一・池田(編)(1978)や林・野元・南(編)(1984)などの国語辞典から採取した注意すべきもの，注目に

値するものは，適宜，本章における分析・議論に例として組み入れた。さらに，複合動詞全般については山本(1983, 1984)の整然とした資料をも，「〜つく」「〜つける」などの生産的な複合動詞については姫野(1975, 1976, 1977, 1978, 1979, 1980)の豊富な用例とその分析をもそれぞれ参考にした。

　考察の結果，次の六つに分類できることが判明した。

(8)(A)　同型両者共存タイプ
　　(B)　同型一者義務選択タイプ
　　(C)　異型両者共存タイプ
　　(D)　異型一者随意選択タイプ
　　(E)　異型一者義務選択タイプ
　　(F)　両者非継承タイプ

　(A)の「同型両者共存タイプ」というのは，前項・後項ともに同一の格支配体制を指定し，複合動詞になってもその両項の影響によってそのまま同じ格支配の仕方を受け継ぐものである。

　(B)の「同型一者義務選択タイプ」というのは，前項・後項の格支配の仕方は同じである，あるいはその可能性があると考えられ，複合動詞も同一の格支配体制をとるわけであるが，その複合動詞の格支配を決定するのに前項・後項どちらか一方の影響力しか及んでいないものである。

　(C)の「異型両者共存タイプ」というのは，異なった格支配体制を有する前項と後項が結び付いて形成された複合動詞がその2種の異なった格支配の様子を両方とも生存させ，合わせ持つというものである。

　(D)の「異型一者随意選択タイプ」とは，前項・後項が指定する格支配の具合が違っており，複合動詞がその異なるどちらの格支配を選んでも文として成立するというものである。

　(E)の「異型一者義務選択タイプ」とは，複合動詞が前項・後項の指定する異なった格支配の状況のうち，どちらか一方しか採用できないものである。

　最後の(F)の「両者非継承タイプ」とは，前項・後項ともに独自で格を支配する力がないため，そのような文法的機能が受け継がれず，一体化した複

合動詞が形成されてやっとそれ自体が格支配力を有するようになるものである。

3.1.1　語彙的複合動詞の格支配

2.4で，日本語の複合動詞を語彙的なものと統語的なものに大別できることを述べたが，ここでは，前者に関する格支配の問題を個々に詳しく考察する。

語彙的複合動詞は，それを構成している前項・後項が自動詞か他動詞か，といった形態的・意味的な観点からすると，(3)に挙げた4種類の組み合わせのうち，(A)の「自動詞＋自動詞」と(D)の「他動詞＋他動詞」が圧倒的に多い。すなわち，前項と後項とで自他が一致する組み合わせのものが大半を占め，(B)(C)のように自他が異なった組み合わせのものは少数派である，ということである。

「自動詞＋自動詞」及び「他動詞＋他動詞」という構成をとる語彙的複合動詞の格支配パターンは，主に(A)の「同型両者共存タイプ」と(C)の「異型両者共存タイプ」である。

まず，「同型両者共存タイプ」の代表例を見てみよう。

(9) a.　子供が泣いた。
　　b.　子供が叫んだ。
　　c.　子供が泣き叫んだ。
(10) a.　強盗が会社社長を殴った。
　　b.　強盗が会社社長を殺した。
　　c.　強盗が会社社長を殴り殺した。

「泣き叫ぶ」という複合動詞にあっては，前項「泣く」・後項「叫ぶ」ともに「～が」という補語を格支配する典型的な自動詞で，両項による同一の格支配体制がそのまま継承されている。「殴り殺す」も同様に，典型的な他動詞の前項「殴る」と後項「殺す」の両方が指定する同じ「～が～を」という格支配の仕方を受け継いでいる。

一方，「異型両者共存タイプ」に関しては，次のような例が挙げられる。

(11) a. もし，あなたが生まれたとしたら，……
　　 b. もし，あなたが男から女に変わったとしたら，……
　　 c. もし，あなたが男から女に生まれ変わったとしたら，……
(12) a. 作業員が機材を押している。
　　 b. 作業員が機材を地下から地上 {に／へ} 上げている。
　　 c. 作業員が機材を地下から地上 {に／へ} 押し上げている。

「生まれる」「変わる」は両方とも自動詞であるが，格支配の点では異なる。前者は，〈対象〉を表す補語「〜が」だけをとるのに対して，後者は，〈自然変化〉を意味する動詞であるので，その他に〈変化後の状態〉を表す補語「〜に」を必ず要求し，場合によっては〈変化前の状態〉を表す補語「〜から」も出現させる。複合動詞「生まれ変わる」は，両項のその異なった格支配体制をともに生存させ，合わせ持っている。また，「押し上げる」は，前項が〈動作・行為者〉を表す補語「〜が」と〈対象〉を表す補語「〜を」を指定し，〈移動動作〉を意味する後項がそれに加えて〈起点〉を表す補語「〜から」と〈到達点〉あるいは〈方向〉を表す補語「〜{に／へ}」もとる，といった，両項他動詞の異なった格支配の様態をともに保持している。

　以上見てきた「同型両者共存タイプ」と「異型両者共存タイプ」の格支配の様子をわかりやすく図示すると，次のようになる。

(13)　同型両者共存タイプ

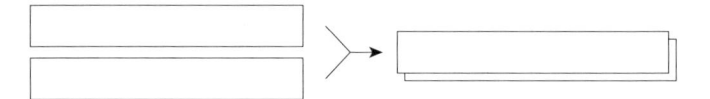

(14)　異型両者共存タイプ

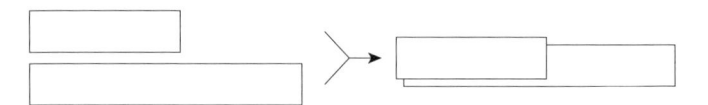

「同型両者共存タイプ」は，複合動詞の前項・後項自体が単独で全く同一の

格支配体制を有し，複合動詞が形成されても，その同一の格支配体制がぴったりと重なり合って保持される，という性格のものである。「異型両者共存タイプ」の場合には，前項と後項の格支配体制が違うと言っても，すべてが異なっているわけではなく，前項と後項の一部が全く同じであり，その同一の部分を合わせて後項の異なった部分も生かすことによって複合動詞の格支配体制を作る。

　前項の格支配体制における要素の方が少なく，後項のそれの方が多い異型両者共存タイプの図を(14)に示したが，次のようにその逆で，格支配体制における要素数が後項より前項の方が多いものも仮定できる。

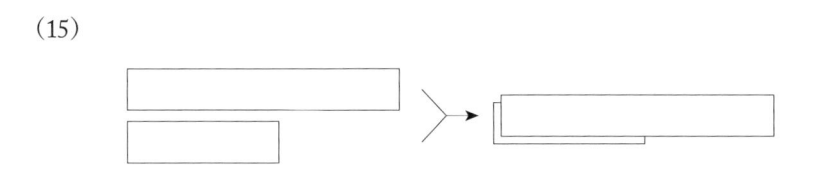

(15)

しかし，このようなものは，第9章の3.1で詳述するように，朝鮮語においては比較的見出されるにしても，日本語では見当たらない。日本語における異型両者共存タイプの複合動詞は，後項に〈移動〉〈変化〉〈交替・交換〉〈付着・添加〉〈混合〉〈比較〉などを表す自動詞・他動詞が立ち，そのような意味的特徴の反映で「〜から」「〜{に／へ}」「〜に」「〜と」といった補語が具現化するので，前項に現れる結合価1の自動詞，結合価2の他動詞が指定する格支配体制よりも後項のそれの方が多種多様になる。日本語は今述べたような語構成をとり，前項・後項でその逆の状況が生じることがないので，(15)ではなく，(14)しか認められないわけである。

　次に，(16)の例を見てみよう。

(16) a. *雑木林が家を取っている。
　　 b. 雑木林が家を囲んでいる。
　　 c. 雑木林が家を取り囲んでいる。

複合動詞「取り囲む」を構成する前項「取る」と後項「囲む」はともに単独

でも、「〜が」「〜を」という補語をとる結合価2の他動詞と考えられるが、「取る」自体はこの場合、文を成立させることはできない。従って、複合動詞「取り囲む」の格支配は、後項「囲む」によってしか行われていないと言え、格支配のパターンとしては(B)の「同型一者義務選択タイプ」に属する。この場合の「取り-」はいわゆる接頭辞であり、接頭辞にはその他にも「打ち-」「引き-」「差し-」などがあるが、接頭辞は格支配能力を有さないと結ぶことができる。

　また、次のような例を見てみよう。

(17) a.　*詐欺師が保険金をだました。
　　　b.　詐欺師が(社長夫人から)保険金を取った。
　　　c.　詐欺師が(社長夫人から)保険金をだまし取った。

複合動詞「だまし取る」における前項「だます」・後項「取る」はいずれも、「〜が」「〜を」という補語を要求する他動詞であるが、この場合の「取る」は「奪う」という意味に近いので、「〜から」という補語を出現させやすい。ここで注意したいことは、「〜を」という補語に入りうる名詞の特性である。「取る」は、「保険金」というような〈具象物〉を立てる。しかし、「だます」は「友達をだます」のように〈人間〉を持って来ることはできるが、〈具象物〉は置けない。複合動詞となった「だまし取る」にあっては、状況は「取る」の場合と同じである。このように前項と後項が同じ「〜を」というスロットを用意していても、そこに入る名詞がその特性によって異なるため、複合動詞を形成した時に両項による格支配体制が同時に満たされず、いずれか一方の格支配体制しか採用できない。この「だまし取る」の場合には、後項の格支配しか伝わっていないのである。

　(18)のような例も見出される。

(18) a.　店員が商品をトラックに積んだ。
　　　b.　店員が商品を店に残した。
　　　c.　店員が商品を店に積み残した。

「商品を積み残す」という動作の意味は、「商品を積むつもりであったが、それが何らかの理由で残され、実際は積まれていない」ということであり、「積む」と「残す」という二つの行為はいわば正反対である。よって、商品が積まれる場所と残される場所は、同じ「〜に」という補語で表されるが、「トラック」と「店」などのように異なるはずである。複合動詞「積み残す」は、一文中にその両方の場所を立てることができず、「残す」の場合における場所の方しかとれない。このことから、「積み残す」は前項と後項が「〜が〜を〜に」という同じ文型をとるが、後項による格支配能力しか発揮されていない、と言える。

「だまし取る」と「積み残す」の考察から、次のまとめを導くことができる。複合動詞の前項と後項がともに自動詞か他動詞で、同一の、あるいは異なった格支配体制を指定しているが、「だまし取る」の場合のようにある種の補語に入る名詞の特性が前項と後項とでは異なっていたり、「積み残す」の場合のように前項と後項の意味内容のずれが大きかったりして、複合動詞が両項の格支配体制をうまく一文中に引き入れるのが困難ならば、どちらか一方の格支配体制のみを取り上げ、もう一方を廃棄しても、適格な複合動詞文が成立する。これは、格支配パターンとしては明らかに(B)の「同型一者義務選択タイプ」か、(E)の「異型一者義務選択タイプ」である。

本節でこれまで見てきたのは、「自動詞＋自動詞」及び「他動詞＋他動詞」のように前項と後項の自他が一致する語彙的複合動詞であった。今度は、自他が一致しないもの、すなわち「自動詞＋他動詞」と「他動詞＋自動詞」の場合について検討することにしたい。まず、次の例を見てみよう[2]。

(19) a. 妹が泣いた。
　　 b. 妹が目を腫らした。
　　 c. 妹が目を泣き腫らした。

「泣き腫らす」は、前項に結合価1の自動詞が、後項に結合価2の他動詞がそれぞれ現れた複合動詞である。語彙的複合動詞で「自動詞＋他動詞」という構成をとるものは、極めて少ないと思われる。この「泣き腫らす」においては、前項の格支配で要求される「〜が」という補語が後項による格支配体

制の一部として重なり合い，一文が成り立っているので，格支配のパターンの点では「異型両者共存タイプ」である。

「他動詞＋自動詞」という仕組みの複合動詞の例として，次のようなものが挙げられる。

(20) a. （先生が）論文を書いた。
　　 b. ??論文が上がった。
　　 c. *論文を書き上がった。
　　 d. 論文が書き上がった。

〈対象〉を含意する補語は，「書く」にあっては「を」で，「上がる」にあっては「が」でそれぞれ表示され，両者間には違いがある。「上がる」という動詞はこの場合，「終わる；できあがる」という意味で，対象物の名詞によっては単独で使えないこともある。複合動詞「書き上がる」は〈対象〉の補語の表示に「上がる」と同じ「が」は許すが，「書く」の場合と同じ「を」は許さない。よって，「書き上がる」は，後項しか格支配の力を出しておらず，(E)の「異型一者義務選択タイプ」に属するものである。

(9)～(12)及び(17)～(19)における複合動詞は，前項・後項ともに自立語，つまり単独で文の一要素となって機能を果たすものである。(16)における複合動詞の後項はそういった自立語であるが，前項の方は自立語やまた別の付属語に依存して初めて機能する付属語である。今見た(20)では，前項は自立語で，後項はかなり付属語に近い。後項が付属語であるということは，言い方を換えると，接尾辞であるということであるが，典型的な接尾辞として「掛かる」「付く」が挙げられる。

(21) a. 弁慶が牛若丸を切った。
　　 b. *弁慶が牛若丸に掛かった。
　　 c. *弁慶が牛若丸を切り掛かった。
　　 d. 弁慶が牛若丸に切り掛かった。
(22) a. 妹が兄を追った。
　　 b. *妹が兄に付いた。

c.　*妹が兄を追い付いた。
　　d.　　妹が兄に追い付いた。

「掛かる」「付く」は，形態的には自動詞である。また，「切る」「追う」は，いずれも結合価2の他動詞である。よって，複合動詞「切り掛かる」「追い付く」は，「他動詞＋自動詞」という構成をとっているわけであるが，〈対象〉の補語を，「切る」「追う」の場合と同じ「を」で表示することができず，「に」で表示しなければならない[3]。こういったことは，「掛かる」「付く」は接尾辞であるので，単独で文を成立させる力はないが，それらによる格支配の影響が及んだ結果であるとしか考えられない。格支配のパターンは，両複合動詞ともに「異型一者義務選択タイプ」である。

　「他動詞＋自動詞」という構成の語彙的複合動詞は，次のように特徴づけられる。前項の他動詞と後項の自動詞は，相異なった性質の格支配体制を持っているため，複合動詞が形成された時にその二つの格支配体制を生かし，共存させることは困難である。それ故に，どちらか一方を採るしかなく，自ずと「異型一者義務選択タイプ」に決まってしまうのであるが，日本語の語彙的複合動詞は，上で見たことからもわかるように後項が豊富な意味概念を表すので，後項に格支配決定権が委ねられることが多い。

　本節における考察とよく似たアプローチをとった先行研究として，Tagashira(1978)と山本(1983, 1984)が挙げられるが，ここで，本節とそれらとの関連性について少し論述しておきたい。

　Tagashira(1978: 180–199)は，複合動詞文の格がその前項と後項のどちらによって決定されるかについて，①「見比べる」型，②「呼びかける」型，③「追いかける」型，の三つを挙げているが，これは大まかな傾向を示したにすぎない。本節での考察からもわかるように，実際は問題がより一層，複雑であり，従って本節で詳しく検討してきたわけである。

　山本(1983, 1984)は，複合動詞の補語が前項動詞及び後項動詞とどのような対応関係を示すかに従って，複合動詞を大まかに(23)の四つのタイプに分類し，以下の主張を行っている。

(23)　I類——複合動詞の補語が前項動詞と後項動詞のそれぞれと対応関係

にあるもの
Ⅱ類——複合動詞の補語が前項動詞とは対応関係を示すが，後項動詞とは対応しないもの
Ⅲ類——複合動詞の補語が後項動詞とは対応するが，前項動詞とは対応しないもの
Ⅳ類——複合動詞の補語が前項動詞と後項動詞のいずれとも対応関係を示さないもの

この4タイプの分類が，(4)に示した寺村(1969, 1984)による複合動詞の語構成上の分類に一致し，そのような語構成上の分類を，格支配という統語論的な基準に従って一層，明示的に行える。すなわち，複合動詞の前項・後項において格支配能力があれば自立語，なければ付属語と判断できるわけである。また，複合動詞の前項・後項が自立語であれば，格支配能力が備わっており，付属語であれば，それが欠落している，という言い方をすることもできる。

山本のこの主張は，本節における以上の考察からもわかるように，大きくは有効であるが，詳細に至っては問題が2点ばかり提起される。一つは，(20)〜(22)の例が明示していることであるが，付属語である後項，すなわち接尾辞で格支配能力を有するものがある，という問題点である[4]。これに該当する接尾辞としては，(20)〜(22)の「上がる」「掛かる」「付く」の他に，「掛ける」「込む」「込める」「合う」もある。その中でも特に「掛かる」「掛ける」「付く」「込む」「込める」は，〈到達点〉を表す補語「〜に」や〈方向〉を表す補語「〜へ」を要求するものであり，後項は付属語であっても，このように〈到達性〉・〈方向性〉といった実質的意味を持つ場合には格支配能力を発揮する，と言うことができる。

もう一つの問題点は，(17)(18)の例の観察から導かれるように，前項と後項が両方とも自立語でありながら，両項が指定する補語に入る名詞の特性，あるいは両項が有する意味内容の関係でいずれか一方の格支配体制しか採用できない場合がある，というものである。これも明らかに，山本(1983, 1984)に対する反証となる。

最後に次のように締めくくり，本節を閉じることにする。本節では，(8)

に挙げた6種類の格支配のパターンのうち，(A)の「同型両者共存タイプ」，(B)の「同型一者義務選択タイプ」，(C)の「異型両者共存タイプ」，(E)の「異型一者義務選択タイプ」の四つが登場した。(A)の「同型両者共存タイプ」と(C)の「異型両者共存タイプ」は，(13)と(14)に図示された成り立ちからわかるように，二つの文が重なり合ったということでいわゆるclause unionに近く，それに対して，(B)の「同型一者義務選択タイプ」と(E)の「異型一者義務選択タイプ」は，前項・後項いずれか一方の格支配体制のみを活用し，両項が結合しているわけであるから，いわゆるverb unionに近いと思われる。

3.1.2 統語的複合動詞の格支配

ここでは，日本語における統語的複合動詞の格支配の様態について考察する。日本語における統語的複合動詞の後項に現れる要素は，アスペクトを表すものがある程度の数を占め，アスペクトの種類別に整理して列挙すると，次のようになる。

(24) (A) 〈始動〉——始める，かかる，かける，出す
　　 (B) 〈継続〉——続く，続ける
　　 (C) 〈終了〉——終わる，終える

その中からいくつかの文例を挙げる。

(25) a.　ベルが鳴った。
　　 b.　*ベルが終わった。
　　 c.　ベルが鳴り終わった。
(26) a.　友人が本を読んだ。
　　 b.　*友人が本を続けた。
　　 c.　友人が本を読み続けた。
(27) a.　赤ん坊が泣いた。
　　 b.　赤ん坊が∅を始めた。[5]
　　 c.　赤ん坊が泣き始めた。

それぞれ動詞の自他の観点からすると,「鳴り終わる」は「自動詞＋自動詞」,「読み続ける」は「他動詞＋他動詞」,「鳴き始める」は「自動詞＋他動詞」という構成である。「鳴る」「終わる」はともに結合価1の自動詞で[6],「〜が」という補語をとるが,そこに入りうる名詞がその特性によって異なる。「鳴る」の場合は「ベル」のような〈具象物〉が立つのに対して,「終わる」の場合は,「仕事」「〜すること」のような〈行為〉を表す名詞なら可能であるが,〈具象物〉の名詞は認められない。次に,「読む」と「続ける」のいずれも,「〜が」「〜を」というように補語を指定する結合価2の他動詞であるが,前例におけるのと同様に,「〜を」に現れる名詞が「読む」の場合は〈具象物〉,「続ける」の場合は〈行為〉をそれぞれ表すものでなければならない。複合動詞「鳴り終わる」「読み続ける」にあっては,両方とも前項と後項が定める格助詞の配列は同一であるが,名詞の特性は前項の場合としか一致しないので,格支配能力は前項によってしか及ぼされておらず,後項によるそれは伝わっていないと言える。よって,(B)の「同型一者義務選択タイプ」である。

　また,「泣く」は結合価1の自動詞,「始める」は結合価2の他動詞ということで,指定される補語は前者が「〜が」,後者が「〜が」「〜を」といったように異なる。複合動詞「泣き始める」は,前項「泣く」の格支配体制に従うだけで十分適格な文を生み出すことができ,むしろ後項「始める」のそれに従って「〜を」を置くこと自体が困難である。これは,(E)の「異型一者義務選択タイプ」である。

　上述したように,「終わる」がとる「〜が」,「続ける」がとる「〜を」には〈行為〉を表す名詞が立ち,また「始める」の「〜を」も同じことが言えるが,今そういった動詞が複合動詞の後項になっているわけである。そして,上例の複合動詞文においてそれぞれどのような行為がなされるかと言うと,「ベルが鳴ること」「友人が本を読むこと」「赤ん坊が泣くこと」という内容であり,つまりそれは補語と複合動詞の前項の部分である。こういったことから,それぞれの複合動詞文は次に示す統語構造をなしていると想定できる[7]。

(28)　[$_S$[$_S$ベルが鳴ること]が終わった]

(29) 　［s 友人が［s (友人が)本を読むこと］を続けた］
(30) 　［s 赤ん坊が［s (赤ん坊が)泣くこと］を始めた］

これは，補語と前項から成る，行為を表す補文を，「終わる」という自動詞が後項に立つ場合には主語として，また「続ける」「始める」という他動詞が後項に立つ場合には直接目的語としてそれぞれとる形になっている。(25)～(27)のような複合動詞はすべて，前項の格支配に依存しているわけであるが，それは，(28)～(30)が示す補文をとる統語構造を設定することによって適切に説明される。つまり，補語が格支配されているのは補文内で，複合動詞の前項になる要素によってである，ということが明示されており，それが反映された結果である，と考えられるわけである。統語的複合動詞の後項に立つものは圧倒的に他動詞が多いため，前項に自動詞が来て「自動詞＋他動詞」という構成になるものが，語彙的複合動詞の場合に比べると，はるかに頻繁に見出される。「他動詞＋他動詞」という構成の場合は補文が他動詞文になっているものであるが，「自動詞＋他動詞」の場合には補文が自動詞文になるだけで，格支配はその自動詞文のものが受け継がれ，適格な複合動詞文が得られる。

　また，次の例を見てみよう。

(31) a.　兄が猫を部屋から庭｛に／へ｝追い出した。
　　 b.　学生が弁当を食べ出した。
(32) a.　ライオンがしま馬｛に／へ｝飛びかかった。
　　 b.　火が消えかかった。

(31b)における「食べ出す」と(32b)における「消えかかる」は，ここで議論している統語的複合動詞であるのに対して，(31a)における「追い出す」と(32a)における「飛びかかる」は，先に考察した語彙的複合動詞であるが，アスペクトの観点からすると，以下のことが言える。
　「出す」「かかる」はともに，〈物理的な移動〉を実質的に表す動詞としても，また〈始動〉を表すアスペクト要素としても用いられる。「追い出す」の場合，「部屋から」「庭｛に／へ｝」という補語が現れるのは，後項「出

す」が〈起点〉と〈到達点〉・〈方向〉を含意する，明らかに〈物理的な移動〉を表す動詞で，その反映のためであり，前項「追う」による影響を受けているのではない。また，「飛びかかる」にあっても同様で，「馬 {に／へ}」という補語は前項「飛ぶ」ではなく，〈到達点〉・〈方向〉の概念を持つ〈物理的な移動〉の後項「かかる」によって具現化されたものである。それに対して，「食べ出す」「消えかかる」のように「出す」「かかる」がアスペクト形式として働いている場合には，そのような補語は出て来ないし，置くこと自体が難しいので，格支配は後項によってはなされておらず，前項だけがそれを遂行していると言える。ここでの考察，特にこのような，〈物理的な移動〉を表す動詞とアスペクト形式の両方の用法を持つものが後項に来た複合動詞の考察から，アスペクト要素には格支配能力はない，と結論づけることができる。

3.2 関連する問題

3.1.2 で複合動詞に関する考察によって得られた，アスペクト形式は格支配能力を有さない，ということは，益岡(1984a [1987: 第 4 部第 2 章])の「〜てある」構文に関する研究の結果と通ずるところがあり，非常に興味深い。益岡(1984a [1987: 第 4 部第 2 章])は「〜てある」構文を，統語的及び意味的基準によって A1, A2, B1, B2 の四つの型に分類している。豊富な実例を用いて考察がなされているが，そのうちで代表的な例を次に挙げる。

(33) 〔A1 型〕盆栽が幾鉢かならべてあった。　　（松本清張(著)『張込み』）
　　〔A2 型〕それが，いつの間にか磨いてあるのに気づいた。
　　　　　　　　　　　　　　　　　　　　　　　（柴田翔(著)『たち盡す明日』）
　　〔B1 型〕七，八人っていっても，ベストメンバーを選んであるんだぜ。(三田誠広(著)『やがて笛が鳴り，僕らの青春は終わる』)
　　〔B2 型〕もちろん，天王山へ向けてそれぞれの調整を指示してあります。　　　　　　　　　　　　　　（『報知新聞』1983 年 7 月 24 日）

A1 型の方に行けば行くほど，具体的な事態を表す存在の表現であり，また逆に，B2 型の方に行けば行くほど，抽象度の高いアスペクトの表現形式で

ある，といったことが論じられている。本章での議論に照準を合わせると，存在の表現にあっては，〈対象〉の補語は「～てある」に先行する他動詞の格支配を受けておらず，「ある」による格支配の力が及んでいるために「が」で表示されるのに対して，アスペクトの表現形式において〈対象〉の補語が「を」で表示されるのは，先行する他動詞の格支配力が伝わっており，「ある」は格支配能力を発揮していないからである，というように言える。

　アスペクト要素には格支配能力が備わっていない，ということに対する唯一の例外とも思えるものがある。それは，「～し上がる」である。後項の「上がる」は明らかに，〈完成〉を表すとでも言えるアスペクト形式であるが，(20)で見たように，それ自体の影響で〈対象〉の補語を「が」で表示する。ただ，「～し上がる」は，アスペクトを表すその他の複合動詞とは大きく異なる。アスペクトを表すその他の複合動詞は，3.1.2で見たように，前項に語彙的にも派生形態としても動詞が比較的自由に立つ生産的統語的なものであるのに対して，「～し上がる」だけは前項と後項の結び付きにいろいろと制約が課される語彙的複合動詞に属する。アスペクト形式でも「～し上がる」の後項「上がる」だけが格支配能力を有しているのは，こういった違いに起因していると考えられる。

　また，次の例を見てみよう。

(34) a.　太郎が次郎を殴った。
　　 b.　*太郎が次郎と合った。
　　 c.　*太郎が次郎を殴り合った。
　　 d.　太郎が次郎と殴り合った。

語彙的複合動詞「殴り合う」にあっては，〈対象〉の補語が前項「殴る」による格支配の状況と同じ「を」で表示されるのではなく，「と」で表示され[8]，これは，後項「合う」が単独では立ち得ない付属語であるが，その格支配の影響を受けているためであると考えられる。「～し合う」は〈相互動作〉を，どちらの人物を中心として把握するかという点でヴォイスの表現に通じ，よって，「合う」という接尾辞は，広義のヴォイス形式に属すると思われる。典型的なヴォイスの形式には，〈受身〉〈可能〉〈自発〉を表す「れ

る；られる」(正確には (r)are) と，〈使役〉を表す「せる；させる」(正確には (s)ase) という接尾辞があるが，これらヴォイスの接尾辞は，動詞語幹に付着して格の移動を促す機能を有する。「合う」はヴォイス的な性質を帯びているので，付属語ではあるが，格支配を行う力を持っているわけである。

　最後に，次の例を見てみよう[9]。

(35)　太郎は(が)英語 {*が／を} わかろうとした。
(36)　僕の気持ち {*が／を} わかってくれ。

「わかる」という動詞は，〈対象〉の補語を表示するのに「が」を用いるのが普通である。ところが，上例では，「を」で表示するのが自然で，「が」を使うと，容認されない文になってしまう。

　また，次のような例も見出される。

(37)　加藤さんがドイツ語 {??が／を} 話せるように，私はドイツ人の客をも招待した。
(38)　アメリカに長くいて，日本語を話す機会が少ないので，(私は)日本語 {が／??を} 話せなくなった。
(39)　もうちょっとで，むつかしい数学の問題 {が／*を} 解けそうになった。

他動詞に〈可能〉を表す接尾辞「れる；られる」が付加された場合，〈対象〉の補語は一般的に，「を」で表示されてもよいし，「が」で表示されてもよい。しかしながら，(37)においては，「が」は不自然で，「を」で表示しなければならず，(38)(39)においては，その逆で，「が」でないと受け入れられない。

　以上のことは，次のように考えられる。「わかる」は〈対象〉の補語を「が」で表示するが，「わかる」に後続している「〜しようとする」及び「〜てくれる」の命令形が動作主の〈意志性〉・〈行為性〉を強く表す表現であり，その影響で〈対象〉の補語は，他動詞構文における典型的な表示である「を」を受ける。また，(37)においても同様で，「〜するように」という〈目

的〉を示す表現内にあって動作主の〈意志性〉・〈行為性〉を含意する文となっているので，〈対象〉の補語の表示に「が」よりも「を」の方が指定されやすい。それに対して，(38)と(39)の文は，「～しなくなる」「～しそうになる」というように無意志的な自然の成り行きを表す表現であり，従って，〈対象〉の補語は，そういったことが及んで自動詞構文の場合の表示である「が」が選ばれる。このように，格支配体制は個々の動詞だけで決まるのではなく，動詞に続く語句による〈意志性〉・〈行為性〉の有無というような意味的な要因が格支配に影響を及ぼすこともある。

注

1) 宮岡(2002)は，日本語において従来「複合動詞」と呼ばれているものの中にはその用語で呼ぶのに不適当なものがあることを主張している。この主張は首肯できるものであるが，本書では，便宜上，従来の用語である「複合動詞」を用いることにする。
2) この例は，山本(1984: 39)にある同様の例を参考にして作成した。
3) これについては，姫野(1975, 1979)，寺村(1984: 181–182)にも指摘がある。
4) 山本(1983, 1984)も，こういった問題があることを指摘しており，それは深層格上の影響によるものであるという一応の見解を示しているが，必ずしも首肯できる見解であるとは言えない。
5) ∅は，適当な語が何も入り得ないことを示す。
6) 「終わる」は，自動詞としても他動詞としても用いることができるが，この場合は自動詞である。
7) こういった統語構造が考えられることについては，Shibatani (1973c)，Jacobsen (1982: 185)，山本(1983: 341)にも同様の指摘がある。
8) これについては，寺村(1984: 181–182)にも指摘がある。
9) (35)(37)は Haig (1974: 12) の例であり，(38)は久野(1983: 150)の例を少し変更したものであり，また(39)は Makino (1975–76: 110) の例であるが，井上(1985, 1986)は，(35)(37)～(39)の例を用いて本章におけるのとは少し異なったアプローチでの議論を行っている。

第 9 章　日本語と朝鮮語における複合動詞

1　序

　前章では，日本語における複合動詞について考察したが，本章では，それを踏まえて，日本語と朝鮮語を対照しながら，両言語における複合動詞について考察する。

　本章では，特に次の2点を行う。一つは，形態・統語・意味それぞれの側面から日本語と朝鮮語における複合動詞を分析することによって，両言語間の類似点と相違点を明らかにすることである。もう一つは，日本語と朝鮮語における複合動詞を両言語対照の視点から見た場合，何が導き出せるのか，ということについて論ずることである。

2　形態的側面

　まず本節では，朝鮮語における複合動詞について，形態的側面から日本語と対照させて述べる。

2.1　形式と種類

　第8章の2.1で述べたとおり，日本語について観察すると，(1)に示した，連用形の動詞にまた別の動詞が後続してひとまとまりをなしている形式のものがあり，代表的な例として(2)のようなものが見出せるのであった。

（1）　動詞連用形＋動詞
（2）　泣き叫ぶ，飲み歩く，たたき壊す，押し上げる，積み残す，追い付

く，押し込む，降り出す，消えかかる，読み返す，食べ過ぎる，助け合う，書き直す，買い損なう，取り囲む，振り向く，取り組む，……

朝鮮語に目を転じて観察すると，(3)に示すように，連用形の動詞にまた別の動詞が後続してひとまとまりをなしている形式のものと，動詞語幹にまた別の動詞が後続してひとまとまりをなしている形式のもの，の2種類があることがわかる。

(3)(A)　動詞連用形＋動詞
　　(B)　動詞語幹＋動詞

(3A)の具体的な例として(4)のようなもの，(3B)の具体的な例として(5)のようなものをそれぞれ挙げることができる。

(4)　돌아다니다〈tolatanita〉(歩き回る)，일어서다〈ileseta〉(立ち上がる)，뛰어들다〈ttwietulta〉(飛び込む；駆け込む)，찔러죽이다〈ccillecwukita〉(刺し殺す)，받아들이다〈patatulita〉(受け入れる；取り入れる)，갈아타다〈kalathata〉(乗り換える)，지켜보다〈cikhyepota〉(見守る；見届ける)，……
(5)　울부짖다〈wulpucicta〉(泣き叫ぶ)，엎지르다〈ephciluta〉(転覆する)，꺾지르다〈kkekkciluta〉(挫折する)，듣보다〈tutpota〉(見聞きする)，오가다〈okata〉(行き来する)，오르내리다〈olunaylita〉(上がり下がりする)，……

(3A)の形式及びその具体例の(4)は，先ほど見た日本語の場合と同様であるが，(3B)の形式及びその具体例の(5)は，日本語には見出せない，朝鮮語独自のものである，と言うことができる。

　本章では，朝鮮語でも(3)の形式のものを，「複合動詞」という名称を用いて呼び，考察を進めるが，日本語と同一形式である(3A)のものを主な考察対象とする。また，日本語におけるのと同様，この複合動詞を構成する二つの動詞のうち，先行するものを「前項動詞」あるいは単に「前項」，後続

するものを「後項動詞」あるいは単に「後項」とそれぞれ称することにする。

2.2 構成要素の自動詞・他動詞

第8章の2.2で述べたように，日本語における複合動詞は，それを構成する前項動詞と後項動詞それぞれが自動詞であるのか，他動詞であるのか，という点から見ると，(6)に示した四つのタイプが想定され，この四タイプは，均等な割合ではないものの，すべてが実存するのであった。

(6) (A) 自動詞＋自動詞
 (B) 自動詞＋他動詞
 (C) 他動詞＋自動詞
 (D) 他動詞＋他動詞

こういったことは，朝鮮語の場合にも当てはまり，着目して考察する必要がある。なお，詳細については，以下の個々の箇所で適宜，論述することにする。

2.3 構成要素の自立性

第8章の2.3で述べたように，日本語における複合動詞は，それが構成される前項動詞と後項動詞それぞれが自立語であるのか，付属語であるのか，という観点からすると，(7)に示した四つのタイプが想定され，実際，この四タイプすべてについて例が見出せるのであった（寺村 1969: 42–44, 1984: 167–171 を参照のこと）。

(7) (A) 自立語＋自立語
 (B) 自立語＋付属語
 (C) 付属語＋自立語
 (D) 付属語＋付属語

朝鮮語では，日本語と同様，こういった視点からの考察も必要であり，詳

しくは，以下の個々の箇所で適宜，論述することにする。

2.4 「語彙的」対「統語的」

　第8章の2.4では，次のことを指摘した。日本語における複合動詞は，連用形の動詞にまた別の動詞が後続してひとまとまりをなしており，すべてがこのように同一の形態となっているわけであるが，統語的な振る舞いの観点からすると，異なった2種類のものの存在が明らかになった。(8A)が示すように，例えば受身形や使役形にすることが複合動詞全体でできるにしても，前項のみをそのような形に変えることは不可能な複合動詞が一方にある。それに対して，(8B)が示すように，前項のみでも全体としてでも使役化や受身化を許す複合動詞がもう一方にある。

(8)（A）　*泣かせ叫ぶ，泣き叫ばせる，*殴られ殺す，殴り殺される
　　（B）　泣かせ続ける，泣き続けさせる，殴られ始める，殴り始められる

このように，(8A)は，前項・後項それぞれにどのような動詞が現れるか，語彙的に限定されているという性質を有する複合動詞であるのに対して，(8B)の複合動詞は，前項に種々の動詞が比較的自由に立ち，またヴォイスの派生形式の出現をはじめとした言語現象の生起が許される生産的統語的なものである。従って，日本語の複合動詞は，(8A)のようなものを「語彙的複合動詞」，(8B)のようなものを「統語的複合動詞」と称し，この2種類に大別できるのであった。

　さて，今，日本語で指摘したことが朝鮮語ではどうか，ということがもちろん着眼点になるが，これについても詳細は，以下かかわりのある箇所それぞれで論述することにする。

3　統語的側面

　本節では，朝鮮語における複合動詞について，統語的側面から日本語と対照させて考察するが，格支配に関する問題のみを取り上げることにする。なお，その議論は，第8章の3.1における日本語の考察と関連づけて行うが，

塚本(1993)の研究成果に基づくものになっていることをお断りしておく[1]。

3.1 対応する日本語が語彙的複合動詞である場合の格支配

第8章の2.4及び本章の2.4で，日本語の複合動詞は，語彙的なものと統語的なものの2種類に大別できることを指摘したが，ここでは，前者の語彙的複合動詞の場合に対応する朝鮮語がどのように表現され，格支配の様相を呈するのか，ということについて考察する。

まず，次の例を見てみよう。

(9) a. 子供が泣いた。
　　b. 子供が叫んだ。
　　c. 子供が泣き叫んだ。
　　d. 아이가 울었다.
　　　 Ai-ka wulessta.
　　e. 아이가 부르짖었다.
　　　 Ai-ka pulucicessta.
　　f. 아이가 울부짖었다.
　　　 Ai-ka wulpucicessta.

(10) a. 強盗が会社社長を殴った。
　　 b. 強盗が会社社長を殺した。
　　 c. 強盗が会社社長を殴り殺した。
　　 d. 강도가 회사 사장을 때렸다.
　　　　Kangto-ka hoysa sacang-ul ttaylyessta.
　　 e. 강도가 회사 사장을 죽였다.
　　　　Kangto-ka hoysa sacang-ul cwukyessta.
　　 f. 강도가 회사 사장을 때려죽였다.
　　　　Kangto-ka hoysa sacang-ul ttaylyecwukyessta.

(9)と(10)は両方とも，(a)～(c)の日本語がそれぞれ(d)～(f)の朝鮮語と対応している例である。(9)においては，(a)(d)は動詞「泣く／울다〈wulta〉」，(b)(e)は動詞「叫ぶ／부르짖다〈pulucicta〉」を用いた文であり，(c)(f)は

その二つの動詞が前項,後項として構成された複合動詞「泣き叫ぶ／울부짖다〈wulpucicta〉」を用いた文である。形態的な側面から分析すると,朝鮮語の複合動詞「울부짖다〈wulpucicta〉」の前項には,「울다〈wulta〉」という動詞の語幹である「울〈wul-〉」が立っている。このように,朝鮮語では,複合動詞の前項には動詞の連用形だけでなく,語幹が現れる場合もある。これは,2.1で少し指摘したように,複合動詞の前項に現れるのは動詞の連用形だけで,そこに動詞の語幹が立つことのできない日本語とは異なっている点である。なお,後項の「부르짖다〈pulucicta〉(叫ぶ)」は,前項の「울다〈wulta〉(泣く)」の語幹「울〈wul〉」と結合した際,その一部である「르〈lu〉」が脱落した形態となっている。中には,このように音変化を起こしているものも見受けられる。

　また,(10)においては,(a)(d)は「殴る／때리다〈ttaylita〉」,(b)(e)は「殺す／죽이다〈cwukita〉」という動詞が用いられ,(c)(f)の「殴り殺す／때려죽이다〈ttaylyecwukita〉」は複合動詞であるが,この場合は両言語とも同様に,前項には「殴る／때리다〈ttaylita〉」の連用形である「殴り／때려〈ttaylye〉」が立ち,後項には「殺す／죽이다〈cwukita〉」が基本形のまま来ている。

　さて,格支配の見地から考察してみよう。(9)においては,「泣く／울다〈wulta〉」と「叫ぶ／부르짖다〈pulucicta〉」はともに,「～が／～{가／이}〈ka/i〉」という補語を要求する結合価1の自動詞であり,その二つの動詞が結び付いた複合動詞「泣き叫ぶ／울부짖다〈wulpucicta〉」も,前項と後項の両方による同一の格体制をそのまま継承し,「～が／～{가／이}〈ka/i〉」という補語をとっている。また,(10)における複合動詞「殴り殺す／때려죽이다〈ttaylyecwukita〉」は両方とも,「～が／～{가／이}〈ka/i〉」,「～を／～{를／을}〈lul/ul〉」という補語を指定する結合価2の他動詞である前項「殴る／때리다〈ttaylita〉」と後項「殺す／죽이다〈cwukita〉」の格支配の仕方をそのまま受け継いでいる。このように,(9)と(10)における格支配の様態は,日本語と朝鮮語とでは全く同じであり,(9)と(10)はともに,結合価が1か2かの違いがあるものの,格支配のパターンとしては,「同型両者共存タイプ」と言える名称が与えられる。このタイプを図示すると,次のようになる。

(11) 同型両者共存タイプ

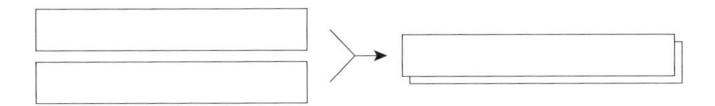

従って，このタイプは，複合動詞の前項，後項自体が単独で全く同一の格体制を有し，複合動詞が形成されても，その同一の格体制がぴったりと重なり合って保持される，という性格のものである。

また，次の例を見てみよう。

(12) a. 作業員が機材を押している。
   b. 作業員が機材を地下から地上へ上げている。
   c. 作業員が機材を地下から地上へ押し上げている。
   d. 작업원이 기재를 밀고 있다.
      Cakepwen-i kicay-lul mil-ko issta.
   e. 작업원이 기재를 지하에서 지상으로 올리고 있다.
      Cakepwen-i kicay-lul ciha-eyse cisang-ulo olli-ko issta.
   f. 작업원이 기재를 지하에서 지상으로 밀어올리고 있다.
      Cakepwen-i kicay-lul ciha-eyse cisang-ulo mileolli-ko issta.

日本語，朝鮮語とも同じように，「押す／밀다 〈milta〉」は「～が／～ {가／이} 〈ka/i〉」，「～を／～ {를／을} 〈lul/ul〉」という補語を要求する結合価2の他動詞であり，「上げる／올리다 〈ollita〉」は〈移動〉を含意する他動詞であるので，「～が／～ {가／이} 〈ka/i〉」，「～を／～ {를／을} 〈lul/ul〉」という補語に加えて，〈起点〉を表す補語「～から／～에서 〈eyse〉」と〈方向〉を表す補語「～へ／～(으)로 〈(u)lo〉」も指定する。複合動詞「押し上げる／밀어올리다 〈mileollita〉」の場合も両言語全く同様に，前項と後項の異なった格支配の様態をともに保持し，「～が／～ {가／이} 〈ka/i〉」，「～を／～ {를／을} 〈lul/ul〉」，「～から／～에서 〈eyse〉」，「～へ／～(으)로 〈(u)lo〉」という四つの補語を得ている[2]。この格支配の仕方は「異型両者共存タイプ」とでも名づけられ，図で示すと，次のようになる。

(13)　異型両者共存タイプ(その1)

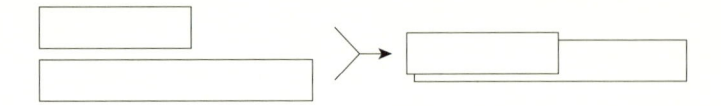

　このように，このタイプは，前項と後項の格体制が異なると言っても，すべてが異なっているわけではなく，前項と後項の一部が全く同じであり，その同一の部分を重ね合わせて後項の異なった部分も活かすことによって複合動詞の格体制を作る，といった具合である。
　次の(14)は，どうであろうか。

(14) a.　もし，あなたが生まれたとしたら，……
　　 b.　もし，あなたが男から女に変わったとしたら，……
　　 c.　もし，あなたが男から女に生まれ変わったとしたら，……
　　 d.　만약 네가 태어난다면 ……
　　　　 Manyak ney-ka thayenanta-myen ...
　　 e.　만약 네가 남자에서 여자로 바뀐다면 ……
　　　　 Manyak ney-ka namca-eyse yeca-lo pakkwinta-myen ...
　　 f.　만약 네가 남자에서 여자로 바뀌어 태어난다면 ……
　　　　 Manyak ney-ka namca-eyse yeca-lo pakkwie thayenanta-myen ...

　ここで注目しなければならないことは，日本語の複合動詞「生まれ変わる」と，それに対応する朝鮮語の複合動詞「바뀌어　태어나다〈pakkwie thayenata〉」[3]の語構成といった形態論上の相違，及びその違いからもたらされる格支配の状況といった統語論上の両言語間の相違である。
　両言語におけるその複合動詞の語構成を見ると，日本語では，「生まれる」が前項に立ち，「変わる」が後項に立つ，といった順序になっているのに対して，朝鮮語では，「生まれる」に対応する「태어나다〈thayenata〉」が後項に立ち，「変わる」に対応する「바뀌다〈pakkwita〉」が前項に立つ，といった順序になっているのがわかる。すなわち，複合動詞における語順が日本語と朝鮮語とではちょうど逆になっているわけであり，この場合，日本語

を朝鮮語の語順で表現することも，朝鮮語を日本語の語順で表現することもできない。

　格支配の様態はどうかと言うと，以下のとおりである。「生まれる／태어나다〈thayenata〉」は結合価1の自動詞であり，「～が／～ {가／이}〈ka/i〉」という補語を出現させている。また，「変わる／바뀌다〈pakkwita〉」は自動詞であるが，〈変化〉を含意するので，「～が／～ {가／이}〈ka/i〉」という補語の他に，〈変化後の状態〉を表す補語「～に／～(으)로〈(u)lo〉」と，場合によっては〈変化前の状態〉を表す補語「～から／～에서〈eyse〉」も要求する。複合動詞「生まれ変わる／바뀌어 태어나다〈pakkwie thayenata〉」にあっては，前項（日本語では「生まれる」，朝鮮語では「바뀌다〈pakkwita〉」）と後項（日本語では「変わる」，朝鮮語では「태어나다〈thayenata〉」）とで異なる格体制を両方とも生かして，一部共通する部分の「～が／～ {가／이}〈ka/i〉」を重ね合わせ，「～が／～ {가／이}〈ka/i〉」，「～から／～에서〈eyse〉」，「～に／～(으)로〈(u)lo〉」という三つの補語が具現化している。日本語では，状況は(12)の場合と同じであり，従って，格支配のパターンは，「異型両者共存タイプ」である。このように，日本語では，前項「生まれる」よりも後項「変わる」の方が，指定される格体制の要素が豊富であるから，格支配の様態を図で表すと，(13)のようになる。一方，朝鮮語では，「태어나다〈thayenata〉」と「바뀌다〈pakkwita〉」のそれぞれがとる格体制の要素数は日本語の場合と違いがなく，格支配のパターンとしては「異型両者共存タイプ」に属すると考えて支障はないが，複合動詞の語構成上の順序が日本語におけるのと反対であるため，(15)に示すように，後項「태어나다〈thayenata〉」よりも前項「바뀌다〈pakkwita〉」の方が，指定される格体制の要素が豊富な図になる。

(15)　異型両者共存タイプ（その2）

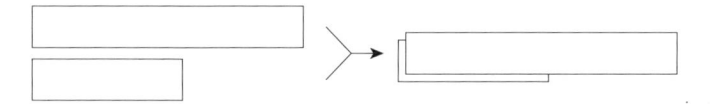

このように，〈変化〉を表す複合動詞の場合，朝鮮語は，その語構成上の順

序の違いが反映され，前項の格体制の要素よりも後項のそれの方が豊富な日本語とは逆で，後項よりも前項の方が要素の豊富な格体制を形成するのである。

これとよく似た格体制の状況を呈する複合動詞として，〈変化〉を表すものの他に，〈交換・交替〉を表すものが挙げられる。

(16) a. チョルスは長袖を着た。
　　 b. チョルスは半袖{を／から}長袖に替えた。
　　 c. チョルスは半袖{を／から}長袖に着替えた。
　　 d. 철수는 긴 소매를 입었다.
　　　　Chelswu-nun kin somay-lul ipessta.
　　 e. 철수는 반소매 {를／에서} 긴 소매로 바꿨다.
　　　　Chelswu-nun pansomay {-lul/-eyse} kin somay-lo pakkwessta.
　　 f. 철수는 반소매 {를／에서} 긴 소매로 {바꿔 입었다.／갈아입었다.} 4)
　　　　Chelswu-nun pansomay {-lul/-eyse} kin somay-lo {pakkwe ipessta. / kalaipessta.}

日本語の「着る」と朝鮮語の「입다〈ipta〉」は両方とも結合価2の他動詞であるので，それぞれ「〜が」「〜を」，「〜가／이〈ka/i〉」「〜를／을〈lul/ul〉」という補語を要求する。「替える」と「바꾸다〈pakkwuta〉」はどちらも〈交換・交替〉を含意する他動詞であるから，「〜が」「〜を」，「〜가／이〈ka/i〉」「〜를／을〈lul/ul〉」という補語に加えて，〈変化後の状態〉を表す補語「〜に」・「〜(으)로〈(u)lo〉」と，場合によっては〈変化前の状態〉を表す補語「〜から」・「〜에서〈eyse〉」も具現化させる。ただ，〈変化前の状態〉を表す補語「〜から」・「〜에서〈eyse〉」が登場する時は通常，それが〈対象〉を表す補語「〜を」・「〜를／을〈lul/ul〉」に取って代わらなければならず，その両方が同時に出現することは不可能である。ここまでは，日本語と朝鮮語の間で違いはない。ところが，日本語の複合動詞「着替える」と，朝鮮語の複合動詞「바꿔 입다〈pakkwe ipta〉」あるいは「갈아입다〈kalaipta〉」とでは，語構成が反対である。従って，その複合動詞の格体制

は，日本語においては前項よりも後項の方が要素が豊富であるのに対して，朝鮮語においては後項よりも前項の方が要素が豊富になっている。

　なお，格支配のパターンについては，注意しなければならない。複合動詞「着替える」・「바꿔 입다〈pakkwe ipta〉」の格支配の仕方は，日本語なら後項の「替える」，朝鮮語なら前項の「바꾸다〈pakkwuta〉」の格支配の仕方と全く同じであるので，その格支配能力が及んでいると考えられる。日本語の前項「着る」，朝鮮語の後項「입다〈ipta〉」の格支配能力はどうかと言えば，複合動詞が形成されると，それらの格支配能力は発揮されていない。その根拠は，次のとおりである。もし，その影響があるとすれば，複合動詞文の意味から考えて，実際に着たのは長袖の方であるから，動詞「着る」・「입다〈ipta〉」を用いた文(16a, d)における〈対象〉を表す補語「～を」・「～를／을〈lul/ul〉」のスロットに名詞「長袖」・「긴 소매〈kin somay〉」が置かれているのと同じように，複合動詞文(16c, f)における〈対象〉を表す補語「～を」・「～를／을〈lul/ul〉」のスロットに名詞「長袖」・「긴 소매〈kin somay〉」が現れてもよいはずであるが，実際は，そういったことは不可能である。従って，今問題の複合動詞の格支配能力は，日本語では後項しか発揮されておらず，また朝鮮語では前項しか発揮されていない，ということで，格支配のパターンは両言語ともに，(13)(15)の場合とは異なり，「異型一者義務選択タイプ」とでも言えるものである。その格支配の様子を図で表すと，次のようになる。(17)が日本語の場合で，(18)が朝鮮語の場合である。

(17)　異型一者義務選択タイプ(その1)

(18)　異型一者義務選択タイプ(その2)

これまで見てきた(9)〜(16)における複合動詞はすべて，日本語，朝鮮語ともに前項と後項の両方が自立語で構成されているものであった。

(19) a. ヨンヒは母の話を聞いた。
　　 b. *ヨンヒは母の話を流した。
　　 c. ヨンヒは母の話を聞き流した。
　　 d. 영희는 어머니의 얘기를 들었다.
　　　　 Yenghuy-nun emeni-uy yayki-lul tulessta.
　　 e. ?영희는 어머니의 얘기를 흘렸다.
　　　　 ?Yenghuy-nun emeni-uy yayki-lul hullyessta.
　　 f. 영희는 어머니의 얘기를 흘려들었다.
　　　　 Yenghuy-nun emeni-uy yayki-lul hullyetulessta.

　一方，(19)の日本語の複合動詞「聞き流す」と，それに対応する朝鮮語の複合動詞「흘려듣다〈hullyetutta〉」において，「聞く」・「듣다〈tutta〉」は，(a)(c)が示すように単独で用いることができるので，自立語であるが，「流す」・「흘리다〈hullita〉」は，(b)(e)のように単独での使用が不可能であるから，付属語である。複合動詞に注目すると，これも，語構成上の順序が日本語と朝鮮語とでは逆で，日本語の場合は「自立語＋付属語」，朝鮮語の場合は「付属語＋自立語」という組み合わせになっているわけである。「聞き流す」・「흘려듣다〈hullyetutta〉」は〈様態(特に態度)〉を表す複合動詞であり，このような〈様態(特に態度)〉といった意味カテゴリーに属する複合動詞には，語構成上の順序が両言語間で反対になるものがあると言える。

　以上，取り上げた例は全部，日本語と朝鮮語の両方において複合動詞文が成り立つ場合である。ところが，詳しく観察すると，日本語では複合動詞文が成立するのに対して，それに相当する内容を，朝鮮語では複合動詞を用いて表現することのできない場合がかなりの割合で存在することがわかる。

(20) a. 師匠は弟子に芸を教え込んだ。
　　 b. 선생님은 제자에게 기술을 {잘／세심히} 가르쳤다.
　　　　 Sensayngnim-un ceyca-eykey kiswul-ul {cal/seysimhi} kaluchyessta.

（直訳：師匠は弟子に芸をしっかりと教えた。）

(20a)における日本語の複合動詞「教え込む」は，「自立語＋付属語」といった構成をとっており，その中の「〜込む」は〈様態(特に程度)〉を表す。日本語に対応する朝鮮語では，(20b)が示すように，複合動詞の使用がどうしても許されず，日本語の「〜込む」における〈様態(特に程度)〉を表すには「잘〈cal〉(よく；十分に)」あるいは「세심［＝細心］히〈seysimhi〉(細心に；注意深く)」という副詞を用いるしかない。

なお，日本語と朝鮮語の間におけるこういった対応状況は，ここで考察している語彙的複合動詞に限ったことではなく，統語的複合動詞の場合にも見られる。これについては，次の3.2で取り上げて論述する。

3.2　対応する日本語が統語的複合動詞である場合の格支配

第8章の3.1.2で，日本語における統語的複合動詞の格支配について考察した。ここではまず，その考察内容を振り返り，要点を述べる。

日本語の統語的複合動詞の後項に現れる要素は，アスペクトを表すものがある程度の数を占める。それを整理して提示すると，(21)のようになり，そういった複合動詞を用いた文例として，(22)〜(24)のようなものを挙げることができるのであった。

(21)（A）〈始動〉──始める，かかる，かける，出す
　　（B）〈継続〉──続く，続ける
　　（C）〈終了〉──終わる，終える
(22)　ベルが鳴り終わった。
(23)　友人が本を読み続けた。
(24)　赤ん坊が泣き始めた。

各例における前項動詞，後項動詞，複合動詞全体それぞれの格支配について見てみると，複合動詞全体による格支配の仕方は，前項動詞によるそれとは一致しているが，後項動詞によるそれとは一致していないのがわかる。従って，これらの統語的複合動詞においては，格支配能力は前項のみが発揮

しており，後項によっては及ぼされていない，と言えるのであった。

また，「終わる」がとる「〜が」，「続ける」及び「始める」がとる「〜を」という補語には〈行為〉を表す名詞が現れ，これらの動詞がそれぞれの複合動詞の後項となっている。そして，複合動詞文において表されるそういった〈行為〉は，「ベルが鳴る」「友人が本を読む」「赤ん坊が泣く」という内容であり，この内容は，補語と複合動詞の前項の部分に当たるわけである。こういったことから，それぞれの複合動詞文は，次に示すように，一つの文の中にまた別の文が埋め込まれた複合的な統語構造をなしている，と考えられるのであった[5]。

(25) [s[s ベルが鳴ること]が終わった]
(26) [s 友人が[s (友人が)本を読むこと]を続けた]
(27) [s 赤ん坊が[s (赤ん坊が)泣くこと]を始めた]

さて，朝鮮語に目を転じてみよう。(22)〜(24)の，日本語において統語的複合動詞を用いた文を朝鮮語で表現すると，それぞれ次の(28)〜(30)のようになる。

(28) 종 소리가 끝났다.
　　　Cong soli-ka kkuthnassta.
　　　(直訳：鐘(の)音が終わった。)
(29) 친구가 책을 계속 읽었다.
　　　Chinkwu-ka chayk-ul kyeysok ilkessta.
　　　(直訳：友人が本を継続(＝続けて)読んだ。)
(30) 아기가 울기 시작했다.
　　　Aki-ka wul-ki sicakhayssta.
　　　(直訳：赤ん坊が泣くこと(を)始めた。)

(28)では，「소리〈soli〉(音)」という名詞が「〜가〈ka〉(〜が)」という補語に現れ，「소리가 끝나다〈soli-ka kkuthnata〉(音が終わる)」というようになっている。(29)では，「계속〈kyeysok〉(継続)」という漢語を副詞的に用

い、「계속 읽다〈kyeysok ilkta〉(継続(=続けて)読む)」というようになっている。また、(30)では、「울다〈wulta〉(泣く)」という動詞の語幹「울〈wul〉」に名詞化接尾辞の「기〈ki〉」を付け加えた後、「시작하다〈sicakhata〉(始める)」という動詞が続き、「울기 시작하다〈wul-ki sicakhata〉(泣くこと(を)始める)」というようになっている[6]。

このように、日本語において後項がアスペクトを表す統語的複合動詞を用いた文の意味内容を、朝鮮語では複合動詞を用いて表現することはできないのである。

また、次の例を見てみよう。

(31) a. チョルスは御飯を食べた。
 b. *チョルスは御飯を過ぎた。
 c. チョルスは御飯を食べ過ぎた。
 d. 철수는 밥을 먹었다.
   Chelswu-nun pap-ul mekessta.
 e. *철수는 밥을 지나쳤다.
   *Chelswu-nun pap-ul cinachyessta.
 f. 철수는 밥을 지나치게 먹었다.
   Chelswu-nun pap-ul cinachi-key mekessta.
   (直訳:チョルスは御飯を過ぎるように食べた。)

(31c)に示した日本語の「食べ過ぎる」は、統語的複合動詞と判断されるものである。これは、(a)のように「食べる」が単独で用いられるが、(b)のように「過ぎる」が単独で用いられないことから、「自立語+付属語」といった構成の複合動詞であり、後項が〈様態(特に程度)〉を表すものである。一方、朝鮮語では、(f)のように、「食べる」に相当する「먹다〈mekta〉」と、「過ぎる」に相当する「지나치다〈cinachita〉」の両方が一文中で使われるが、「지나치다〈cinachita〉」の自立語性が低いことが影響して複合動詞が成立せず、〈様態(特に程度)〉を表すのに「지나치다〈cinachita〉」の語幹「지나치〈cinachi〉」に「게〈key〉(~ように)」という形態が付加され、それが副詞的に用いられる。

さらに，次の例を見てみよう。

(32) a. 太郎は次郎と殴り合った。
    b. 다로오는 지로오 {와/하고} 서로 때렸다.
       Taloo-nun Ciloo {-wa/-hako} selo ttaylyessta.
       (直訳：太郎は次郎と互いに殴った。)

(32a)における日本語の「殴り合う」は，(31c)における日本語の「食べ過ぎる」と同じく，統語的複合動詞と判断されるが，それがとっている構成は「自立語＋付属語」であり，その後項の「～合う」は〈様態(特に複数主体)〉を意味するものである。この(32a)の日本語に相当する朝鮮語が(32b)であるが，複合動詞が成立しないため，〈様態(特に複数主体)〉を表すには，「서로〈selo〉(互いに)」という副詞を用いるしかない。こういった状況は，3.1で述べた，日本語の語彙的複合動詞「教え込む」とそれに対応する朝鮮語の場合と同様である。

ここでは以上，日本語で統語的複合動詞が用いられて表現される場合に，朝鮮語ではそういうことが不可能である，といった事例ばかりを取り上げ，論述してきた。確かに，こういったことが大半を占めるが，朝鮮語で複合動詞が成立できる事例もなくはない。

(33) a. 学生はbを書いた。
    b. 学生はd{を／から}bに直した。
    c. 学生はd{を／から}bに書き直した。
    d. 학생은 b를 썼다.
       Haksayng-un pii-lul ssessta.
    e. 학생은 d{를／에서} b로 고쳤다.
       Haksayng-un tii {-lul/-eyse} pii-lo kochyessta.
    f. 학생은 d{를／에서} b로 고쳐썼다.
       Haksayng-un tii {-lul/-eyse} pii-lo kochyessessta.

(33c)に示した日本語の「書き直す」は，統語的複合動詞と判断される

が，前項「書く」，後項「直す」がともに，(a)(b)のように，単独で用いられて文が成り立つことから，「自立語＋自立語」という構成のものである。また，格支配の仕方に着目すると，複合動詞「書き直す」全体は，(a)のように前項「書く」が要求する「〜が」「〜を」という補語ではなく，(b)のように後項「直す」が要求する「〜が」「〜を／から」「〜に」という補語と同じものをとるため，後項「直す」による格支配能力しか及んでいないと言える。従って，格支配のパターンとしては，(17)に示した「異型一者義務選択タイプ」ということになる。

　(c)の日本語を朝鮮語で表現したのが(f)であり，次のことが明らかになる。朝鮮語でも「고쳐쓰다〈kochyessuta〉」という複合動詞が用いられており，この複合動詞は，(d)のように前項が，(e)のように後項がそれぞれ単独で文をなすことができることから，「自立語＋自立語」という構成をとっていると言える。ところが，この複合動詞は，前項が「고치다〈kochita〉(直す)」，後項が「쓰다〈ssuta〉(書く)」であり，対応する日本語の場合と順序が逆になっているのがわかる。また，複合動詞「고쳐쓰다〈kochyessuta〉」においては，その全体の格支配が，(d)のように「〜가／이〈ka/i〉」「〜를／을〈lul/ul〉」という補語を要求する「쓰다〈ssuta〉(書く)」の格支配ではなく，(e)のように「〜가／이〈ka/i〉」「〜를／을〈lul/ul〉または에서〈eyse〉」「〜(으)로〈(u)lo〉」という補語を要求する「고치다〈kochita〉(直す)」の格支配と一致するので，「고치다〈kochita〉(直す)」しか格支配能力を発揮していない。これについては，先ほど述べた日本語の「書き直す」の場合と同様であるが，格支配のパターンとしては，前項と後項の構成順序が日本語におけるのとは逆であることから，2種類ある「異型一者義務選択タイプ」のうち，(18)に示した方のものということになる。

　また，この(33)に挙げた例と，3.1の(16)に挙げた例は，前者が〈修正〉を含意する動詞，後者が〈交換・交替〉を含意する動詞をそれぞれ用いている点，及び日本語の場合，前者が統語的複合動詞，後者が語彙的複合動詞をそれぞれ成り立たせている点が異なっているものの，格支配のパターンについては同じ様態となっているのである。

3.3 まとめ

　最後に，朝鮮語においては，いかなる条件の下で複合動詞が成立し，また成立できないか，ということと，それに関連する格支配の様態を，日本語におけるのと対照しながら，まとめておこう。

　まず，朝鮮語の複合動詞が日本語のそれと同様に成り立つには，複合動詞が前項，後項ともに自立語で構成されており，(9)における「울부짖다〈wulpucicta〉」のように前項と後項が意味的に並列関係になっているか，(10)における「때려죽이다〈ttaylyecwukita〉」や(12)における「押し上げる／밀어올리다〈mileollita〉」のように前項が後項の手段・方法を表しているかの条件を満たしていなければならない。この場合は，日本語と同じように，前項と後項の両方が格支配能力を有する。

　次に，(14)における「바뀌어 태어나다〈pakkwie thayenata〉」のような〈変化〉，(16)における「바꿔 입다〈pakkwe ipta〉」あるいは「갈아입다〈kalaipta〉」のような〈交換・交替〉，(33)における「고쳐쓰다〈kochyessuta〉」のような〈修正〉といった意味カテゴリーの場合には，日本語，朝鮮語ともに複合動詞が成立するが，複合動詞の語構成上の順序が両言語間で逆であり，その相違が反映して，格支配の主導権を有しているのは日本語では後項の方であるのに対して，朝鮮語では前項の方である。

　最後に，(20)における「教え込む」や(31)における「食べ過ぎる」のような〈様態（特に程度）〉，(32)における「殴り合う」のような〈様態（特に複数主体）〉といった意味カテゴリーの場合には，日本語は複合動詞を成立させることができるが，朝鮮語ではそれが不可能で，動詞を副詞的に用いて表現したり，副詞で表現したりする。

　このように，朝鮮語では，日本語におけるのと比べると，複合動詞の成立具合，及びその格支配は単純である，と言うことができる。

4　その後の展開

　以上，第3節まで本章の前半では，初期の時代における研究である塚本(1993)をベースに，日本語と朝鮮語を対照しながら，複合動詞について考察してきたが，両言語における複合動詞については，何人もの研究者による

その後の研究でさらなる進展があった。

　本節以降，本章の後半では，そういった研究を踏まえ，日本語と朝鮮語における複合動詞を両言語対照の視点から見た場合，どういったことが言え，また明らかにできるのか，ということについて論ずることにしたい。

　まず，本節では，先行研究の中でも本章における以後の議論に大いに関連する影山(1993)，松本(1998)，内山(1997)を取り上げ，それらの研究の要点を整理して述べることにする。

4.1　影山(1993)

　影山(1993)は，日本語における語形成について非常に詳しく考察した研究であり，その一部で複合動詞に関する考察を行っている。

　影山(1993)の論点の一つ目は，第8章の2.4でも少し述べたように，日本語における複合動詞を，語彙的複合動詞と統語的複合動詞の2種類に大別できる，というものである。日本語の複合動詞を構成する前項動詞において統語的な振る舞いが生ずるものと，生じないものがある，ということを指摘しており，その統語的な振る舞いとして，次の5種類を挙げている[7]。

(34)(A)　代用形「そうする」
　　(B)　主語尊敬語
　　(C)　受身形
　　(D)　サ変動詞
　　(E)　重複構文「飲みに飲む」

　前項動詞において上記のような統語的な振る舞いが生じない複合動詞は，語彙的な性格を有しており，一方，そういったことが生ずる複合動詞は，統語的な性格を有している，と判断することができ，前者を「語彙的複合動詞」，後者を「統語的複合動詞」とそれぞれ称している。日本語の複合動詞は，このように2種類に大別できることを主張している。

　また，上述した二大別のうち，語彙的複合動詞に限定して，前項動詞と後項動詞の間の抽象的な機能関係に着目すると，次の3種類にまとめられることを論じている。

(35)（A） 並列関係
　　（B） 右側主要部の関係
　　（C） 補文関係

(35C)の補文関係を要求する複合動詞における後項動詞としては，次のようなものがあることを指摘している。

(36)　～払う〈完全にその状態にある〉，～渡る〈隅々まで及ぶ〉，～違う〈動作を間違える〉，～違う〈動作が一致しない〉，～逃がす〈不成功〉，～止す〈中途破棄〉，～果たす〈完遂〉，～漏らす〈失敗〉，～付く〈着手〉，～落とす〈不成功〉，～交わす〈動作のやり取り〉，～回す〈動作を繰り返し行う〉，～慣わす〈習慣〉，～返る〈完全にその状態になる〉，～頻る〈事象の継続〉，～こなす〈習熟〉

　さらに，影山(1993)の最も重要な主張の一つは，「他動性調和の原則」と呼んでいるものである。いわゆる自動詞を，非能格自動詞と非対格自動詞の2種類に分けることにより，動詞には，他動詞，非能格自動詞，非対格自動詞の3種類があるとする。そして，その3種類それぞれの動詞がとる統語構造は，それぞれの動詞の語彙エントリーに示された項構造に還元されるとし，それぞれの項構造は，次のようなものであると述べている。

(37)（A） 他動詞：(x 〈y〉)
　　（B） 非能格自動詞：(x 〈 〉)
　　（C） 非対格自動詞：　〈y〉

　日本語の複合動詞が形成される際，他動詞同士，非能格自動詞同士，非対格自動詞同士の結び付きが許される。その他に，他動詞と非能格自動詞が結合することもできるが，他動詞と非対格自動詞が結び付くことは認められない。前者の場合に可能であるのは，(37A)に示された他動詞の項構造と，(37B)に示された非能格自動詞の項構造において外項のxが存在し，それらの項構造が同じタイプのものであると見なされるからである。また，後者の

場合に不可能であるのは，(37A) に示された他動詞の項構造においては外項のxがあるのに対して，(37C) に示された非対格自動詞の項構造においては外項のxがなく，それらの項構造が違うタイプのものであると見なされるからである。影山は，こういった状況を「他動性調和の原則」と呼び，日本語における語彙的複合動詞のほとんどが項構造のレベルで形成されると結論づけている。

4.2　松本(1998)

　松本(1998) は，影山(1993) の「他動性調和の原則」に対して異論を唱えるものである[8]。

　まず，「他動性調和の原則」にはいくつかの問題があり，そのうちの一つが非対格動詞と非能格動詞を区別する基準であることを指摘している。影山(1993) では，この区別は意味的な基盤を持った統語的な区別であるとされており，この区別を証拠づける現象のうち，非対格性にかかわる現象として，「N－V複合名詞の可能性」「『たくさん』など数量詞の解釈」「助詞の省略」が取り上げられ，また非能格性にかかわる現象として，「『動名詞＋する』におけるヲ格」「総称的PRO主語の可能性」「間接受身の可能性」「使役受身の可能性」「命令形の可能性」が取り上げられている。また，松本は，それ以外に，非対格性にかかわる現象として「結果副詞の解釈」「『ている』の解釈」「『V－しかけの』形の可能性」「終結性」が，非能格性にかかわる現象として「『てもらう』形の可能性」がそれぞれあることを指摘している。

　松本は，影山(1993) における非対格動詞と非能格動詞の認定方法の妥当性を確かめるため，上記の現象によっていくつかの動詞の非対格性と非能格性をテストした結果，次のことを明らかにしている。多くの動詞が非対格性のテストと非能格性のテストの両方に合格する場合があるとともに，間接受身，PRO解釈，聴者の行為実行可能性を前提としない命令形，「てもらう」形は出来事に対する主語のコントロール性とは異なる意味的基盤の現象であって，非能格性のテストとしては不適切であり，また数量詞の解釈も非対格性のテストとしては不適切であると判断できる。こういったことから，非対格性と非能格性の二律背反の対立で動詞を分類する点については，疑問で

あるとしている。

　さらに，松本は，影山(1993)の「他動性調和の原則」の代案として，「語彙の意味構造に関する一般的意味的条件」などと，「主語一致の条件」の両方によって，日本語における語彙的複合動詞の形成が制約されている，とする説を提唱している。松本は，前項と後項の意味関係の種類ごとに，複合の組み合わせが異なった制約をもたらすことを指摘した上で，その意味関係には次の6種類があり，それに該当する例を挙げている。

(38)（A）　前項が後項の手段を表すもの
　　　　（例）押し倒す，たたき落とす，打ち上げる，押し出す，掃き集める，投げ飛ばす，切り抜く，だまし取る，ちぎり取る，取り除く，焼き付ける，折り曲げる，たたき壊す，踏み固める，蹴り崩す，殴り殺す，洗い清める
　　（B）　前項が後項の様態・付帯状況を表すもの
　　　　（例）駆け登る，駆け降りる，舞い降りる，滑り降りる，駆け上がる，飛び上がる，飛び出る，這い出る，歩き回る，流れ落ちる，舞い落ちる，滑り落ちる，流れ出る，浮き上がる，舞い上がる，吹き回る
　　（C）　前項が後項の原因を表すもの
　　　　（例）降り積もる，おぼれ死ぬ，焼け死ぬ，抜け落ちる，あふれ落ちる，焼け付く，泣きぬれる，泣き沈む，飲みつぶれる，食いつぶれる，働きくたびれる，走りくたびれる，走り疲れる，立ち疲れる，読み疲れる，聞き知る，寝違える
　　（D）　前項動詞を意味的主要部とするものⅠ：比喩的様態
　　　　（例）咲き誇る，咲きあふれる，踊り狂う，泣き狂う，咲き狂う，荒れ狂う，咲きこぼれる，思い乱れる，咲き乱れる，書き殴る
　　（E）　前項動詞を意味的主要部とするものⅡ
　　　　（例）言い差す，鳴りやむ，晴れ渡る，しかりつける，静まり返る，なで回す，居合わせる，見上げる，拾い残す，取りこぼす，言い落とす，聞き逃す
　　（F）　前項が後項の背景的情報を表すもの

(例)食べ残す，取り残す，摘み残す；売れ残る，消え残る，溶け残る；取りこぼす，取り過ごす，取り逃す；見落とす，見過ごす，見失う，聞き漏らす，聞き逃す，書き落とす，言い落とす；見分ける，見切る，見破る；聞き取る，聞きつける，聞き分ける；読み取る；書き取る，書き抜く，書き留める；言い渡す，言い返す，言い置く

　松本は，上記の意味関係の種類とそれぞれに属する複合動詞について検討し，日本語における語彙的複合動詞の組み合わせは，「主語一致の原則」と「語彙の意味構造に関する諸条件」によって説明される，と結論づけている。主語一致の原則というのは，日本語の語彙的複合動詞が意味的条件を満たす限り自由に作られるわけではなく，前項動詞の主語と後項動詞の主語が一致しなければならない，というものである。また，松本は，複合動詞化を二つの動詞の意味構造の合成と考え，複合動詞の項構造を，二つの動詞の項構造から派生させずに，複合動詞の持つ複合的な意味構造からの写像によって規定する，としている。

4.3　内山（1997）

　内山（1997）は，朝鮮語における「動詞連用形＋動詞」という組み合わせの形式を分析し，この形式を合成語と認めるために必要な条件を明らかにすることを目的としている。実際に用いられた数多くのデータを収集し，それに基づいて，前項動詞と後項動詞の意味関係に着目した分類を行っている。その分類を，挙げられている例の代表的なものとともに示すと，次のとおりである。

(39)(A)　前項が後項の「手段・方法」を表すもの
　　(A-1) 前項と後項が主に「同時」であるもの
　　　　(例)비벼끄다〈pipyekkuta〉(もみ消す)，쓸어모으다〈ssulemouta〉(掃き集める)，베어없애다〈peyeepsayta〉(切り捨てる)，때려죽이다〈ttaylyecwukita〉(殴り殺す)，눌러벌리다〈nwullepellita〉(押し広げる)，불러세우다〈pulleseywuta〉(呼び止める)

(A-2) 前項と後項が主に「異時」であるもの
　　　(例)구워먹다〈kwuwemekta〉(焼いて食べる), 지져먹다〈cicyemekta〉(煮て食べる), 끓여마시다〈kkulhyemasita〉(沸かして飲む), 풀어마시다〈phulemasita〉(溶かして飲む), 실어보내다〈sileponayta〉(積んで送る), 만들어팔다〈mantulephalta〉(作って売る), 빌려입다〈pillyeipta〉(借りて着る)
(B)　前項と後項の語彙的意味が類似するもの
　　　(例)걸어잠그다〈kelecamkuta〉((鍵を)かける), 걸쳐입다〈kelchyeipta〉(着る), 동여매다〈tongyemayta〉(縛る), 견뎌배기다〈kyentyepaykita〉(耐える), 멈춰서다〈memchweseta〉(止まる), 늘여빼다〈nulyeppayta〉(伸ばす)
(C)　前項と後項に因果関係が認められるもの
　　　(例)싸워이기다〈ssaweikita〉(戦い勝つ), 눌어붙다〈nwuleputhta〉(焦げつく), 빠져죽다〈ppacyecwukta〉(おぼれ死ぬ), 굶어죽다〈kwulmecwukta〉(飢えて死ぬ)
(D)　前項と後項が「補足の関係」となるもの
　　　(例)즐겨먹다〈culkyemekta〉(好んで食べる), 따라뛰다〈ttalattwita〉(付いて走る), 아껴쓰다〈akkyessuta〉(惜しんで使う)
(E)　前項が後項の複数性を表すもの
(E-1) 後項の主体または対象語の複数性を表すもの
　　　(例)모여앉다〈moyeancta〉(集まって座る), 골라쓰다〈kollassuta〉(選んで使う), 나눠가지다〈nanwekacita〉(分けて持つ)
(E-2) 後項の動作の複数性を表すもの
　　　(例)바꿔타다／갈아타다〈pakkwethata/kalathata〉(乗り換える), 바꿔입다／갈아입다〈pakkweipta/kalaipta〉(着替える), 고쳐쓰다〈kochyessuta〉(書き直す), 고쳐닫다〈kochyetatta〉(閉め直す)
(F)　「方向」を表すもの
(F-1) 後項が前項の「方向」を表すもの
(F-1-1)「方向」が「外」であるもの
　　　(例)넘쳐나다〈nemchyenata〉(あふれ出る), 벗어나다〈pesenata〉(抜け出る), 밀어내다〈milenayta〉(押し出す), 쫓아내다

〈ccochanayta〉(追い出す)
(F-1-2)「方向」が「中」であるもの
(例)날아들다〈nalatulta〉(飛び込む), 받아들이다〈patatulita〉(受け入れる), 던져넣다〈tencyenehta〉(投げ入れる), 써넣다〈ssenehta〉(書き入れる)
(F-1-3)「方向」が「上」であるもの
(例)떠오르다〈tteoluta〉(浮かび上がる), 끓어오르다〈kkulheoluta〉(沸き上がる), 끌어올리다〈kkuleollita〉(引き上げる), 잡아올리다〈capaollita〉(つかみ上げる)
(F-1-4)「方向」が「下」であるもの
(例)굴러내리다〈kwullenaylita〉(転がり落ちる), 뛰어내리다〈ttwienaylita〉(飛び降りる), 끌어내리다〈kkulenaylita〉(引き下ろす), 밀어내리다〈milenaylita〉(押し下げる)
(F-1-5)「方向」が「近づき」と「遠ざかり」であるもの
(例)굴러가다〈kwullekata〉(転がって行く), 따라가다〈ttalakata〉(ついて行く), 날아오다〈nalaota〉(飛んで来る), 올라오다〈ollaota〉(登って来る)
(F-2)前項が後項の「方向」を表すもの
(例)나돌다〈natolta〉(出回る), 내밀다〈naymilta〉(差し出す), 들어붓다〈tulepusta〉(注ぎ込む), 올려묶다〈ollyemukkta〉(縛り上げる)

5 両言語間の類似点と相違点

　第4節では，三つの先行研究を取り上げ，その要点を記したが，本節では，それらをも参考にし，日本語における複合動詞と朝鮮語における複合動詞について，どういったことが類似しており，またどういったことが異なっているのか，ということを明らかにしておきたい。なお，以下では，議論の都合上，先の節ですでに指摘した項目もあるが，明確化を優先し，それらも含めてまとめてあるため，記述が再度行われている箇所があることをお断りしておく。

5.1 類似点

　両言語間における類似点の一つ目として，形態に関するものが挙げられる（第14章も参照のこと）。日本語でも朝鮮語でも，先行する節・文が一旦中止しながらも，後続する節・文にかかっていき，両者が接続される現象が見られる。この現象は，次の(40)(41)の例によって示される。

(40) a.　家に帰り，早く寝た。
　　 b.　집에 돌아가 일찍 잤다.
　　　　 Cip-ey tolaka ilccik cassta.
(41) a.　途中で車が故障し，本当に困った。
　　 b.　도중에 차가 고장 나 몹시 곤란했다.
　　　　 Tocwung-ey cha-ka kocang na mopsi konlanhayssta.

　両言語ともに，こういった場合の，先行する節・文における動詞がとる形態が一般的に「連用形」と呼ばれるが，複合動詞は，両言語ともに，それと全く同じ形態をとった動詞にまた別の動詞が後続してひとまとまりをなしている形式である。

　類似点の二つ目は，語構成に関するものである（第3節も参照のこと）。寺村 (1969: 42-44, 1984: 167-171) は，日本語における複合動詞を，それが構成される前項・後項の自立性から見た場合，(42)に示すように四つのタイプに分類できることを指摘し，それぞれのタイプに該当する具体例を挙げている。

(42)(A)　　V－V：呼び入れる，握りつぶす，殴り殺す，ねじ伏せる，出迎える，……
　　(B)　　V－v：降り始める，呼びかける，思い切る，泣き出す，……
　　(C)　　v－V：差し出す，振り向く，打ち立てる，引き返す，……
　　(D)　　v－v：払い下げる，（話を）切り上げる，（仲を）取り持つ，（芸を）仕込む，とりなす，……

　このように，日本語には四つのタイプが存在するわけであるが，朝鮮語で

も，前項・後項ともに自立語である(42A)のタイプの複合動詞を見出すことができる。内山(1997)が挙げている具体例から代表的なものを抽出すると，次のとおりである。

(43) 비벼끄다〈pipyekkuta〉(もみ消す)，구워먹다〈kwuwemekta〉(焼いて食べる)，걸어잠그다〈kelecamkuta〉((鍵を)かける)，싸워이기다〈ssaweikita〉(戦い勝つ)，즐겨먹다〈culkyemekta〉(好んで食べる)，모여앉다〈moyeancta〉(集まって座る)，바꿔타다／갈아타다〈pakkwethata/kalathata〉(乗り換える)，넘쳐나다〈nemchyenata〉(あふれ出る)，나돌다〈natolta〉(出回る)

　しかも，朝鮮語では，前項・後項ともに自立語であるこの(42A)のタイプのものは，(39)に示した内山による意味的な分類全体にわたって非常にたやすく見つけ出せることからもわかるように，圧倒的大多数を占める，と言うことができる。ところが，これ以外のタイプについては，日本語と同様ではない。よって，これについては，相違点ということになるので，相違点のところで言及することにする。
　類似点の三つ目は，統語的な側面から見た場合，両言語ともに複合動詞には「語彙的複合動詞」と「統語的複合動詞」の2種類があり，その2種類に大別することができる，ということである。すなわち，両言語ともに，影山(1993)が指摘している(34)のような統語現象が前項動詞を対象に生起不可能な複合動詞と，生起可能な複合動詞の2種類が見出せるわけである。ただ，どういった性質のものが統語的複合動詞を成り立たせているか，ということについては，両言語間で相違がある。これについては，後の相違点のところで言及する。
　類似点の四つ目は，意味的な側面から見た場合，両言語ともに，前項動詞が後項動詞の〈手段〉や〈方法〉を表すものを見出すことができる，ということである(第3節も参照のこと)。これは日本語においては，(38)に示した松本(1998)による意味的な分類，また朝鮮語においては，(39)に示した内山(1997)による意味的な分類で言えば，ともに(A)が該当する。その中から具体例を挙げると，日本語における「押し倒す」は，前項動詞の意味する

「押す」ということが、後項動詞の意味する「倒す」ということの〈手段・方法〉となっており、また朝鮮語における「때려죽이다〈ttaylyecwukita〉（殴り殺す）」は、前項動詞の意味する「殴る」ということが、後項動詞の意味する「殺す」ということの〈手段・方法〉となっているわけである。さらに付け加えて言えば、朝鮮語では、前項動詞が後項動詞の〈手段〉や〈方法〉を表すこのタイプの複合動詞が複合動詞全体の中で多数を占め、その中心にあるといった位置づけになっている、ということを指摘することができる。

5.2　相違点

　次に、両言語間における相違点の指摘に移る。その一つ目として、語構成に関するものを挙げることができる（第3節も参照のこと）。すでに(42)に示したように、寺村 (1969: 42–44, 1984: 167–171) は、日本語における複合動詞を、それが構成される前項・後項の自立性から見た場合、四つのタイプに分類できることを論述しているのであった。

　日本語では、寺村によるその四分類のうち、(42B)のように後項が自立性を失った複合動詞を比較的多く見出すことができる。それに該当する具体例にどのようなものがあるかを、後項で整理して列挙すると、次のとおりである。

(44)　〜出す、〜かける、〜かかる、〜込む、〜上がる、〜上げる、〜立てる、〜立つ、〜つける、〜つく、〜返す、〜返る、〜回す、〜過ぎる、〜合う、〜通す、〜抜く、〜切る、〜尽くす、〜直す、〜損なう、〜うる、……

こういったことが一つの要因で、日本語における複合動詞全体の数と種類が豊富となる。

　ところが一方、朝鮮語は、後項が自立性を失った複合動詞が非常に少ない。すなわち、(42B)のタイプに該当する(44)のような複合動詞は、朝鮮語ではほとんど見受けられないのである。こういったことが、朝鮮語における複合動詞全体の数と種類が限られる一要因となっている。

　また、こういった語構成に関する両言語間の相違は、文法化に関する両言

語間の相違にも結び付いていく。日本語における(44)のような複合動詞は，それを構成している後項の動詞部分で，程度の違いがあるものの，文法化が生じている。例えば，そのうちの複合動詞「〜出す」においては，後項の動詞部分である「出す」は元来，〈物理的な移動〉を含意するが，文法化が生じたことによってそういった意味が薄れ，アスペクト的な〈開始〉の意味に転じている。ところが一方，朝鮮語では，こういった複合動詞がほとんど見出せないわけであるから，文法化が生じている複合動詞は非常に限られている，と言うことができる。このように，日本語では文法化が生じているのに対して，朝鮮語では文法化が生じておらず，文法化の進度に両言語間で違いがある，という事実は，何も複合動詞に限ったことではなく，それ以外のさまざまな形態や構文などの言語現象でも共通して見受けられる。なお，これについては，第11章で詳しく論述することにする。

　相違点の二つ目は，日本語で統語的複合動詞を用いて表現することができる場合に，朝鮮語では複合動詞として成立することが認められない，ということである（第3節も参照のこと）。上述したように，複合動詞を統語的な側面から見た場合，諸統語現象が前項動詞を対象に生起不可能な複合動詞と，生起可能な複合動詞の2種類があることがわかり，こういった性質から，前者を語彙的複合動詞，後者を統語的複合動詞とそれぞれ呼んでいるのであった。

　後者の統語的複合動詞は，今述べたように，前項動詞を対象に種々の統語的な振る舞いが生ずることができるわけであるから，複合動詞自体が一つの語を形成しているにもかかわらず，後項動詞を述語とした文の中に，前項動詞を述語としたもう一つの文が埋め込まれた統語構造を成り立たせていると考えられる。日本語における「〜終わる」「〜続ける」「〜始める」という複合動詞を例に挙げると，次のとおりである。

(45) a. [$_S$ [$_S$ ベルが鳴る]終わった]
　　 b. [$_S$ 父が [$_S$ (父が)ビールを飲む]続けた]
　　 c. [$_S$ 桜の花が [$_S$ (桜の花が)咲く]始めた]

この例で言えば，「〜終わる」の場合は，後項動詞「終わる」を述語とした

文「〜が終わる」における主語「〜が」の位置に,「鳴る」という前項動詞を述語とした「ベルが鳴る」というもう一つの文が入り込んだ様態になっている。また,「〜続ける」と「〜始める」の場合も同様に,それぞれ後項動詞「続ける」「始める」を述語とした文「〜が〜を続ける」「〜が〜を始める」における目的語「〜を」の位置に,「飲む」「咲く」という前項動詞を述語とした「父がビールを飲む」「桜の花が咲く」というもう一つの文が入り込んでいる。

　上述したように,朝鮮語における複合動詞は形態上,日本語と同じく,連用形の動詞にまた別の動詞が後続してひとまとまりをなしている。ところが,複合動詞における統語的な振る舞いについて考察すると,次のような日本語との違いを見出すことができる。それは,朝鮮語では前項動詞を対象に統語的な振る舞いが生起することができない複合動詞が圧倒的大多数であり,そういったことが可能な複合動詞は非常に少なく,限られている,ということである。

　先に挙げた(45)の日本語を朝鮮語で表現すると,それぞれ次のようになる。

(46) a.　종 소리가 끝났다.

　　　　Cong soli-ka kkuthnassta.

　　　　(直訳：鐘(の)音が終わった。)

　　 b.　아버지가 맥주를 계속 먹었다.

　　　　Apeci-ka maykcwu-lul kyeysok mekessta.

　　　　(直訳：父がビールを継続(=続けて)飲んだ。)

　　 c.　벚꽃이 피기 시작했다.

　　　　Peckkoch-i phi-ki sicakhayssta.

　　　　(直訳：桜(の)花が咲くこと(を)始めた。)

(46a)では,「소리〈soli〉(音)」という名詞が「〜가〈-ka〉(〜が)」という補語に現れ,「소리가 끝나다〈soli-ka kkuthnata〉(音が終わる)」というようになっている。(46b)では,「계속〈kyeysok〉(継続)」という漢語を副詞的に用い,「계속 먹다〈kyeysok mekta〉(継続(=続けて)飲む)」というようになっ

ている。また，(46c)では，「피다〈phita〉(咲く)」という動詞の語幹「피〈phi〉」に名詞化接尾辞の「기〈ki〉」を付け加えた後，「시작하다〈sicakhata〉(始める)」という動詞が続き，「피기 시작하다〈phi-ki sicakhata〉(咲くこと(を)始める)」というようになっている。このように，日本語では複合動詞を用いて表現することが可能であるが，朝鮮語では複合動詞が成立しないため，別の形式を用いて表現するしかないわけである。

　相違点の三つ目は，意味的な側面から見た場合，日本語では後項が様態を表す複合動詞を数多く見出すことができるのに対して，朝鮮語ではそういった複合動詞はなくはないが，非常に限られている，ということである(第3節も参照のこと)。日本語でそれに該当する複合動詞は，(44)及び(36)に示したものの中で見つけることができる。

　ところが一方，朝鮮語にはこのような複合動詞が非常に少ない，ということがどういうことにつながっていくかと言えば，朝鮮語では，日本語でこういった複合動詞が用いられて表現された意味は複合動詞以外の形式を用いて表現するしかない，ということになる[9]。こういったことを示す例を次に挙げる。

(47) a. チョルスは御飯を食べ過ぎた。
　　 b. 철수는 밥을 지나치게 먹었다.
　　　　Chelswu-nun pap-ul cinachi-key mekessta.
　　　　(直訳：チョルスは御飯を過ぎるように食べた。)
(48) a. 友達は書類を出し間違えた。
　　 b. 친구는 서류를 잘못 내었다.
　　　　Chinkwu-nun selyu-lul calmos nayessta.
　　　　(直訳：友達は書類を間違って出した。)
(49) a. 太郎は次郎と殴り合った。
　　 b. 다로오는 지로오하고 서로 때렸다.
　　　　Taloo-nun Ciloo-hako selo ttaylyessta.
　　　　(直訳：太郎は次郎と互いに殴った。)
(50) a. 師匠は弟子に芸を教え込んだ。
　　 b. 선생님은 제자에게 기술을 {잘/세심히} 가르쳤다.

Sensayngnim-un ceyca-eykey kiswul-ul {cal/seysimhi} kaluchyessta.
（直訳：師匠は弟子に芸をしっかりと教えた。）

　(47)について言えば，日本語には「食べ過ぎる」という複合動詞が存在するのに対して，朝鮮語では，それと同様に前項に「먹다〈mekta〉（食べる）」の連用形「먹어〈meke〉」，後項に「지나치다〈cinachita〉（過ぎる）」を置いて構成した複合動詞「*먹어지나치다〈*mekecinachita〉」は認められない。受け入れられる朝鮮語になるためには，日本語の場合の前項に当たる「먹다〈mekta〉（食べる）」が単一の動詞のまま現れた上，日本語の場合の後項に当たる「지나치다〈cinachita〉（過ぎる）」がその語幹「지나치〈cinachi〉」に「게〈key〉（ように）」という要素を伴った形で副詞的に機能して先行しなければならない。文字どおりには，（直訳）に記したようになっているわけである。

　(48)～(50)における日本語の「出し間違える」「殴り合う」「教え込む」という複合動詞の場合も，それに相当する朝鮮語の複合動詞は成り立たない。朝鮮語では，日本語の複合動詞の前項に当たる「내다〈nayta〉（出す）」「때리다〈ttaylita〉（殴る）」「가르치다〈kaluchita〉（教える）」が単一の動詞として用いられ，後項の「間違える」「合う」「込む」が有する意味内容は「잘못〈calmos〉（誤って；間違って）」「서로〈selo〉（互いに）」「잘／세심히〈cal/seysimhi〉（よく；十分に／細心に；注意深く）」といった副詞で表現される。つまり，（直訳）に記したような表現をとっているのである。

　相違点の四つ目は，朝鮮語における統語的複合動詞が，日本語においては前章及び本章で定義している複合動詞ではなく，「動詞連用形＋接続語尾『て』＋動詞」という形式に対応して表現される，といった形態・統語的な側面に関するものである（第14章も参照のこと）。後項で整理して例示すると，次のとおりである。

(51)(A)　アスペクト
　　　（ⅰ）～ 있다〈issta〉（いる；ある）＝～ている
　　　　　　～ 계시다〈kyeysita〉（いらっしゃる）＝～ていらっしゃる
　　　（ⅱ）～ 버리다〈pelita〉（捨てる）＝～てしまう

(iii) ～ 가다〈kata〉(行く) ＝ ～ていく

～ 오다〈ota〉(来る) ＝ ～てくる

(例) 학생이 의자에 앉아 있다.

　　　　Haksayng-i uyca-ey anca issta.

　　　(学生が椅子に座っている。)

(B)　もくろみ

(ⅰ) ～ 놓다〈nohta〉／두다〈twuta〉(置く) ＝ ～ておく

(ⅱ) ～ 보다〈pota〉(見る) ＝ ～てみる

(例) 파티를 위해서 과자를 많이 만들어 놓았다.

　　　　Phathi-lul wihayse kwaca-lul manhi mantule nohassta.

　　　(パーティーのためにお菓子をたくさん作っておいた。)

(C)　やりもらい

～ 주다〈cwuta〉(やる；くれる) ＝ ～てやる

～ 드리다〈tulita〉(差し上げる) ＝ ～て差し上げる

(例) 아들에게 장난감을 사 주었다.

　　　　Atul-eykey cangnankam-ul sa cwuessta.

　　　(息子におもちゃを買ってやった。)

相違点の五つ目は、四つ目の相違点と大いに関連することであるが、朝鮮語で複合動詞を用いて表現することができる場合に、日本語においては前章及び本章で定義している複合動詞としては成立せず、「動詞連用形＋接続語尾『て』＋動詞」という形式で表現する必要があるものがかなりの割合で見受けられる、といった形態・統語的な側面に関するものである。これについては、(39)に示した内山(1997)による意味的な分類のうち、(A-2)(D)(E-1)の項目における朝鮮語の具体例とその日本語訳を見れば、わかる。例えば、(A-2)における朝鮮語の「구워먹다〈kwuwemekta〉(焼いて食べる)」は「굽다〈kwupta〉(焼く)」の連用形「구워〈kwuwe〉」に「먹다〈mekta〉(食べる)」が付随した複合動詞であるが、日本語では、朝鮮語の場合と同じ形式である「*焼き食べる」は認められず、「焼く」の連用形「焼き」に接続語尾の「て」を付けてから「食べる」が続いた「焼いて食べる」と表現しなければならない。

相違点の六つ目は，両言語ともに複合動詞としては成立するが，前項と後項が両言語でちょうど逆の順序になっている複合動詞が存在する，といった語構成に関するものである（第3節も参照のこと）。これについては，(39E-2)に示した，内山(1997)が挙げている朝鮮語の具体例とその日本語訳に見られるが，ここでは，代表的なものをいくつか取り上げて論述する。

(52) a. 学生は d {を／から} b に書き直した。
　　 b. 학생은 d {를／에서} b 로 고쳐 썼다.
　　　　Haksayng-un tii {-lul/-eyse} pii-lo kochye ssessta.
(53) a. チョルスは半袖 {を／から} 長袖に着替えた。
　　 b. 철수는 반소매 {를／에서} 긴 소매로 ⎡바꿔 입었다.⎤
　　　　　　　　　　　　　　　　　　　　　 ⎣갈아입었다.⎦
　　　　Chelswu-nun pansomay {-lul/-eyse} kin somay-lo ⎡pakkwe ipessta.⎤
　　　　　　　　　　　　　　　　　　　　　　　　　　　　　　 ⎣kalaipessta.　　⎦
(54) a. ヨンヒは母の話を聞き流した。
　　 b. 영희는 어머니의 얘기를 흘려들었다.
　　　　Yenghuy-nun emeni-uy yayki-lul hullyetulessta.

日本語には，「書く」という動詞の連用形である「書き」に「直す」というまた別の動詞が後続してひとまとまりをなす「書き直す」という複合動詞があり，例えば(52a)のように用いられる。その(52a)の日本語文を朝鮮語で表現したものが，(52b)である。すでに述べているように，朝鮮語も形態的には日本語と平行的に，動詞の連用形にまた別の動詞が後続してひとまとまりをなす複合動詞を有する。(52b)では，動詞「고치다〈kochita〉(直す)」の連用形「고쳐〈kochye〉」の後ろにまた別の動詞「쓰다〈ssuta〉(書く)」が置かれた複合動詞「고쳐 쓰다〈kochye ssuta〉」が用いられている。ところが，日本語も朝鮮語も複合動詞を用いて表現しているものの，複合動詞を構成している個々の動詞に着目すると，日本語では「書く」が前項，「直す」が後項であるのに対して，朝鮮語では「고치다〈kochita〉(直す)」が前項，「쓰다〈ssuta〉(書く)」が後項である，という相違があることがわかる。すなわち，複合動詞の構成が両言語間でまさに逆になっているわけである。

朝鮮語では，日本語の「書き直す」と同じ順序で「*써 고치다〈*sse kochita〉」と言うことはできないし，また日本語でも，朝鮮語の「고쳐 쓰다〈kochye ssuta〉」と同じ順序で「*直し書く」と言うことはできない。

　(53)と(54)の例も，状況が(52)と同様である。日本語には，「着替える」や「聞き流す」という複合動詞があるが，それぞれに対応する朝鮮語は，「바꿔 입다〈pakkwe ipta〉」あるいは「갈아입다〈kalaipta〉」，「흘려듣다〈hullyetutta〉」という複合動詞で表現される。しかしながら，「바꾸다〈pakkwuta〉(替える)」あるいは「갈다〈kalta〉(替える)」，「흘리다〈hullita〉(流す)」が先行してそれに「입다〈ipta〉(着る)」，「듣다〈tutta〉(聞く)」が続き，日本語の場合と逆の順序になる。やはり，日本語の場合と同じ順序である「*입어 바꾸다〈*ipe pakkwuta〉」あるいは「*입어 갈다〈*ipe kalta〉」，「*들어흘리다〈*tulehullita〉」という朝鮮語は認められないし，朝鮮語の場合と同じ順序である「*替え着る」，「*流し聞く」という日本語も認められない。

　最後に相違点の七つ目は，朝鮮語では語彙的意味が類似した動詞が前項と後項に入っている複合動詞が比較的多く見出されるのに対して，日本語ではそういった複合動詞がなくはないが，非常に限られている，といった意味的な側面に関するものである。これについては，(39B)に示した，内山(1997)が挙げている朝鮮語の具体例とその日本語訳で判明する。例えば，朝鮮語の「동여매다〈tongyemayta〉(縛る)」は，前項の「동이다〈tongita〉」，後項の「매다〈mayta〉」ともに「縛る」といった類似した意味を持っており，それらの結合が許された複合動詞であるが，日本語では，それと同様のことが成り立たないため，単一の動詞である「縛る」だけで表現せざるを得ない。

6　両言語間の相違が意味するもの

　本節では，上で明らかにされた両言語間の相違は何を意味し，またどのように捉えるべきであるのか，ということについて論ずることにする。

　著者は，第12章で，日本語と朝鮮語における「(接辞を用いた)使役構文」『「～中(に)／～중(에)〈cwung(-ey)〉」『「～後(に)／～후(에)〈hwu(-ey)〉」などを用いた構文」などの諸言語現象について考察することによ

り，両言語間の相違を引き起こしている根本的な要因として，次に示す形態・統語的仕組みの違いを導き出せることを主張している。

(55)　日本語——語と節・文が重なって融合している性質のものが存在する仕組みになっている。
　　　朝鮮語——語なら語，節・文なら節・文といったように，基本的には語と節・文の地位を区別する仕組みになっている。

　5.2で複合動詞に関する両言語間の相違点を七つ指摘したが，このうちの一つ目から三つ目までについては，以下のように，根本的な要因となっているこの形態・統語的仕組みに基づいて記述・説明することができる。
　朝鮮語における複合動詞の大多数は，二つの動詞がそれぞれ含まれた節・文同士が結び付けられたことに伴って生み出された性格のものであり（詳細については，第3節を参照のこと），(43)に挙げたのがその代表例である。このことは，これらの複合動詞がひとまとまりをなしているが，語のレベルよりも節・文のレベルに近いことを意味する。そういった性格の複合動詞であるとともに，朝鮮語は語と節・文の地位を基本的に区別する仕組みになっているため，二つの節・文が接続される時に用いられる動詞連用形が複合動詞の中に入り込んでいることは矛盾せず，許されるわけである。
　一方，日本語にも，今述べたような複合動詞があり，その中で動詞連用形が用いられるのは朝鮮語の場合と同じことによる。日本語には，そのような複合動詞に加えて，語彙的なものにせよ，統語的なものにせよ，動詞連用形に後続した動詞が接辞化した複合動詞が非常に豊富に存在する。これらの複合動詞は，この後続動詞の接辞化に起因し，語性の度合いが極めて高くなっていると考えられる。このような複合動詞の中に動詞連用形が入り込んでいることは，語と節・文が重なって融合している性質のものが存在する日本語であるからこそ許され，その性質の部分の具体的な現れであると言える。
　また，5.2で指摘した，両言語間における四つ目の相違点については，もう少し補足しながら，説明する必要がある。朝鮮語にも，「動詞連用形＋動詞」という形式をとり，統語的な性格を有する複合動詞が全くないわけではない。その具体的な例は，(51)に挙げたとおりである。ただ，これらは日

本語の場合,「動詞連用形+動詞」ではなく,「動詞連用形+接続語尾『て』+動詞」という形式で表現される,ということがこの四つ目の相違点であった。

　朝鮮語では,語と節・文の地位を基本的に区別する仕組みになっていることが影響し,動詞連用形は,先行する節・文を一旦中止させて後続する節・文にかかり,つなげていく,ということを最も中心的な機能に持つわけであるから,動詞連用形の後にその分,区切りが置かれることになる。それに対して,日本語は,語と節・文が重なって融合している性質のものが存在し,動詞連用形が語あるいは語に近いレベルにまで入り込みやすくなった分だけ,動詞連用形の後の区切りは朝鮮語ほど大きくはないと考えられる。そして,日本語においてより大きな区切りを入れた形式が「動詞連用形+接続語尾『て』+動詞」であり,これが区切りの度合いとしては朝鮮語における統語的な性格を有する「動詞連用形+動詞」と同等になっている。このように,両言語間の対応関係のずれも,根本的な要因となっている形態・統語的仕組みによって生じた動詞連用形の働きの違いに由来しているわけである。

　さらに,5.2で指摘した,両言語間における五つ目の相違点には,四つ目の相違について今,記述・説明したことと関連づけて記述・説明を与えることができる。日本語と朝鮮語における諸言語現象について考察すると,(55)に示したように,朝鮮語では語なら語,節・文なら節・文といったように語と節・文の地位を基本的に区別する仕組みになっているのに対して,日本語では節・文が重なって融合している性質のものが存在する,といった形態・統語的仕組みの両言語間の相違が根本的な要因として導き出せるのであった。また,この形態・統語的仕組みの両言語間の相違が,次のことに反映されているのであった。朝鮮語では,動詞連用形の後に大きな区切りが置かれるのに対して,日本語では,動詞連用形の後の区切りは朝鮮語ほど大きくない。日本語においてより大きな区切りを入れた形式が「動詞連用形+接続語尾『て』+動詞」であり,これが区切りの度合いとしては朝鮮語における「動詞連用形+動詞」と同等になっている。こういったことが,朝鮮語で複合動詞を用いて表現することができる場合に,日本語においては前章及び本章で定義している複合動詞としては成立せず,「動詞連用形+接続語尾『て』+動詞」という形式で表現する必要があるものがかなりの割合で見受けられ

る，といった五つ目の相違点に結び付いていくのである。

　最後に，5.2で指摘した，両言語間における六つ目の相違点については，一つ目から三つ目までの相違点に関する記述・説明と，六つ目の相違点に関する記述・説明を結び付けることによって記述・説明が可能となる。この六つ目の相違点というのは，両言語ともに複合動詞としては成立するが，前項と後項が両言語でちょうど逆の順序になっている複合動詞が存在する，といったものであった。六つ目の相違点について記述・説明したように，形態・統語的仕組みの両言語間の根本的な相違が反映された結果，動詞連用形の後に置かれた区切りは日本語よりも朝鮮語の場合の方が大きく，区切りの度合いとしては，朝鮮語における「動詞連用形＋動詞」が日本語においてより大きな区切りを入れた形式である「動詞連用形＋接続語尾『て』＋動詞」と同等なのであった。また，一つ目から三つ目までの相違点について記述・説明したように，朝鮮語における複合動詞は，語のレベルよりも節・文のレベルに近い様態となっている自立語同士の結び付きのものが中心であるのに対し，日本語では，そういった複合動詞に加え，後項動詞が接辞化することによって語性の度合いが極めて高くなっている複合動詞が非常に豊富に存在するのであった。こういったことから，日本語では様態を表す動詞を後項に取り込んで複合動詞を作り出すことが容易である一方，朝鮮語ではそれができず，前項・後項ともに自立語として成立するためには様態を表す動詞を前項に置くしかない，ということになるわけである。

7　影山(1993)と松本(1998)の論争から導き出せること

　最後に本節では，日本語における複合動詞について，影山(1993)が考察して提唱した説に対し，松本(1998)が反論して別の説を提唱したこの両者間の論争を，日本語と対照しながら朝鮮語から見れば，どういったことが導き出せるのか，ということを論ずることにしたい。

　4.1でも述べたように，影山(1993)は，日本語における語彙的複合動詞を構成している前項動詞と後項動詞の組み合わせについて記述・説明するに当たり，そういった複合動詞のほとんどが項構造のレベルで形成されると結論づけ，「他動性調和の原則」というものを主張している。項構造というの

は，統語構造と意味構造を結び付けるインターフェースであるが，統語論的な性質が強いと考えられる。このように，影山による記述・説明の仕方は，基本的には統語論に依拠したものであると言える。

それに対して，4.2でも述べたように，松本（1998）は，複合動詞化を二つの動詞の意味構造の合成と考え，複合動詞の項構造を，二つの動詞の項構造から派生させずに，複合動詞の持つ複合的な意味構造からの写像によって規定する，という結論を得ている。このように，松本による記述・説明の仕方は，意味論に依拠しているわけである。

なお，上述したとおり，影山（1993）は基本的には統語論に依拠して記述・説明を行っているが，日本語におけるすべての語彙的複合動詞がそれで処理できるわけではなく，一部のものは記述・説明を，語彙概念構造といった意味的なレベルに求める必要があることを論じている。この点については，注目に値する。

寺村（1969: 42-44, 1984: 167-171）の指摘のとおり，日本語における複合動詞は，それが構成される前項・後項の自立性から見た場合，(42)に示した四つのタイプに分類できる。朝鮮語でも，その四つのタイプのうち，前項・後項ともに自立語である(42A)のタイプの複合動詞を見出すことが可能であり，しかも朝鮮語における複合動詞はこのタイプのものが圧倒的大多数を占める，ということを5.1ですでに述べた。また，意味的な側面から見た場合，両言語ともに，前項動詞が後項動詞の手段や方法を表す複合動詞を見出すことができ，朝鮮語では，この種の複合動詞が複合動詞全体の中で多数を占め，その中心にあるといった位置づけになっている，ということも同じく3.1で述べた。この種の複合動詞は，(39)に示した内山（1997）による意味的な分類で言えば，(A)に属するものである。

こういった，前項・後項ともに自立語であり，前項が後項の手段や方法を表す朝鮮語における複合動詞の形成のされ方に着目すると，次のことがわかる。まず一つは，前項と後項の結び付きで許されるのは，他動詞同士，非能格自動詞同士，非対格自動詞同士，他動詞と非能格自動詞のいずれかであり，他動詞と非対格自動詞が結び付くことは認められない，ということである。また，もう一つは，影山（1993）が指摘した前項と後項の間の機能関係に関する3分類のうち，こういった複合動詞はすべて「右側主要部の関係」

となっている，ということである。従って，朝鮮語におけるこういった複合動詞は，影山(1993)の提唱する他動性調和の原則を遵守しており，この原則に依拠して記述・説明を行うのに何ら問題は生じない。

続いて，(39)に示した内山(1997)による意味的な分類において，(A)「前項が後項の手段・方法を表すもの」以外の分類に属する朝鮮語の複合動詞も，(A)の場合と同様に前項・後項ともに自立語であり，それらの前項と後項の結び付き具合も，(A)の場合と同じである。また，影山(1993)が指摘した前項と後項の間の機能関係に関する3分類について言えば，朝鮮語におけるこれらの複合動詞は，(B)「前項と後項の語彙的意味が類似するもの」，及び(E)「前項が後項の複数性を表すもの」における一部を除いて大半が「右側主要部の関係」を示すものである。なお，(B)「前項と後項の語彙的意味が類似するもの」に属する朝鮮語の複合動詞は，影山が指摘した前項と後項の間の機能関係に関する3分類のうちの「並列関係」に該当する。また，(E)「前項が後項の複数性を表すもの」に属する朝鮮語の複合動詞の一部は，影山による3分類には存在せず，「左側主要部の関係」とでも言える，前項が主導権を握る性格のものであると判断される。これらは「右側主要部の関係」ではないものの，(A)以外の朝鮮語の複合動詞は，(A)の場合と同様に，影山が提唱する他動性調和の原則を遵守しており，従って統語論の範囲内で捉えることが可能である。

一方，松本(1998)は，(38)に示したように，日本語における語彙的複合動詞を，前項と後項の意味関係に着目して6種類に分類している。そのうちの(D)「前項動詞を意味的主要部とするものⅠ：比喩的様態」，(E)「前項動詞を意味的主要部とするものⅡ」，(F)「前項が後項の背景的情報を表すもの」に属する複合動詞について，影山(1993)のように項構造による記述・説明を行おうとすると，より多くの複合動詞が生み出されるはずであるが，実存するのはそれよりもはるかに限られたものとなっている，ということを指摘している。さらに，松本は，こういった状況は意味的な制約を受けているためであり，従ってこれに対する適切な記述・説明は意味的なレベルに依拠してなされなければならない，ということを論じている。

また，影山(1993)と松本(1998)は，日本語における語彙的複合動詞の中には，例えば「飲み歩く」や「持ち帰る」などのように，複合動詞全体の項

構造が後項動詞の項構造とは一致せず，前項動詞の項と後項動詞の項の両方が複合動詞全体の項に受け継がれる場合がある，ということを指摘している。また，松本は，続けて次のことを論じている。このように，後項動詞の項と同定されていない前項動詞の項が複合動詞全体の項に受け継がれる複合動詞が存在する一方で，例えば「言い逃れる」や「投げ勝つ」などのように，そういったことが起こらない複合動詞も存在することがわかるが，この2者を区別するために項構造に基づいて記述・説明しようとすると，非主要部である前項動詞からの項の受け継ぎがなされるかどうかについては，動詞ごとに指定しなければならないことになる。それに対して，意味構造に基づいて複合動詞全体の項構造を導く考え方では，どういった場合に非主要部の項が複合動詞全体に受け継がれるかについて一般化ができる。従って，複合動詞全体の項構造を決定するには，意味的な要素を考慮に入れる必要があり，項構造の情報だけでは不可能である。なお，他動性調和の原則を提唱し，項構造に依拠した記述・説明を行っている影山も，この種の複合動詞についての記述・説明には意味構造を導入しなければならないことを認めている。

　上述した日本語の状況を押さえた上で，朝鮮語の方に目を転じてみよう。日本語で今，問題となっている，松本(1998)による意味的な分類の(D)「前項動詞を意味的主要部とするものⅠ：比喩的様態」，(E)「前項動詞を意味的主要部とするものⅡ」，(F)「前項が後項の背景的情報を表すもの」に属する複合動詞を朝鮮語で表現しようとすると，5.2でも論じたように，本稿で定義した複合動詞の形式としては成り立たず，従って別の形式を用いるしかない。

　また，後項動詞の項と同定されていない前項動詞の項が複合動詞全体の項に受け継がれる「飲み歩く」や「持ち帰る」のような日本語の複合動詞を朝鮮語で表現しようとした場合も，次に示すように，前章及び本章で定義した複合動詞の形式とは別の形式をとることができる。

(56) a. 飲み歩く
　　 b. 돌아다니며 마시다　(直訳：回って飲む)
　　　　tolatani-mye masita
(57) a. 持ち帰る

b. 가지고（돌아)가다　（直訳：持って帰る）
　　kaci-ko（tola）kata

(56b)では，日本語における「飲み歩く」の後項「歩く」に対応する「돌아다니다〈tolatanita〉(回る)」が先に置かれ，その語幹「돌아다니〈tolatani〉」に接続語尾の「며〈mye〉」が付加された後，「飲み歩く」の前項「飲む」に対応する「마시다〈masita〉(飲む)」が続いている。また，(57b)では，日本語における「持ち帰る」の前項「持つ」に対応する「가지다〈kacita〉(持つ)」の語幹「가지〈kaci〉」に接続語尾の「고〈ko〉」が付け加えられ，「持ち帰る」の後項「帰る」に対応する「(돌아)가다〈(tola)kata〉(帰る)」が後続している。(56b)と(57b)では，二つの動詞を結び付ける語尾に，「며〈mye〉」と「고〈ko〉」という異なったものが用いられているが，両者ともに，本稿で定義した複合動詞のようには二つの動詞が一語化しておらず，二語の動詞が接続されている様態であると言うことができ，これは注目に値する。

　以上のことを総合すると，次の帰結が得られる。日本語の語彙的複合動詞における前項動詞と後項動詞の組み合わせについては，項構造のように統語論レベルに依拠するだけでは適切な記述・説明を与えることができず，そうするためには，どうしても意味構造のように意味論レベルにまで踏み込まなければならない。それに対して，朝鮮語では，語彙的複合動詞における前項動詞と後項動詞の組み合わせといった同じ対象について記述・説明するに当たっては，統語論の範囲内で処理することが可能であり，意味論にまで言及する必要がない。

　このように，適切な記述・説明を行うのに，日本語では統語論だけでなく，意味論も考慮に入れなければならないのは，次のことに起因すると言える。それは，前章及び本章でこれまで論述してきたように，日本語では特に後項動詞が自立性を失った複合動詞が数多く存在することから，複合動詞全体の数と種類が豊富となっている，ということである。ところが一方，朝鮮語では，後項動詞が自立性を失った複合動詞が非常に少ないために，複合動詞全体の数と種類が限られる。こういったことが原因となり，朝鮮語では，意味論に触れるまでもなく，統語論を扱うだけで適切な記述・説明が可能な

わけである．さらに，今述べた両言語間の相違が生ずるのは，形態・統語的仕組みの相違が根本に存在するからなのである，ということを最後に強調しておきたい．

注

1) 塚本(1993)を基礎としてさらに研究を進展させた近年の論考に，金聖媛(キム＝ソンウォン)・原口(2009)がある．
2) 日本語では，(b)(c)とも〈方向〉を表す補語「〜へ」の代わりに〈着点〉を表す補語「〜に」を使うことができる．また，朝鮮語では，(e)(f)のように〈起点〉を表す補語「〜에서〈eyse〉」とともに用いる場合は〈方向〉を表す補語「〜(으)로〈(u)lo〉」が一般的で，〈着点〉を表す補語「〜에〈ey〉」は認められにくいようである．
3) 朝鮮語の複合動詞には，前項と後項を常に離さずに書く，あるいはそうすることが多いものと，それらを常に分かち書きにする，あるいはそうすることが多いものとがある．なお，前項と後項は，離さずに表記した場合にはその結び付きが強く，分かち書きにした場合にはそれが弱いのではないか，と想定されるかもしれないが，そういったことは，必ずしも成り立つわけではない．
4) (f)には，「着替える」という意味を表す朝鮮語の複合動詞の例として「바꿔 입다〈pakkwe ipta〉」と「갈아입다〈kalaipta〉」の二つを挙げたが，その両者の前項を，「替える」という意味で単独で用いる場合には，「바꾸다〈pakkwuta〉」の方が普通であるので，(e)にはその例だけを記した．
5) Shibatani(1973c), Jacobsen(1982: 185), 山本(1983: 341), 影山(1993)にも，同様の指摘がある．
6) 「시작하다〈sicakhata〉(始める)」という動詞が後続する場合は，名詞化接尾辞「기〈ki〉」のすぐ後ろに日本語の「を」に相当する格助詞「를〈lul〉」を付着させない．
7) 同様の指摘は，塚本(1987), 森山(1988)でもなされている．
8) 大いに関連する重要な研究に由本(2005)があるが，本章における議論に関しては，由本(2005)は基本的には松本(1998)と同じ方向性をとっている研究であると位置づけられるということと，論点を明確化することから，松本(1998)のみを取り上げることにする．
9) 生越(1984)も，同様のことを指摘している．

第 10 章　膠着言語と統語構造

1　序

　言語類型論における形態上の分類によると，日本語，朝鮮語，トルコ語，モンゴル語，満州語などといった言語は，「膠着言語」と呼ばれる範疇に属する。今，例に挙げたトルコ語，モンゴル語，満州語は，系統的にはアルタイ語族に含まれるが，膠着言語は何もアルタイ語族に限ったものではなく，もちろん他の語族にも見られる。

　膠着言語は形態上，実質的な意味を表す動詞などの語幹に，文法的な意味を表すいくつかの拘束形式が連続的に付加される，という特徴を有する。このような膠着性は一見したところではどの膠着言語においても同じように思えるが，詳しく考察してみると，決してそうではないことがわかる。さらにその上，こういった言語間における形態面の相違がしばしば統語構造や統語現象に影響を及ぼす。

　本章の目的は，膠着言語の中でも特に日本語と朝鮮語を考察の対象とし，またトルコ語にもできるだけ触れ，膠着言語における形態論と統語論の相互作用の根本的な問題について論ずることである。

2　複合的統語構造が仮定できる構文の種類

　日本語における次のような構文は，基底のレベルでは一つの文の下にもう一つの文が埋め込まれた複合的統語構造をなしている，ということが，1970 年代以降これまで生成統語論の研究者によって仮定され，また実証されてきた（井上 1976 や柴谷 1978b などを参照のこと）。

（1）　使役構文
　　a.　太郎が花子に手紙を書かせた。
　　b.　[_S 太郎（が）[_S 花子（が）手紙（を）kak-]ase-ta]
（2）　間接受身構文
　　a.　母親が子供に泣かれた。
　　b.　[_S 母親（が）[_S 子供（が）nak-]are-ta]
（3）　可能構文
　　a.　赤ん坊が歩ける。
　　b.　[_S 赤ん坊（が）[_S 赤ん坊（が）aruk-]e-ru]
（4）　願望構文
　　a.　私が音楽を聴きたい。
　　b.　[_S 私（が）[_S 私（が）音楽（を）kik-]itai]
（5）　「〜てもらう」構文
　　a.　太郎が恋人にセーターを編んでもらった。
　　b.　[_S 太郎（が）[_S 恋人（が）セーター（を）am-]morat-ta]
（6）　「〜てほしい」構文
　　a.　私が花子にこの仕事を手伝ってほしい。
　　b.　[_S 私（が）[_S 花子（が）この仕事（を）tetudau-]hosii]

　それぞれ(a)は具現化された文であり、(b)は基底のレベルにおけるその統語構造である。(2)を例にとると、間接受身構文は、基底のレベルでは「母親が……られる」という一つの文の下に「子供が泣く」というもう一つの文が埋め込まれた複合的統語構造になっているわけである。
　それぞれの(b)に示された基底のレベルにおける文から(a)のような具現化された文が派生されるには、同一名詞句削除（Equi NP Deletion）、動詞繰り上げ（Verb Raising）、枝の刈り込み（Tree Pruning）、格表示（Case Marking）などの操作の過程を経なければならない。動詞繰り上げが生ずると、母型文の動詞として立っている(1)〜(4)における「させる」「られる」「たい」といった接尾辞は、埋め込み文の動詞と結合する。また、(5)における母型文の動詞「もらう」と(6)における同じく「ほしい」は、単独でも用いられる自由形式であるが、補文標識の「て」を義務的に伴った埋め込み文の動詞に後続

する．

　さて，朝鮮語の方に目を転じてみよう．(1)～(6)に示された日本語における6種類の構文のうち，朝鮮語においても同様に基底のレベルで複合的統語構造が仮定できるのは，(1)の使役構文と(4)の願望構文だけである[1]．

(7)　朝鮮語における使役構文
　　a.　다로오가　　　하나코에게　　　편지를
　　　　Taloo-ka　　　Hanakho-eykey　　phyenci-lul
　　　　太郎―主格　　花子―与格　　　手紙―対格
　　　　쓰였다.
　　　　ssu-i-ess-ta.
　　　　書く―使役―過去―直説法[2]
　　b.　[S 다로오(가) [S 하나코(가) 편지(를) 쓰]이었다]
　　　　[S Taloo (-ka) [S Hanakho (-ka) phyenci (-lul) ssu-] i-ess-ta]
(8)　朝鮮語における願望構文
　　a.　내가　　　　음악을　　　　듣고　　　　　　싶다.
　　　　Nay-ka　　　umak-ul　　　tut-ko　　　　　siph-ta.
　　　　私―主格　　音楽―対格　　聴く―補文標識　たい―直説法
　　b.　[S 내(가) [S 내(가) 음악(을) 듣] 싶다]
　　　　[S nay (-ka) [S nay (-ka) umak (-ul) tut-] siph-ta]

　使役構文の基底レベルにおける統語構造では，朝鮮語は日本語と同様に接尾辞の「이〈i〉」を母型文の動詞として設定している．また，願望構文の基底レベルにおける統語構造では，「싶다〈siphta〉」を母型文の動詞に置いているのは日本語の場合と同じであるが，「～たい」が接尾辞であり，そのまま埋め込み文の動詞の語幹に付着するのに対して，「싶다〈siphta〉」は補助動詞で，埋め込み文の動詞の語幹に補文標識の「고〈ko〉」を付け加えてからそれに後続する，といった両言語間の相違点も見受けられる．

　朝鮮語の間接受身構文が成立する範囲は，日本語の場合よりもはるかに限られており，(2)のような自動詞の間接受身構文は，朝鮮語では成立不可能である．朝鮮語は，日本語の(ra)re, eに相当する，可能を表す接尾辞を持っ

ておらず，可能を表すには，「~(으)ㄹ 수(가) 있다〈-(u)l swu (-ka) iss-ta〉(直訳：~するすべがある)」あるいは「~(으)ㄹ 줄(을) 알다〈-(u)l cwul (-ul) alta〉(直訳：~するすべを知っている)」といった迂言的な表現を用いる。日本語の動詞「もらう」と，朝鮮語でそれに相当する「받다〈patta〉」という動詞はともに，単独の動詞として使うことができるが，後者は前者とは異なり，別の動詞に後続する補助動詞のような用い方はできない。そして，朝鮮語には，日本語の「ほしい」に厳密に対応する述語がないため，日本語の「~てほしい」構文に相当するものも得られない。

一方，トルコ語では，(1)~(6)の日本語における6種類の構文のうち，使役構文の1種類のみが次に示すように基底のレベルで複合的統語構造をとると一応は仮定できる，ということが，著者(塚本)の調査で明らかになった[3]。

(9)　トルコ語における使役構文
　　a.　Taro　Hanako-ya　mektup　yaz-dir-di
　　　　太郎　花子—与格　手紙　　書く—使役—過去3人称単数
　　b.　[s Taro [s Hanako mektup yaz-] dir-di]

このように，日本語，朝鮮語と同様，Taro……dir-di(太郎が……させた)という一つの文の下にHanako mektup yaz-(花子が手紙を書く)というもう一つの文が埋め込まれた複合的統語構造になっており，母型文の動詞にはdirという使役の接尾辞が置かれているわけである。

以上の考察から次のようなことがわかり，またそれは大いに注目すべき点である。日本語では，一つの文の下にもう一つの文が埋め込まれた複合的統語構造を仮定することのできる構文が比較的多くの種類にわたって見出されるのに対して，朝鮮語やトルコ語では，日本語に比べると，そういった構文の種類はかなり限られるのである。

また，以上見たように，日本語，朝鮮語，トルコ語の3言語に共通して，一つの文の下にもう一つの文が埋め込まれた複合的統語構造が一応，仮定できる構文は，使役構文のみである。以下では，この使役構文に焦点を当て，議論を進めていくことにする。

3 使役構文の形態的側面

　本節では，日本語，朝鮮語，トルコ語における使役構文を形態的側面から見た場合，本章における後の議論に大きくかかわってくる内容についてのみ言及しておくことにしよう。

　日本語における使役は，周知のように，「せる」「させる」（正確には(s)ase）という接尾辞によって表される。母音で終結する動詞語幹に付け加えられる場合には sase が用いられ，子音で終結する動詞語幹に付け加えられる場合にはその形態の s が脱落して ase となり，(s)ase という表記はそういったことを意味する。その (s)ase が動詞語幹に付け加えられる様態に着目すると，(s)ase は多種多様の動詞と結び付くことが許され，非常に生産的である，ということがわかる。

　朝鮮語における使役表現には，「이〈i〉」「기〈ki〉」「리〈li〉」「히〈hi〉」「우〈wu〉」「구〈kwu〉」「추〈chwu〉」といった接尾辞が動詞語幹に付加されたものと，動詞語幹に「게 하다〈key hata〉」といった形式を後続させたものがある[4]。前者には 7 種類の接尾辞があるが，そのうちのどの接尾辞が用いられるかは前置される動詞語幹の音的環境によって決まっており，従ってこれらの接尾辞は相補分布をなす。これらは，使役を表す接尾辞ということで，日本語における (s)ase に対応するものと考えられるが，結合することのできる動詞の種類がたやすく列挙できるぐらいに極めて限られており，非生産的な性格を有する，という点で，日本語の (s)ase とは大きく異なる。こういったことから，この接尾辞を用いた使役は，しばしば「語彙的使役」と呼ばれる。また，後者の「게 하다〈key hata〉」という使役形は，「하다〈hata〉」が動詞の「する」，「게〈key〉」が補文標識の「～ように」であり，文字どおりには「～するようにする」といったものである。この使役は，よって「迂言的使役」と呼ばれる（Shibatani 1973b, 塚本勲 1983, Park 1986, Martin 1992, Sohn 1994 などを参照のこと）。

　トルコ語における使役は，dir, tir, t といった接尾辞を用いて表される。母音または r か l で終わる 2 音節以上の動詞語幹には t が付加され，それ以外の動詞語幹で語幹末が有声音なら dir，無声音なら tir が用いられる（Lewis 1967, 勝田 1986, 林 1989 などを参照のこと）。これらの接尾辞は，ある程度

多くの種類の動詞語幹に付くことができるが，日本語の(s)aseほど生産的ではないようである。

　本章の以下では，日本語，朝鮮語，トルコ語ともに同じ視点でその使役構文について考察するため，3言語に共通する接尾辞を用いた使役形式に注目することになり，従って朝鮮語における迂言的使役は扱わない。

4　使役構文の統語的側面

　本節では，日本語，朝鮮語，トルコ語における使役構文について統語的な側面から考察する[5]。使役構文の基底レベルにおける統語構造を，樹形図を用い，3言語まとめて表示すると，次のようになる。

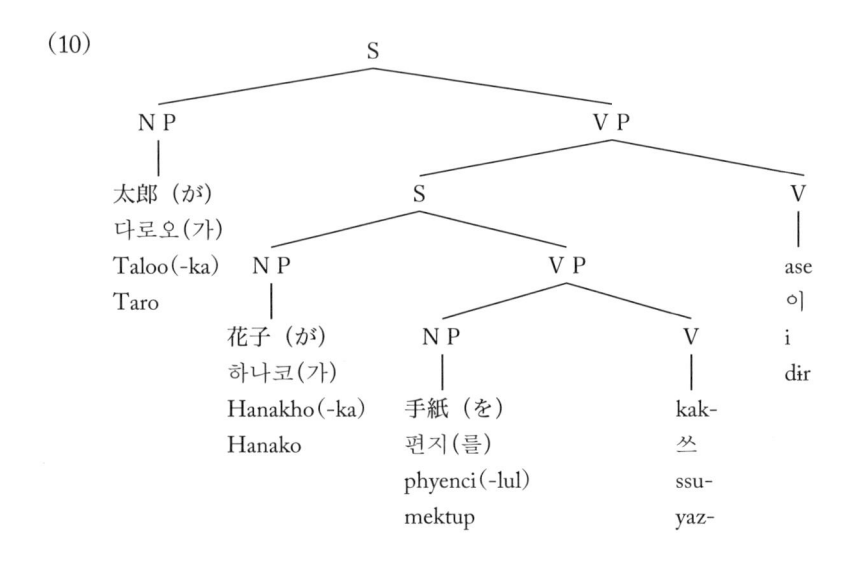

(10)
```
              S
         ┌────┴────┐
         NP        VP
         │      ┌───┴───┐
       太郎（が）  S       V
       다로오(가) ┌──┴──┐   │
       Taloo(-ka) NP    VP   ase
       Taro      │   ┌──┴──┐ 이
              花子（が） NP    V  i
              하나코(가) │    │  dir
              Hanakho(-ka) 手紙（を） kak-
              Hanako      편지(를)   쓰
                          phyenci(-lul) ssu-
                          mektup       yaz-
```

　たとえ，このように日本語，朝鮮語，トルコ語とも同じ複合的統語構造を設定できるにしても，詳しく考察すると，埋め込み文における統語的及び意味的な現象の振る舞い方が3言語間で決して一様ではないことがわかる。以下では，5種類の統語的及び意味的な現象を取り上げ，その現象が3言語それぞれの使役構文における埋め込み文内で生じ得るのか，また生じ得ないのか，ということについて見る。

まず，一つ目は，受身化（Passivization）である[6]。Aissen (1974: 355) は，久野暲氏によって提供された次の例を挙げている。

(11) ?僕はメアリーをばか扱いされさせてはおけない。
(12) ?僕はわざとメアリーを殴られさせておいた。

このように，日本語では，(r)are-sase という受身使役形が完全とは言えないが，比較的高い文法性で成り立つ。これは，(10) に示されたような使役構文の統語構造に存在する埋め込み文において受身化の現象が起こることがある程度許される，ということに起因する。ところが，(11)(12) に対応する朝鮮語及びトルコ語の受身使役形は，日本語の場合よりもはるかに成立が困難で，全く認められない。従って，朝鮮語とトルコ語では，使役構文の統語構造に存在する埋め込み文において受身化の現象が起こり得ないと言える。

二つ目は，再帰代名詞化（Reflexivization）である[7]。

(13) a. 太郎は花子に自分の部屋で本を読ませた。
    b. 다로오는　　하나코에게　　자기의　　방에서
       Taloo-nun　Hanakho-eykey　caki-uy　pang-eyse
       太郎―話題　花子―与格　自己―属格　部屋―位格
       책을　　읽혔다.
       chayk-ul　ilk-hi-ess-ta.
       本―対格　読む―使役―過去―直説法
    c. Taro　Hanako-ya　kendi　oda-sɨn-da
       太郎　花子―与格　自分　部屋―所属人称接辞3人称単数―位格
       kitap　oku-t-tu.
       本　　読む―使役―過去3人称単数

(b)と(c)はそれぞれ，(a)の日本語文に対応する朝鮮語文とトルコ語文である。日本語では，再帰代名詞の「自分」が「太郎」と「花子」の両方を指すことができるのに対して，朝鮮語とトルコ語では，「자기」⟨caki⟩と kendi という再帰代名詞が指示対象とするのは「太郎」の方だけであり，「花子」

はそういったことが不可能である。このように3言語に共通して再帰代名詞が「太郎」を指示できるのは，「太郎」が母型文における主語であり，それが再帰代名詞化適応の条件に合致するからである。また，日本語において再帰代名詞「自分」が「花子」と解釈することができるのは，動詞繰り上げなどが行われる前に保持されている埋め込み文内で「花子」がまだ主語である状況の下，再帰代名詞化の生起が許されている，ということから由来する。一方，朝鮮語とトルコ語では，そういったことが起こっていないため，「花子」は再帰代名詞の先行詞になることができないと考えられる。

三つ目は，副詞類の修飾（Adverbial Modification）である[8]。

(14) a. 先生が学生に一生懸命に本を読ませた。
　　 b. 선생님이　　　　　학생에게　　　　열심히
　　　　 Sensayng-nim-i　haksayng-eykey　yelqsim-hi
　　　　 先生―尊敬―主格　学生―与格　　　熱心に
　　　　 책을　　　읽혔다.
　　　　 chayk-ul　ilk-hi-ess-ta.
　　　　 本―対格　読む―使役―過去―直説法
　　 c. Öğretmen　öğrenci-ler-in-e
　　　　 先生　　　学生―複数―所属人称接辞3人称単数―与格
　　　　 şevk　ile　　　kitap　oku-t-tu.
　　　　 熱心さ　を持って　本　　読む―使役―過去3人称単数

日本語では，一生懸命になされる行為は，「学生が本を読むように先生がしむける。」といった引き起こす方の出来事とも，また「学生が本を読む。」といった引き起こされる方の出来事とも見なされる。一方，朝鮮語とトルコ語では，その前者の解釈だけが可能であり，後者の解釈は認められない。こういった事実から，次のようなことが言える。日本語では，副詞類は母型文全体と埋め込み文内だけのどちらも機能する領域とすることができるのに対して，朝鮮語とトルコ語では，副詞類が機能する領域は母型文全体であり，埋め込み文内に限ることができないのである。

四つ目は，日本語の「そうする」，それに対応する朝鮮語の「그렇게 하다

〈kuleh-key hata〉」，及びトルコ語の şöyle yap- による置き換えである[9]。

(15) a. 太郎が花子を座らせた。そして次郎もそうした。
　　 b. 다로오가　　하나코를　　앉혔다.
　　　　 Taloo-ka　　Hanakho-lul　anc-hi-ess-ta.
　　　　 太郎―主格　花子―対格　座る―使役―過去―直説法
　　　　 그리고　지로오도　그렇게　　했다.
　　　　 Kuliko　Ciloo-to　kuleh-key　ha-yess-ta.
　　　　 そして　次郎―も　そう　　　する―過去―直説法
　　 c. Taro　Hanako-yu　otur-t-tu,
　　　　 太郎　花子―対格　座る―使役―過去 3 人称単数
　　　　 ve　　Jiro　da　şöyle　yap-ti.
　　　　 そして　次郎　も　そう　する―過去 3 人称単数

日本語では，「そう」は「花子が座るように太郎がしむける。」といった引き起こす方の出来事の内容を指し示すこともできるし，「花子が座る。」といった引き起こされる方の出来事の内容を指し示すこともできる。それに対して，日本語の「そう」に相当する朝鮮語の「그렇게〈kuleh-key〉」とトルコ語の şöyle が指し示すのは，前者の方だけであり，それらによる後者の指示は認められない。これは，次のことが反映された結果であると考えられる。先に見た副詞類の修飾の場合と同様に，日本語では，「そう」が母型文全体と埋め込み文内だけのどちらをも領域として捉えることが可能である一方，朝鮮語とトルコ語では，母型文全体は「그렇게〈kuleh-key〉」と şöyle が指示する領域になることができるが，埋め込み文内だけならそういったことが不可能なわけである。
　最後に，五つ目は，数量詞の遊離（Quantifier Floating）である[10]。

(16) a. ?先生が学生に 4 人本を読ませた。
　　 b. *선생님이　　　　학생에게　　　네　명
　　　　 *Sensayng-nim-i　haksayng-eykey　ney　myeng
　　　　 先生―尊敬―主格　学生―与格　　4　名

　　　　책을　　　읽혔다.
　　　　chayk-ul　ilk-hi-ess-ta.
　　　　本―対格　読む―使役―過去―直説法

トルコ語では，数量表現自体が日本語や朝鮮語におけるのとはかなり異なり，同等に扱うことができないので，ここでは，トルコ語の例は挙げていない。(16)では，日本語，朝鮮語ともに，数量詞「4人」「네 명〈ney myeng〉」が与格名詞句「学生に」「학생에게〈haksayng-eykey〉」の後ろに置かれているが，日本語文の方が朝鮮語文よりもそれぞれの母語話者に受け入れられやすい。これは，日本語では複合的統語構造が基底レベルで保持されている段階に，埋め込み文における主語である「学生(が)」を対象として数量詞遊離の現象が起こることがある程度まで許されるのに対して，朝鮮語ではこういうことが不可能である，といった2言語間の相違に帰せられる。

　以上，5種類の統語的及び意味的な現象を取り上げ，考察してきたが，その結果は次の表のようにまとめられる。(表内において，標記の現象が生ずることが，○は可能であることを，×は不可能であることを，△はそのどちらとも言えず，中間的な存在であることをそれぞれ表す。)

(17)

	日本語	朝鮮語	トルコ語
受身化	△	×	×
再帰代名詞化	○	×	×
副詞類の修飾	○	×	×
「そうする」置換	○	×	×
数量詞の遊離	△	×	

　以上の考察から次の結論が得られる。日本語は，使役構文を対象に設定された複合的統語構造における埋め込み文内で，いくつもの統語的及び意味的な現象がかなり活発に起こるのに対して，朝鮮語とトルコ語には，そのような埋め込み文内で振る舞う統語的及び意味的な現象は全く存在しないのである。

5 使役構文の妥当な統語構造

　前節で得られた結論は，さらに次の論述に行き着くことになる。日本語のような言語は，使役構文を対象に設定された複合的統語構造における埋め込み文内でいくつもの現象が起こりやすいわけであるから，文法的な記述・説明を行うに当たってはその埋め込み文内の情報を多分に要求する。それに対して，朝鮮語やトルコ語のような言語は，使役構文を対象に設定された複合的統語構造における埋め込み文内で生ずる現象が何もないわけであるので，そういった際にはその埋め込み文内の情報を必要としない。

　しかも，このような統語上の相違だけでなく，第3節で指摘したように，使役を表す接尾辞が日本語では生産的であるのに対して，朝鮮語では非生産的であり，またトルコ語ではその生産性が日本語におけるほど高くない，といった形態上の相違も見出されるのである。

　従って，日本語における使役構文の統語構造として，(10)に示した，一つの文の下にもう一つの文が埋め込まれた複合的なものを設定することは，十分に意味があり，妥当である。このように設定すると，埋め込み文内の情報が確実に捉えられ，また動詞と接尾辞の結び付きの生産性を的確に把握することもできるのである。

　しかしながら，朝鮮語における使役構文にそういった複合的統語構造を仮定することについては，適切ではないのではないか，という疑問が生ずる。埋め込み文内の情報は特に必要ではないし，動詞と使役の接尾辞との結合が非生産的で，限られているため，その組み合わせを一つの語として語彙項目に登録しておくことができ，その方が効率的であるからである。こういったことから，朝鮮語における使役構文は，次に示すように，一つの文しか有さない平らな単一的統語構造をしていると考えられる[11]。

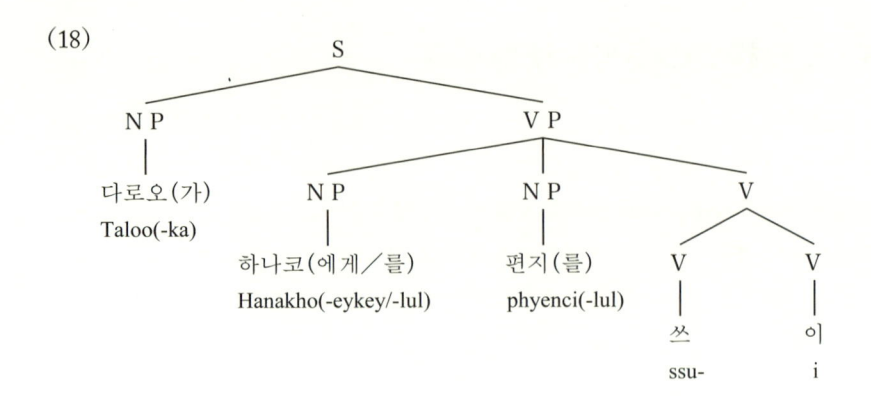

(18)
```
           S
         /   \
       NP     VP
        |    / | \
     다로오(가)  NP   NP    V
     Taloo(-ka) |    |   / \
           하나코(에게/를) 편지(를) V   V
           Hanakho(-eykey/-lul) phyenci(-lul) |   |
                              쓰-  이
                              ssu-  i
```

　また，トルコ語における使役構文に一応，複合的統語構造を仮定しても，埋め込み文内で統語的及び意味的な現象は何も起こらないので，文法的な記述・説明には埋め込み文内の情報が要らない，ということは，朝鮮語の場合と同様である。よって，トルコ語の使役構文はこのような統語的側面から見ると，朝鮮語と同じ(18)のような単一的統語構造をなしていると判断できる。ただ，形態論の観点からすると，トルコ語における動詞と使役の接尾辞との結び付きが朝鮮語におけるそれよりも生産的である，といった両言語間の相違を指摘することができ，これをどう処理するかにかかっていることは確かである。従って，トルコ語における使役構文の妥当な統語構造については，こういったことを含めてさらなる検討を行った後，最終的な結論を出す必要がある。

6　2種類の理論的枠組みが抱える問題点

　本節では，前節における内容を踏まえた上で，これまでに提案されてきた2種類の理論的枠組みを，日本語，朝鮮語，トルコ語のそれぞれの言語に適用した場合，どういうことが明らかになるのか，について論ずることにしたい。ここで取り上げる2種類の理論的枠組みは，「動詞繰り上げ(Verb Raising)分析」とでも呼ぶことのできるものと，「語彙分析」と呼ばれるものである。

　先の「動詞繰り上げ分析」というのは，基本的には，使役構文について

(10) に示したような母型文の下に補文が埋め込まれた複合的統語構造を想定し、それに第 2 節で触れた動詞繰り上げなどの操作を適用することによって具現化される文を得るものである。この分析方法をとる代表的な研究に Aissen (1974) があり、また後年では Baker (1988) がある。後者は、動詞繰り上げを編入 (Incorporation) という現象の一種と捉え、分析を行っているが、いずれにせよ、この理論的枠組みでは、動詞繰り上げといった変形規則あるいは編入の存在が正当化できていなければならない。

また、Aissen (1974) は、いくつかの言語を分析の対象としているが、Baker (1988) は一層、言語類型論を視野に入れ、使役構文について次のように考察している[12]。使役構文の D 構造は、言語普遍的に複合的統語構造を形成すると考え、まず言語は、使役動詞が接辞か否かによって 2 種類に大別される。日本語やトルコ語におけるように使役動詞が接辞の場合、動詞編入が起こるが、英語の make のように使役動詞が接辞ではない場合、動詞編入は生じない。使役動詞が接辞である言語はさらに、日本語のように構造格 (Structural Case) を二つ付与することのできるものと、トルコ語のようにそれを一つしか付与できないものの 2 種類に分けられる。このように、言語間の相違は、使役動詞の特性と格表示の仕方に起因すると捉えるのである。

ところが、第 3 節と第 4 節で見たように、言語によって統語的及び意味的な振る舞いばかりでなく、形態上の結び付き具合もさまざまであるのに、同一の複合的統語構造を設定し、その違いを格表示の仕方といった原理に帰してしまって果たしてよいのか、といった疑問が生ずる。本章における以上の考察から、言語間のそのような違いは統語構造自体の違いも反映された結果である、とするのが最も妥当であると判断されるところである。

もう一つの「語彙分析」というのは、1980 年代に入ってから提案されてきた理論的枠組みであり、その研究に Farmer (1980, 1984), Miyagawa (1980), Ostler (1980) などがある。この理論的枠組みの根本的な主張は、次のようなものである。使役のマーカーである (s) ase や受身のマーカーである (r) are などは、独立した動詞ではなく、動詞の接尾辞としての地位を与えられるべきであり、「動詞語幹 + (s) ase」や「動詞語幹 + (r) are」などのような派生的な語形成はすべて、語彙挿入よりも先に行われる。その結果、基底レベルにおいて複合的統語構造は仮定せず、変形操作も不要となる。その代わりに、

Functional Structure あるいは Propositional Argument Structure (PAS) といったものが提案される。

例えば，Farmer (1980: 131–132) は，次のような図式を示し，説明を試みている。

(19) a. (_____ _____ tabe)
　　 b. (_____ (_____ _____ tabe) sase)
(20) a. (_____ _____ tabe)
　　　　　S
　　 b. (_____ (_____ _____ tabe) sase)
　　　　　S　　　　S

(19a) は，「食べ」という動詞の PAS であり，(19b) は，動詞語幹「食べ」と使役を表す接尾辞「させ」が結合した「食べさせ」の PAS である。(20) は，(19) の PAS における主要な項位置 (primary argument position) に，規則によって S という記号が付与される，ということを表す。ここで，内側の括弧の中にある前方の項位置にも S が付与されている，ということに注意しなければならない。これは，これまで設定されてきた複合的統語構造における埋め込み文内でいろいろな現象が起こりうることを記述・説明するのに欠くことのできない装置である。

このように，日本語を語彙分析で扱うと，大変込み入ったものとなり，処理に困難さを伴っているのがうかがえる。上述のような操作は，動機づけが不明確であり，説得力に欠けるため，成功しているとは思えない。ただ，Farmer (1980, 1984), Miyagawa (1980), Ostler (1980) は日本語を分析の対象としており，朝鮮語やトルコ語は取り上げていないが，朝鮮語やトルコ語にこの理論的枠組みを適用した場合は，埋め込み文内の状況に記述・説明を与えることはしなくてもよいわけであるので，円滑に処理が行われるはずである。

7　状況がよく似た構文—複合動詞構文

　本節では，以上見てきた使役構文と状況が非常によく似ていると判断できる構文があることを指摘し，論ずることにしたい。その構文というのは，複合動詞構文である。これについては，第 8 章及び第 9 章で詳しく考察したが，以下では，論点を明確にするために，論述内容が繰り返されていることをお断りしておく。
　日本語では，(21) に挙げたように，ある動詞の連用形にまた別の動詞が後続してひとまとまりをなす，一般的に「複合動詞」と呼ばれるものが数多く見出される。

(21)　歩き回る，投げ入れる，歩き始める，投げ続ける，……

　ところが，調べてみると，「動詞連用形＋動詞」といったように形態上，同じであっても，統語的な振る舞いが一様ではないことがわかる。(22B) が示すとおり，複合動詞全体を使役や受身といったヴォイスの形にすることができる上に，前項動詞に限っただけでもそういったことが許されるものがある一方で，(22A) のように，先に述べたことなら可能であるが，後に述べたことは認められないものもある（寺村 1969: 46–47，関 1977: 51，Kageyama 1984: 17–23 を参照のこと）。

(22)(A)　歩き回らせる，*歩かせ回る，投げ入れられる，*投げられ入れる
　　(B)　歩き始めさせる，歩かせ始める，投げ続けられる，投げられ続ける

また，影山 (1993: 第 3 章) は，このヴォイスの形式の他に「代用形『そうする』」「主語尊敬語」「サ変動詞」「重複構文」といった統語現象も日本語の複合動詞において同様に振る舞うことを指摘している。
　このように，前項動詞において統語的な振る舞いが生ずるか否か，といった性質から，日本語の複合動詞は，(22A) のようなものと (22B) のようなものの 2 種類に大別され，前者に「語彙的複合動詞」，後者に「統語的複合動詞」という名称を与えることができる。

そのうちの統語的複合動詞の特徴の一つとして，後項に(23)のようなアスペクトを表す動詞が立つものがある程度の数を占める，ということが挙げられる。また，それを用いた具体例を(24)に示す。

(23) (A) 〈始動〉──始める，かかる，かける，出す
　　 (B) 〈継続〉──続く，続ける
　　 (C) 〈終了〉──終わる，終える

(24) a.　ベルが鳴り終わった。
　　 b.　父がビールを飲み続けた。
　　 c.　桜の花が咲き始めた。

　この統語的複合動詞の構文は，第8章でも論じたように，特に格支配の様子に着目して考察すると，次に示す統語構造をなしていることが明らかになる。

(25) a.　[s[s ベルが鳴る]終わった]
　　 b.　[s 父が [s (父が)ビールを飲む]続けた]
　　 c.　[s 桜の花が [s (桜の花が)咲く]始めた]

　すなわち，上例のいずれの場合も，一つの文の下にもう一つの文が埋め込まれた複合的統語構造になっているわけである[13]。

　さて，朝鮮語の方に目を転じてみよう。朝鮮語にも，日本語の場合と同様に，ある動詞の連用形にまた別の動詞が後続してひとまとまりをなす複合動詞が観察される。ところが，(24)に挙げた日本語における統語的複合動詞構文を朝鮮語で表現すると，次のようになる。

(26) a.　종 소리가 끝났다.
　　　　 Cong soli-ka kkuthnassta.
　　　　 (直訳：鐘(の)音が終わった。)
　　 b.　아버지가 맥주를 계속 먹었다.
　　　　 Apeci-ka maykcwu-lul kyeysok mekessta.

(直訳：父がビールを継続(＝続けて)飲んだ。)
c. 벚꽃이 피기 시작했다.
Peckkoch-i phi-ki sicakhayssta.
(直訳：桜(の)花が咲くこと(を)始めた。)

(26a)では、「소리〈soli〉(音)」という名詞が「〜가〈ka〉(〜が)」という補語に現れ、「소리가 끝나다〈soli-ka kkuthnata〉(音が終わる)」というようになっている。(26b)では、「계속〈kyeysok〉(継続)」という漢語を副詞的に用い、「계속 먹다〈kyeysok mekta〉(継続(＝続けて)飲む)」というようになっている。また、(26c)では、「피다〈phita〉(咲く)」という動詞の語幹「피〈phi〉」に名詞化接尾辞の「기〈ki〉」を付け加えた後、「시작하다〈sicakhata〉(始める)」という動詞が続き、「피기 시작하다〈phi-ki sicakhata〉(咲くこと(を)始める)」というようになっている[14]。

　このように、日本語におけるアスペクトを表す統語的複合動詞構文の意味内容を、朝鮮語では複合動詞を用いて表現することはどうしてもできない。従って、日本語では、上述したように、複合動詞構文について一つの文の下にもう一つの文が埋め込まれた複合的統語構造が設定できるのに対して、朝鮮語では、アスペクトを表す場合には複合動詞を用いないため、当然、複合動詞構文にそういった複合的統語構造を仮定することは不可能なのである。
　また、朝鮮語における複合動詞は、形態上「動詞連用形＋動詞」といったように日本語と同様であっても、前項において統語現象が生じない語彙的なもの(具体的には、日本語について(22A)に示したようなもの)がほとんどである。よって、こういった朝鮮語の複合動詞構文に設定される統語構造は、文が一つしかない単一的統語構造ということになるのである。
　以上のことから、次のまとめを得ることができる。日本語と朝鮮語それぞれにおける複合動詞構文に設定される妥当な統語構造の様態が、先に考察した使役構文の場合と非常によく似ているのがわかる。すなわち、複合動詞構文と使役構文は、妥当な統語構造として設定できるのが、日本語では一つの文の下にもう一つの文が埋め込まれた複合的統語構造であるのに対して、朝鮮語では文が一つしかない単一的統語構造である、という点で共通しているわけである。

なお，トルコ語，モンゴル語，満州語それぞれにおいてアスペクトを表す際にどういう表現が用いられるかについては，日本語の場合と朝鮮語の場合の中間で，複合動詞が活用されることもあるし，そうでないこともあるようである[15]。より詳しく調査し，その結果がどういう意味を持つのか，ということについて考察することが，今後の課題となる。

8　結語

膠着言語は形態上，同様に見えても，要素と要素が緊密に結び付いている言語もあれば，その結び付きがかっちりとしておらず，緩い言語もある。こういったことが影響し，文という大きな単位は一つしか考えられない平たい統語構造，つまり単一的統語構造をなしている言語もあれば，文という大きな単位がもう一つ盛り込まれてだぶついた統語構造，つまり複合的統語構造になっている言語もある。前者のような言語が朝鮮語であり，後者のような言語が日本語であり，その間に位置づけられる言語がトルコ語などである。そして，そういったことを顕著に反映している現象が使役構文であり，複合動詞構文なのである。

また，Shibatani and Kageyama (1988)，影山・柴谷 (1989)，影山 (1993) などが指摘し，考察している日本語における現象の中にも，そういったことの現れであると思われるものがいくつかある。これらについては，本章の発展として第 12 章で詳しく論述することにする。

注

1) 朝鮮語には，「보다〈pota〉(見る)」「버리다〈pelita〉(捨てる)」「놓다〈nohta〉/두다〈twuta〉(置く)」などが補助動詞として動詞の連用形に後続し，「～てみる」「～てしまう」「～ておく」といったことを表すものがあり，これらは，日本語の場合と同様に複合的統語構造が仮定できなくはないが，すべて自由形式を用いたものである。朝鮮語では，日本語におけるよりも，特に接尾辞といった拘束形式を用いたもので，複合的統語構造が仮定できるものの種類が減ると言える。
2) 本書ではこれまで，提示されている日本語と朝鮮語の例は対応させながら見る

と，理解できるため，gloss を付してこなかったが，トルコ語も取り上げている本章の第2〜4節だけにおいては，明確化の目的で3言語とも例には gloss を付しておいた．
3) 菅原睦氏の御教示によるところが大きい．
4) また，「하다〈hata〉(する)」という動詞の使役形に当たるものに「시키다〈sikhita〉(させる)」があり，これは，例えば「출석[=出席]시키다〈chwulsek-sikhita〉(出席させる)」のように，動作・行為を表す漢語名詞に付けて用いることもできる．
5) トルコ語のデータについては，菅原睦氏の御教示によるところが大きい．
6) 日本語とトルコ語については，Aissen (1974: 341–342, 355) を参照のこと．朝鮮語については，著者(塚本)自身で調査した結果に基づいている．なお，Aissen (1974) の研究内容について解説した上で論を展開しているものに柴谷(1984)がある．
7) 日本語については Shibatani (1973a: 25–27, 1976a: 247–248)，朝鮮語については Shibatani (1973b: 291–293)，トルコ語については Aissen (1974: 342–343) をそれぞれ参照のこと．
8) 日本語については Shibatani (1973a: 13–22, 1976a: 245–247)，朝鮮語については Shibatani (1973b: 285–289)，トルコ語については Shibatani (1973a: 35–36) をそれぞれ参照のこと．
9) 日本語については，Shibatani (1973a: 22–23, 1976a: 248–250) を参照のこと．朝鮮語とトルコ語については，著者(塚本)自身で調査した結果に基づいている．
10) 日本語と朝鮮語における数量詞遊離の詳しい観察と議論については，第5章を参照のこと．
11) Shibatani (1973b) も，同様の主張を行っている．また，(18) が示すように，朝鮮語では，日本語におけるよりも二重対格の出現が認められやすい(詳細については，第5章の第3節を参照のこと)．
12) Baker (1988) の理論については一部，岸田泰浩氏から御教示をいただいた．
13) Shibatani (1973c), Jacobsen (1982: 185)，山本(1983: 341)，影山(1993) にも，同様の指摘がある．また，統語的な複合動詞における前項動詞の部分に，本章では S という節点が，影山(1993)では V′ という節点がそれぞれ与えられている．このように違いはあるが，語彙的な複合動詞における前項動詞の部分には，影山(1993) は V という節点を与えており，両者のいずれにせよ，前項動詞の部分は，語彙的な複合動詞の場合よりも統語的な複合動詞の場合の方が大きな単位となっているはずである．
14) 「시작하다〈sicakhata〉(始める)」という動詞が後続する場合は，名詞化接尾辞「기〈ki〉」のすぐ後ろに日本語の「を」に相当する格助詞「를〈lul〉」を付着させない．
15) トルコ語，モンゴル語，満州語については，それぞれ菅原睦氏，谷博之氏，岸田文隆氏から御教示をいただいた．

第 11 章　諸言語現象と文法化

1　序

　前章までで日本語と朝鮮語におけるいくつかの言語現象を取り上げて考察してきた。本章では，加えて新たに取り上げた種々の言語現象について考察し，それらに関する両言語間の類似点と相違点を明らかにした上で，両言語間の相違は何を意味し，またどのように捉えるべきであるのか，ということについて対照言語学からのアプローチで論ずることにしたい。

　本章で論を進めるに当たり，用いている「言語現象」という用語について少しばかり述べておく。この言語現象という用語は，一般的な用語である統語現象だけでなく，その他に形態や構文なども対象とした，形式に現れるもののすべてを包括する広い概念として用いているものであるので，それに注意されたい。

2　「動詞連用形＋テイク／動詞連用形＋가다〈kata〉（行く）」構文と「動詞連用形＋テクル／動詞連用形＋오다〈ota〉（来る）」構文

　まず，一つ目の言語現象として，「動詞連用形＋テイク／動詞連用形＋가다〈kata〉（行く）」構文と「動詞連用形＋テクル／動詞連用形＋오다〈ota〉（来る）」構文を取り上げる[1]。

　日本語の動詞「行く」と，それに相当する朝鮮語の動詞「가다〈kata〉（行く）」，及び日本語の動詞「来る」と，それに相当する朝鮮語の動詞「오다〈ota〉（来る）」は，それぞれ (1) と (2) に示されるように，両言語とも単独で

用いることができる。

（1）a. 友達が図書館に行った。
　　 b. 친구가 도서관에 갔다.
　　　 Chinkwu-ka tosekwan-ey kassta.
（2）a. 子供達が公園に来た。
　　 b. 아이들이 공원에 왔다.
　　　 Aitul-i kongwen-ey wassta.

　また，日本語における「行く」と「来る」の両方は，接続語尾「て」を付け加えた連用形の動詞に後続して表現することができる用法を持つ。表す意味の違いに従って分類を行い，それぞれの具体例も合わせて示すと，次のとおりである[2]。

（3）「動詞連用形＋テイク」構文の意味・用法
　　（A）移動　　（例）兄が部屋から出ていった。
　　（B）継起　　（例）ここでちょっと休んでいきましょうか。
　　（C）継続　　（例）大学進学希望者は今後一層，増えていく見通しである。
　　（D）消滅　　（例）ろうそくの火が消えていく。
　　　　　　　　　　　今年も多くの学生達が卒業していった。
　　　　　　　　　　　最近，社員が3人も辞めていった。
（4）「動詞連用形＋テクル」構文の意味・用法
　　（A）移動　　（例）駅まで走ってきた。
　　（B）継起　　（例）母が花を買ってきた。
　　（C）継続　　（例）先生は20年間もこの問題について研究してきた。
　　（D）出現　　（例）前に進むと，海が見えてきた。
　　（E）開始　　（例）近頃，寒くなってきた。
　　　　　　　　　　　急に雨が降ってきた。

　一方，朝鮮語でも，「가다〈kata〉(行く)」及び「오다〈ota〉(来る)」という動詞は，連用形の動詞に後続して表現する構文を成立させることができ

る。ただ，日本語の場合は，上述のように，動詞「行く」「来る」の前に接続語尾「て」を置かなければならないのに対して，朝鮮語の場合，動詞「가다〈kata〉(行く)」「오다〈ota〉(来る)」は日本語の「て」に相当する接続語尾「서〈se〉」を前置する必要がなく，連用形の別の動詞にそのまま続けばよい。こういった相違が両言語間で存在するものの，両言語の状況はよく似ている。

　ところが，詳しく考察すると，日本語と異なる点を見出すことができる。次のそれぞれ(b)に記されているのは，(3)と(4)に挙げた日本語の例を朝鮮語で表現したものである。(なお，両言語の対比がわかりやすくなるように，もう一度，意味・用法の分類を掲げるとともに，それぞれの日本語の例も(a)に記しておいた。)この(b)の表現はすべて，日本語における「動詞連用形＋テイク」「動詞連用形＋テクル」と同様に，連用形の動詞に「가다〈kata〉(行く)」あるいは「오다〈ota〉(来る)」を後続させた，「動詞連用形＋가다〈kata〉(行く)」「動詞連用形＋오다〈ota〉(来る)」という構文で成り立っている。

◎「動詞連用形＋テイク／動詞連用形＋가다〈kata〉(行く)」構文の意味・用法
　（A）移動
　　　（5）a.　兄が部屋から出ていった。
　　　　　b.　형이 방에서 나갔다.
　　　　　　　Hyeng-i pang-eyse nakassta.
　（B）継起
　　　（6）a.　ここでちょっと休んでいきましょうか。
　　　　　b.　여기에서 좀 쉬어 갈까요?
　　　　　　　Yeki-eyse com swie kalkkayo?
　（C）継続
　　　（7）a.　大学進学希望者は今後一層，増えていく見通しである。
　　　　　b.　대학교 진학 희망자는 이후 더욱 늘어 갈 전망이다.
　　　　　　　Tayhakkyo cinhak huymangca-nun ihwu tewuk nule kal cenmang-ita.

（D）消滅

    （8）a.　ろうそくの火が消えていく。

          b.　촛불이 꺼져 간다.

             Chospul-i kkecye kanta.

    （9）a.　今年も多くの学生達が卒業していった。

          b.　?올해도 많은 학생들이 졸업해 갔다.

             ?Olhay-to manhun haksayngtul-i colephay kassta.

          c.　올해도 많은 학생들이 졸업했다.

             Olhay-to manhun haksayngtul-i colephayssta.

   （10）a.　最近，社員が3人も辞めていった。

          b.　*요새 사원이 세 명이나 그만두어 갔다.

             *Yosay sawen-i sey myeng-ina kumantwue kassta.

          c.　요새 사원이 세 명이나 그만두었다.

             Yosay sawen-i sey myeng-ina kumantwuessta.

◎「動詞連用形＋テクル／動詞連用形＋오다〈ota〉(来る)」構文の意味・用法

 （A）移動

   （11）a.　駅まで歩いてきました。

          b.　역까지 걸어왔습니다.

             Yek-kkaci kelewasssupnita.

 （B）継起

   （12）a.　母が花を買ってきた。

          b.　어머니가 꽃을 사 왔다.

             Emeni-ka kkoch-ul sa wassta.

 （C）継続

   （13）a.　先生は20年間もこの問題について研究してきた。

          b.　선생님은 이십년 동안이나 이 문제에 대해 연구해 왔다.

             Sensayngnim-un isipnyen tongan-ina i muncey-ey tayhay yenkwuhay wassta.

 （D）出現

   （14）a.　前に進むと，海が見えてきた。

b. ?앞으로 나아가자 바다가 보여 왔다.

　　　　　?Aph-ulo naaka-ca pata-ka poye wassta.

　　　c. 앞으로 나아가자 바다가 보였다.

　　　　　Aph-ulo naaka-ca pata-ka poyessta.

（E）開始

　(15) a. 近頃, 寒くなってきた。

　　　b. *요새 추워져 왔다.

　　　　　*Yosay chwuwecye wassta.

　　　c. 요새 추워졌다.

　　　　　Yosay chwuwecyessta.

　(16) a. 急に雨が降ってきた。

　　　b. *갑자기 비가 내려 왔다.

　　　　　*Kapcaki pi-ka naylye wassta.

　　　c. 갑자기 비가 내리기 시작했다.

　　　　　Kapcaki pi-ka nayli-ki sicakhayssta.

　「動詞連用形+가다〈kata〉(行く)」について言えば, 次のとおりである。(5b)のように〈移動〉,(6b)のように〈継起〉,(7b)のように〈継続〉の場合はそれぞれ, 日本語におけるのと同じく,「動詞連用形+가다〈kata〉(行く)」という構文を用いて表現することができる。ところが,〈消滅〉の場合に「動詞連用形+가다〈kata〉(行く)」という構文を用いて表現すると, (8b)のように認められることもあるが,(9b)のように不自然であったり, (10b)のように認められなかったりすることもある。その際,(9c)と(10c)に示したように, 後続する動詞「가다〈kata〉(行く)」を用いずに先行する動詞「졸업하다〈colephata〉(卒業する)」や「그만두다〈kumantwuta〉(辞める)」だけで表現すれば, 受け入れられる朝鮮語になる。

　また,「動詞連用形+오다〈ota〉(来る)」も,「動詞連用形+가다〈kata〉(行く)」と成立状況がよく似ている。(11b)のように〈移動〉,(12b)のように〈継起〉,(13b)のように〈継続〉の場合はそれぞれ,「動詞連用形+오다〈ota〉(来る)」という構文を用いた表現が可能である。しかしながら, 同じ表現をとると,〈出現〉の場合は(14b)のように不自然であり,〈開始〉の場

合は (15b) と (16b) のように認められない。受け入れられる朝鮮語にするためには，(14c) と (15c) に示したように，後続する動詞「오다〈ota〉(来る)」を用いずに先行する動詞「보이다〈poita〉(見える)」や「추위지다〈chwuwecita〉(寒くなる)」だけで表現するか，あるいは (16c) に示したように，「내리기 시작하다〈nayli-ki sicakhata〉(直訳：降ること(を)始める)」[3]というまた別の表現をとるしかない。

以上のことから，朝鮮語における「動詞連用形＋가다〈kata〉(行く)」構文と「動詞連用形＋오다〈ota〉(来る)」構文は，日本語における「動詞連用形＋テイク」構文と「動詞連用形＋テクル」構文と比べると，その使用範囲が限られていることがわかる。

3 「動詞連用形＋テイル／動詞語幹＋고 있다〈ko issta〉(〜ている); 動詞連用形＋있다〈issta〉(〜ている)」構文

二つ目の言語現象として，「動詞連用形＋テイル／動詞語幹＋고 있다〈ko issta〉(〜ている); 動詞連用形＋있다〈issta〉(〜ている)」構文を取り上げる。

日本語では，〈動作・行為の最中〉と〈動作・行為の結果の状態〉というそれぞれのアスペクト的意味を表す場合，接続語尾「て」が付け加えられた連用形の動詞に動詞「いる」が後続した構文が用いられる。これは，(17) に示されるとおりで，(a) が〈動作・行為の最中〉を意味する場合，(b) が〈動作・行為の結果の状態〉を意味する場合の例である。

(17) a. 学生が本を読んでいる。
　　 b. 女の子が椅子に座っている。

また，朝鮮語では，基本的には〈動作・行為の最中〉というアスペクト的意味を表す場合，動詞語幹に接続語尾「고〈ko〉」を付け加えた後に動詞「있다〈issta〉(いる；ある)」が置かれた構文が，〈動作・行為の結果の状態〉というアスペクト的意味を表す場合，動詞連用形に動詞「있다〈issta〉

（いる；ある）」が後続した構文がそれぞれ用いられる。(18)は，(17)の日本語の例を朝鮮語で表現したものであり，(a)が〈動作・行為の最中〉を意味する場合，(b)が〈動作・行為の結果の状態〉を意味する場合の例である。

(18) a. 학생이 책을 읽고 있다.
   Haksayng-i chayk-ul ilk-ko issta.
   （学生が本を読んでいる。）
b. 여자가 의자에 앉아 있다.
   Yeca-ka uyca-ey anca issta.
   （女の子が椅子に座っている。）

　安平鎬（アン＝ピョンホ）(2000)は，両言語におけるアスペクトにかかわるこの構文について次のような考察を行っている。

(19) a. *それを見てじっといるという事実が……
b. 그걸 바라보고 가만히 있는다는 사실이……
   Kukel palapo-ko kamanhi issnuntanun sasil-i …
(20) a. *日当たりのいい丘に雪が溶けていた。
b. 양지 바른 둔덕에 눈이 녹아 있었다.
   Yangci palun twuntek-ey nwun-i noka issessta.

安平鎬（アン＝ピョンホ）は，朝鮮語のアスペクトにかかわるこの構文が(19b)のように「가만히〈kamanhi〉（じっと）」などの副詞，(20b)のように格助詞「에〈ey〉（に）」で表示された補語をそれぞれ伴うことを許すのに対して，日本語のアスペクトにかかわるこの構文ではそれに相当することが不可能であることを指摘している。

4 「動詞連用形＋テヤル；テクレル／動詞連用形＋주다〈cwuta〉（〜てやる；〜てくれる）」構文

　三つ目の言語現象として，「動詞連用形＋テヤル；テクレル／動詞連用形＋주다〈cwuta〉（〜てやる；〜てくれる）」構文を取り上げる。日本語における授受を表す動詞「やる」と「くれる」は，それぞれ(21)と(22)に示されるように，単独で用いることができる。

(21)　僕が子供にお菓子をやった。
(22)　友達が僕に本をくれた。

　(21)(22)の日本語を朝鮮語で表現すると，(23)(24)のようになるが，授受を表す朝鮮語の動詞「주다〈cwuta〉」も単独で用いることができるのがわかる。ただ，この「주다〈cwuta〉」は，日本語の「やる」と「くれる」に見られる，人物関係と授受の方向性についての区別がなく，「やる」と「くれる」の両方に対応するので，(23)(24)はともに同じ動詞の「주다〈cwuta〉」で表現される。

(23)　내가 아이에게 과자를 주었다.
　　　Nay-ka ai-eykey kwaca-lul cwuessta.
　　　（僕が子供にお菓子をやった。）
(24)　친구가 나에게 책을 주었다.
　　　Chinkwu-ka na-eykey chayk-ul cwuessta.
　　　（友達が僕に本をくれた。）

　また，日本語の「やる」と「くれる」はともに，接続語尾「て」を付け加えた連用形の動詞に後続して〈恩恵〉を表す構文を成立させることができる。朝鮮語の「주다〈cwuta〉」も，連用形の動詞の後に接続語尾が要らない点が日本語の場合とは異なるものの，連用形の動詞に後続して同様のことが可能である。その具体例は，次のとおりである。

(25) a. 私が弟に英語を教えてやった。
   b. 내가 동생에게 영어를 가르쳐 주었다.
      Nay-ka tongsayng-eykey yenge-lul kaluchye cwuessta.
(26) a. 兄が私に英語を教えてくれた。
   b. 오빠가 나에게 영어를 가르쳐 주었다.
      Oppa-ka na-eykey yenge-lul kaluchye cwuessta.

　ところが，韓京娥（ハン＝ギョンア）(2005, 2008) は，この「動詞連用形＋テヤル；テクレル／動詞連用形＋주다〈cwuta〉(～てやる；～てくれる)」構文について考察し，両言語間で次のような相違があることを指摘している（(27)の例は韓京娥（ハン＝ギョンア）2005 のもので，その文法性の判断も同人による）。

(27) a. （私に）かばん，作ってくれた？
   b. *(나에게) 가방, 만들어 줬어?
      *(Na-eykey) kapang, mantule cwesse?

　日本語では，(27a)のように「動詞連用形＋テクレル」構文を用いた場合，話し手である「私」という人物が恩恵を受けるために聞き手がかばんを作るという行為自体が行われたかどうかを尋ねており，「私」という人物がかばんを受け取ったかどうかまでは含意されていないため，この構文が成立可能である。それに対して，朝鮮語では，(27b)のように「動詞連用形＋주다〈cwuta〉」構文の成立が許されない。それは，朝鮮語で「動詞連用形＋주다〈cwuta〉」構文を用いると，話し手である「私」という人物が恩恵を受けるために聞き手がかばんを作るという行為自体が行われたかどうかだけでなく，「私」という人物がかばんを受け取ったかどうかまでもが含意されており，話し手自身が聞き手からかばんを受け取ったかどうかを聞き手に尋ねることは状況にそぐわないからである。

5 位置を表す名詞

四つ目の言語現象として，位置を表す名詞のうち「上／위〈wi〉」「内／안〈an〉；속〈sok〉」「点／점〈cem〉」の3種類を取り上げる。

5.1 「上／위〈wi〉」

日本語における位置を表す名詞の「上」は，(28a)(29a)のように述語の連体形，(30a)のように指示詞「その」を前に置くことによって，〈位置〉の意味を失い，転じて〈追加〉や〈事後〉の意味を表すことができる。

(28) a. その学生はよく勉強をする上にスポーツもする。
　　 b. *그 학생은 열심히 공부하는 위에 스포츠도 한다.
　　　　 *Ku haksayng-un yelqsimhi kongpuhanun wi-ey suphochu-to hanta.
　　 c. 그 학생은 열심히 공부하는 데다가 스포츠도 한다.
　　　　 Ku haksayng-un yelqsimhi kongpuhanun teytaka suphochu-to hanta.

(29) a. 品物は必ず見た上で買います。
　　 b. *상품은 반드시 보고 난 위에서 삽니다.
　　　　 *Sangphum-un pantusi po-ko nan wi-eyse sapnita.
　　 c. 상품은 반드시 보고 난 {뒤／후}에 삽니다.
　　　　 Sangphum-un pantusi po-ko nan {twi/hwu} -ey sapnita.

(30) a. 急に寒くなった。その上，雨まで降り出した。
　　 b. 갑자기 추워졌다. {?그 위에／*그 위,} 비까지 내리기 시작했다.
　　　　 Kapcaki chwuwecyessta. {?Ku wi-ey/*Ku wi,} pi-kkaci nayli-ki sicakhayssta.
　　 c. 갑자기 추워졌다. 게다가 비까지 내리기 시작했다.
　　　　 Kapcaki chwuwecyessta. Keytaka pi-kkaci nayli-ki sicakhayssta.

一方，日本語の「上」に対応する朝鮮語の「위〈wi〉」を用いて，(a)をそれぞれ朝鮮語で表現したものが(b)であるが，述語の連体形が前置された場合，〈追加〉や〈事後〉を含意する適格な表現としては成立しない。指示詞「그〈ku〉(その)」が前置された場合も，格助詞の「에〈ey〉(に)」を付け加

えなければ，完全に不可能な表現となる。また，格助詞の「에〈ey〉(に)」を伴ったものは，全く受け入れられないわけではないが，一般的ではない。認められる朝鮮語にするには，それぞれ(c)のように，「데다가〈teytaka〉(〜のに加えて)」や「〜ㄴ{뒤/후}에〈-n {twi/hwu} -ey〉(〜した後に)」や「게다가〈keytaka〉(それに；さらに)」といった別の表現をとるしかない。

5.2 「内／안〈an〉；속〈sok〉」

日本語における位置を表す名詞の「内」は，(31a)(32a)のように述語の連体形，(33a)のように指示詞「その」を前に置くことによって，〈位置〉の意味を失い，転じて〈一定時間の間隔〉を表すことができる。

(31) a. 本を読んでいるうちに寝てしまった。
　　 b. *책을 읽고 있는 {안/속} 에 자 버렸다.
　　　　*Chayk-ul ilk-ko issnun {an/sok} -ey ca pelyessta.
　　 c. 책을 읽고 있는 동안에 자 버렸다.
　　　　Chayk-ul ilk-ko issnun tongan-ey ca pelyessta.
(32) a. 冷めないうちにお召し上がり下さい。
　　 b. *식지 않는 {안/속} 에 드세요.
　　　　*Sik-ci anhnun {an/sok} -ey tuseyyo.
　　 c. 식기 전에 드세요.
　　　　Sik-ki cen-ey tuseyyo.
(33) a. そのうち何か連絡があるでしょう。
　　 b. {?그 안에／*그 속에／*그 안,／*그 속,} 무슨 연락이 있겠지요.
　　　　{?Ku an-ey/*Ku sok-ey/*Ku an, /*Ku sok,} musun yenlak-i isskeyssciyo.
　　 c. {머지 않아／조만간} 무슨 연락이 있겠지요.
　　　　{Me-ci anha/Comankan} musun yenlak-i isskeyssciyo.

それに対して，日本語の「内」に対応する朝鮮語の「안〈an〉」あるいは「속〈sok〉」は，日本語におけるように述語の連体形を前置して〈一定時間の間隔〉を意味する，ということが認められない。また，指示詞「그〈ku〉(その)」を前置した場合，格助詞の「에〈ey〉(に)」を伴っていなかった

り，伴っていても，「속〈sok〉」を用いていれば，〈一定時間の間隔〉を意味する表現は全く成り立たない。「안〈an〉」を用い，格助詞の「에〈ey〉(に)」を伴っていれば，許容されなくはないが，やや不自然に感じられる。適格な朝鮮語にするには，「～는 동안에〈-nun tongan-ey〉(～する間に)」や「～기 전에〈-ki cen-ey〉(～する前に)」や「머지 않아〈me-ci anha〉(直訳：遠くなく)」「조만[＝早晩]간〈comankan〉(早晩；遅かれ早かれ)」といった別の表現をとるしかない。このように，状況は，上述の「上／위〈wi〉」の場合とよく似ている。

5.3 「点／점〈cem〉」

日本語には，位置を意味するということに関連する名詞として「点」がある。森山(2000: 37–40)は，次のような実例を挙げ，指示詞「その」が前置された「点」には二つの用法があることを明らかにしている。

(34) 同時に，化学兵器の素材や製造設備が第三世界に渡らぬ工夫がいる。
    その点(で)，むしろ問われているのは先進主要国である。
                                    (『朝日新聞』1989年1月10日)

(35) 悟郎「(達也に)中馬君には惚れた女はいないんですか？」
    達也「今は，特に」
    悟郎「そりゃ寂しすぎる」
    季美子「その点(*で)，悟郎さんは寂しくありません。惚れぬいた女がいるからです」　　　(野沢尚(著)『さらば愛しのやくざ』)

一つの用法は，(34)のように特性を焦点化して判断理由を提示する接続表現となったものであり，この場合は後ろに格助詞「で」があってもなくても成り立つ。もう一つは，(35)のように特性が焦点化され，その特性について対照する用法であり，この場合は格助詞「で」を伴うことは許されない。

一方，朝鮮語も，日本語と同様に漢語の「점〈cem〉(点)」を有する。しかしながら，日本語で指摘された前者の用法としては，「그 점에서〈ku cem-eyse〉(その点で)」のように格助詞「에서〈eyse〉(で)」が付け加えられていれば，容認可能であるが，「*그 점〈*ku cem〉(その点)」のように格助詞「에

서〈eyse〉(で)」がなければ，容認できない，という点で日本語の場合と異なる。また，後者の用法として，格助詞「에서〈eyse〉(で)」を伴わない「*그 점〈*ku cem〉(その点)」は認められないが，「그 점은〈ku cem-un〉(その点は)」のように助詞「은〈un〉(は)」を付加するか，「그 점에는〈ku cem-ey-nun〉(その点には)」のように格助詞「에〈ey〉(に)」と助詞「는〈nun〉(は)」を連続して付加すれば，受け入れられるようになる。ここでも，日本語の場合との違いが見出せる。

6　形式名詞・名詞化接尾辞

　五つ目の言語現象として形式名詞・名詞化接尾辞を取り上げる。

　堀江(1998a, 2001)，Horie (1998b)は，いくつかの言語現象について考察して日本語と朝鮮語の相違を指摘し，日本語は単一の形式(構造)に複数の意味(機能)を対応させる傾向がより強く，朝鮮語は単一の形式(構造)に単一の意味(機能)を対応させる傾向がより強い，と結論づけている。

　このような結論を得るために取り上げられた言語現象の一つは，格助詞の格機能の希薄化，直後の名詞(化辞)との融合というものである。日本語では，堀江が指摘しているように，(36)における下線部分のような表現が数多く見出される((36)の例は堀江2001: 205–207 からの引用)。これらは，形式名詞と呼ばれることがある「もの」「の」「ところ」が後続する格助詞と結び付くことによって定まった表現となったものである。

(36) a.　調べればすぐに分かる<u>ものを</u>，面倒くさがってやらない癖がある。
　　 b.　彼は，夕方まで居るはずだった<u>のが</u>，急に早い電車で帰ることになった。
　　 c.　文句を言った<u>ところで</u>，どうせ取り合ってもらえまい。
　　 d.　人々が戦場をやっと逃れてきた<u>ところを</u>，新たな災厄が襲った。
　　 e.　学校へ行った。<u>ところが</u>，創立記念日で休みだった。

　朝鮮語には，日本語の「もの」「こと」「の」に対応する「것〈kes〉」，「ところ」に部分的に対応する「데〈tey〉」，及び述語の語幹に付くことによっ

て述語を名詞化する接尾辞「기〈ki〉」「ㅁ／음〈m/um〉」[4]がある。確かに、朝鮮語の場合でも、上述したようなことは堀江が指摘しているようになくはない（(37)の例は堀江 2001: 212 からの引用）。

(37) a.　그 사람이 말하기를 내년에 꼭 오겠답니다.
　　　　Ku salam-i malha-ki-lul naynyen-ey kkok okeysstapnita.
　　　　（彼が言うには来年必ず帰るとのことです。）
　　b.　저는 밤 늦게까지 원고를 쓰므로 아침에 늦게 일어납니다.
　　　　Ce-nun pam nuc-key-kkaci wenko-lul ssu-m-ulo achim-ey nuc-key ilenapnita.
　　　　（私は夜遅くまで原稿を書くので、朝遅く起きます。）
　　c.　숙제를 하는데 두 시간 걸렸다.
　　　　Swukcey-lul ha-nun-tey twu sikan kellyessta.
　　　　（宿題をするのに2時間かかった。）

(37a)では名詞化接尾辞「기〈ki〉」に格助詞「를〈lul〉（を）」が後続し、(37b)では名詞化接尾辞「ㅁ／음〈m/um〉」に格助詞「으로〈ulo〉（で）」が後続し、(37c)では「데〈tey〉」が格助詞を伴わずに動詞連体形を前置させることによって、それぞれ定まった表現となっている。しかしながら、朝鮮語で定まった表現として成立するものは、これぐらいに限られており、日本語におけるほど頻繁には見出すことができない。

7　文法化

　これまで日本語と朝鮮語における諸言語現象を取り上げて考察し、それらに関する両言語間の類似点と相違点を明らかにしてきた。その考察した言語現象のうち、本章における以下の議論にかかわるものと、取り上げた章節を具体的に示すと、次のとおりである。

(38)（A）　複合格助詞(第6章及び第7章)
　　（B）　複合動詞(第8章及び第9章)

（C）「動詞連用形＋テイク／動詞連用形＋가다〈kata〉(行く)」構文と「動詞連用形＋テクル／動詞連用形＋오다〈ota〉(来る)」構文(本章第2節)
（D）「動詞連用形＋テイル／動詞語幹＋고 있다〈ko issta〉(～ている)；動詞連用形＋있다〈issta〉(～ている)」構文(本章第3節)
（E）「動詞連用形＋テヤル；テクレル／動詞連用形＋주다〈cwuta〉(～てやる；～てくれる)」構文(本章第4節)
（F）位置を表す名詞「上／위〈wi〉」「内(うち)／안〈an〉；속〈sok〉」「点／점〈cem〉」(本章第5節)
（G）形式名詞・名詞化接尾辞(本章第6節)

先に結論を述べると，(38)に示したすべての言語現象に共通して言えることは，(39)のようにまとめられ，これがまず第一に主張したいことである。

(39)「文法化の進度の違い」という根本的な要因
日本語——諸言語現象で文法化が比較的生じている。
朝鮮語——諸言語現象で文法化が比較的生じていない。

なお，「文法化(Grammaticalization)」というのは，実質的な意味を有する自立的な語彙項目がその実質的な意味と自立性を失い，文法的な機能を担うように変化する過程であると定義することができる(Hopper and Traugott 2003, Heine, Claudi, and Hünnemeyer 1991, 松本1996, 大堀2005などを参照のこと)。

以下では，(38)に示した言語現象に関する両言語間の相違を，文法化に依拠して統一的に捉えることができることを確認する。

7.1　複合格助詞

第6章及び第7章では，一つ目の言語現象として，複合格助詞を取り上げて考察した。日本語，朝鮮語ともに，複合格助詞と呼ぶことができる，形態上よく似たものが存在するわけであるが，第7章の2.5では，両言語間で

見出されるいくつかの相違点の一つとして次のことを指摘した。すなわち，複合格助詞の数と種類が日本語では比較的多いのに対して，朝鮮語では比較的少なく，また日本語では漢語よりも和語のものが比較的多いのに対して，朝鮮語では固有語よりも漢語のものが比較的多いのであった。また，そういったことと関連し，朝鮮語で日本語に対応する複合格助詞がないものとして，（40）のようなものを挙げることができるのであった。

(40) 〜に{あたり／あたって}，〜において，〜に{つき／ついて}，〜に{つれ／つれて}，〜に{とり／とって}，〜に{わたり／わたって}，〜を{めぐり／めぐって}，〜を{もち／もって}，〜でもって，〜として

　この（40）に挙げられた日本語の複合格助詞はまさに，その中に含まれたそれぞれの動詞部分に文法化が生じた結果，成り立っているものである。例えば，「〜に{つき／ついて}」を取り上げると，その中に含まれている動詞「つく(付く)」には元々，〈付着〉といった実質的な意味があるが，文法化が生じた結果，そういった実質的な意味はほとんど失われてしまっている。また，「〜に{とり／とって}」の場合も同様であり，その中に含まれている動詞「とる(取る)」は元々，〈奪取〉といった実質的な意味を有するが，文法化が引き起こされたことにより，そういった実質的な意味をほぼ欠いている。

　ところが一方，朝鮮語では，第7章の5.1で見たように，日本語の「つく(付く)」に相当する「붙다〈puthta〉」という動詞を用いた複合格助詞「*〜에{붙어／붙어서}〈*-ey {puthe/puthese}〉」は成立することができず，また第7章の5.2で見たように，日本語の「とる(取る)」に相当する「들다〈tulta〉」という動詞を用いた複合格助詞「*〜에{들어／들어서}〈*-ey {tule/tulese}〉」も認められず，（40）に挙げられた日本語の複合格助詞に直接対応する複合格助詞がないわけである。従って，朝鮮語の複合格助詞は，その中に含まれたそれぞれの動詞部分に文法化が生じたものが，日本語におけるのと比べると，非常に少なく，限られていることになる。

7.2　複合動詞

　第8章及び第9章では，二つ目の言語現象として，複合動詞を取り上げて考察した．日本語と朝鮮語は両言語ともに，(41)に示されるとおり，連用形の動詞にまた別の動詞が後続してひとまとまりをなすといった，形式上は同様の複合動詞を有するのであった．

(41)　日本語——泣き叫ぶ，飲み歩く，たたき壊す，押し上げる，積み残す，追い付く，押し込む，降り出す，消えかかる，読み返す，食べ過ぎる，助け合う，書き直す，買い損なう，取り囲む，振り向く，取り組む，……

　　　朝鮮語——돌아다니다〈tolatanita〉(歩き回る)，일어서다〈ileseta〉(立ち上がる)，뛰어들다〈ttwietulta〉(飛び込む；駆け込む)，찔러죽이다〈ccillecwukita〉(刺し殺す)，받아들이다〈patatulita〉(受け入れる；取り入れる)，갈아타다〈kalathata〉(乗り換える)，지켜보다〈cikhyepota〉(見守る；見届ける)，……

　ところが一方，両言語間で次のような相違があることを指摘した．すなわち，寺村(1969: 42–44, 1984: 167–171)は，日本語における複合動詞を，それが構成される前項・後項の自立性から見た場合，(42)に示すように四つのタイプに分類できることを指摘し，それぞれのタイプに該当する代表例を挙げているが，日本語では，その四タイプのうち，(42B)のように後項が自立性を失った複合動詞を比較的多く見出すことができ，その具体例を挙げると，(43)のようなものがあるのであった．

(42)（A）V－V：呼び入れる，握りつぶす，殴り殺す，ねじ伏せる，出迎える，……
　　（B）V－v：降り始める，呼びかける，思い切る，泣き出す，……
　　（C）v－V：差し出す，振り向く，打ち立てる，引き返す，……
　　（D）v－v：払い下げる，(話を)切り上げる，(仲を)取り持つ，(芸を)仕込む，とりなす，……

(43) ～出す，～かける，～かかる，～込む，～上がる，～上げる，～立てる，～立つ，～つける，～つく，～返す，～返る，～回す，～過ぎる，～合う，～通す，～抜く，～切る，～尽くす，～直す，～損なう，～うる，……

　それに対して，朝鮮語で後項が自立性を失った複合動詞は非常に少なく，(43)のような複合動詞は，朝鮮語ではほとんど見受けられないのであった。
　日本語における(43)のような複合動詞は，それを構成している後項の動詞部分で，程度の違いがあるものの，文法化が生じている。その中から「～出す」「～かける」「～かかる」の三つの具体例を次に示す。

(44) 子供はいきなり御飯を食べだした。
(45) 崖から落ちかけた。
(46) 火が消えかかった。

　それぞれの例で用いられている複合動詞「食べだす」「落ちかける」「消えかかる」における後項「だす」「かける」「かかる」は元来，物理的な〈移動〉を含意するが，文法化が生じたことによってそういった意味が薄れ，アスペクト的な〈開始〉の意味に転じている。
　それに対して，日本語の「だす」「かける」「かかる」に相当する朝鮮語の動詞は，(44)～(46)で指摘した用い方が許されない。このように，朝鮮語では，(43)のような複合動詞がほとんど見出せないわけであるから，日本語と比べると，後項が実質的な意味を失って文法化している複合動詞は極めて限られている，と言うことができる。

7.3 「動詞連用形＋テイク／動詞連用形＋가다〈kata〉(行く)」構文と「動詞連用形＋テクル／動詞連用形＋오다〈ota〉(来る)」構文

　本章の第2節では，三つ目の言語現象として，「動詞連用形＋テイク／動詞連用形＋가다〈kata〉(行く)」構文と「動詞連用形＋テクル／動詞連用形＋오다〈ota〉(来る)」構文を取り上げて考察した。移動を表す動詞「行く／가다〈kata〉(行く)」及び「来る／오다〈ota〉(来る)」は，接続語尾「て／

서〈se〉」の挿入が必要か不必要かの違いがあるものの，両言語ともに形式上，連用形の動詞を前置させた構文をとることができるが，その構文の成立範囲が両言語間で異なるのであった。より具体的に言えば，日本語では，「動詞連用形＋テイク」構文と「動詞連用形＋テクル」構文が〈移動〉〈継起〉〈継続〉(以上，両構文に該当)，〈消滅〉(前者の構文に該当)，〈出現〉(後者の構文に該当)，〈開始〉(後者の構文に該当)のいずれの場合でも成立するのに対し，朝鮮語では，「動詞連用形＋가다〈kata〉(行く)」構文と「動詞連用形＋오다〈ota〉(来る)」構文が〈移動〉〈継起〉〈継続〉(以上，両構文に該当)の場合には日本語と同じく成立可能であるが，〈消滅〉(前者の構文に該当)，〈出現〉(後者の構文に該当)，〈開始〉(後者の構文に該当)の場合になるにつれてこの構文の成立度が低下するのであった。

この構文で用いられている日本語の「行く」及び「来る」という動詞は元来，物理的な移動を表しており，上述の〈移動〉〈継起〉の場合にはそれが保持されているが，〈継続〉〈消滅〉〈出現〉〈開始〉の場合には，文法化が生じた結果，物理的な移動の意味が薄れ，アスペクト的な意味に転じている。それに対して，朝鮮語では，この構文は〈移動〉〈継起〉〈継続〉の場合に用いられ，〈消滅〉〈出現〉さらには〈開始〉の場合，成立が困難となるわけであるから，この構文で用いられている「가다〈kata〉(行く)」及び「오다〈ota〉(来る)」は，日本語におけるよりも元の物理的な移動の意味が保持されており，文法化が生じていないのである。

7.4 「動詞連用形＋テイル／動詞語幹＋고 있다〈ko issta〉(〜ている)；動詞連用形＋있다〈issta〉(〜ている)」構文

本章の第3節では，四つ目の言語現象として，「動詞連用形＋テイル／動詞語幹＋고 있다〈ko issta〉(〜ている)；動詞連用形＋있다〈issta〉(〜ている)」構文を取り上げて考察した。この構文は両言語間で，動詞連用形の後に接続語尾があるかないかや，接続語尾を伴った動詞語幹が用いられた種類のものもあるといった若干の相違が見受けられるものの，存在を表す動詞が後置されてアスペクトを表す表現となっており，非常に類似している。ところが，朝鮮語ではこの構文が様態副詞や格助詞「에〈ey〉(に)」で表示された補語の出現を許すのに対して，日本語ではそういったことができない，と

いう相違が指摘できるのであった。

　このように朝鮮語において様態副詞や格助詞「에〈ey〉(に)」で表示された補語の出現が許されるのは，後置された「있다〈issta〉(いる；ある)」という動詞による支配力が及んでいるためである。さらに，この動詞がこういった力を発揮できるのは，文法化が生じておらず，〈存在〉という実質的な意味を保持しているからであると言える。それに対して，日本語では，後置された動詞「いる」は文法化がかなり進み，〈存在〉という実質的な意味をほとんど保持していないため，様態副詞や格助詞「に」で表示された補語を要求する力を有していない。従って，様態副詞や格助詞「に」で表示された補語が現れることは不可能なのである。なお，安平鎬(アン＝ピョンホ)(2000)も，以上と同様に，文法化の概念を導入した説明を行っている。

7.5　「動詞連用形＋テヤル；テクレル／動詞連用形＋주다〈cwuta〉(〜てやる；〜てくれる)」構文

　本章の第4節では，五つ目の言語現象として，「動詞連用形＋テヤル；テクレル／動詞連用形＋주다〈cwuta〉(〜てやる；〜てくれる)」構文を取り上げて考察した。例に示した(47)のような疑問文の場合，日本語では，話し手である「私」という人物が〈恩恵〉を受けるために聞き手がかばんを作るという行為自体が行われたかどうかを尋ねており，「私」という人物がかばんを受け取ったかどうかまでは含意されていないため，「動詞連用形＋テクレル」構文が成り立つのであった。

(47) a.　(私に)かばん，作ってくれた？［＝(27)］
　　 b.　*(나에게) 가방, 만들어 줬어 ?
　　　　 *(Na-eykey) kapang, mantule cwesse?

　それに対して，朝鮮語で「動詞連用形＋주다〈cwuta〉」構文が認められないのは，話し手である「私」という人物が〈恩恵〉を受けるために聞き手がかばんを作るという行為自体が行われたかどうかだけでなく，「私」という人物がかばんを受け取ったかどうかまでもが含意されており，話し手自身が聞き手からかばんを受け取ったかどうかを聞き手に尋ねることは状況にそぐ

わないからであった。

　このように，朝鮮語で「私」という人物がかばんを受け取ったかどうかまでもが含意されるのは，連用形の動詞に後続する「주다〈cwuta〉」という動詞において文法化が進んでおらず，「주다〈cwuta〉」自体が元来の〈授受〉の意味を保持しているためである。ところが一方，日本語では，連用形の動詞に後続する「くれる」という動詞において文法化が生ずることにより，「くれる」が元々有していた〈授受〉の意味が失われて〈恩恵〉の意味に転じた結果，「私」という人物がかばんを受け取ったかどうかまでは含意されなくなる，と説明することができる。なお，韓京娥（ハン＝ギョンア）(2005, 2008)も，以上と同様に，文法化の概念を導入した説明を行っている。

　なお，朝鮮語には，「動詞語幹＋(으)십시오〈(u)sipsio〉」や「動詞語幹＋(으)세요〈(u)seyyo〉」といったように，尊敬の命令形が存在する。それに対して，日本語は，古典語では「せられ」，方言によっては「しなはれ」といった尊敬の命令形が見られる場合もあるが，現代の共通語ではそれを有さないため，それを表現するには「動詞連用形＋テクレル(テクダサル)」の命令形である「してください」を用いることになる。こういった両言語間の相違も，上記の文法化に関する両言語間の相違の一要因となっていると考えられる。

7.6　位置を表す名詞

　本章の第5節では，六つ目の言語現象として，位置を表す名詞のうち「上／위〈wi〉」「内／안〈an〉；속〈sok〉」「点／점〈cem〉」の3種類を取り上げて考察した。日本語の「上」と「内」は，述語の連体形または指示詞「その」を前置することによって，〈位置〉の意味が失われ，転じて〈追加〉や〈事後〉の意味，〈一定時間の間隔〉の意味をそれぞれ表すことができるのに対して，朝鮮語の「위〈wi〉(上)」と「안〈an〉；속〈sok〉(内)」については，そういったことが成り立たないのであった。また，日本語の「点」は，指示詞「その」を前置することによって〈位置〉の意味が失われ，特性を焦点化して判断理由を提示する接続表現に転じたり，特性が焦点化され，その特性について対照する用法を持つようになったりするのに対して，朝鮮語の「점〈cem〉(点)」の場合は，そういったことが全く不可能なわけではない

が，日本語におけるのと比べると，かなり認められにくいのであった。

このように，日本語の「上」「内(うち)」「点」がそれぞれ，〈追加〉や〈事後〉の意味，〈一定時間の間隔〉の意味を表すようになったり，特性を焦点化して判断理由を提示する接続表現に転じたり，特性が焦点化され，その特性について対照する用法を持つようになったりしているのは，文法化が生じ，元来の〈位置〉の意味が失われたことに原因がある。それに対して，朝鮮語の「위〈wi〉(上)」「안〈an〉；속(우ㄷ)〈sok〉(内)」「점〈cem〉(点)」は，文法化が生じておらず，元来の〈位置〉の意味が失われていないため，日本語の場合に成立するそういったことが不可能なのである。

7.7 形式名詞・名詞化接尾辞

本章の第6節では，七つ目の言語現象として，形式名詞・名詞化接尾辞を取り上げて考察した。日本語における形式名詞「もの」「の」「ところ」は，後続する格助詞と結び付くことによって，「〜ものを」「〜のが」「〜ところで」のように定まった表現を成立させることができるのであった。ところが一方，朝鮮語における形式名詞「것〈kes〉」「데〈tey〉」と名詞化接尾辞「기〈ki〉」「ㅁ／음〈m/um〉」の場合，そういう定まった表現が成り立つのは，日本語におけるのと比べると，かなり困難なのであった。

日本語でそういう定まった表現が成立可能なのは，形式名詞「もの」「の」「ところ」が後続する格助詞と結び付くことにより，それらにおいて文法化が生じ，実質的な意味がさらに失われるからである。それに対して，朝鮮語における形式名詞「것〈kes〉」「데〈tey〉」の場合は，文法化が進んでおらず，実質的な意味が日本語におけるよりも保持されているため，定まった表現の成立につながっていかないのであると言える。

8 結語

本章では，前章までに考察した日本語と朝鮮語における言語現象に加えて，新たに取り上げた種々の言語現象について考察し，それらに関する両言語間の類似点と相違点を明らかにした上で，両言語間の相違は何を意味し，またどのように捉えるべきであるのか，ということについて対照言語学から

のアプローチで論じてきた。以上の考察・議論から，次の結論が得られる。

　第一に，日本語と朝鮮語の相違を引き起こしている根本的な要因として，日本語の方が朝鮮語よりも文法化が生じている，といった文法化の進度の違いを導き出すことができる。第二に，こういったことが根本にあるため，諸言語現象で両言語間の相違となって現れる。第三に，文法化に着目することによって，諸言語現象における両言語間の相違を統一的に捉え，適切に記述・説明することが可能となる。

注

1) この構文については，塚本(1990b)で，日本語を考察対象とした益岡(1989)を参考にしながら，議論の一部として考察したことがある。本文の以下では，それを土台にさらに考察を進めることによって得られた成果も含め，論述することにする。
2) 分類とその用語は，グループ・ジャマシイ(編)(1998)を参考にしたが，全く同一であるとは限らない。
3) 「시작하다〈sicakhata〉(始める)」という動詞が後続する場合は，名詞化接尾辞「기〈ki〉」のすぐ後ろに，日本語の「を」に相当する格助詞「를〈lul〉」を付けない。
4) ／は，母音で終結する語幹にはその左側の形態が付けられ，子音で終結する語幹にはその右側の形態が付けられることを表す。

第 12 章　諸言語現象と形態・統語的仕組み

1　序

　前章の第 11 章では，第 9 章までで取り上げた日本語と朝鮮語における言語現象のうちのいくつかに加え，新たに取り上げた種々の言語現象を対象に考察した。本章では，それらとはまた別の諸言語現象を取り上げ，その現象に関する両言語間の類似点と相違点を明らかにした上で，その相違は何を意味し，またどのように捉えるべきであるのか，ということについて対照言語学からのアプローチで論ずることにしたい。

2　接辞を用いた使役構文

　まず，一つ目の言語現象として，接辞を用いた使役構文を取り上げる。これについては，第 10 章で詳しく考察したので，ここでは，その考察内容を振り返り，本章における以下の議論にかかわるものの要点を述べることにする。
　日本語では，使役は(1A)に示した(s)ase という接尾辞によって表される。母音で終結する動詞語幹に付け加えられる場合には sase が用いられ，子音で終結する動詞語幹に付け加えられる場合にはその形態の s が脱落して ase となり，(s)ase という表記はそういったことを意味する。また，朝鮮語にも，日本語と同様に，使役を表す接尾辞があり，それは(1B)に示したものである。この 7 種類の接尾辞のうち，どの接尾辞が用いられるのかは，前置される動詞語幹の音的環境によって決まっており，従ってこれらの接尾辞は相補分布をなす。

（1）（A）　日本語——(s)ase
　　　（B）　朝鮮語——이〈i〉, 기〈ki〉, 리〈li〉, 히〈hi〉, 우〈wu〉,
　　　　　　　　　　구〈kwu〉, 추〈chwu〉

　今，述べたように，日本語にも朝鮮語にも使役を表す接尾辞が存在するわけであるが，両言語間で次のような相違点を指摘することができる。
　形態的側面から見た場合，その使役接尾辞の生産性に違いがある。すなわち，日本語の使役接尾辞(s)aseは，多種多様な動詞と結び付くことが許され，非常に生産的である。それに対して，朝鮮語の使役接尾辞「이〈i〉」「기〈ki〉」「리〈li〉」「히〈hi〉」「우〈wu〉」「구〈kwu〉」「추〈chwu〉」は，結合することができる動詞の種類がたやすく列挙できるぐらいに極めて限られており，非生産的な性格を有する。
　さらに，統語的側面から見た場合，構文内部における統語的及び意味的な振る舞いの生起の可能性に違いがある。すなわち，一つの文の下にもう一つの文が埋め込まれた複合的統語構造を使役構文に仮定した場合，埋め込まれたもう一つの文において(2)に示した統語的及び意味的な振る舞いが日本語では生ずることができるのに対して，朝鮮語ではそういったことが不可能である，という両言語間の相違である。

（2）（A）　受身化（Aissen 1974 も参照のこと）
　　　（B）　再帰代名詞化（Shibatani 1973a, 1973b, 1976a も参照のこと）
　　　（C）　副詞類の修飾（Shibatani 1973a, 1973b, 1976a も参照のこと）
　　　（D）　「そうする／그렇게 하다〈kulehkey hata〉」による置き換え
　　　　　　（Shibatani 1973a, 1973b, 1976a も参照のこと）
　　　（E）　数量詞の遊離

　これらの統語的及び意味的な振る舞いの様態が両言語間で異なることについて説明するには，次のように両言語間における文の統語構造と語形成の相違に依拠して行うのが最も妥当である。
　「先生が学生に本を読ませた。」という日本語文と，それに対応する「선생님이 학생에게 책을 읽혔다.〈Sensayngnim-i haksayng-eykey chayk-ul

ilkhyessta.〉」という朝鮮語文を例にとると，それぞれ(3)と(4)という統語構造をしていると考えられる。つまり，日本語の使役構文は，一つの文の下にもう一つの文が埋め込まれた複合的統語構造になっているのに対して，朝鮮語の使役構文は，一つの文しか存在しない平らな単一的統語構造になっており，両言語間で統語構造が異なっているわけである。

(3) 日本語における使役構文の統語構造

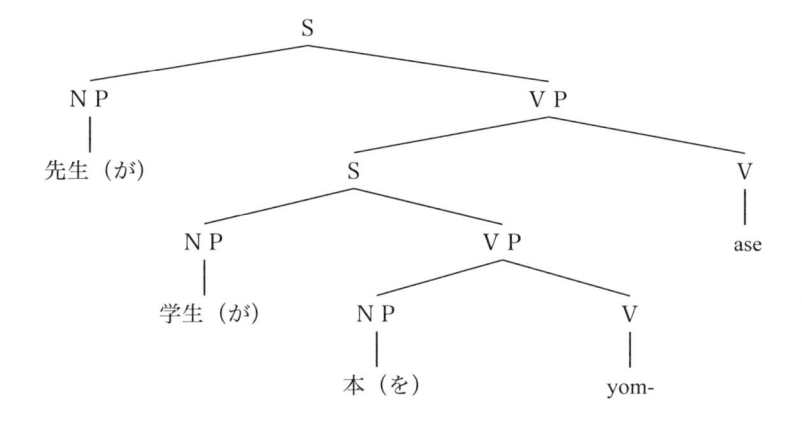

```
                    S
           ┌────────┴────────┐
          NP                 VP
           │          ┌──────┴──────┐
         先生(が)      S             V
                ┌─────┴─────┐       │
               NP          VP      ase
                │      ┌────┴────┐
             学生(が)   NP        V
                        │        │
                      本(を)    yom-
```

(4) 朝鮮語における接尾辞を用いた使役構文の統語構造

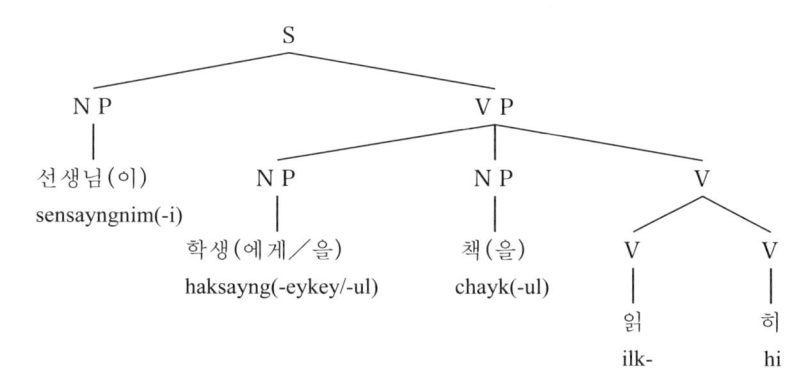

```
                        S
           ┌────────────┴────────────┐
          NP                         VP
           │            ┌────────────┼────────────┐
        선생님(이)       NP           NP           V
      sensayngnim(-i)    │            │        ┌───┴───┐
                        학생(에게/을)  책(을)    V       V
                   haksayng(-eykey/-ul) chayk(-ul) │    │
                                                  읽     히
                                                 ilk-   hi
```

このように考えれば，先ほど指摘した両言語間における統語的及び意味的な振る舞いの様態の違いに妥当な説明が与えられる。朝鮮語では生じない

が，日本語では生ずる統語的及び意味的な振る舞いはすべて，埋め込まれたもう一つの文をまさに対象として生ずるものである。しかも，その対象は統語構造の中の一つの要素として明示されているので，そこに着目するだけで，必要な情報が引き出せるようになっているのである。一方，朝鮮語では，そういったことが起こらず，それに関する情報は要求されないわけであるから，埋め込まれたもう一つの文を設定するには及ばない。

さらに，動詞部分の語形成についても，理にかなっていると言える。前述したように，日本語における動詞と使役接尾辞の結び付きは生産的であるため，それらは別個に語彙項目に記載されていればよい。従って，それらが結び付けられる操作は，統語的なもので妥当であり，(3)の統語構造では，そういったことが示されている。それに対して，朝鮮語における動詞と使役接尾辞の結び付きは，語彙的であるので，両者が結び付いたもの全体で語彙項目に記載されていなければならない。(4)の統語構造でも，そのようになっている。

3　複合動詞構文

二つ目の言語現象として，複合動詞構文を取り上げる。これについても，第9章で詳しく考察したので，ここでは，その考察内容を振り返り，本章における以下の議論にかかわるものの要点を述べることにする。

日本語にも朝鮮語にも，(5)に示されるように，連用形の動詞にまた別の動詞が後続してひとまとまりをなしている，複合動詞と呼ばれるものが存在する。

(5)　日本語——泣き叫ぶ，飲み歩く，たたき壊す，押し上げる，積み残す，追い付く，押し込む，降り出す，消えかかる，読み返す，食べ過ぎる，助け合う，書き直す，買い損なう，取り囲む，振り向く，取り組む，……

　　　朝鮮語——돌아다니다〈tolatanita〉(歩き回る)，일어서다〈ileseta〉(立ち上がる)，뛰어들다〈ttwietulta〉(飛び込む；駆け込む)，찔러죽이다〈ccillecwukita〉(刺し殺す)，받아들이다〈patatulita〉（受け入れる；取り入れる），갈아타다〈kalathata〉（乗り換える），지켜보다〈cikhyepota〉（見守る；見届ける），……

　日本語の複合動詞について見ると，(6A)に示されるように，複合動詞を構成している前項動詞を対象に使役化や受身化などの統語的な振る舞いが生起不可能なものと，(6B)に示されるように，そういったことが認められるものがある。このように，日本語における複合動詞は，統語的な振る舞いの生起可能性の違いから2種類に大別できることがわかる（塚本1987，森山1988，影山1993も参照のこと）。

（6）（A）　*歩かせ回る，*投げられ入れる，……
　　（B）　歩かせ始める，投げられ続ける，……

　前者は，例えば次のようなものである。

（7）　泣き叫ぶ，飲み歩く，たたき壊す，押し上げる，積み残す，追い付く，押し込む，取り囲む，振り向く，取り組む，……

　また，後者の例としては，後項動詞で整理して列挙すると，次のようなものがある（影山1993，姫野2001などを参照のこと。(8)は姫野2001: 11からの引用であるが，影山1993: 96のリストを補完したものである）。

（8）（A）〈始動〉　〜かける，〜だす，〜始める，〜かかる
　　（B）〈継続〉　〜まくる，〜続ける
　　（C）〈完了〉　〜終える，〜終わる，〜尽くす，〜きる，〜通す，〜抜く，〜果てる
　　（D）〈未遂〉　〜そこなう，〜損じる，〜そびれる，〜かねる，〜遅れる，〜忘れる，〜残す，〜誤る，〜あぐねる，〜そこねる
　　（E）〈過剰行為〉　〜過ぎる
　　（F）〈再試行〉　〜直す

（G）〈習慣〉〜つける，〜慣れる，〜飽きる
　（H）〈相互行為〉〜合う
　（I）〈可能〉〜得る

　これらの複合動詞は，上述したように，前項動詞を対象に種々の統語的な振る舞いが生ずることができるわけであるから，複合動詞自体が一つの語を形成しているにもかかわらず，後項動詞を述語とした文の中に，前項動詞を述語としたもう一つの文が埋め込まれた統語構造を成り立たせていると考えられる。「〜終わる」「〜続ける」「〜始める」という複合動詞を例に挙げると，次のとおりである。

（9）a.　[_S [_S ベルが鳴る] 終わった]
　　 b.　[_S 父が [_S (父が) ビールを飲む] 続けた]
　　 c.　[_S 桜の花が [_S (桜の花が) 咲く] 始めた]

　この例で言えば，「〜終わる」の場合は，後項動詞「終わる」を述語とした文「〜が終わる」における主語「〜が」の位置に，「鳴る」という前項動詞を述語とした「ベルが鳴る」というもう一つの文が入り込んだ様態になっている。また，「〜続ける」と「〜始める」の場合も同様に，それぞれ後項動詞「続ける」「始める」を述語とした文「〜が〜を続ける」「〜が〜を始める」における目的語「〜を」の位置に，「飲む」「咲く」という前項動詞を述語とした「父がビールを飲む」「桜の花が咲く」というもう一つの文が入り込んでいる。
　従って，日本語における複合動詞は，上で二分したうち，(7)のようなものが語彙的な性質，(8)のようなものが統語的な性質をそれぞれ有している，と言うことができる。
　上述したように，朝鮮語にも形態上，日本語と同じく，連用形の動詞にまた別の動詞が後続してひとまとまりをなしている，複合動詞と呼ばれるものが存在する。ところが，複合動詞における統語的な振る舞いについて考察すると，次のような日本語との違いを見出すことができる。それは，朝鮮語では前項動詞を対象に統語的な振る舞いが生起することができない複合動詞

（日本語における(6A)のようなもの）が圧倒的大多数であり，そういったことが可能な複合動詞（日本語における(6B)のようなもの）は非常に少なく，限られている，ということである．

先に挙げた(9)の日本語を朝鮮語で表現すると，それぞれ次のようになる．

(10) a. 종 소리가 끝났다.
　　　　Cong soli-ka kkuthnassta.
　　　　（直訳：鐘(の)音が終わった．）
　　 b. 아버지가 맥주를 계속 먹었다.
　　　　Apeci-ka maykcwu-lul kyeysok mekessta.
　　　　（直訳：父がビールを継続(＝続けて)飲んだ．）
　　 c. 벚꽃이 피기 시작했다.
　　　　Peckkoch-i phi-ki sicakhayssta.
　　　　（直訳：桜(の)花が咲くこと(を)始めた．）

(10a)では，「소리〈soli〉(音)」という名詞が「〜가〈ka〉(〜が)」という補語に現れ，「소리가 끝나다〈soli-ka kkuthnata〉(音が終わる)」というようになっている．(10b)では，「계속〈kyeysok〉(継続)」という漢語を副詞的に用い，「계속 먹다〈kyeysok mekta〉(継続(＝続けて)飲む)」というようになっている．また，(10c)では，「피다〈phi-ta〉(咲く)」という動詞の語幹「피〈phi〉」に名詞化接尾辞の「기〈ki〉」を付け加えた後，「시작하다〈sicakhata〉(始める)」という動詞が続き，「피기 시작하다〈phi-ki sicakhata〉(咲くこと(を)始める)」というようになっている．

このように，日本語では複合動詞を用いて表現できる意味内容を，朝鮮語では複合動詞を用いて表現することはどうしてもできず，複合動詞を用いない別の表現をとるしかない．日本語では，上述したように，前項動詞を対象に種々の統語的な振る舞いが生ずることができる複合動詞の構文について，一つの文にもう一つの文が埋め込まれた複合的統語構造が仮定できるのに対して，朝鮮語では，そういった複合動詞は非常に少なく限られており，存在しない場合，複合動詞を用いて表現できないわけであるから，当然，複合動

詞構文にそのような統語構造を仮定することはできない。

　従って，朝鮮語における複合動詞は，形態上，「動詞連用形＋動詞」といったように日本語の場合と同様であっても，語彙的な性質を有するものがほとんどであるわけである。

4 「〜中 (に) ／〜 중 (에) ⟨cwung (-ey)⟩」「〜後 (に) ／〜 후 (에) ⟨hwu (-ey)⟩」などを用いた構文

　三つ目の言語現象として，「〜中 (に) ／〜 중 (에) ⟨cwung (-ey)⟩」「〜後 (に) ／〜 후 (에) ⟨hwu (-ey)⟩」などを用いた構文を取り上げる。

　影山 (1987, 1993)，Shibatani and Kageyama (1988)，影山・柴谷 (1989) は，日本語における「〜後 (に)」「〜中 (に)」「〜の {際／折} (に)」などを用いた構文について非常に興味深い考察を行っている。

　まず，その中で本章における以下の議論に関連する内容を振り返ることにする ((11) の例は影山 1993: 32–33 からの引用)。

(11) a. ひかり号が静岡駅を通過後に……
　　 b. コンピュータに資料を入力中に……
　　 c. 書庫の本を帯出の際は……
　　 d. 稲を刈り取り後……
　　 e. 警察が交通違反を取り締まり中に……
　　 f. 書庫の本を持ち出しの際は……

(11a, b, c) は「通過」「入力」「帯出」という漢語，(11d, e, f) は「刈り取り」「取り締まり」「持ち出し」という和語をそれぞれ用いた例であるが，この和語は，(12) が言えないことから，連用形の動詞ではなく，動詞が名詞化したものであると考えられる ((12) の例は影山 1993: 33 からの引用)。

(12) a. *朝食を取り中に……
　　 b. *コンピュータに資料を入れ中に……

ここで，(11)のいずれの例においても「～を」といういわゆる直接目的語の出現が認められる，という点に注目したい。
　例えば(13)のように表現することが可能であるが，この場合，「通過する」「持ち出す」が「後」「際」という名詞を連体形として修飾している，明らかに動詞であるため，統語的な要素である「～を」という直接目的語は，その動詞の要求によって現れているのである。これについては，疑問となるところはない。

(13) a.　ひかり号が静岡駅を通過した後に……
　　　b.　書庫の本を持ち出す際は……

　また，「通過」「入力」「帯出」という漢語は名詞であり，また「刈り取り」「取り締まり」「持ち出し」という和語も(12)が言えないことから名詞であると判断できるので，そういった名詞を，前置されたまた別の名詞が修飾する時は，連体格助詞の「の」が用いられるはずである。これなら，疑問は生じない。実際，次に示すように，こういったことは多くの場合，可能である。

(14) a.　コンピュータへの資料の入力中に…
　　　b.　稲の刈り取り後…
　　　c.　警察による交通違反の取り締まり中に…

　ところが，(11)においては，なぜ「～を」という直接目的語が出て来ることができるのであろうか。このような構文にどのような統語構造を設定するのが最も妥当であるか，ということも考察しなければならない問題であるが，どのような統語構造を設定するにしても，「～後(に)」「～中(に)」「～の{際／折}(に)」などの語形成がなされる際には，統語的な操作が行われていると考えなければ，「～を」という直接目的語が出現可能であることに適切な説明は与えられない。
　以上，影山(1993)などによる日本語についての考察内容を見てきたが，以下では，これを踏まえて朝鮮語に目を転ずることにしよう。

日本語における「〜後(に)」「〜中(に)」「〜の {際／折}(に)」に相当する朝鮮語の表現は,「〜 후(에)〈hwu (-ey)〉」「〜 중(에)〈cwung (-ey)〉」「〜 때(에)〈ttay (-ey)〉」となる。先の二つにおいて用いられている「후〈hwu〉」「중〈cwung〉」は,「後」「中」に対応する漢語である。また, 最後のものにおいて用いられている「때〈ttay〉」は,「時」や「折」に対応する固有語である。最後のものだけは, 日本語では名詞が前置された場合, 格助詞の「の」を伴わなければならないのに対して, 朝鮮語では「の」に相当する「의〈uy〉」という格助詞が現れることは認められない, という点で違いがあるが, これを除けば, 両言語間でほぼ同様であると言える。

(11)に挙げた日本語の例のいくつかを, 文字どおりそのまま朝鮮語で表現すると, 次の(15)のようになる。また, 別の例も(16)と(17)に挙げておく((17)における訳の日本語の例は Tsujimura 1996: 140 からの引用)。

(15) a. ?히카리호가 시즈오카역을 통과 후에 ……
　　　 ?Hikhaliho-ka sicuokhayek-ul thongkwa hwu-ey …
　　　 （ひかり号が静岡駅を通過後に……）
　　 b.(?)컴퓨터에 자료를 입력 중에 ……
　　　 (?)Khemphyuthe-ey calyo-lul iplyek cwung-ey …
　　　 （コンピュータに資料を入力中に……）
　　 c. *쌀을 수확 후에 ……
　　　 *Ssal-ul swuhwak hwu-ey …
　　　 （稲を刈り取り後……）
　　 d. *서고의 책을 대출 때(에) ……
　　　 *Seko-uy chayk-ul taychwul ttay(-ey) …
　　　 （書庫の本を {帯出／持ち出し} の際(に)……）
(16)(?)학생이 조선말을 공부 중에 ……
　　　 (?)Haksayng-i cosenmal-ul kongpu cwung-ey …
　　　 （学生が朝鮮語を勉強中に……）
(17) ?일본에 가려면 학위를 취득후가 좋다.
　　　 ?Ilpon-ey kalye-myen hakwi-lul chwituk-hwu-ka cohta.
　　　 （日本へ行くなら, 学位を取得後がいい。）

それぞれの例で、「후(에)〈hwu(-ey)〉(後(に))」「중(에)〈cwung(-ey)〉(中(に))」「때(에)〈ttay(-ey)〉(際／折(に))」のすぐ前には、「통과〈thongkwa〉(通過)」「입력〈iplyek〉(入力)」「수확〈swuhwak〉(収穫)」「대출〈taychwul〉(帯出)」「공부〈kongpu〉(工夫)」[1]「취득〈chwituk〉(取得)」という漢語の名詞が置かれている。日本語では、「刈り取る」「持ち出す」というような動詞の連用形「刈り取り」「持ち出し」が名詞の働きをすることが可能であるが、朝鮮語における動詞の連用形はこのような用い方はできない。こういったことも起因して、前置される名詞は漢語のものであることが普通である。

　ここで最も注目に値するのは、(15)～(17)の朝鮮語文が日本語の場合のようには認められなかったり、それに比べると、不自然であったりする、ということである。さらに、次に示すように、朝鮮語では、格助詞「를／을〈lul/ul〉(を)」で表示された名詞句と漢語名詞の間に副詞などの要素が入ったりすると、容認度がより低くなる。

(18) ?학생이 조선말을 열심히 공부 중에 ……
　　　?Haksayng-i cosenmal-ul yelqsimhi kongpu cwung-ey …
　　　（学生が朝鮮語を熱心に勉強中に……）

　(15)～(17)の朝鮮語文が認められるようになるためには、次のように表現しなければならない。

(19) a.　히카리호가 시즈오카역을 통과한 후에 ……
　　　　Hikhaliho-ka sicuokhayek-ul thongkwahan hwu-ey …
　　　　（ひかり号が静岡駅を通過した後に……）
　　 b.　컴퓨터에 자료를 입력하는 중에 ……
　　　　Khemphyuthe-ey calyo-lul iplyekhanun cwung-ey …
　　　　（コンピュータに資料を入力している間に……）
　　 c.　쌀을 수확한 후에……
　　　　Ssal-ul swuhwakhan hwu-ey …
　　　　（稲を刈り取った後に……）
　　 d.　서고의 책을 대출할 때(에)……

>
> Seko-uy chayk-ul taychwulhal ttay(-ey) …
> （書庫の本を {帯出する／持ち出す} 際(に)……）

(20) 학생이 조선말을 공부하는 중에 ……
　　　Haksayng-i cosenmal-ul kongpuhanun cwung-ey …
　　　（学生が朝鮮語を勉強している間に……）

(21) 일본에 가려면 학위를 취득한 후가 좋다.
　　　Ilpon-ey kalye-myen hakwi-lul chwitukhan hwu-ka cohta.
　　　（日本へ行くなら，学位を取得した後がいい。）

　これは日本語における(13)と同様で，連体形の動詞が「후〈hwu〉(後)」「중〈cwung〉(中)」「때〈ttay〉(際；折)」という名詞を修飾している様態になっている。この場合，統語的な要素である格助詞「를／을〈lul/ul〉(を)」は文という統語的なレベルでそれぞれの動詞が要求して出て来ているのであり，格助詞「를／을〈lul/ul〉(を)」の現れ方については疑問となるところはない。

　また，認められにくい(15)〜(17)でも，格助詞「를／을〈lul/ul〉(を)」を用いずに表現すれば，多くの場合，認められるようになる。

(22) 학생이 조선말 공부 중에 ……
　　　Haksayng-i cosenmal kongpu cwung-ey …
　　　（?学生が朝鮮語勉強中に……）

(23) 일본에 가려면 학위 취득후가 좋다.
　　　Ilpon-ey kalye-myen hakwi chwituk-hwu-ka cohta.
　　　（日本へ行くなら，学位取得後がいい。）

　ただ，(24)(25)に示されるように，日本語では，格助詞「の」を用いて表現することができるのに対して，朝鮮語では，それに対応する格助詞「의〈uy〉(の)」を用いての表現は困難である。

(24) *학생이 조선말의 공부 중에 ……
　　　*Haksayng-i cosenmal-uy kongpu cwung-ey …

（学生が朝鮮語の勉強中に……）
(25) ?일본에 가려면 학위의 취득후가 좋다.
　　　?Ilpon-ey kalye-myen hakwi-uy chwituk-hwu-ka cohta.
　　　（日本へ行くなら，学位の取得後がいい。）

　以上，見てきたことから，次のような帰結が得られる。朝鮮語では，「통과〈thongkwa〉(通過)」「취득〈chwituk〉(取得)」などといった漢語名詞と，「후(에)〈hwu(-ey)〉」「중(에)〈cwung(-ey)〉」「때(에)〈ttay(-ey)〉」の組み合わせが形成される時，日本語の場合とは違い，(15)〜(17)のように統語的な要素である格助詞の「를／을〈lul/ul〉(を)」が現れにくいわけであるから，統語的な操作が行われているとは考えられない。表現可能な(22)や(23)は名詞が連なる複合名詞の構造になるので，この形成に当たっては語彙的な操作だけで事が足りる。従って，形態上は両言語間で同様であっても，語形成の点では，朝鮮語は語彙的な手段をとり，日本語はそれに加えて統語的な手段もとる，といったように異なるのである。

5　名詞化接尾辞

　四つ目の言語現象として名詞化接尾辞を取り上げる。影山(1993)は，日本語におけるいくつかの名詞化接尾辞について考察を行っている。ここでは，その中で本章における以下の議論に関係するところを振り返ることにする。
　「〜っぷり」「〜ごろ」「〜手」「〜方」という名詞化接尾辞は動詞の連用形に付くが，それが用いられる時，前置された名詞を表示する格助詞は「が」や「を」ではなく，「の」である((26)の例は影山1993: 358からの引用)。

(26) a.　酒 {の／*を} 飲みっぷり
　　 b.　ぬか漬け {の／*を} 食べごろ
　　 c.　ドイツリート {の／*を} 歌い手
　　 d.　箸 {の／*を} 使い方
　　 e.　外国への小包の送り方／*外国へ小包を送り方

つまり、「飲みっぷり」「食べごろ」「歌い手」「使い方」「送り方」で一つの語を形成しており、それは名詞であるから、前置された名詞がまた別の名詞を修飾するには格助詞の中で連体の機能を果たす「の」がふさわしいわけである。これらの名詞化接尾辞は、こういう点で語彙的な接尾辞ということになる。

ところが、「〜ぷり」「〜ごろ」「〜手」は、統語的な複合動詞（第8章の2.4参照）に後続することができないのに対して、「〜方」はそれが可能である（(27)と(28)の例は影山1993: 358からの引用）。

(27) a. *酒の飲み終えっぷり
　　 b. *ぬか漬けの食べ始めごろ
　　 c. *ドイツリートの歌い慣れ手
(28) a. 酒の飲み始め方
　　 b. 潜り続け方
　　 c. 読ませ始め方

こういう事実からすれば、「〜方」は統語的に派生されると考えられる。

一方、「〜さ」という名詞化接尾辞は、次のように用いられる（(29)の例は影山1993: 245からの引用）。

(29) a. 男は、酒代が欲しさに強盗をはたらいた。
　　 b. 夕景色｛が／を｝見たさに海岸に出た。
　　 c. 少年は、東大に入りたさのあまり、試験問題を盗み出した。
　　 d. 菊治は……夫人と会いたさがつのるばかりのようであった。
　　　　　　　　　　　　　　（川端康成（著）『千羽鶴』：関 1977: 305）
　　 e. 子供というのは、親にほめられたさにそんなことをするものなのです。

このように、前置された名詞を表示するのに許される格助詞は「の」ではなく、それ以外のものであり、この様態は前述した名詞化接尾辞の場合と異なる。これらの格助詞は、「〜さ」と結び付いている「欲しい」や「入りた

い」などそれぞれの述語が格支配で要求して出て来ているものである。

　また，「～方」と同様に，「～さ」も統語的な複合動詞やヴォイスの形式を含んだ動詞に後続することができる（(30)の例は影山1993:359からの引用）。

(30) a. 早く仕事をやり終えたさに……
　　 b. 子供に本を読ませたさに……

　以上のことから，次のような考えに行き着くことになる。先ほど見たように，形態上一つの語となっている「～ぶり」「～ごろ」「～手」とそれぞれの述語との結び付きは，語彙的な派生の過程を経て形成される。それに対して，「～さ」とそれぞれの述語との結び付きは，「～ぶり」「～ごろ」「～手」の場合と同様に形態上一つの語となっているが，それが形成される際には統語的な派生の過程を経ていると考えなければ，どうしても妥当な記述・説明は与えられない。また，「～方」の場合は，「～ぶり」「～ごろ」「～手」の場合と「～さ」の場合のいわば中間的な存在になっているのである。
　一方，朝鮮語には，日本語における「～ぶり」「～ごろ」「～手」「～方」に対応する名詞化接尾辞が存在しない。日本語のその内容を朝鮮語で表現するには，次のような形式を用いることになる。

(31) a. 酒の飲みっぷり
　　 b. 술을 마시는 모습
　　　　swul-ul masinun mosup
　　　（酒を飲む様子）
(32) a. 牡蠣の食べ頃
　　 b. 굴을 먹기에 적당한 때
　　　　kwul-ul mek-ki-ey cektanghan ttay
　　　（牡蠣を食べるのに適当な頃）
(33) a. 英語の話し手
　　 b. 영어를 하는 사람／영어의 화자
　　　　yenge-lul hanun salam / yenge-uy hwaca

　　　　　（英語を話す人／英語の話者）
(34) a.　論文の書き方
　　 b.　논문을 쓰는 (방)법
　　　　 nonmun-ul ssunun (pang) pep
　　　　 (論文を書く(方)法)

　これらの例の中で(34b)について見ると、動詞「쓰다〈ssuta〉(書く)」が「쓰는〈ssunun〉」という連体形をとり、「논문을 쓰는〈nonmun-ul ssunun〉(論文を書く)」という文が「(방)법〈(pang) pep〉((方)法)」という名詞を修飾している表現であるのがわかる。他のものも同様で、日本語に訳して言えば、「酒を飲む様子」「牡蠣を食べるのに適当な頃」「英語を話す人」のようになっているのである。多くはこのような表現になるが、場合によっては、(33b)におけるもう一つの例のように、漢語名詞の「화자〈hwaca〉(話者)」という語を用いて「英語の話者」という言い方をとることも可能である。
　また、朝鮮語は、日本語の名詞化接尾辞「〜さ」に相当すると考えられるものとして「〜(으)ㅁ〈(u)m〉」を有する。ところが、例えば(35a)や(36a)の日本語文を、それを用いた朝鮮語で表現すると、それぞれ(35b)(36b)のようになるが、これらは許容されない。つまり、「〜(으)ㅁ〈(u)m〉」を用いた上に、それが付け加えられた述語が格支配で要求する格助詞である「가／를〈ka/lul〉(が／を)」や「을〈ul〉(を)」が現れるのは、不可能なのである。

(35) a.　彼は野茂選手｛が／を｝見たさにロサンゼルスまで行った。
　　 b.　*그는 노모선수 ｛가／를｝ 보고 싶음에 로스앤젤레서까지 갔다.
　　　　 *Ku-nun Nomo-senswu {-ka/-lul} po-ko siph-um-ey losuaynceylleyse-kkaci kassta.
　　 c.　그는 노모선수 ｛가／를｝ 보고 싶어서 로스앤젤레서까지 갔다.
　　　　 Ku-nun Nomo-senswu {-ka/-lul} po-ko siphese losuaynceylleyse-kkaci kassta.
(36) a.　菊治は……夫人と会いたさがつのるばかりのようであった。
　　　　　　　　　　（川端康成(著)『千羽鶴』：関 1977: 305)［＝(29d)］

b. *기꾸지는 …… 부인을 만나보고 싶음이 더욱 간절해지는 것만 같았다.
 *Kikkwuci-nun ... puin-ul mannapo-ko siph-um-i tewuk kancelhaycinun kesman kathassta.
c. 기꾸지는 …… 부인을 만나보고 싶은 생각이 더욱 간절해지는 것만 같았다.
 (川端康成(著), 金鎮郁〈Kim, Cinwuk〉(キム＝ヂヌク)(譯)『雪國〈Selkwuk〉／千羽鶴〈Chenwuhak〉』p. 227)
 Kikkwuci-nun ... puin-ul mannapo-ko siphun sayngkak-i tewuk kancelhaycinun kesman kathassta.

　認められる朝鮮語にするには，(35c)のように「노모선수{가／를} 보고 싶어서〈Nomo-senswu {-ka/-lul} po-ko siphese〉(野茂選手{が／を}見たくて)」という文として表現しなければならない。また，(36a)の実際の朝鮮語訳を調べると，(36c)のように翻訳されている。先ほど見た(31b)～(34b)の場合と同様に，補助形容詞「싶다〈siphta〉(～たい)」が「싶은〈siphun〉」という連体形をとって，「부인을 만나보고 싶은〈puin-ul mannapo-ko siphun〉(夫人に会いたい)」という文が「생각〈sayngkak〉(思い；考え)」という名詞を修飾している表現になっており，全体を直訳すると，「菊治は……夫人に会いたい思いがさらに切実になるばかりのようであった。」というわけである[2]。
　このように，朝鮮語では，明らかに文と認められる表現か，明らかに語と認められる表現かのどちらかが用いられる。構成要素の地位が明らかであるので，その派生過程も，前者は統語的なもの，後者は語彙的なものとはっきりしている。朝鮮語には，上述した日本語の名詞化接尾辞に相当するものがほとんどないため，形態上，語と見なされる要素が形成される際，統語的な派生の過程を想定しなければならない，といったことは自ずと生じなくなる。これは，日本語の場合と違い，朝鮮語における動詞の連用形には名詞としての機能がない，ということとも大いに関係していると考えられる。

6　照応

　五つ目の言語現象として照応を取り上げる。一般的に，語の内部の要素を代名詞で指示することはできないことが知られている。

(37)　*頑張って餅つきをしたのに，それはあまりおいしくなかった。

このように，「餅つき」という語の一部である「餅」を，後続する代名詞の「それ」が指すことは不可能である。
　さらに，代名詞が複合語の内部に現れることも，一般的には許されない。

(38) a.　*それ探し（←宝探し）
　　 b.　*あそこ旅行（←アメリカ旅行）

このように，「宝探し」「アメリカ旅行」という語の一部である「宝」「アメリカ」を指して代名詞の「それ」「あそこ」が置き換わることはできない。
　ところが，日本語では，数は少ないが，それが可能な場合があることが指摘されている（柴谷 1992: 221，影山 1993: 11 を参照のこと。(39)と(40)の例はそれぞれ，柴谷 1992: 221 と影山 1993: 11 からの引用）。

(39) a.　それ待ち
　　 b.　（今夜は）そこ泊まり
　　 c.　そこ行き（の電車）
(40) a.　この電車はここ止まりです。
　　 b.　あの人好みのデザイン

これらの例で言えることは，「〜待ち」「〜止まり」などの語のレベルにおいて照応という統語的な操作が行われている，ということである。
　それに対して，朝鮮語では，(39)(40)のように複合語の中に代名詞を入れて表現することは全くできない。例えば(39c)(40b)を朝鮮語で表現すると，それぞれ(41b)(42b)のように，文を用いた表現をとることになる。

(41) a. そこ行き(の電車)［＝(39c)］
　　 b. 거기 가는 전차
　　　　keki kanun cencha
　　　　(そこに行く電車)
(42) a. あの人好みのデザイン［＝(40b)］
　　 b. 저 사람이 좋아하는 디자인
　　　　ce salam-i cohahanun ticain
　　　　(あの人が好むデザイン)

それぞれ，動詞「가다〈kata〉(行く)」「좋아하다〈cohahata〉(好む)」の連体形「가는〈kanun〉」「좋아하는〈cohahanun〉」が名詞「전차〈cencha〉(電車)」「디자인〈ticain〉(デザイン)」を修飾しており，「거기 가는〈keki kanun〉(そこに行く)」「저 사람이 좋아하는〈ce salam-i cohahanun〉(あの人が好む)」といった文を用いた表現をとっているわけである。従って，朝鮮語では，語のレベルにおいて照応という統語的な操作が行われることはないのである。これは，前節で名詞化接尾辞について見た際に指摘したのと同様に，朝鮮語における動詞の連用形には名詞としての機能がない，という日本語との相違ともかかわっていると思われる。

7　接頭辞「同～／동〈tong〉～」

　六つ目の言語現象として接頭辞「同～／동〈tong〉～」を取り上げる。影山(1993: 338–346, 1995a, 1995b)は，日本語の接頭辞「同～」「前～」「元～」などについて考察を行っているが，ここでは，特に「同～」に注目したい。例えば，次のような例が挙げられている((43)の例は影山 1995a: 4, 1995b: 17からの引用)。

(43)　英国で初の競馬学講座が，同国南西部にあるブリストル大学に誕生した。

「同国南西部」は形態上，語であると認められる。その一部である「同」は

先行詞の「英国」を指していると解釈され，文脈照応という統語的な操作が行われている。日本語における「同」のこういう用い方は，次に示すように他にも頻繁に見出され，生産的であると言える。

(44) 同氏, 同社, 同店, 同市, 同館, 同紙, 同案, 同法, 同大学, 同研究所, 同センター, 同シンポジウム, 同教授, 同学会, 同首相, 同大統領, 同議員, 同委員, 同容疑者, ……

日本語と同様に，朝鮮語にも漢語の「동[＝同]〈tong〉」があるので，(44)の日本語をそのまま朝鮮語で表現すると，次のようになる。

(45) *동씨〈*tong-ssi〉(同氏), *동사〈*tong-sa〉(同社), *동점〈*tong-cem〉(同店), *동시〈*tong-si〉(同市), *동관〈*tong-kwan〉(同館), *동지〈*tong-ci〉(同紙), *동안〈*tong-an〉(同案), *동법〈*tong-pep〉(同法), ?동대학교〈?tong-tayhakkyo〉(同大学), ?동연구소〈?tong-yenkwuso〉(同研究所), ?동센터〈?tong-seynthe〉(同センター), ?동심포지엄〈?tong-simphociem〉(同シンポジウム), ?동교수〈?tong-kyoswu〉(同教授), ?동학회〈?tong-hakhoy〉(同学会), *동수상〈*tong-swusang〉(同首相), *동대통령〈*tong-taythonglyeng〉(同大統領), *동의원〈*tong-uywen〉(同議員), *동위원〈*tong-wiwen〉(同委員), *동용의자〈*tong-yonguyca〉(同容疑者)

ところが，このように，朝鮮語の場合は日本語の場合と異なり，中には言えなくもないものが存在するものの，総じて困難である。朝鮮語では，出て来た名詞を繰り返して用いたり，それを代名詞で指したりして表現するのが普通であり，実際の文章からも「동〈tong〉～(同～)」を用いたものはほとんど見出せない。よって，朝鮮語では，「동〈tong〉(同)」を文脈照応という統語的な操作をするのに用いることは日本語よりもはるかに難しいと言える。

影山(1993, 1995a, 1995b)は，種々の議論によって日本語の接頭辞「同～」などを，通常の語より大きいが，あくまでも語であって句ではない単位と捉

える提案をし，その単位を「語⁺」(word plus) と名付けている。また，影山 (1993: 343–344) は，言語現象に語より大きい単位である語⁺あるいは句が関与するからと言ってその語形成過程が統語部門で起こると直ちに結論づけることができるとは限らないことを論じている。このように統語部門でなく，語彙部門で派生されると考える方が妥当であるにしても，日本語の「同」は朝鮮語の「동〈tong〉(同)」と違って，統語的な操作をしているのは事実であり，前者は後者よりも統語部門寄りの性質であると言える。

8　接尾辞「〜的／〜적〈cek〉」

七つ目の言語現象として接尾辞「〜的／〜적〈cek〉」を取り上げる。日本語の接尾辞「〜的」は，次のようにさまざまな語と結び付くことができ，生産的な様態を示している。結び付くことができる語の種類について言えば，大多数が漢語であるが，和語や西洋語からの借用語のものもなくはない（山下 1999）。

(46)　美的，法的，理論的，伝統的，言語学的，非合法的，受け身的，草分け的，アイドル的，……

また，山下 (2000) は，次のような表現が可能であることを指摘している ((47)(48) の例は山下 2000: 55 からの引用)。

(47)　「そこまでやるか」的趣味をもつJリーガー人大集合
　　　　　　　　　　　　　　　　　（『朝日新聞』1994年11月22日）
(48)　「疑わしきは罰する的な報道は控えよう」という判断からだ。
　　　　　　　　　　　　　　　　　（『朝日新聞』1998年7月6日）

すなわち，日本語の接尾辞「〜的」は，(46) におけるような語の単位のものばかりではなく，「そこまでやるか」「疑わしきは罰する」のように，語よりも大きい単位である節・文とも結び付くことが許されるのである。
　一方，朝鮮語は，日本語と同様に漢語の「적[＝的]〈cek〉」を有し，それ

を用いたものとして次のようなものが見出される。

(49) 미적 〈mi-cek〉(美的), 법적 〈pep-cek〉(法的), 이론적 〈ilon-cek〉(理論的), 전통적 〈centhong-cek〉(伝統的), 언어학적 〈enehak-cek〉(言語学的), 비합법적 〈pi-happep-cek〉(非合法的), ……

このように，日本語に比べると，固有語や西洋語からの借用語との結合が困難な場合が多くなるものの，「～적〈cek〉(～的)」が語の単位の要素と結び付くことができるのは，日本語におけるのと同じである。

ところが，「적〈cek〉(的)」を用いて(47)(48)の日本語を朝鮮語で表現すると，それぞれ(50b)(51b)のようになるが，これらは受け入れられない。

(50) a. 「そこまでやるか」的趣味をもつJリーガー人大集合 [＝(47)]
b. *「거기까지 할까」적 취미를 가지고 있는 J리그인 대집합
　　*"Keki-kkaci halkka"-cek chwimi-lul kaci-ko issnun ceyilikuin tayciphap
c. 「거기까지 할까」라고 하는 취미를 가지고 있는 J리그인 대집합
　　"Keki-kkaci halkka"-lako hanun chwimi-lul kaci-ko issnun ceyilikuin tayciphap
　　(「そこまでやるか」という趣味をもつJリーガー人大集合)

(51) a. 「疑わしきは罰する的な報道は控えよう」という判断からだ。[＝(48)]
b. *의심스러운 것은 벌한다적인 보도는 삼가하자라고 하는 판단에서부터이다.
　　*Uysimsuleun kes-un pelhanta-cek-in poto-nun samkahaca-lako hanun phantan-eyseputhe-ita.
c. 「의심스러운 것은 벌한다」와 같은 보도는 삼가하자라고 하는 판단에서부터이다.
　　"Uysimsuleun kes-un pelhanta"-wa kathun poto-nun samkahaca-lako hanun phantan-eyseputhe-ita.
　　(「疑わしいことは罰する」のような報道は控えようという判断からだ。)

従って，朝鮮語の「〜적〈cek〉(〜的)」は，語よりも大きい単位である節・文と結び付くことができない，と言えるわけである。認められる朝鮮語にするには，(50c)(51c)に示すように，「〜적〈cek〉(〜的)」の部分を「〜라고 하는 …〈-lako hanun ...〉(〜という…)」あるいは「〜{와／과} 같은 …〈-{wa/kwa} kathun ...〉(〜のような…)」といった別の形式で表現しなければならない。ただし，後者の場合は，先行する箇所に「 」というような表記上の補助がなければ，容認が困難である。

　なお，非常に興味深いことに，一般的には不可能な表現が表記上の補助に頼れば認められるようになる現象は，英語でも見られる。それは，例えば次に示されるとおりである。

(52)　"buy two, get one free" sale
　　　(「二つ買ったらもう一つおまけ」のセール)
(53)　all-you-can-eat restaurant
　　　(食べ放題のレストラン)
(54)　"get-lost-before-I-get-mad" look
　　　(「俺がキレる前に失せろ」的な目つき)

英語では，複合名詞を構成する要素として置かれるのは普通，語のレベルのものであり，それよりも単位が大きい句や節・文は，その要素となることができない。ところが，(52)においては，buy two, get one free は単位が節・文であるが，" " という引用符(quotation marks)で囲まれることにより，複合名詞内の一要素として立つことができる。また，(53)における all you can eat も単位が節・文であるが，この場合，そのそれぞれの語をハイフン(hyphen) - でつなぐことによって，複合名詞内の一要素になり得ている。さらに，(54)は，単位が節・文である get lost before I get mad が引用符とハイフンの両方を伴うことによって，それが含まれた複合名詞が成立しているものである。このように，複合名詞内に入り込むことができない，語よりも大きい単位である節・文がそういったことを可能にするのは，引用符やハイフンといった表記上の補助を得ることで，一つの語のように認識されるからであると考えられる。

9 形態・統語的仕組み

　これまで日本語と朝鮮語における諸言語現象を取り上げて考察し，それらに関する両言語間の類似点と相違点を明らかにしてきた。その考察した言語現象のうち，本章における議論にかかわるものと，取り上げた章節を具体的に示すと，次のとおりである。

(55)（A）　接辞を用いた使役構文(第 10 章及び本章第 2 節)
　　（B）　複合動詞構文(第 9 章及び本章第 3 節)
　　（C）　「～中(に)／～중(에)〈cwung (-ey)〉」「～後(に)／～후(에)〈hwu (-ey)〉」などを用いた構文(本章第 4 節)
　　（D）　名詞化接尾辞(本章第 5 節)
　　（E）　照応(本章第 6 節)
　　（F）　接頭辞「同～／동〈tong〉～」(本章第 7 節)
　　（G）　接尾辞「～的／～적〈cek〉」(本章第 8 節)

　以上，考察してきた(55)の諸言語現象すべてに共通している点として，次のようなことを導き出すことができる。それは，朝鮮語では語の地位を有する要素内において統語的な振る舞いが起こり得ないか，あるいは非常に限られた場合にしか起こらないのに対して，日本語では語の地位を有する要素内においてそういったことが許される言語現象を比較的多数見出せる，ということである。
　ここでは，接辞を用いた使役構文と複合動詞構文の二つを代表として振り返りながら，今述べたことを確認しておきたい。
　日本語も朝鮮語も形態上同様に，使役を表す接尾辞が動詞語幹と結び付くことができ，この「動詞語幹＋使役を表す接尾辞」という単位は語の地位を得ている。ところが，日本語では，語の単位の一部である動詞語幹を対象としていくつもの統語的な振る舞いが生ずることができるのに対して，朝鮮語では，そういったことが不可能である，という両言語間の相違が指摘できるのであった。さらに，これは，「動詞語幹＋使役を表す接尾辞」という単位の地位が語であるにもかかわらず，日本語では一つの文の下にもう一つの文

が埋め込まれた複合的統語構造をなしているのに対して，朝鮮語では一つの文しか存在しない単一的統語構造をなしている，という両言語間の相違につながっていくのであった。

また，複合動詞構文の場合も，接辞を用いた使役構文の場合と状況が非常によく似ている。日本語，朝鮮語ともに，形態上同様に，連用形の動詞にまた別の動詞が後続してひとまとまりをなす，複合動詞と呼ばれるものが存在し，この「動詞連用形＋動詞」という単位の地位は語である。しかしながら，日本語では，語の単位の一部である前項動詞において統語的な振る舞いが生起可能である複合動詞が比較的多く見出せるのに対して，朝鮮語でそういったことが許される複合動詞はなくはないが，極めて少数なのであった。日本語でそういったことが成り立つ複合動詞の場合は，「動詞連用形＋動詞」という単位の地位が語であるものの，一つの文の下にもう一つの文が埋め込まれた複合的統語構造をなしている。一方，朝鮮語では，それに該当する複合動詞が非常に限られているわけであるから，それ以外の大多数を占める複合動詞の場合は，今述べたような複合的統語構造を設定するに及ばず，一つの文しか存在しない単一的統語構造をなしているのであった。

以上のことから，日本語と朝鮮語の相違を引き起こしている根本的な要因として，(56)に示す形態・統語的仕組みの違いを導き出すことができる。

(56) 「形態・統語的仕組みの違い」という根本的な要因
　　　日本語――語と節・文が重なって融合している性質のものが存在する仕組みになっている。
　　　朝鮮語――語なら語，節・文なら節・文といったように，基本的には語と節・文の地位を区別する仕組みになっている。

上述した，日本語では見られるが，朝鮮語では見られない統語的な振る舞いは，日本語の場合に語と節・文が重なって融合した部分が反映された結果であると言うことができる。

従って，次の結論が得られる。第一に，日本語と朝鮮語の相違を引き起こしている根本的な要因として，形態・統語的仕組みの違いを導き出すことができる。第二に，こういったことが根本にあるため，種々の言語現象で両言

語間の相違となって現れる。第三に，形態・統語的仕組みに着目すれば，諸言語現象における両言語間の相違を統一的に捉え，適切に記述・説明することが可能となる。

10 形態・統語的仕組みの文法化とのかかわり

さらに，この形態・統語的仕組みは，先に第11章の第7節で論述した文法化の進度と大いにかかわりがある。文法化は，同章同節で定義したように，実質的な意味を有する自立的な語彙項目がその実質的な意味と自立性を失い，文法的な機能を担うように変化する過程である。文法化はこのような特徴を有するものであるから，朝鮮語のように語と節・文の地位が基本的に区別されている形態・統語的仕組みよりも，日本語のように語と節・文の地位が重なって融合している性質のものが存在する形態・統語的仕組みの方が文法化を誘発しやすいと考えられる。

例えば，日本語における複合動詞について言えば，語の地位を得ている「動詞連用形＋動詞」においてその一部である前項動詞を対象とした統語的な振る舞いが許される様態（第11節参照）が，(9)に挙げた複合動詞を構成する後項動詞で文法化が生ずることにつながっていく。それに対して，朝鮮語では，同じく語の地位を得ている「動詞連用形＋動詞」においてそういった統語的な振る舞いが不可能であるか，あるいはそれが許される複合動詞が限られるため，日本語の(9)のように複合動詞を構成する後項動詞で文法化が誘発されるということにはならない。

ただ，語と節・文の地位が重なって融合している性質のものが存在する形態・統語的仕組みは，文法化が生ずるための一要因ではあるが，必要十分な要因であるわけではない。従って，ある統語的な振る舞いが，そのような形態・統語的仕組みにおける，語と節・文の地位が重なって融合した部分の反映であったとしても，そこで必ず文法化が起こるとは限らない。

注

1) 「공부〈kongpu〉(工夫)」は，日本語における「勉強」の意である。
2) 日本語の動詞「会う」は，要求する一名詞句の格表示に「と」と「に」の両方を許す。一方，朝鮮語の動詞「만나보다〈mannapota〉(会う)」及び「만나다〈mannata〉(会う)」においてその格表示に用いられるのは，「와／과〈wa/kwa〉」か「를／을〈lul/ul〉」である。つまり，一つは日本語の場合と同様に「と」に対応する「와／과〈wa/kwa〉」であるが，もう一つは「に」に対応する「에(게)〈ey(key)〉」ではなく，「を」に対応する「를／을〈lul/ul〉」であり，日本語の場合と異なる。原文の日本語では「と」で表現されているところが，この実際の翻訳では「와／과〈wa/kwa〉」を採らず，「를／을〈lul/ul〉」の方を採って訳出されている。

第 13 章　品詞と言語現象のかかわり

1　序

　本章の目的は，次の2点である。一つは，日本語と朝鮮語における品詞について考察し，両言語間の類似点と相違点を明らかにすることである。もう一つは，そうすることによって明らかにされた両言語間の相違は何を意味し，また言語現象とどのようにかかわっているのか，ということについて対照言語学からのアプローチで論ずることである。

2　品詞の種類

　まず，本節では，日本語と朝鮮語にはどのような性質の品詞があるのか，ということを，整理しながら提示し，解説しておきたい。なお，品詞は，「文を構成する要素がどういう働きをするかの違いによって分類したもの」といったように定義できると考えられるが，本章では，両言語ともにその中でもいわゆる述部を成り立たせることができる品詞を考察の対象とするので，本節における解説もそういった品詞に限ることにする。

2.1　日本語
　日本語では，いわゆる述部を成り立たせることができる品詞として，次の4種類を挙げることができる。

（1）（A）　名詞（+「ダ」）
　　（B）　形容詞

（C）　形容動詞
　　　（D）　動詞

　(A)の「名詞」は，そのままでは述部になることができないが，「だ」「である」「です」「であります」「でございます」といったいわゆるコピュラを付加することで述部として成立する。なお，「ダ」は，コピュラのいくつかある種類を代表しているものであることを示す。
　また，(B)の「形容詞」と(C)の「形容動詞」については，どのように捉え，どういう名称で呼ぶか，という点で諸説があるが，本章では，それぞれを別の品詞として認定する考え方を採用し，名称も便宜上，伝統的な学校文法のものに従うことにする。

2.2　朝鮮語

　朝鮮語でいわゆる述部を成立させることができる品詞には，次の4種類がある（塚本勲1983，梅田1991，油谷2005，菅野2007などを参照のこと）。

（2）（A）　名詞（+「(이)다〈(i)ta〉（ダ）」）[1]
　　　（B）　形容詞
　　　（C）　動詞
　　　（D）　存在詞

　この種類分けと名称は，日本で出版されている，朝鮮語を外国語として学ぶ者のための入門書の多くが採っているものである。(B)の「形容詞」や(C)の「動詞」とは別に(D)の「存在詞」を設ける一つの根拠は，後の3.2.2で示すように，連体形の形式が互いに異なることにある。
　また，(A)の「名詞」がそのままでは述部として成り立たず，「(이)다〈(i) ta〉(だ)」や「입니다〈ipnita〉(でございます)」といったコピュラを付け加えることで述部になることができるのは，2.1で見たように日本語の場合と同じである。朝鮮語でも，「(이)다〈(i)ta〉（ダ）」は何種類かあるコピュラの形式のうちの代表であることを意味する。

3　品詞の形式

　本節では，前節で提示した，述部を成立させることができる日本語と朝鮮語のそれぞれの品詞がどういった形式をとるのか，ということについて，整理しながら，解説することにする。なお，ここでは，言い切りの基本形と連体形の2種類のみを取り上げる。

3.1　言い切りの基本形
3.1.1　日本語
　日本語で述部を成立させることができる品詞の言い切りの基本形は，語尾の形式で示すと，次のとおりである。

（3）（A）　名詞　　　―― -da
　　（B）　形容詞　　―― -i
　　（C）　形容動詞―― -da
　　（D）　動詞　　　―― -u

形容詞は -i で，動詞は -u でそれぞれ終結し，名詞と形容動詞は同形の -da で終結する。

3.1.2　朝鮮語
　朝鮮語で述部を成立させることができる品詞の言い切りの基本形は，語尾の形式で示すと，次のとおりである（塚本勲 1983，梅田 1991，油谷 2005，菅野 2007 などを参照のこと）。

（4）（A）　名詞
　　（B）　形容詞
　　（C）　動詞　　　　　―― - 다〈-ta〉
　　（D）　存在詞

すなわち，名詞，形容詞，動詞，存在詞のすべての品詞にわたって，同形の

「-다〈-ta〉」で終結する。

3.2 連体形
3.2.1 日本語
　日本語で述部を成立させることができる品詞の連体形は，原則として，(3)に示したように言い切りの基本形と同形である。ただし，次の場合だけは，基本形と別形式であると言うことができる。

（5）（A）「名詞＋だ」の連体形非過去──-no
　　（B）「形容動詞」の連体形非過去──-na

3.2.2 朝鮮語
　朝鮮語で述部を成立させることができる品詞の連体形は，日本語におけるのとは違って，言い切りの基本形とは別の形式をとり，またそれぞれの品詞によっても形式が異なる（塚本勲1983，梅田1991，油谷2005，菅野2007などを参照のこと）。その状況を表にまとめると，次のようになる。

(6)

		非過去	過去	回想	未了
動詞		는〈nun〉	ㄴ／은〈n/un〉	던〈ten〉	ㄹ／을〈l/ul〉
形容詞		ㄴ／은〈n/un〉		던〈ten〉	ㄹ／을〈l/ul〉
名詞＋「(이)다〈(i)ta〉(ダ)」		ㄴ〈n〉	던〈ten〉		ㄹ〈l〉
存在詞	있다〈issta〉（ある；いる）	는〈nun〉	은〈un〉	던〈ten〉	을〈ul〉
	없다〈epsta〉（ない；いない）		던〈ten〉		

　(6)の表から型の特徴として次のことが指摘できる。第一に，動詞の場合と形容詞の場合は，異なった型である。未了においては同形であるが，非過去においては違う形態となっている。また，形容詞の場合は，動詞の場合に

は区別があった過去と回想が融合され，動詞の場合の回想と同じ形態が用いられる。

　第二に，名詞＋「(이)다〈(i) ta〉(ダ)」の場合は，形容詞型である。一見，形容詞の場合とは異なった型のように思えるが，コピュラ「(이)다〈(i) ta〉」の語幹は「이〈i〉」で，母音終わりであるため，非過去と未了では形容詞の場合における／の左側の形態をとっていることになるわけである。

　第三に，存在詞の場合は，動詞型と形容詞型が混在している。存在を表す「있다〈issta〉(ある；いる)」と，非存在を表す「없다〈epsta〉(ない；いない)」はともに，非過去においては動詞の場合と同形である。ところが，過去と回想においては，前者は動詞の場合，後者は形容詞の場合とそれぞれ同形である。なお，前者が動詞の場合と同形であるという上段のものは，時代的にやや古い様態であり，近年では後者が形容詞の場合と同形であるという下段のものの様態に移行してきている。

　さらに，(6)の表における注目点として，動詞の場合の連体形過去と，形容詞の場合の連体形非過去が同形である，ということを挙げることができる。

4　形容詞の位置づけ

　本節では，両言語それぞれの品詞体系において形容詞がどういう位置づけにあるのか，ということについて考察するが，日本語の場合は，朝鮮語との対照の関係上，形容詞に形容動詞も合わせて扱うことにする。

　その前に，両言語における語種について言及しておく。その状況を示すと，次のとおりである。

(7)　　　　和語／固有語
　　　　　借用語　　漢語
　　　　　　　　　　西洋語

　語種の状況は，両言語間で同様であることがわかる。すなわち，両言語ともに，その言語内で生まれた語(一般的に，日本語では和語，朝鮮語では固

有語とそれぞれ呼ばれ, 名称が異なるだけ)か, 他の言語から取り入れられた借用語かにまず大きく区分され, その借用語はさらに, 大多数を占める漢語と, 漢語以外の言語, 特に西洋語(いわゆる外来語)に区分される(日本語については西尾 2002 などを, 朝鮮語については李翊燮(イ＝イクソプ)・李相億(イ＝サンオク)・蔡琬(チェ＝ワン)2004, 油谷 2005 などをそれぞれ参照のこと)。

　日本語において語種の中でも借用語の漢語及び西洋語に着目すると, 品詞に関連しては次のことが指摘できる。第一に, それらは, 動詞か形容動詞(まれに形容詞)として取り入れられる。第二に, 取り入れられた場合に付加される語尾が品詞によって異なる。このことを具体的に示すと, 次のとおりである。

(8)(A)　動詞の場合：「する」
　　　　(例)運動する, 読書する, 参加する, 回転する, ……
　　　　　　ドライブする, デートする, ジャンプする, ……
　　(B)　形容動詞の場合：「だ(言い切りの時)／な(連体形の時)」
　　　　(例)健康｛だ／な｝, 親切｛だ／な｝, 重要｛だ／な｝, 豊富｛だ／な｝, ……
　　　　　　ハンサム｛だ／な｝, ロマンチック｛だ／な｝, プロフェッショナル｛だ／な｝, ……

例えば「運動」という漢語や「ドライブ」という西洋語は〈動作・行為〉を表すが, そのままでは動詞として機能することができず, そうするためには「する」という要素を付け加える必要がある。また, 例えば「健康」という漢語や「ハンサム」という西洋語は〈状態・性質〉を表すため, この場合, 形容動詞に取り入れられるが, ただ, そのままでは成り立たず, 言い切りの時は「だ」, 連体形の時は「な」という要素を伴わなければならない。このように, 動詞に取り入れられる場合と形容動詞に取り入れられる場合とでは, 前者が「する」, 後者が「だ(言い切りの時)／な(連体形の時)」といったとおり, 付け加えられる要素に異なったものが用いられるのである。

　朝鮮語に目を転じてみよう。朝鮮語における借用語の漢語及び西洋語は,

品詞の観点からすると，次のことが指摘できる（田窪 1987b，油谷 2005 などを参照のこと）。第一に，それらは，動詞か形容詞として取り入れられる。第二に，付加される要素が品詞によって異なることはなく，同じものが用いられる。状況が第一については日本語の場合と同様であるが，第二については日本語の場合と異なるのである。具体的な例を次に示す。

(9) (A)　動詞の場合：「하다 〈hata〉」
　　　（例）운동하다 〈wuntong-hata〉（運動する），독서하다 〈tokse-hata〉（読書する），참가하다 〈chamka-hata〉（参加する），회전하다 〈hoycen-hata〉（回転する），……
　　　　　드라이브하다 〈tulaipu-hata〉（ドライブする），데이트하다 〈teyithu-hata〉（デートする），점프하다 〈cemphu-hata〉（ジャンプする），……

　　(B)　形容詞の場合：「하다 〈hata〉」
　　　（例）건강하다 〈kenkang-hata〉（健康だ），친절하다 〈chincel-hata〉（親切だ），중요하다 〈cwungyo-hata〉（重要だ），풍부하다 〈phungpu-hata〉（豊富だ），……
　　　　　핸섬하다 〈haynsem-hata〉（ハンサムだ），로맨틱하다 〈lomaynthik-hata〉（ロマンチックだ），프로페셔널하다 〈phulopheysyenel-hata〉（プロフェッショナルだ），……

　例えば「운동 〈wuntong〉（運動）」は漢語，「드라이브 〈tulaipu〉（ドライブ）」は西洋語であり，これらは〈動作・行為〉を表すので，動詞のカテゴリーに取り入れられるが，動詞として成り立つためには，「하다 〈hata〉」という要素を後続させて「운동하다 〈wuntong-hata〉（運動する）」「드라이브하다 〈tulaipu-hata〉（ドライブする）」のように表現しなければならない。この「하다 〈hata〉」というのは，単独でも用いることができ，まさに日本語の「する」に相当するものである。従って，朝鮮語における動詞の場合の状況は，日本語におけるのと全く同様である。
　ところが，形容詞の場合は，両言語間で状況が異なる。例えば漢語の「건강 〈kenkang〉（健康）」や西洋語の「핸섬 〈haynsem〉（ハンサム）」は〈状

態・性質〉を表すため，朝鮮語では形容詞のカテゴリーに取り入れられるが，形容詞として成り立つには要素を付加しなければならない。こういったことでは，日本語におけるのと変わりはないが，違いは，どういう要素が付け加えられるか，という点である。日本語では，上述したように，形容動詞の場合は動詞の場合とは異なる要素が付け加えられるのに対して，朝鮮語では，形容詞の場合に付け加えられる要素は動詞の場合と全く同じ「하다〈hata〉」なのである。

　以上のことから，日本語の形容動詞と朝鮮語の形容詞がそれぞれ品詞体系においてどのような位置づけにあるのか，について両言語間で相違がある，ということが見出せる。

　日本語では，上述したように，漢語及び西洋語を動詞のカテゴリーと形容動詞のカテゴリーの両方に取り入れることができるが，その際に付加される要素が動詞の場合と形容動詞の場合とでは異なるのであった。また，3.1.1 で指摘したように，形容動詞は，言い切りの基本形が名詞述語の場合と同じ -da で終結するのであった。こういったことから，日本語における形容動詞は，動詞よりもむしろ名詞に寄っている位置づけにある，と言うことができる。

　それに対して，朝鮮語では，動詞のカテゴリーと形容詞のカテゴリーの両方に取り入れることができる漢語及び西洋語はその際，両カテゴリーの違いにかかわらず，同一の要素が付加されるのであった。従って，朝鮮語における形容詞は，日本語に比べて，動詞に寄っている位置づけにあるということになるわけである（なお，油谷 1988 も，別の観点からの考察でこれと同様のことを言及している）。さらには，3.1.2 で見たように，朝鮮語で述部になることができる品詞はすべて，言い切りの基本形が同形の「-다〈-ta〉」で終結することから，形容詞と動詞だけでなく，名詞＋「(이)다〈(i) ta〉(ダ)」と存在詞も含め，その4カテゴリー全体がより近い関係にある，と言えるであろう。

5　文法化との関連性

　第4節における考察から，形容詞（日本語の場合は形容動詞）がかかわる

文法化の現象に両言語間で相違がある，ということも導き出せる。日本語における形容動詞は，第3節で示したように，言い切りの基本形が「だ」で，連体形が「な」でそれぞれ終わり，それ故に名詞寄りの位置づけにあるのであった。このように，動詞の性質がないにもかかわらず，伝統的な名称には，「動詞」が含まれた「形容動詞」という用語が用いられている。

ところが，こういったことは日本語でも現代語に関することであり，古典語では事情が異なる。古典語における〈状態・性質〉を表す漢語は，次に例示するように，言い切りの場合には「なり」，連体形の場合には「なる」をそれぞれ伴う。

(10) 古典日本語における形容動詞:「なり（言い切りの時）／なる（連体形の時）」
　　（例）健康 {なり／なる}，親切 {なり／なる}，重要 {なり／なる}，
　　　　豊富 {なり／なる}，……

この「なり／なる」は明らかに動詞である。従って，先行研究でこれまで論述されてきたように，形容動詞という用語を用いることは，現代語では不適切であるということになるが，古典語では当を得ているのである。

上記から，日本語における形容動詞には歴史的な変化が生じている，ということが指摘できる。すなわち，古典語における「なり」が現代語では実質的な意味を失い，文法的な機能を果たす拘束形式の「な」という要素になったのである[2]。また，こういったことの影響によって，古典語では動詞性が強かったものが現代語では名詞性が強くなり，所属する品詞のカテゴリーも移行するに至った，と言える。

ところが一方，朝鮮語における形容詞について見ると，日本語におけるような変化はなく，漢語及び西洋語に後続する「하다〈hata〉」は実質的な意味を保持している，自立性も高いものである。また，朝鮮語におけるこの「하다〈hata〉」は，前述したとおり，単独でも用いることができる，日本語の「する」に相当するものである。それに対して，古典日本語で用いられるのは，「なり」である。すなわち，朝鮮語の場合は「スル型」，古典日本語の場合は「ナル型」であり，この両言語間の相違についても非常に興味深いと

ころである。

　第11章で，日本語と朝鮮語における「複合格助詞」「複合動詞」「『動詞連用形＋テイク／動詞連用形＋가다〈kata〉(行く)』構文と『動詞連用形＋テクル／動詞連用形＋오다〈ota〉(来る)』構文」などの諸言語現象について考察することにより，両言語間の相違を引き起こしている根本的な要因として，次に示す文法化の進度の違いを導き出せることを明らかにした。

(11)　「文法化の進度の違い」という根本的な要因
　　　日本語——諸言語現象で文法化が比較的生じている。
　　　朝鮮語——諸言語現象で文法化が比較的生じていない。

　本節の結論として，次のことを主張することができる。上述した，日本語における形容動詞と朝鮮語における形容詞の様態は，(11)に示された，両言語間における文法化の進度の違いと合致している。(11)は，本章で取り上げた品詞以外の言語現象について考察することによって導き出されたものであり，従って上述の品詞に関する両言語間の相違は，(11)の論拠となる言語現象の一つに付け加えることができる。

6　名詞の位置づけ

　本節では，両言語それぞれの品詞体系において名詞がどういう位置づけにあるのか，ということについて考察するが，関連する言語現象を三つ取り上げる。

6.1　名詞述語の動詞性

　林八龍（イム＝パルリョン）(1995)は，日本語と朝鮮語の間で次の相違があることを指摘している[3]。

(12) a.　食事ですか？
　　 b.　?식사입니까？
　　　　?Siksa-ipnikka?

c. 식사하세요？／식사합니까？

　　Siksa-haseyyo? / Siksa-hapnikka?

　　（食事されますか？／食事しますか？）

(13) a. 勉強ですか？

　b. ?공부입니까？

　　?Kongpu-ipnikka?

　c. 공부하세요？／공부합니까？

　　Kongpu-haseyyo? / Kongpu-hapnikka?

　　（勉強されますか？／勉強しますか？）

(14) a. 散歩ですか？

　b. ?산책입니까？

　　?Sanchayk-ipnikka?

　c. 산책하세요？／산책합니까？

　　Sanchayk-haseyyo? / Sanchayk-hapnikka?

　　（散歩されますか？／散歩しますか？）

　相手がこれから行おうとしている，あるいは行っている動作・行為について尋ねる時，日本語では，(12a)(13a)(14a)のように，〈動作・行為〉を表す名詞「食事」「勉強」「散歩」にコピュラの「ダ」を付け加えた名詞述語「名詞＋ダ」を用いて表現することが十分に可能であるとともに，極めて自然である。

　ところが，朝鮮語では，日本語におけるのと同様に〈動作・行為〉を表す名詞「식사〈siksa〉(食事)」「공부〈kongpu〉(勉強)」「산책〈sanchayk〉(散歩)」にコピュラの「(이)다〈(i) ta〉(ダ)」を付け加えた名詞述語「名詞＋(이)다〈(i) ta〉(ダ)」を用いて表現した場合，(12b)(13b)(14b)が示すとおり，受け入れられない不自然なものとなる。認められる朝鮮語にするには，(12c)(13c)(14c)のように，〈動作・行為〉を表す名詞「식사〈siksa〉(食事)」「공부〈kongpu〉(勉強)」「산책〈sanchayk〉(散歩)」に動詞「하다〈hata〉(する)」を伴った動詞述語を用いて表現しなければならない。(なお，／の左側と右側の表現は，尊敬を表す接辞「시〈si〉」が含まれているかいないかの違いがあるのみで，動詞述語を用いている点では変わりはない。)

また，井上・金河守（キム＝ハス）(1998)も次のような別の例を挙げ，林八龍（イム＝パルリョン）(1995)と同様に両言語間の相違を指摘している[4]。

(15) a. まもなく東京駅に到着です。
　　 b. ??곧 동경역에 도착입니다.
　　　　 ??Kot tongkyengyek-ey tochak-ipnita.
　　 c. 곧 동경역에 도착하겠습니다.
　　　　 Kot tongkyengyek-ey tochak-hakeysssupnita.
　　　　 （まもなく東京駅に到着します。）

(16) a. 明日の朝，東京を出発です。
　　 b. ??내일 아침 동경을 출발입니다.
　　　　 ??Nayil achim tongkyeng-ul chwulpal-ipnita.
　　 c. 내일 아침 동경을 출발합니다.
　　　　 Nayil achim tongkyeng-ul chwulpal-hapnita.
　　　　 （明日の朝，東京を出発します。）

(17) a. 飛行機はまもなく東京上空を通過です。
　　 b. ??비행기는 곧 동경 상공을 통과입니다.
　　　　 ??Pihayngki-nun kot tongkyeng sangkong-ul thongkwa-ipnita.
　　 c. 비행기는 곧 동경 상공을 통과하겠습니다.
　　　　 Pihayngki-nun kot tongkyeng sangkong-ul thongkwa-hakeysssupnita.
　　　　 （飛行機はまもなく東京上空を通過します。）

これからなされる動作・行為について叙述する際，日本語では，(15a)(16a)(17a)が示すように，〈動作・行為〉を表す名詞「到着」「出発」「通過」がコピュラの「ダ」を伴った名詞述語「名詞＋ダ」を用いて表現することができる。また，この場合，「東京駅に」「東京を」「東京上空を」といった補語が出て来ており，それぞれの名詞述語がそういった補語をとることも可能にしている。

それに対して，日本語と同様に，朝鮮語で〈動作・行為〉を表す名詞「도착〈tochak〉(到着)」「출발〈chwulpal〉(出発)」「통과〈thongkwa〉(通過)」にコピュラの「(이)다〈(i)ta〉(ダ)」が付いた名詞述語「名詞＋(이)다〈(i) ta〉(ダ)」を用いて表現すると，(15b)(16b)(17b)のようになるが，これらは自然な朝鮮語とは認められない。受け入れられる朝鮮語になるには，(15c)(16c)(17c)のように，〈動作・行為〉を表す名詞「도착〈tochak〉(到着)」「출발〈chwulpal〉(出発)」「통과〈thongkwa〉(通過)」に動詞「하다〈hata〉(する)」を後続させた動詞述語を用いて表現する必要がある。

これまで見てきた例は，名詞述語における名詞として現れているのが漢語のものばかりであったが，林八龍(イム＝パルリョン)(1995)は，それ以外に，連用形の動詞が名詞として機能しているものを用いた場合もあることを指摘している[5]。

(18) a. どちらへお出かけですか。
 b. ?어디 {나가시기／나가심} 입니까？
  ?Eti {nakasi-ki/nakasi-m} ipnikka?
 c. 어디 나가세요？
  Eti nakaseyyo?
  (どちらへ出かけられますか。)
(19) a. どなたかお待ちですか。
 b. ?누군가 {기다리시기／기다리심} 입니까？
  ?Nwukwunka {kitalisi-ki/kitalisi-m} ipnikka?
 c. 누군가 기다리세요？
  Nwukwunka kitaliseyyo?
  (どなたか待たれますか。)
(20) a. これはお持ちですか。
 b. ?이것 {가지고 계시기／가지고 계심} 입니까？
  ?Ikes {kaci-ko kyeysi-ki/kaci-ko kyeysi-m} ipnikka?
 c. 이것 가지고 계세요？
  Ikes kaci-ko kyeyseyyo?
  (これ持っていらっしゃいますか。)

日本語では，(18a)(19a)(20a)のように，動詞連用形に尊敬を表す接頭辞「お」を付加し，それ全体が名詞として機能している「お出かけ」「お待ち」

「お持ち」にコピュラ「です」を後続させた名詞述語で表現することが可能である。それに対して，動詞語幹に名詞化の接尾辞「기〈ki〉」や「(으)ㅁ〈(u)m〉」を付けて成り立っている名詞表現「나가시기／나가심〈nakasi-ki/nakasi-m〉」「기다리시기／기다리심〈kitalisi-ki/kitalisi-m〉」「가지고 계시기／가지고 계심〈kaci-ko kyeysi-ki/kaci-ko kyeysi-m〉」がコピュラ「입니까〈ipnikka〉(ですか)」を伴った朝鮮語の名詞述語は，(18b)(19b)(20b)が示すとおり，日本語の場合と同じようには認められない。朝鮮語で受け入れられるのは，(18c)(19c)(20c)のように，「나가세요?〈nakaseyyo?〉(出かけられますか)」「기다리세요?〈kitaliseyyo?〉(待たれますか)」「가지고 계세요?〈kaci-ko kyeyseyyo?〉(持っていらっしゃいますか)」といった動詞述語を用いたものである。このように，動詞連用形においても，状況は漢語におけるのと同様である。

　以上をまとめると，日本語では動作・行為の叙述に名詞述語を用いることができるのに対して，朝鮮語ではそれと同じことを行うのは困難であり，動詞述語を用いなければならない，と言うことができる。

　なお，林八龍（イム＝パルリョン）(1995)は両言語間の相違を指摘しているにとどまっているが，井上・金河守（キム＝ハス）(1998)は，考察の結論として次の原則を引き出している。

(21)　日本語――名詞が持つ潜在的な動詞性が名詞述語全体に比較的容易に受け継がれる。
　　　朝鮮語――そういったことは困難である。

　さらに，この原則に関する両言語間の相違は，次に述べる両言語間の決定的な違いが多大な影響を及ぼしている，と主張することができる。それは，日本語では動詞の連用形がそのまま名詞として機能を果たし，用いることができるのに対して，朝鮮語ではそういったことが不可能である，というものである[6]。具体的には，先ほど(18a)(19a)(20a)で指摘した「お出かけです(か)」「お待ちです(か)」「お持ちです(か)」のように尊敬表現において用いられる場合ばかりではなく，

(22) 遊び，泳ぎ，扱い，救い，悩み，構え，企て，傾き，感じ，受け入れ，貸し出し，請け負い，組み立て，申し入れ，……

といったものがあり，このように非常に生産的である。従って，日本語では，名詞と動詞の間にこういった接点がある分，朝鮮語におけるよりも名詞が動詞性を有するようになるわけである。

6.2　名詞述語の形容詞性

梅田・村崎(1982)，林八龍(イム＝パルリョン)(1995)，井上・金河守(キム＝ハス)(1998)，生越(2002b)，金恩愛(キム＝ウネ)(2003)は，日本語と朝鮮語の間に次のような相違があることを指摘しており[7]，この言語現象は，6.1で取り上げたものと類似しているが，事情が多少異なるものと捉えることができる。

(23) a.　今日はいい天気だ。
　　 b.　?오늘은 좋은 날씨다.
　　　　 ?Onul-un cohun nalssi-ta.
　　 c.　오늘은 날씨가 좋다.
　　　　 Onul-un nalssi-ka cohta.
　　　　（今日は天気がいい。）
(24) a.　あの人は明るい性格だ。
　　 b.　?저 사람은 밝은 성격이다.
　　　　 ?Ce salam-un palkun sengkyek-ita.
　　 c.　저 사람은 성격이 밝다.
　　　　 Ce salam-un sengkyek-i palkta.
　　　　（あの人は性格が明るい。）
(25) a.　この子は大きな手だねえ。
　　 b.　??이 아이는 큰 손이네.
　　　　 ??I ai-nun khun son-i-ney.
　　 c.　이 아이는 손이 크네.
　　　　 I ai-nun son-i khu-ney.

（この子は手が大きいねえ。）

　日本語では，(23a)(24a)(25a)のように，「天気」「性格」「手」といった名詞の状態・性質を叙述する際，その状態・性質を表す形容詞（場合によっては形容動詞）の「いい」「明るい」「大きい」が連体形でそれらの名詞を修飾してから，それらの名詞にコピュラの「ダ」が付加された名詞述語を用いて表現することが容認される。

　しかしながら，朝鮮語では，(23b)(24b)(25b)が示すように，日本語と同じ表現形式をとると，不自然なものとなる。すなわち，「날씨〈nalssi〉(天気)」「성격〈sengkyek〉(性格)」「손〈son〉(手)」といった名詞の状態・性質を表す形容詞「좋다〈cohta〉(いい)」「밝다〈palkta〉(明るい)」「크다〈khuta〉(大きい)」の連体形「좋은〈cohun〉」「밝은〈palkun〉」「큰〈khun〉」がそれらの名詞を修飾した後，それらの名詞にコピュラの「(이)다〈(i) ta〉(ダ)」が付加された名詞述語「名詞＋(이)다〈(i) ta〉(ダ)」を用いて表現することは不可能ということである。認められる朝鮮語にするには，(23c)(24c)(25c)のように，それぞれの名詞「날씨〈nalssi〉(天気)」「성격〈sengkyek〉(性格)」「손〈son〉(手)」を主格補語に立てた上で，形容詞「좋다〈cohta〉(いい)」「밝다〈palkta〉(明るい)」「크다〈khuta〉(大きい)」を述語に用いて表現しなければならない。

　以上を要約すれば，日本語では名詞についての状態・性質を叙述するのに状態・性質を表す形容詞（あるいは形容動詞）によって修飾された名詞を述語として用いることができるのに対して，朝鮮語ではそういったことが成り立たず，状態・性質を表す形容詞を述語とした表現形式をとる必要がある，ということである。

　また，梅田・村崎(1982)，林八龍(イム＝パルリョン)(1995)は両言語間の相違について記述しているのみであるが，井上・金河守(キム＝ハス)(1998)，生越(2002b)，金恩愛(キム＝ウネ)(2003)は詳細な考察を行っており，その中でも井上・金河守(キム＝ハス)(1998)は次の原則を導き出している。

(26)　日本語――構文(具体的には文末名詞文)が持つ意味が比較的容易に名

詞句の解釈に影響を及ぼす。
　朝鮮語――そういったことは困難である。

6.3　〈具象物〉を表す名詞の動作・行為性

　6.1 で取り上げた言語現象と関連するものとして，本節における言語現象を指摘することができる。影山 (2002b) は，日本語について (27) のような例を挙げ，非常に興味深い考察を行っている。

(27)　冷やし中華始めました。

　「始める」という動詞は「～を」という対格補語をとり，その対格補語の中には通常，「読書」「運動」「踊り」といった〈動作・行為〉を表す名詞が入って

(28) a.　読書を始める
　　 b.　運動を始める
　　 c.　踊りを始める

のように表現される。
　それに対して，「本」「万年筆」「バナナ」といった〈具象物〉を表す名詞が置かれた

(29) a.　*本を始める
　　 b.　*万年筆を始める
　　 c.　*バナナを始める

は受け入れられない。
　ところが，(27) の例は，対格補語に「冷やし中華」といった〈具象物〉を表す名詞が現れているにもかかわらず，十分に認められるものである。
　影山 (2002b: 105–106) は，日本語で動詞「始める」がとった「～を」という対格補語内に置かれうる，〈具象物〉を表す名詞として，「冷やし中華」の

他に次のようなものがあることを，種類分けを行って整理しながら，指摘している。

(30) (A)　習い事・趣味

ピアノ，ウクレレ，英語，マラソン，ホームシアター，パソコン，デジカメ，ラジコン，マウンテンバイク，写真，カメラ，シーマン(コンピュータ上で魚を育成するゲーム)，チョコボール(チョコレートに付いているおまけを集める趣味)

(B)　組織業務・団体活動

友の会，会社，塾，サークル，同人誌，壁新聞，ホームページ(〔以下はホームページの具体例〕ゲーム最新情報，レンタル掲示板，小説サイト，リンク集，相談コーナー)

(C)　製造販売

湯豆腐，牡蠣(かき)フライ，鍋料理，〔インターネット通信販売で〕銀河高原ビール，伊豆いちご「あきひめ」

朝鮮語に目を転じてみよう。日本語の動詞「始める」に相当する朝鮮語の動詞は「시작하다〈sicakhata〉」であり，日本語と同様に対格補語「〜를／을〈lul/ul〉」をとる。また，この対格補語に現れうるのは「독서〈tokse〉(読書)」「운동〈wuntong〉(運動)」「춤〈chwum〉(踊り)」などといった〈動作・行為〉を表す名詞であり，

(31) a.　독서를 시작하다

tokse-lul sicakhata

(読書を始める)

b.　운동을 시작하다

wuntong-ul sicakhata

(運動を始める)

c.　춤을 시작하다

chwum-ul sicakhata

(踊りを始める)

のように表現することができるが,「책〈chayk〉(本)」「만년필〈mannyenphil〉(万年筆)」「바나나〈panana〉(バナナ)」などといった〈具象物〉を表す名詞は一般的に挿入が不可能であり,

(32) a. *책을 시작하다
　　　　*chayk-ul sicakhata
　　　　(*本を始める)
　　b. *만년필을 시작하다
　　　　*mannyenphil-ul sicakhata
　　　　(*万年筆を始める)
　　c. *바나나를 시작하다
　　　　*panana-lul sicakhata
　　　　(*バナナを始める)

のような表現は受け入れられない。こういったことも,日本語におけるのと同様である。
　次に,朝鮮語でも動詞「시작하다〈sicakhata〉(始める)」がとった「〜를／을〈lul/ul〉(を)」という対格補語内に,〈具象物〉を表す名詞を入れることができる場合があるのかどうか,について言及しておきたい。影山(2002b)による日本語の考察に基づいてインフォーマント調査を行った。その結果を次に示す。

(33)(A)　習い事・趣味
　　　　피아노〈phiano〉(ピアノ),우쿨렐레〈wukhwulleylley〉(ウクレレ),영어〈yenge〉(英語),마라톤〈malathon〉(マラソン),*홈 시어터〈*hom siethe〉(ホームシアター),퍼스널 컴퓨터〈phesunel khemphyuthe〉(パソコン),*디지털 카메라〈*ticithel khameyla〉(デジカメ),산악 자전거〈sanak cacenke〉(マウンテンバイク),*사진〈*sacin〉(写真),*카메라〈*khameyla〉(カメラ),*DS〈*tii eysu〉(ディーエス),*다마고치〈*tamakochi〉(たまごっち)

（B）　組織業務・団体活動
　　　동호회〈tonghohoy〉(同好会)，회사〈hoysa〉(会社)，학원〈hakwen〉(塾)，?동아리〈?tongali〉(サークル)，?동인지〈?tonginci〉(同人誌)，홈페이지〈hompheyici〉(ホームページ)
　（C）　製造販売
　　　삼계탕〈samkyeythang〉(サンゲタン)

　日本語では，上記に相当する名詞はすべて対格補語内に入れて表現することができるのに対して，朝鮮語では，「(A)習い事・趣味」の分類における「피아노〈phiano〉(ピアノ)」「영어〈yenge〉(英語)」，「(B)組織業務・団体活動」の分類における「동호회〈tonghohoy〉(同好会)」「회사〈hoysa〉(会社)」，「(C)製造販売」の分類における「삼계탕〈samkyeythang〉(サンゲタン)」のように日本語と同じく可能なものもあるものの，(A)の分類における「*홈 시어터〈*hom siethe〉(ホームシアター)」「*디지털 카메라〈*ticithel khameyla〉(デジカメ)」「*다마고치〈*tamakochi〉(たまごっち)」，(B)の分類における「?동아리〈?tongali〉(サークル)」「?동인지〈?tonginci〉(同人誌)」のように用いることができなかったり，困難であったりするものがかなりの割合で生ずる。

　考察のまとめとして，次のことが言える。一般的に〈動作・行為〉を表す名詞が入り，〈具象物〉を表す名詞が入り得ない補語の中に〈具象物〉を表す名詞を置くことによって動作・行為性を引き出し，表現を成立させる，といったことが，日本語では比較的容易に行われるのに対して，朝鮮語では日本語におけるよりも困難なのである。

7　形態・統語的仕組みとの関連性

　第12章で，日本語と朝鮮語における「(接辞を用いた)使役構文」「複合動詞構文」「『〜中(に)／〜중(에)〈cwung (-ey)〉』『〜後(に)／〜후(에)〈hwu (-ey)〉』などを用いた構文」などの諸言語現象について考察することにより，両言語間の相違を引き起こしている根本的な要因として，次に示す形態・統語的仕組みの違いを導き出せることを明らかにした。

(34)　「形態・統語的仕組みの違い」という根本的な要因
　　　日本語──語と節・文が重なって融合している性質のものが存在する
　　　　　　　仕組みになっている。
　　　朝鮮語──語なら語，節・文なら節・文といったように，基本的には
　　　　　　　語と節・文の地位を区別する仕組みになっている。

　本章におけるもう一つの主張は，先の「6.1　名詞述語の動詞性」や「6.2　名詞述語の形容詞性」で考察した両言語間の違いは(34)に示した形態・統語的仕組みにおける両言語間の違いと大いにかかわっている，ということである。
　6.1では，日本語においては動作・行為の叙述に名詞述語を用いることができるのに対して，朝鮮語においてはそれと同じことを行うのは困難であり，動詞述語を用いなければならない，ということを指摘した。また，6.2で考察したのは，日本語では名詞についての状態・性質を叙述するのに状態・性質を表す形容詞(あるいは形容動詞)によって修飾された名詞を述語として用いることができるのに対して，朝鮮語ではそういったことが成り立たず，状態・性質を表す形容詞を述語とした表現形式をとる必要がある，ということであった。
　従って，6.1及び6.2における両言語間の違いは，井上・金河守(キム＝ハス)(1998: 469)もまとめとして述べているように，朝鮮語における名詞述語内の名詞の独立性が日本語の場合よりも強い，といった捉え方で論ずることが可能である。こういった捉え方は，井上・金河守(キム＝ハス)(1998)が導き出した原則からの帰結であり，その原則というのは，(21)で示したように，日本語では名詞が持つ潜在的な動詞性が名詞述語全体に比較的容易に受け継がれるのに対して，朝鮮語ではそういったことが困難である，といったものと，(26)で示したように，日本語では構文(具体的には文末名詞文)が持つ意味が比較的容易に名詞句の解釈に影響を及ぼすのに対して，朝鮮語ではそういったことが困難である，といったものである。
　今，述べたことが日本語で生起可能であるのは，名詞がかかわる語レベルが動詞や形容詞がかかわる節・文レベルと部分的に重なって融合しているからであり，また朝鮮語で生起不可能であるのは，名詞がかかわる語レベルが

動詞や形容詞がかかわる節・文レベルと接することなく，互いに独立しているからである．6.1 及び 6.2 における両言語間の相違は，このように，(34) に示した形態・統語的仕組みの違いという根本的な要因と強く結び付いており，これに由来したものである．こういったことが根本にあるため，諸言語現象で両言語間の相違となって現れるわけであり，本章で考察した，6.1 及び 6.2 における両言語間の相違もまた，そのうちの一つと言える．従って，形態・統語的仕組みに着目すれば，諸言語現象における両言語間の相違を統一的に捉え，適切に記述・説明することが可能となるのである．

注

1) 朝鮮文字（ハングル）とそのローマ字転写における（　）は，前置される名詞類が母音で終結している場合，省略可能であることを意味する．
2) 日本語における形容動詞の歴史的な変遷過程については，安部 (2007) や佐藤 (2007) に詳しい記述があるので，それらを参照のこと．
3) (12)(13)(14) の例は，林八龍（イム＝パルリョン）(1995: 270) から引用したものであり，それらにおける文法性の判断も同人による．
4) (15)(16)(17) の例は，井上・金河守（キム＝ハス）(1998: 457) から引用したものであり，それらにおける文法性の判断も同人による．
5) (18)(19)(20) の例は，林八龍（イム＝パルリョン）(1995: 271) から引用したものであり，それらにおける文法性の判断も同人による．
6) 文法体系における動詞連用形の位置づけが両言語間で異なることについては，第 14 章で詳しく論じているので，それを参照のこと．
7) (23)(24)(25) の例は，井上・金河守（キム＝ハス）(1998: 463) から引用したものであり，それらにおける文法性の判断も同人による．

第 14 章　文法体系における
　　　　　動詞連用形の位置づけ

1　序

　日本語において，先行する節・文が一旦中止しながらも，後続する節・文にかかっていき，両者が接続される現象が見られる。この現象は，次の（1）（2）の例によって示される。

（1）　家に帰り，早く寝た。
（2）　途中で車が故障し，本当に困った。

　また，（1）は，それぞれの節・文が表す事柄が順次に生ずることを意味し，（2）は，先行する節・文が後続する節・文の原因や理由を意味する（鈴木 1972: 333，益岡・田窪 1992: 208 などを参照のこと）。こういった時，先行する節・文における動詞は，子音終わり語幹の場合は基本形の語尾である -u を -i に替えた形態（（例）「帰り」），母音終わり語幹の場合は基本形の語尾である -ru を取り除いた形態（（例）「食べ」），「来る」と「する」の場合だけは「き」と「し」という形態をそれぞれとる（鈴木 1972: 334–335 などを参照のこと）。

　次に，朝鮮語に目を転じてみよう。（1）と（2）の日本語を朝鮮語で表現すると，次のようになる。

（3）　집에 돌아가 일찍 잤다.
　　　Cip-ey tolaka ilccik cassta.
　　　（家に帰り，早く寝た。）

（4） 도중에 차가 고장 나 몹시 곤란했다.
Tocwung-ey cha-ka kocang na mopsi konlanhayssta.
（途中で車が故障し，本当に困った。）

　(3)と(4)における朝鮮語も，日本語の場合と様態が同じであることがわかる。すなわち，先行する節・文が一旦中止しながらも，後続する節・文にかかっていき，両者が接続されている。また，伝える意味についても日本語の場合と同じであり，(3)はそれぞれの節・文が表す事柄が順次に生ずることを意味し，(4)は先行する節・文が後続する節・文の原因や理由を意味する(油谷他(編)1993: 1190, 1246 などを参照のこと) [1]。

　朝鮮語では，こういった時，先行する節・文における動詞は次のような形態をとる。すなわち，動詞語幹(動詞の基本形から末尾の「다 ⟨ta⟩」を取り除いた形態)の最後の母音が陽母音(ㅏ ⟨a⟩，ㅑ ⟨ya⟩，ㅗ ⟨o⟩，ㅛ ⟨yo⟩，ㅘ ⟨wa⟩)の場合は，動詞語幹に「아 ⟨a⟩」を付けた形態((例) 받아 ⟨pat-a⟩ (受け取る))，動詞語幹の最後の母音が陰母音(陽母音以外のすべての母音)の場合は，動詞語幹に「어 ⟨e⟩」を付けた形態((例) 먹어 ⟨mek-e⟩ (食べる))，また하다 ⟨hata⟩ 動詞の場合のみ，動詞語幹に「여 ⟨ye⟩」を付けた形態((例) 하여 ⟨ha-ye⟩ (する))である(塚本勲 1983: 110–117 などを参照のこと) [2]。

　本章では，上述のような，日本語と朝鮮語において全く同じ状況で用いられる動詞の形態を指して「連用形」と呼ぶことにし，両言語におけるこの連用形の性質について対照言語学からのアプローチで考察したい。

　この連用形という用語について，少しばかり言及しておく。日本語文法の記述では，連用形という用語は頻繁に用いられ，見出されるものであり，実際，上述の場合も一般的に連用形と呼ばれている。また，朝鮮語では，上述の場合の形態は「第三活用形」(河野 1955[1979])，「第Ⅲ語基」(菅野 1981/2007) などと別の用語で呼ばれることがあるが，日本語におけるのと同様に，連用形と呼ばれることも多い(塚本勲 1983，油谷他(編) 1993 など)。本章で連用形という用語を採用しているのは，上述のような，両言語に共通した用法に考察と議論の出発点を求めており，その用法がどういったものかが最も読み取りうる用語と考えられるからでもある [3]。

ただ，村木 (2002: 135) が指摘するように，連用形という用語は研究者によって用い方が異なり，定まったものがないため，注意を要する。その一例として，村木 (2002: 135) は，連用形を「ある単語が語形変化の体系をそなえ，それらのうちのひとつあるいはふたつ以上が，用言にかかる機能をはたしているもの」と定義づけ，動詞 (例：「食べる」) の連用形には，「食べて (暮らす)」「食べたり (する)」「食べても」「食べ、」「食べながら」などがあるとしている[4]。村木による連用形の規定の仕方は，このように，述語にかかるという機能に基づいたものであり，欧米の言語学研究でしばしば用いられる用語である converb (「副動詞」などと訳される) と重なるところが多い[5]。

それに対して，本章における連用形の規定の仕方は，そういった，述語にかかるという機能の中でも，一旦中止する場合における動詞の形態に基づいているわけであり，これで捉えられた範囲は村木の場合や converb よりもはるかに狭くなっていると言える。なお，連用形は，動詞以外の形容詞や形容動詞もとりうる形態であるが，本章における考察は，動詞に限って行うことにする。

2 日本語における動詞連用形の用法

本節では，日本語における動詞連用形がどのように用いられるのかを整理して簡潔に記述し，必要に応じてそれぞれに解説を加えることにする。

2.1 節・文接続における中止法

(1) (2) に例を示して述べたように，先行する節・文が一旦中止しながらも，後続する節・文にかかっていき，両者が接続される時，先行する節・文における動詞は連用形となる。これは，それぞれの節・文が表す事柄が順次に生ずる場合や，先行する節・文が後続する節・文の原因や理由を表す場合に用いられる (鈴木 1972: 333, 益岡・田窪 1992: 208 などを参照のこと)。

2.2 接尾辞の後続

接尾辞は，それが付け加えられて派生した要素の働きの違いによって，述語性接尾辞と名詞性接尾辞の 2 種類に大別できる[6]。

2.2.1 述語性接尾辞

　(5)に挙げた述語性接尾辞の前に置かれる動詞は，連用形となる（鈴木1972: 335, Martin 1975: 428–432, 益岡・田窪 1992: 64–66, 118 などを参照のこと）[7]。そのそれぞれの述語性接尾辞が表す意味を〔　〕内に記しておく。また，(6)(7)に代表的な用例を挙げておく。

(5) た〔過去〕，なさい〔命令〕，ます〔丁寧〕，える・うる〔可能〕，たい・たがる〔願望〕，やすい・よい・にくい・がたい・づらい〔難易あるいはその傾向〕，くさい・ぽい〔傾向や状態を有すること〕，そうだ〔様態推定〕
(6) 父は毎朝，新聞を読みます。
(7) このボールペンは，書きやすい。

2.2.2 名詞性接尾辞

　(8)に挙げた名詞性接尾辞の前に置かれる動詞は，連用形となる（Martin 1975: 411–428, 森山 1988: 38, 益岡・田窪 1992: 64, 影山 1993: 37, 330–331 などを参照のこと）[8]。

(8) 方，手，役，屋，次第，がち，たて，づめ，どおし，ざま，しな，がけ，かけ，ついで，ぱなし，がてら，ぎみ，放題，加減，じまい
(9) 作り方
(10) それができ次第，連絡します。
(11) 見知らぬ人がすれ違いざまににやりと笑った。

2.3　助詞の後続

　(12)に挙げた助詞の前に置かれる動詞は，連用形となる（鈴木 1972: 329–334, Martin 1975: 412–418, 益岡・田窪 1992: 52 などを参照のこと）[9]。

(12) ながら・つつ〔同時並行〕，て〔一旦中止〕，に〔目的〕，お～になる〔尊敬〕，～{は／も}する〔取り立て〕
(13) 兄は音楽を聴きながら，本を読んでいた。

(14) 途中で車が故障して，本当に困った。

　その中の「て」は，(14)に例を示したように，(1)(2)及び 2.1 で記した用法の場合の動詞連用形に付けられたものである。鈴木 (1972: 330, 333) にも指摘があるように，(1)(2)のような表現は文章語的であり，口語の場合はこの「て」を伴ったものの方が好んで用いられる傾向にある。
　また，この「て」を伴った動詞連用形にいわゆる補助動詞が後続し，ひとまとまりをなしたものを見出すことができる。これらには，次のようなものがある ((15)は，寺村 1984: 123–163 からの引用)。

(15)(A)〈アスペクト〉　～ている，～てある，～てしまう，～ていく，～てくる
　　(B)〈もくろみ〉　～ておく，～てみる，～てみせる
　　(C)〈やりもらい〉　～て {やる／あげる}，～て {もらう／いただく}，～て {くれる／くださる}

2.4　動詞の後続

　(16)(17)におけるように，動詞連用形にまた別の動詞が後続して，ひとまとまりをなしたものを見出すことができ，これは一般的に「複合動詞」と呼ばれる (影山 1993 などを参照のこと)[10]。

(16)　その男は大きな石を持ち上げた。
(17)　子供達は公園で遊び始めた。

　この複合動詞は，統語的な振る舞いの違いなどを根拠に，語彙的な性格を有するものと統語的な性格を有するものの 2 種類に大別できることがこれまでの研究で指摘されている (塚本 1987，森山 1988，影山 1993 などを参照のこと)。前者の例は，次のようなものである。

(18)　歩き回る，殴り殺す，呼び入れる，積み残す，追い付く，押し込む，取り囲む，振り向く，……

また，後者の例としては，次のようなものを挙げることができる（影山 1993，姫野 2001 などを参照のこと。(19)は，姫野 2001: 11 からの引用)。

(19) (A) 〈始動〉 ～かける，～だす，～始める，～かかる
　　 (B) 〈継続〉 ～まくる，～続ける
　　 (C) 〈完了〉 ～終える，～終わる，～尽くす，～きる，～通す，～抜く，～果てる
　　 (D) 〈未遂〉 ～そこなう，～損じる，～そびれる，～かねる，～遅れる，～忘れる，～残す，～誤る，～あぐねる，～そこねる
　　 (E) 〈過剰行為〉 ～過ぎる
　　 (F) 〈再試行〉 ～直す
　　 (G) 〈習慣〉 ～つける，～慣れる，～飽きる
　　 (H) 〈相互行為〉 ～合う
　　 (I) 〈可能〉 ～得る

2.5　名詞としての機能

動詞連用形がそのままで名詞として機能し，用いられるものがある（西尾 1961［1997］，鈴木 1972: 339–343 などを参照のこと)。その例としては，次のようなものがある（(20)の例は，西尾 1961［1997: 194–195］から選び出したもの)。

(20)　遊び，扱い，救い，悩み，構え，企て，傾き，感じ，受け入れ，請け負い，組み立て，申し入れ，……

3　朝鮮語における動詞連用形の用法

本節では，朝鮮語における動詞連用形がどのように用いられるのかを整理して簡潔に記述し，必要に応じてそれぞれに解説を加えることにする。

3.1　節・文接続における中止法

(3)(4)に例を示して述べたように，先行する節・文が一旦中止しながら

も，後続する節・文にかかっていき，両者が接続される時，先行する節・文における動詞は連用形となる。これは，それぞれの節・文が表す事柄が順次に生ずる場合や，先行する節・文が後続する節・文の原因や理由を表す場合に用いられる（油谷他（編）1993: 1190, 1246 などを参照のこと）。

3.2　助詞の後続

　(21)に挙げた助詞の前に置かれる動詞は，連用形となる（任瑚彬〈Im, Ho Pin〉他 1989: 131–132, 136–139, 油谷他（編）1993: 510, 1193, 1198–1200 などを参照のこと）。

(21)　서〈se〉(て)〔一旦中止〕，도〈to〉(も)〔譲歩〕，야〈ya〉(こそ)〔強い条件〕

(22)　집에 돌아가서 일찍 잤다.
　　　Cip-ey tolaka-se ilccik cassta.
　　　（家に帰って，早く寝た。）

(23)　여기에서 놀아도 좋다.
　　　Yeki-eyse nola-to cohta.
　　　（ここで遊んでもよい。）

「서〈se〉」は，(22)に例を示したように，(3)(4)及び 3.1 で記した用法の場合の動詞連用形に付けられたものであり，一般的には，このように「서〈se〉」がある場合の方が，より落ち着きがあって自然さが感じられる。

3.3　動詞の後続

　動詞連用形にまた別の動詞が後続して，ひとまとまりをなしたものを見出すことができ，これはよく「複合動詞」「合成動詞」「合成用言」などと呼ばれる（塚本 1993, 김창섭〈Kim, Chang Sep〉1996, 内山 1997, 강현화〈Kang, Hyen Hwa〉1998 などを参照のこと）。これらには，例えば，次のようなものがある。

(24)　돌아다니다〈tolatanita〉(歩き回る)，일어서다〈ileseta〉(立ち上が

る), 뛰어들다〈ttwietulta〉(飛び込む；駆け込む), 찔러죽이다〈ccillecwukita〉(刺し殺す), 받아들이다〈patatulita〉(受け入れる；取り入れる), 갈아타다〈kalathata〉(乗り換える), 지켜보다〈cikhyepota〉(見守る；見届ける), ……

また, この「動詞連用形＋動詞」という形式をとるものの中には, 後続の動詞が補助動詞的に用いられたものがあり(塚本勲 1983: 270–277, 任晧彬〈Im, Ho Pin〉他 1989: 189–201, 236–237, 417, 남기심〈Nam, Ki Sim〉・고영근〈Ko, Yeng Kun〉1993: 121–125 などを参照のこと), それらを整理して挙げると, 次のとおりである。

(25) (A) ヴォイス
　　　　動詞連用形＋「지다〈cita〉(なる)」(〜される)
　　(例) 이 술은 쌀로 만들어졌다.
　　　　I swul-un ssal-lo mantulecyessta.
　　　　(この酒は米から作られた。)
(B) アスペクト
　　(i) 動詞連用形＋「있다〈issta〉(いる, ある)／계시다〈kyeysita〉(いらっしゃる)」(〜ている／〜ていらっしゃる)
　　(ii) 動詞連用形＋「버리다〈pelita〉(捨てる)」(〜てしまう)
　　(iii) 動詞連用形＋「가다〈kata〉(行く)／오다〈ota〉(来る)」(〜ていく／〜てくる)
　　(iv) 動詞連用形＋「내다〈nayta〉(出す)」(〜きる, 〜抜く, 〜遂げる, 〜通す)
　　(例) 학생이 의자에 앉아 있다.
　　　　Haksayng-i uyca-ey anca issta.
　　　　(学生が椅子に座っている。)
(C) もくろみ
　　(i) 動詞連用形＋「놓다〈nohta〉／두다〈twuta〉(置く)」(〜ておく)
　　(ii) 動詞連用形＋「보다〈pota〉(見る)」(〜てみる)

(例) 파티를 위해서 과자를 많이 만들어 놓았다.
Phathi-lul wihayse kwaca-lul manhi mantule nohassta.
(パーティーのためにお菓子をたくさん作っておいた。)

(D) 程度

動詞連用形＋「대다〈tayta〉(当てる, 触れる)」(激しく〜する, しきりに〜する, 〜し立てる, 〜しまくる, 〜し尽くす)

(例) 그 사람은 시작할 때부터 끝날 때까지 줄곧 떠들어 대었다.
Ku salam-un sicakhal ttay-puthe kkuthnal ttay-kkaci cwulkot ttetule tayessta.
(その人は始めから終わりまでずっとしゃべりまくった。)

(E) やりもらい

動詞連用形＋「주다〈cwuta〉(やる, くれる)／드리다〈tulita〉(差し上げる)」(〜てやる, 〜てくれる／〜て差し上げる)

(例) 아들에게 장난감을 사 주었다.
Atul-eykey cangnankam-ul sa cwuessta.
(息子におもちゃを買ってやった。)

3.4 終結する文末における生起

会話体では、終結する文末に動詞が連用形で生ずることが頻繁にある。これは、対等・目下の者に対して用いられ、平叙、疑問、命令、勧誘を表すことが可能である。また、丁寧さを加え、目上の者に対して用いる場合は、その動詞連用形に「요〈yo〉」という要素が付けられる。

(26) 집에 돌아가.
Cip-ey tolaka.
(家に {帰る。／帰る？／帰れ。／帰ろう。})

4　両言語間の類似点と相違点

前節では、日本語と朝鮮語のそれぞれにおいて動詞連用形がどういう用いられ方をするのかを整理しながら簡潔に記したが、本節では、その整理・記

述を基に，両言語間の類似点と相違点を指摘しておきたい。

　先に，それを表にまとめると，次のようになる。（表内において，○は標記の用法が可能であることを，×は標記の用法が不可能であることをそれぞれ表す。）

(27)

		日本語	朝鮮語
(A)	節・文接続における中止法	○	○
(B)	述語性接尾辞の後続	○	×
(C)	名詞性接尾辞の後続	○	×
(D)	助詞の後続	○	○（種類は少ない）
(E)	動詞の後続	○	○（種類は少ない）
(F)	名詞としての機能	○	×
(G)	終結する文末における生起	×	○

　動詞連用形の用法が両言語間で同じであるのは，(A)「節・文接続における中止法」の場合だけであり，それ以外の場合はすべて，両言語間で何らかの違いがある。そのうち，(B)「述語性接尾辞の後続」，(C)「名詞性接尾辞の後続」，(F)「名詞としての機能」は，日本語では可能であるが，朝鮮語では不可能である。また，(D)「助詞の後続」と(E)「動詞の後続」は両言語ともに認められるものの，朝鮮語よりも日本語の方が種類が多く，様態も複雑である。ただ，(G)「終結する文末における生起」については逆の関係になっており，そういったことが日本語ではできないが，朝鮮語ではできる。以上のことを総合すると，朝鮮語よりも日本語の方が，動詞連用形がどのようなところで用いられるかといった範囲が広い，と言うことができる。

　以下に，両言語間の個々の相違点についてもう少し詳しく解説しておく。

4.1　述語性接尾辞の後続

　日本語では，動詞が前置された場合，それが連用形をとらなければならない述語性接尾辞が何種類も見出される。それに該当するものとしては，(5)に示したように，過去を表す「た」，命令を表す「なさい」，丁寧を表す「ま

す」，可能を表す「える」「うる」，願望を表す「たい」「たがる」，難易あるいはその傾向を表す「やすい」「よい」「にくい」「がたい」「づらい」，傾向や状態を有することを表す「くさい」「ぽい」，様態推定を表す「そうだ」が挙げられる。それに対して，朝鮮語には，そういったものが見当たらない[11]。

4.2 名詞性接尾辞の後続

　(8)に列挙した日本語の接尾辞は，名詞に由来したものである。例えば「方」や「次第」のように実質的な意味を幾分保持しているものから，例えば「がち(勝ち)」や「しな」のように実質的な意味が失われて形式的になっているものまで，程度の差は見出されるが，そのように断定することができる。日本語では，このような名詞由来の接尾辞の前に動詞が現れた場合，それは連用形となる。

　一方，朝鮮語では，そういったことは不可能である。例えば，日本語の「歌い手」を認められる朝鮮語にするためには，(28a)のように「노래하는〈nolayhanun〉(歌う)」という関係節が名詞「사람〈salam〉(人)」を修飾する表現か，あるいは(28b)のように「가수〈kaswu〉(歌手)」という漢語名詞による表現をとるしかない。

(28) a.　노래하는 사람
　　　　nolayhanun salam
　　　　(歌う人)
　　 b.　가수
　　　　kaswu
　　　　(歌手)

4.3 助詞の後続

　朝鮮語では，動詞連用形が前置される助詞は，(21)に示したとおり，接続助詞の「서〈se〉(て)」「도〈to〉(も)」「야〈ya〉(こそ)」のようになくはないが，日本語に比べると，その数や種類が少ない。日本語におけるそういった助詞としては，(12)のように，接続助詞の「ながら」「つつ」「て」

「に」だけでなく，「お～になる」という表現における格助詞の「に」や，「～{は／も}する」という表現における取り立て助詞の「は」「も」もある。また，日本語の接続助詞「て」と朝鮮語の接続助詞「서〈se〉(て)」は，(14)と(22)にそれぞれ示したように，同様の用いられ方をする一方で，前者は(15)に示したようにいわゆる補助動詞を後続させることができるのに対して，後者はそういったことができない，という違いも有する。

4.4 動詞の後続

(18)と(24)に例を示して述べたように，日本語にも朝鮮語にも，動詞連用形にまた別の動詞が後続してひとまとまりをなす，複合動詞と呼ばれるものが存在する。形態上はこのように両言語間で同一であるが，統語的な振る舞いなどを見ると，違いがあることがわかる。その詳細については，第9章で論述したので，同章を参照していただくことにし，ここでは，要点だけを記す。

第一に，朝鮮語の複合動詞よりも日本語の複合動詞の方が全体として種類が豊富で，様態も複雑である。第二に，複合動詞は，語彙的な性格を有するものと統語的な性格を有するものの二つに大別できることを2.4で述べたが，朝鮮語の場合は日本語の場合よりも後者のような性格の複合動詞が少ない。第三に，日本語の複合動詞は，語彙的なものにせよ統語的なものにせよ，それを構成する後項の動詞が接辞化しているものが数多く見出せるのに対して，朝鮮語の複合動詞は，そういったものがはるかに少ない。第四に，日本語では「動詞連用形＋動詞」ではなく，「て」が挿入された「動詞連用形＋『て』＋動詞」で表現されるもの((15)参照)が，朝鮮語では日本語の「て」に相当する「서〈se〉」が挿入された「動詞連用形＋『서〈se〉』＋動詞」ではなく，「動詞連用形＋動詞」で表現されることが多い((25)参照)，という，両言語間で異なった対応関係になっていることが指摘できる。

4.5 名詞としての機能

(20)に記したように，日本語では，動詞連用形がそのまま名詞として機能するものがあり，またそれが非常に豊富であるのに対して，朝鮮語では，そういったことは全く不可能である[12]。

4.6　終結する文末における生起

　(26)に例を示して述べたように，朝鮮語では，動詞連用形が終結する文末に生じ，言い切りの表現として用いられることが可能である。それに対して，日本語の場合は，そういったことは一般的にできない。ただ，関西の方言では，

(29)　これ，読み。

のように，使われなくはないが，これは命令を表す時に限られるし，完全に言い切ってはいないような感じを受ける。しかしながら，

(30)　これ，読んで。

のように，「動詞連用形＋『て』」で表現すれば，命令を表す時に限られるが，共通語でも十分に認められるものとなる。

5　両言語間の相違点が意味するもの

　本節では，前節で指摘した両言語間の相違点が何を意味し，どうして生ずるのか，ということについて考察することにするが，これらの動詞連用形に関する相違点はすべて，著者がこれまでに明らかにしてきた根本的要因と密接にかかわっており，この根本的要因に基づいて記述・説明できることを主張したい。

5.1　根本的要因

　この根本的要因というのは，第12章で詳しく論述したように，接尾辞を用いた使役構文，「〜中（に）／〜 중(에)〈cwung(-ey)〉」「〜後（に）／〜 후(에)〈hwu(-ey)〉」などを用いた構文，接頭辞「同〜／동〈tong〉〜」を用いた表現，接尾辞「〜的／〜적〈cek〉」を用いた表現など，本章で取り上げている動詞連用形を用いた構文や表現以外の種々の言語現象について考察した結果，導き出された「形態・統語的仕組みの違い」のことである。その要

点を記すと，次のとおりであった。

(31)　「形態・統語的仕組みの違い」という根本的な要因
　　　日本語——語と節・文が重なって融合している性質のものが存在する
　　　　　　仕組みになっている。
　　　朝鮮語——語なら語，節・文なら節・文といったように，基本的には
　　　　　　語と節・文の地位を区別する仕組みになっている。

　この根本的要因を導き出したことによって，見出された両言語間のいくつもの相違点を統一的に捉え，それに対する記述・説明が可能となったわけである。また，逆に言えば，この根本的要因があるからこそ，いくつもの言語現象においてこれが反映され，両言語間で相違が生ずることになるわけでもある。
　以下では，第4節で指摘した両言語間の相違点の個々についていかなる説明ができるのかを論述することにする。

5.2　述語性接尾辞の後続

　動詞というのは，語よりも大きい単位である節・文を構成する要であり，それが故に，名詞句など，統語論のレベルにおける要素の出現を要求する。そういった性質を持つ動詞の連用形の最も基本的な機能は，日本語については(1)(2)及び2.1で，朝鮮語については(3)(4)及び3.1で述べたように，両言語とも先行する節・文が一旦中止しながらも，後続する節・文にかかっていき，両者が接続される，というものであると言える。また，こういったことが最も基本的な機能であるため，両言語間で相違がなく，同一の様態となっていると言えるわけである。
　ところが，(31)に示した，形態・統語的仕組みの違いという根本的要因が動詞連用形にも大いに影響を及ぼしている。朝鮮語は，語なら語，節・文なら節・文といったように基本的には語と節・文の地位を区別する仕組みになっているので，節・文に現れる動詞の連用形は自ずと，今述べたような用法が中心となる。それに対して，日本語は，語と節・文が重なって融合している性質のものが存在する仕組みになっているため，動詞連用形が節・文に

現れた場合の，今述べたような用法に限られるのではなく，動詞連用形が語あるいは語に近いレベルにまで入り込んで活動する傾向にあると考えられる。その語あるいは語に近いレベルに該当するのが，(5)のように述語性接尾辞が付いたものである。これは日本語の例であり，このように，動詞連用形が述語性接尾辞と結び付いたものは実際，日本語では見出されるのに対して，朝鮮語では見当たらないのである。

　こういった両言語間の相違は，次に述べる状況も深くかかわっている。朝鮮語では，述語性接尾辞及び大半の助詞と結び付く動詞の語幹はその基本形における末尾の「다〈ta〉」を取り除いた形態の1種類である。それに対して，日本語では，述語性接尾辞や助詞と結び付く動詞の語幹はいわゆる未然形，連用形，終止形，仮定形，命令形といったように1種類ではない。しかも，母音終わり語幹（一段活用）の動詞の場合は，次に示すとおり，後続する述語性接尾辞や助詞がほぼ変異形を持つことなく，連用形以外のものも連用形と同一形式である。

(32)　落ちる：落ち−ない，落ち−ます，落ち−る，落ち−れば，落ち−{ろ／よ}
　　　教える：教え−ない，教え−ます，教え−る，教え−れば，教え−{ろ／よ}

　また，日本語も朝鮮語も，実質的な意味を表す動詞などの語幹に，文法的な意味を表すいくつかの拘束形式が連続的に付加される，といった膠着性の特徴を有する言語である。ところが，著者は，第10章で，動詞連用形を用いた表現以外の言語現象について考察し，(31)に示した，形態・統語的仕組みの違いという根本的要因を導き出す前の考察結果として，両言語間で次の相違があることを明らかにした。

(33)　日本語──語を構成している要素と要素が緊密に結び付いておらず，このため，大きな単位がもう一つ埋め込まれた統語構造になりやすい言語である。
　　　朝鮮語──語を構成している要素と要素の結び付きが緊密であり，このため，大きな単位は一つしか考えられない統語構造をしている言語である。

先に述べたように，朝鮮語よりも日本語の方が，拘束形式の要素の前に動詞連用形が立つことがはるかに頻繁にあるわけであり，動詞連用形は，最も基本的な機能として，先行する節・文が後続する節・文にかかっていき，両者を接続させるが，その際，先行する節・文に一旦中止することを強いる。このことが日本語における動詞連用形と述語性接尾辞や助詞との結び付きをその分，緊密でなくしており，要素と要素の結び付きの度合いが両言語で異なる，というこの(33)につながっていくと考えられる。このように，動詞連用形は，膠着性のあり方にも深くかかわっているわけである。

5.3　名詞性接尾辞の後続

日本語で動詞連用形に付けることができる名詞性接尾辞の例は(8)に示したが，これらは語のレベルで成り立っているものである。元来は節・文のレベルで機能する動詞の連用形がその中に入り込んでいるわけであり，この様態はまさに，語のレベルと節・文のレベルが融合している性質のものが存在する仕組みになっている日本語のその重なっている部分が具現化している結果であると言える。

それに対して，朝鮮語は，語と節・文の地位を基本的には区別する仕組みになっているため，節・文のレベルで機能する動詞の連用形が語のレベルで成り立っている表現の中に入り込むことが起こりえないわけである。

認められる朝鮮語になるためには，動詞連用形が用いられていない(28a, b)のいずれかのような表現をとらなければならないが，(28a)における「노래하는〈nolayhanun〉(歌う)」という関係節は明らかに節・文のレベルのものであり，また(28b)における「가〈ka〉(歌)」という漢語は明らかに語のレベル内における一要素である。

5.4　動詞の後続

これについては，論の展開の都合上，先に第9章の第6節で述べたが，本節では，確実さを尊重し，以下に同じ論述を記しておくことにする。

4.4で複合動詞に関する両言語間の相違点を四つ指摘したが，このうちの一つ目から三つ目までについても，次のように，根本的要因に基づいて説明することができる。

朝鮮語における複合動詞の大多数は，二つの動詞がそれぞれ含まれた節・文同士が結び付けられたことに伴って生み出された性格のものであり（詳細については，第9章を参照のこと），(24)に挙げたのがその代表例である。このことは，これらの複合動詞がひとまとまりをなしているが，語のレベルよりも節・文のレベルに近いことを意味する。そういった性格の複合動詞であるとともに，朝鮮語は語と節・文の地位を基本的には区別する仕組みになっているため，二つの節・文が接続される時に用いられる動詞連用形が複合動詞の中に入り込んでいることは矛盾せず，許されるわけである。

　一方，日本語にも，今述べたような複合動詞があり，その中で動詞連用形が用いられるのは朝鮮語の場合と同じことによる。日本語には，そのような複合動詞に加えて，(18)に例を挙げた語彙的なものにせよ，(19)に例を挙げた統語的なものにせよ，動詞連用形に後続した動詞が接辞化した複合動詞が非常に豊富に存在する。これらの複合動詞は，この後続動詞の接辞化に起因し，語性の度合いが極めて高くなっていると考えられる。このような複合動詞の中に動詞連用形が入り込んでいることは，語と節・文が重なって融合している性質のものが存在する仕組みになっている日本語であるからこそ許され，その性質の部分の具体的な現れであると言える。

　また，4.4で指摘した，両言語間における四つ目の相違点については，もう少し補足しながら，説明する必要がある。朝鮮語にも，「動詞連用形＋動詞」という形態をとり，統語的な性格を有する複合動詞が全くないわけではない。その具体的な例は，(25)に挙げたとおりである。ただ，これらのうち，(B)アスペクト，(C)もくろみ，(E)やりもらいのほとんどは日本語の場合，「動詞連用形＋動詞」ではなく，「動詞連用形＋『て』＋動詞」という形態で表現される，ということがこの四つ目の相違点であった。

　5.2で論じたように，朝鮮語では，語と節・文の地位をはっきりと区別する仕組みになっていることが影響し，動詞連用形は，先行する節・文を一旦中止させて後続する節・文にかかり，つなげていく，ということを最も中心的な機能に持つわけであるから，動詞連用形の後にその分，区切りが置かれることになる。それに対して，日本語は，語と節・文が重なって融合している性質のものが存在し，動詞連用形が語あるいは語に近いレベルにまで入り込みやすくなった分だけ，動詞連用形の後の区切りは朝鮮語ほど大きくはな

いと考えられる。そして，日本語においてより大きな区切りを入れた形式が「動詞連用形＋『て』＋動詞」であり，これが区切りの度合いとしては朝鮮語における統語的な性格を有する「動詞連用形＋動詞」と同等になっている。このように，両言語間の対応関係のずれも，根本的要因によって生じた動詞連用形の働きの違いに由来しているわけである。

5.5　名詞としての機能

　動詞は，5.2でも指摘したように，語よりも大きい単位である節・文を構成する要であるため，名詞句などの要素の出現を要求し，節・文という統語論レベルのあり方にまで影響する力を持つ。それに対して，名詞はそのままではそういった力を持っておらず，節・文という統語論レベルでももっぱら，それを構成する語としての役割に徹する。朝鮮語は，語と節・文の地位を基本的には区別する仕組みになっているので，節・文に作用を及ぼす動詞の連用形が，語としての名詞の機能を果たすことがない。一方，日本語は，語と節・文が重なって融合している性質のものが存在することが要因となり，元は節・文に作用を及ぼす動詞の連用形が語としての名詞の機能も果たすことができると考えられる。

5.6　終結する文末における生起

　朝鮮語は，語と節・文の地位を基本的には区別する仕組みになっており，先行する節・文を一旦中止させて後続する節・文にかかり，つなげていく，ということを，動詞連用形の最も中心的な機能として持つのに対して，日本語は，語と節・文が重なって融合している性質のものが存在する仕組みになっているため，動詞連用形のそういった機能だけに固執するわけではなかった。このようなことは，5.4でも論じたように，動詞連用形の後に置かれる区切りの度合いが日本語よりも朝鮮語における方が大きい，ということにつながっていく。以上のことから考えれば，動詞連用形が終結する文末に生じ，言い切りの表現として用いられることが朝鮮語では可能であるのに対して，日本語では不可能である，という両言語間の相違については納得がいく。

　さらに，大変興味深いのは，両言語間における二つの相違に平行性が見出

されることである．その相違の一つは，終結する文末に現れて言い切りの表現として用いられるのが朝鮮語では動詞連用形であるのに対して，日本語では，命令表現に限られるが，「動詞連用形＋『て』」である，ということである．もう一つの相違は，アスペクト，もくろみ，やりもらいの表現が朝鮮語では「動詞連用形＋動詞」で生ずるのに対して，日本語では「動詞連用形＋『て』＋動詞」で生ずる，ということである．

6　結語

　本章では，日本語と朝鮮語それぞれにおける動詞連用形の用法を整理して記述し，両言語間の類似点と相違点を指摘した後，これらの相違点が何を意味し，どうして生ずるのか，ということについて考察した．著者は，自身によるこれまでの研究で，両言語間での形態・統語的仕組みの違いという根本的要因があることを導き出したが，本章における考察の結果，動詞連用形の用法に関する両言語間の相違点についても，この根本的要因に基づいて適切に説明でき，文法体系における動詞連用形の位置づけが両言語間で異なっていることを明らかにした．

　河野(1955[1979], 1962[1979], 1968[1980], 1971[1979])，亀井・河野・千野(編)(1996)では，日本語あるいは朝鮮語それぞれにおける，動詞要素にかかわる膠着性(用言複合体という用語で捉えられていることもある)について考察がなされているが，両言語を対照した視点からの言及は，残念ながら，ほとんどない．また，宮岡(2002: 104–105)は，日本語と「アルタイ型」言語を対照することによって用言複合体について考察したものは風間(1992)以外になく，そういったアプローチからのより詳しく，広範囲にわたる研究が今後，要望されることを記している．本章は，これに幾分，応えたことになったのではないかと思われる．

注

1)　(1)(2)の日本語を朝鮮語で表現しようとした場合，先行する節・文における動詞

部分の形態としては，次の (a) (b) に示すように，動詞の語幹に「고〈ko〉」という語尾を付けたものが考えられるかもしれない（この表現については，任瑚彬〈Im, Ho Pin〉他 1989: 129–131 などを参照のこと）．

　　（a）*집에 돌아가고 일찍 잤다.
　　　　*Cip-ey tolaka-ko ilccik cassta.
　　（b）*도중에 차가 고장 나고 몹시 곤란했다.
　　　　*Tocwung-ey cha-ka kocang na-ko mopsi konlanhayssta.

しかしながら，この場合，これらは母語話者には受け入れられないものであり，従ってそれぞれの節・文が表す事柄が順次に生ずることや，先行する節・文が後続する節・文の原因や理由を意味する (1) (2) の日本語と同じ意味を伝えることもできない．

2) なお，母音が連続した時は，その母音が縮約されることもある．
3) 英語による用語について言えば，日本語に関する記述では，Martin (1975) が infinitive, Shibatani (1990) が adverbial という用語をそれぞれ用いており，また朝鮮語に関する記述では，Martin (1992), Sohn (1994, 1999) などが infinitive という用語を用いている．日本語による用語の場合と同様に，日本語では (1) (2)，朝鮮語では (3) (4) のような，両言語に共通した用法を伝える用語としては，infinitive よりも adverbial の方が的確であると判断できる．
4) 日本語における連用形の機能については，渡辺 (1971: 第 4, 6, 7 節) が詳しい考察を行っているので，これを参照のこと．
5) converb について考察した代表的な研究に Haspelmath and König (Eds.) (1995) があるので，その詳細についてはこれを参照のこと．
6) 益岡・田窪 (1992: 62–68) は，日本語における接尾辞を，それが付けられて生ずる派生語の品詞の違いによって「名詞性接尾辞」「形容詞性接尾辞」「動詞性接尾辞」の 3 種類に分類できることを指摘しているが，本章では，これを参考にした上で，後の二つを「述語性接尾辞」のひとまとまりにして記述している．
7) 「た」を伴った場合，動詞によっては，音便変化が生ずる．
8) 「じまい」の場合，動詞連用形は，文語的な否定形「〜ず」に限られる．
9) ここでは，助詞という用語の下で一括したが，「ながら」「つつ」「て」「に」は接続助詞，「お〜になる」における「に」は格助詞，「〜 {は／も} する」における「は」「も」は取り立て助詞といったように，これらの助詞は働きの違いによって下位分類することが可能である．また，「て」を伴った場合，動詞によっては，注 7) で指摘した「た」の場合と同一の音便変化が生ずる．
10) 宮岡 (2002) は，日本語において従来「複合動詞」と呼ばれてきたものの中にはその用語で呼ぶのに不適当なものがあることを主張している．この主張は首肯できるものであるが，本章では，便宜上，従来の用語である「複合動詞」を用いて記述しているところがある．
11) 朝鮮語における過去を表す形式「았〈ass〉／었〈ess〉／였〈yess〉」に含まれる

「ㅆ〈ss〉」という要素は，動詞連用形に後続するものであると考えられるかもしれないが，朝鮮語における過去を表す形式は歴史的には(25)(B)(i)に示した「動詞連用形＋있다〈issta〉」という表現から由来したものであるため，「ㅆ〈ss〉」は動詞「있다〈issta〉(いる，ある)」内の一要素である。

12) 日本語と朝鮮語の間におけるこの相違については，黄燦鎬〈Hwang, Chan Ho〉他(1988: 184–187)に簡単な指摘がある。

第 15 章 結論

1 研究成果

　本書では，前章まで 14 章にわたり，日本語と朝鮮語における形態論と統語論の相互作用について対照言語学からのアプローチで考察してきた。本節では，その考察で得られた成果を記すことにより，本書の結論とする。

　本書の主要な目的の一つが，日本語と朝鮮語における諸言語現象を取り上げて考察し，それらに関する両言語間の類似点と相違点を明らかにすることであった。これについては，各章各節におけるそれぞれの箇所で整理しながら，指摘することにより，目的を果たした。本章では，繰り返して述べることは避け，適宜，その箇所を参照していただくことにする。

　本書のもう一つの主要な目的は，両言語における諸言語現象を考察することによって明らかにされた両言語間の相違は何を意味し，またどのように捉えるべきであるのか，ということについて論ずることであった。これについては，以下のようにまとめることができる。

　日本語と朝鮮語における諸言語現象について考察することにより，両言語間の相違を引き起こしている根本的な要因として，(1) に示す「文法化の進度の違い」を導き出すことができる。

(1) 「文法化の進度の違い」という根本的な要因
　　日本語——諸言語現象において文法化が比較的生じている。
　　朝鮮語——諸言語現象において文法化が比較的生じていない。

この「文法化の進度の違い」という根本的な要因は，(2) に挙げたすべての

言語現象に共通しており，これらの言語現象がこの要因を証拠づけるものとなる。(なお，この要因を証拠づけるそれぞれの言語現象には，本書で取り上げて論じた章節を付記しておく。)

（2）「文法化の進度の違い」という根本的な要因を証拠づける言語現象
　　（A）　複合格助詞(第6章及び第7章)
　　（B）　複合動詞(第8章及び第9章)
　　（C）　「動詞連用形＋テイク／動詞連用形＋가다〈kata〉(行く)」構文と「動詞連用形＋テクル／動詞連用形＋오다〈ota〉(来る)」構文(第11章第2節)
　　（D）　「動詞連用形＋テイル／動詞語幹＋고 있다〈ko issta〉(〜ている)；動詞連用形＋있다〈issta〉(〜ている)」構文(第11章第3節)
　　（E）　「動詞連用形＋テヤル；テクレル／動詞連用形＋주다〈cwuta〉(〜てやる；〜てくれる)」構文(第11章第4節)
　　（F）　位置を表す名詞「上／위〈wi〉」「内／안〈an〉；속〈sok〉」「点／점〈cem〉」(第11章第5節)
　　（G）　形式名詞・名詞化接尾辞(第11章第6節)
　　（H）　形容動詞／形容詞の位置づけに関連して(第13章)

　また，日本語と朝鮮語における諸言語現象について考察することにより，両言語間の相違を引き起こしている根本的な要因として，(3)に示す「形態・統語的仕組みの違い」を導き出すことができる。

（3）「形態・統語的仕組みの違い」という根本的な要因
　　　　日本語——語と節・文が重なって融合している性質のものが存在する仕組みになっている。
　　　　朝鮮語——語なら語，節・文なら節・文といったように，基本的には語と節・文の地位を区別する仕組みになっている。
　(このことを図示すると，次のようになる。)

　　　　　日本語　　　　　　　　朝鮮語

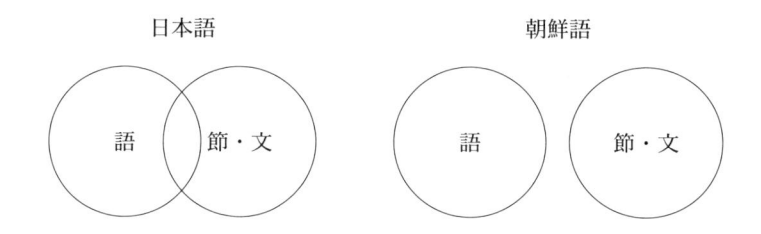

　　　　（語）（節・文）　　　　（語）　（節・文）

　この「形態・統語的仕組みの違い」という根本的な要因の証拠となる言語現象として，次のものを指摘することができる。(なお，この要因を証拠づけるそれぞれの言語現象には，本書で取り上げて論じた章節を付記しておく。)

（4）「形態・統語的仕組みの違い」という根本的な要因を証拠づける言語現象
　　（A）　接辞を用いた使役構文(第10章及び第12章第2節)
　　（B）　複合動詞構文(第10章及び第12章第3節)
　　（C）　「〜中(に)／〜 중(에)〈cwung(-ey)〉」「〜後(に)／〜 후(에)〈hwu(-ey)〉」などを用いた構文(第12章第4節)
　　（D）　名詞化接尾辞(第12章第5節)
　　（E）　照応(第12章第6節)
　　（F）　接頭辞「同〜／동〈tong〉〜」(第12章第7節)
　　（G）　接尾辞「〜的／〜적〈cek〉」(第12章第8節)
　　（H）　動詞連用形の位置づけ全般に関連して(第14章)

　さらに，この「形態・統語的仕組みの違い」という根本的な要因が，先述した「文法化の進度の違い」と次の関係にあることも主張できる。

（5）　形態・統語的仕組みの文法化とのかかわり
　　　両言語間における文法化の進度の違いは，さらに根本的な要因である形態・統語的仕組みの違いと強く結び付いており，これに起因した結果のものがある。

以上のことから，次の言及につながっていく。

（6）諸言語現象への現れ方
　(1)に示した「文法化の進度の違い」，及び(4)に示した「形態・統語的仕組みの違い」が根本にあるため，諸言語現象で両言語間の相違となって現れる。
（7）統一的な捉え方に基づく適切な記述・説明
　従って，「文法化」さらには「形態・統語的仕組み」に着目することによって，諸言語現象における両言語間の相違を統一的に捉え，適切に記述・説明することが可能となる。

2　他の研究への影響性及びそれらとの関連性

　本節では，本書の研究が影響を及ぼし，また関連し合っている他の研究者による研究について触れておきたい。

2.1　堀江薫による研究

　まず，一つ目は，堀江薫による研究である。堀江は，言語類型論と認知言語学を統合した認知類型論からのアプローチをとり，特に日本語と朝鮮語に重点を置いた多様な研究を推進してきた。その中でも，堀江・パルデシ(2009)は，これまでの研究の総まとめ的な存在と言えるものである。その研究結果の一部の要点を示すと，次の表のようになる（ただ，(8)の表は，日本語と朝鮮語の対照が明確に提示されている堀江2001: 220 からの引用）。

（8）

	日本語	朝鮮語
	単一の形式(構造)に複数の意味(機能)が対応する傾向がより高い	単一の形式(構造)に単一の意味(機能)が対応する傾向がより高い
表記	漢字に音と訓の二つの発音体系が存在	漢字は単一の発音体系のみ
語形成	語と節の中間的な構造が存在	語と節のレベルを厳密に区別

統語論	(i)	述語の終止形と連体形の区別がほぼ完全に消失	述語の終止形と連体形を厳密に区別
	(ii)	主節にのみ生起する接辞は存在しない	主節にのみ生起する接辞が存在
	(iii)	格助詞の格機能の希薄化，直後の名詞(化辞)との融合が起こりやすい	格助詞の格機能の希薄化，直後の名詞(化辞)との融合が起こりにくい
	(iv)	いわゆる「主要部内在型関係節」が存在	「主要部内在型関係節」の容認性が低い

　「語形成」の項目における日本語と朝鮮語の相違は，上の(3)に示したとおり，本書における考察結果として最も強く主張したいことの一つであり，本書の基となった著者(塚本)による研究が引用されて堀江の論の中に組み込まれた性質のものである。

　また，「統語論」の(iii)の項目における両言語間の相違は，上の(1)に示した，本書におけるまた別の主張につながっていくものである。ただ，堀江は，名詞が用いられた表現に重点を置いて考察することにより，この相違を導き出している。一方，本書が(1)のように結論づけるのに考察の対象としたのは，動詞が用いられた表現が中心である。このように，本書と堀江の研究は，文法化について同じ結論を得ていることになるが，考察対象が異なることから，相補う関係にあると言うことができる。なお，こういった関係にある両者の研究は，統合することによって新たな成果が期待されることから，次の採択された研究課題においては共同で行われてきた。

　　科学研究費補助金(基盤研究(C))(研究期間：2007〜2009年度，研究課題名：日本語と朝鮮語における文法化現象の総合的研究―対照言語学からのアプローチ―，研究代表者：塚本秀樹，研究分担者：堀江薫，課題番号：19520349)

本研究課題に関する研究成果は，別途，発表する予定である。
　さらに，表内の最上段の項目における日本語と朝鮮語の相違は，Hawkins

(1986)が比較類型論(Comparative Typology)の枠組みで英語とドイツ語について行った考察を参考にし，日本語と朝鮮語について考察した結果，導き出された原則である。本書における研究は，形態論と統語論に重点を置いたものであるが，堀江の研究は，加えて認知的なアプローチをとっているところに特徴があると言える。

2.2 井上優による研究

次に，二つ目は，井上優による研究である。その研究は，日本語のみを考察対象としたものが多くを占めるが，井上は，日本語と中国語の対照言語学的研究，さらには日本語と朝鮮語の対照言語学的研究にも携わり，その成果も上げている。その中でも特にここで取り上げるのは，井上(2010)である。

井上は，(9)に示すように，事態の叙述様式が日本語と朝鮮語では異なっており，この両言語間の相違が両言語の文法の基盤をなす事柄の一つになっていることを主張している。

(9) 日本語――「アニメーション」型叙述
　　　　　　　つまり，「事態を時間の中で捉える」という「動的叙述性」が明確である。
　　　朝鮮語――「スライド」型叙述
　　　　　　　つまり，「事態を時間の中で捉える」という「動的叙述性」が希薄である。

また，この両言語間の相違が，(10)に示す両言語のさまざまなレベルの相違と関係していることを論じている。

(10)(A)　完成相形式と継続相形式の使い分け
　　(B)　動作名詞＋ダ／動作名詞＋(이)다〈(i)ta〉
　　(C)　可能形式
　　(D)　使役形式
　　(E)　複合動詞
　　(F)　受動文と受益構文

（G）　テンス
　（H）　主題
　（I）　指示

　（10）に挙げられた言語現象のうち，本書でも考察したのは，（B）「動作名詞＋ダ／動作名詞＋(이)다〈(i)ta〉」と（E）「複合動詞」の二つである。前者は，本書では第13章において取り上げ，名詞の位置づけに関する問題の一つとして考察したものである。また，後者は，複合動詞の中でも，複合動詞を構成する前項動詞と後項動詞の順序が日本語と朝鮮語では逆になるものがあるということや，日本語では複合動詞として成立するのに対して，朝鮮語では複合動詞として成立せず，様態を副詞的に表現する場合があるということに関する考察である。これらについては，本書では第8章において取り上げ，考察した。

　この2種類の言語現象に関する両言語間の相違に対しては，本書では形態論と統語論の相関関係に基づき，記述・説明を与えている。一方，井上による研究は，こういった相違について意味概念的な視点から捉え，記述・説明を行っているものであると言える。このように，塚本による研究と井上による研究では，考察対象が同じであっても，とっているアプローチが異なるわけである。

2.3　影山太郎による研究

　最後に，三つ目は，影山太郎による研究である。その一連の研究は，特に形態論から文法全体を見渡す取り組みを行うことにより，日本語の様態を解明しようとしている点に大きな特徴がある。代表的なものとして影山（1993）があり，これは，英語との対照を通じて考察されている箇所も含まれているが，日本語のみを対象とした考察が主流となっている。また，近年の研究に影山（2009, 2010）がある。これは，その後，得られた成果も多数盛り込みながら，日本語におけるさまざまな言語現象の考察から言語類型論的に何が言えるのか，ということについて論じられており，本書の基となった著者（塚本）の研究を参考に，朝鮮語との対照による考察も行われている。影山（2009, 2010）の要点を押さえながら言及すると，以下のようなことになる。

前時代には,「日本語は極めて難しい言語である。」や「日本語は特異な言語である。」などと言われることが頻繁にあった。しかしながら,このように言うことは不適切であり,そうなってしまった原因は,単なる偏見であったり,日本語を英語などごく一部の言語だけと比べて判断したりしたことにあった。

そういった誤解は,言語類型論の観点から日本語について考察したその後の研究によって正された(柴谷1981,影山1985,角田1991/2009などを参照のこと)。その論拠となっているものはいくつかあるが,ここでは,代表的な2点のみを挙げる。

1点目は,音韻論に関することであるが,日本語の母音は,「ア」「イ」「ウ」「エ」「オ」の5個であり,このことは,以前よく言われた日本語の特質の一つである。ところが,世界のさまざまな言語について見ると,日本語と同じこの5個の母音を有する言語が最も多くを占める(Maddieson 2008 などを参照のこと)。

もう1点は,統語論に関することであるが,文を構成する「主語(S)」「目的語(O)」「動詞(V)」といった3種類の基本的な要素が並ぶ順序の可能性としては,①SOV ②SVO ③VSO ④VOS ⑤OVS ⑥OSV の六つの部類が考えられる。ところが,世界中のさまざまな言語に関する調査の結果,実際は,それぞれの部類に該当する言語が部類ごとに均等な割合で存在するのではなく,①SOVの言語が最も多いことが判明している(Dryer 2008 などを参照のこと)。また,日本語について言えば,動詞は必ず文の最後に置かなければならないという制限の下で,その前に来る要素は比較的自由に並べることができるものの,最も自然な配列順序はSOVであるので,日本語は,主語・目的語・動詞の配列順序についても①SOVという最も多数派の部類に属しているわけである。

このように,日本語が世界中の最も多くの言語が属する部類の言語と同じ性質を有するということは,日本語が決して特異な言語ではなく,その逆で,極めて普通の言語である,ということを証拠づけることになる。従って,日本語は,音韻論と統語論については確かにそのとおりである。

ところが一方,形態論に目を向けると,今指摘した音韻論と統語論とは状況が異なることがわかる。影山は,形態論の中でも複合語を中心に考察する

と，日本語が他の言語では見られないと考えられる様態となっており，日本語の独自性が指摘できることを明らかにしている。また，本書では，影山が取り上げている言語現象ばかりではなく，それ以外の言語現象についても，影山がほとんど扱っていない朝鮮語との対照を通じて考察を行ってきた。その結果，朝鮮語における諸言語現象は，どの言語にも見られる当然のことが生じているのに対して，日本語の形態論にかかわる諸言語現象は，朝鮮語の場合とは異なった様相を呈することを導き出した。従って，本書では，そういった日本語の独自性を，朝鮮語との対照を通じても確証できたことになる。

3 意義と展望

本節では，本書の意義及び今後の展望について述べる。

日本語と朝鮮語が形態統語上，酷似していることは，朝鮮語を研究対象としていない研究者にも広く知られている事実である。ところが，そのことが非常に強調されてしまっているが故に，そういった研究者には，日本語と朝鮮語はあらゆる面で同一であると思われていることが多分にある。また，特に日本語のみを研究対象にしている研究者が，自身の掲げた研究題目について考察する際の手がかりにするため，朝鮮語はどういう様態になっているのか，ということを知りたがることも少なくない。もちろん，両言語間で同一である場合もあるが，朝鮮語はこの場合，日本語とはこのように異なっている，といったことを上記の研究者に伝えるのが，学界における塚本のこれまでの任務であってきた。従って，著者のこれまでの研究をまとめた本書は，日本語と朝鮮語の対照言語学的研究自体を進展させるばかりでなく，そういった貢献もさらになし得るものである，と言うことができる。

また，第2章でも論じたように，従来の日本語と朝鮮語の対照言語学的研究は，どこが似ており，またどこが異なっているのかといったように，両言語間の類似点と相違点を指摘するのに終始し，特にその相違点を見出すだけで良しとするものが圧倒的に多かった。確かに言語事実の指摘と記述は非常に重要な作業であり，どの言語学研究もそれを基礎として成り立っているわけであるので，それを否定する意図は全くない。しかしながら，両言語間

の類似点と相違点を指摘するだけの段階にとどまっていては，意義のある議論が起こらず，言語学という学問上，発展性がない。本書で示したアプローチは，従来のこういった状況を打破することを可能にし，今後とるべき方向性の一つであることを示すことができたのではないかと思われる。

さらに，日本語文法学会学会誌展望小委員会（企画）(2006) は，五つの分野に分け，日本語文法学界を展望したものであるが，「展望3：応用的研究」の分野で対照言語学的研究が取り上げられており，その中で著者（塚本）のこういったアプローチによる研究に期待が寄せられている。

4　今後の課題

最後に本節では，今後の課題について述べ，本章を締めくくることにする。

第一に，研究アプローチに関することである。本書における考察の対象となったのは，日本語，朝鮮語ともに現代語のみであった。古典語や言語変化についてなど，歴史的な考察を行えば，問題解決の手がかりが得られることも大いにある。こういった考察が，今後の課題となる。

第二に，「形態・統語的仕組みの文法化とのかかわり」についてである。本書の結論として，本章における(1)に示した「『文法化の進度の違い』という根本的な要因」と，(3)に示した「『形態・統語的仕組みの違い』という根本的な要因」を導き出し，さらに，この両者は(5)に示した関係になっていることを主張した。ただ，この「形態・統語的仕組みの文法化とのかかわり」については，詳細な考察までには至らなかった。文法化が生ずる原因は，必ずしも一つとは限らず，複数のものが絡み合っていることが多く，また個々の事例によって異なるとも考えられる。従って，どういった場合に形態・統語的仕組みが文法化を誘発するのにつながり，またそうではないのか，ということについて考察する必要があるが，こういった考察が，今後の課題となる。なお，これについては，次の研究課題が採択され，すでに着手している。

科学研究費助成事業（学術研究助成基金助成金（基盤研究（C）））（研究期

間：2011〜2013年度，研究課題名：日本語と朝鮮語における文法化の生起要因に関する対照言語学的研究，研究代表者：塚本秀樹，研究分担者：堀江薫，課題番号：23520465）

　第三に，複合動詞に関することである。本書では，第8章において日本語の複合動詞，第9章において日本語と対照しながら朝鮮語の複合動詞について詳しく考察した。また，特に日本語の複合動詞については，多くの研究者による研究が精力的に行われてきた。しかしながら，解決されていない問題や検討すべき問題も数多く残されている。そのうち，大きな問題として，次のものが挙げられる（下記共同研究プロジェクトにおける研究代表者・影山太郎氏による問題提起）。

(11)（A）　世界中の言語を見渡すと，「動詞＋動詞」型の複合動詞は世界的に東アジア（日本語・中国語・朝鮮語など）に限られるようであるが，なぜ，そのような分布になっているのか。
　　（B）　日本語・中国語・朝鮮語を対照すると，「動詞＋動詞」型の複合動詞で3言語に共通するタイプと，日本語にしか存在しないタイプ（例えば，補文構造をとる統語的複合動詞）があるが，なぜ，そうであるのか。

(11B)に提起された問題の一部については，本書における結論として導き出し，本章の(3)に示した「『形態・統語的仕組みの違い』という根本的な要因」に基づいて記述・説明ができることを主張したが，(11)の問題全体を解明すべく，継続して考察に取り組む必要があろう。これも今後の課題となるが，次の共同研究プロジェクトに共同研究員として参加し，すでにその考察を開始している。

　　人間文化研究機構・国立国語研究所共同研究プロジェクト〈基幹型〉（研究期間：2009〜2013年度，研究課題名：日本語レキシコンの文法的・意味的・形態的特性，研究代表者：影山太郎）

最後，第四に，考察すべき形式についてである。日本語では，先行する節・文が一旦中止しながらも，後続する節・文にかかっていき，両者が接続される際，その先行する節・文における動詞の形式は，次に示す2種類がある。

(12)　日本語における動詞の中止形
　　（A）　動詞連用形
　　（B）　動詞連用形＋接続語尾「て」

一方，朝鮮語でも，上述の形式として，日本語の場合と同様，次に示す2種類がある。

(13)　朝鮮語における動詞の中止形
　　（A）　動詞連用形
　　（B）　動詞連用形＋接続語尾「서〈se〉」

本書では，それぞれの章において，両言語のこういった形式が用いられているいくつかの言語現象について考察してきた。
　ところが，動詞の中止形は，日本語には(12A, B)に示した2種類しかないのに対し，朝鮮語では(13A, B)に示した2種類に加えて，次の(13C, D)に示す2種類もあると考えられる。

(13)　朝鮮語における動詞の中止形
　　（C）　動詞語幹＋接続語尾「고〈ko〉」
　　（D）　動詞語幹＋接続語尾「며〈mye〉」

朝鮮語におけるこの(13C)の形式と(13D)の形式については，第9章の第7節及び第16章の第3節における関連する議論の中では取り上げて論じたが，詳しい考察は行うことができなかった。
　このように，動詞の中止形について，形式の種類が日本語では少なく，朝鮮語ではそれよりも多いわけであるが，この両言語間の相違が何を意味する

のかは，大いに探究すべき対象となる。こういったことについても，今後の課題であるが，次の共同研究プロジェクトに共同研究員として参加し，考察に着手している。

　　東京外国語大学アジア・アフリカ言語文化研究所共同研究プロジェクト（研究期間：2010 〜 2012 年度，研究課題名：節連結に関する通言語的研究，研究代表者：渡辺己）

〈 付 録 〉

第 16 章　日朝対照研究と日本語教育

1　日本語における単文の 3 層構造

　日本語について観察してみると，述語が 1 回しか出て来ない文が見出される。これは，一般的に「単文」と呼ばれる。この単文が二つあるいはそれ以上現れ，それぞれの単文を何らかの形で結び付けた文も見出される。これは，一般的に「複文」と呼ばれる。このように，「文」というものを，「単文」と「複文」の 2 種類に分けることができる。そして，単文あるいは複文がいくつか並び，あるまとまった単位となる。これは，一般的に「談話」と呼ばれるものである。「単文」「複文」「談話」を簡潔に定義すると，今，述べたようになると思われる（益岡・田窪 1992 などを参照のこと）。
　言語は，話し手が種々の客観的素材について主観的な判断を下し，それを聞き手に対して主観的な態度で伝達しようとするものである。文を 2 種類に分けたうちの単文に焦点を当てると，単文は，抽象的でその中核を成す客観的部分と，話し手による主観的部分の二つにまず分類され，後者の主観的部分は，話し手の客観的部分に対する主観的な判断か，話し手の聞き手に対する主観的な態度かによって，また二つに下位分類される。この単文の構造は，抽象的で中核を成す客観的部分を，話し手の客観的部分に対する主観的な判断が包み込み，そしてそれをまた話し手の聞き手に対する主観的な態度が包み込むという 3 層構造になっていると考えられる（仁田 1980 などを参照のこと）。
　今，単文の中核を成す客観的素材の部分を「命題」，話し手の，客観的素材の部分に対する主観的な判断を「モダリティ 1」，話し手の，聞き手に対する主観的な態度を「モダリティ 2」とそれぞれ名づけ，その 3 者のかかわ

り具合を図示すると，次のようになると思われる[1]。

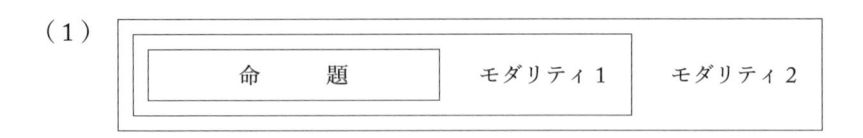

（1）

| 命　　題 | モダリティ1 | モダリティ2 |

この「命題」「モダリティ1」「モダリティ2」が3者とも具現化した日本語文の例を，(1)の図に当てはめて挙げると，次のようなものがある。

（2）

| 雨 が 降る | だろう | よ |

日本語において，ある事柄を，主観的な判断や態度を含めずに客観的に描写しようとするため，モダリティ1・モダリティ2は具現化せず，命題だけが具現化する単文ももちろんある。

　ここでは日本語のことだけを考えて，単文は，「命題」というカテゴリーを，「モダリティ1」というカテゴリーが包み込み，さらにそれを，「モダリティ2」というカテゴリーが包み込む，といった3層構造を成しているということを指摘したが，これは，言語普遍的なことであると思われる。ただ，他の言語を日本語と対照してみると，主観的な判断や態度を表す表現形式が多種多彩で，モダリティ1・モダリティ2の部分が幅を利かせている言語もあれば，その逆で，主観的な判断や態度を表す表現形式が豊富ではなく，モダリティ1・モダリティ2の部分が小ぢんまりとしている言語もある，といった相対的な違いは見受けられる。

2　日本語と朝鮮語の対照言語学的研究

　さて，日本語と朝鮮語の対照言語学的研究は，第2章でも述べたように，日本の朝鮮語研究者，日本語教育に携わる韓国の日本語研究者，韓国から日本語研究のために来日している留学生などによって，年を追うごとに非常に

活発に行われてきている。

　日本語と朝鮮語を対照して観察してみると，両言語は形態統語上，酷似している，ということが，これまで繰り返し，言われてきた。実際，日本語と最も似ている言語は，と問われた場合，他のどの言語よりも真っ先に朝鮮語が挙がってくるのも間違いではない。しかし，これまで指摘されてこなかったことで，著者が特筆したいことは，先ほど示された「単文」「複文」「談話」の 3 レベル，及び単文における「命題」「モダリティ 1」「モダリティ 2」の 3 カテゴリー間では，両言語の類似性に程度の差が認められる，ということである。つまり，「単文」「複文」「談話」の三つでは，「単文」のレベルにおける両言語の類似性は非常に高いが，それに比べて「複文」「談話」のレベルになると，両言語の類似性はやや低くなる。また，同様に，単文が有する「命題」「モダリティ 1」「モダリティ 2」の 3 カテゴリーでも，両言語の類似性が最も高いのは「命題」においてであって，「モダリティ 1」「モダリティ 2」においては両言語の相違性が増してくる。

　今，述べたことの証拠となる事例をいくつか選び出し，以下に挙げることにする。

　まず，日本語と朝鮮語の類似性について誰をも驚かすのは，命題における「格表現」である。述語と補語(名詞類＋格助詞)の組み合わせについて観察すると，両言語間で異なっているのは極めて少なく，大多数が同一であることがわかる(梅田・村崎 1982，塚本 1984a: 第 1 章，朴在權(パク＝チェグォン)1997 などを参照のこと)。

　日本語のいわゆる過去を表す形式「た」には，命題的な側面とモダリティ的な側面があることが知られている(寺村 1982b, 1984 を参照のこと)。モダリティ的な側面として，寺村(1984: 105–113)は，次のような意味・用法の「た」を挙げている。

(3)(ⅰ)期待(＝過去の心象)の実現
　　　(例)a.　〈ペンを捜していて〉あ，あった，あった。
　(ⅱ)忘れていたことの想起
　　　(例)b.　あなたのお名前，何でしたかね。
　　　　c.　明日は木曜だったっけ。

(iii)過去の実現の仮想を表す過去形

　　(例) d.　あなたがいなかったら，私は助からなかった。

(iv)さし迫った要求

　　(例) e.　〈野次馬に向かって〉どいた，どいた。

　　　　 f.　〈相撲や素人将棋で〉待った！

　　　　 g.　〈買物客に向かって〉さあ，買った，買った。

(v)判断の内容の仮想

　　(例) h.　この本を読んだ方がいい。

上記の(3)を土台にして，朝鮮語の方に目を転じてみよう。日本語ではいわゆる過去を表す時，述語がいわゆる終止形であっても連体形であっても，同一の「た」という形式を付加するが，朝鮮語においては述語が終止形の場合と連体形の場合とでは，過去を表す形式が異なる。述語が終止形の場合には，述語の語幹に「았／었／였〈ass/ess/yess〉」という形式を付加し[2]，連体形の場合には，述語(動詞)の語幹に「ㄴ／은〈n/un〉」という形式を付加する[3]。(3)における(a)〜(h)の日本語の例について，朝鮮語ではいわゆる過去を表す形式が用いられるかどうかを示すと，次のようになる。

(4) a.　*앗, 있었다, 있었다.

　　　　 *As, issessta, issessta.

　　 b.　이름이 무엇이라 그랬니？

　　　　 Ilum-i mues-ila kulayssni?

　　 c.　내일이 목요일이었지？

　　　　 Nayil-i mokyoil-iessci?

　　 d.　네가 없었더라면 나는 살아나지 못 했다.

　　　　 Ney-ka epsesstelamyen na-nun salana-ci mos hayssta.

　　 e.　*비켰다, 비켰다.

　　　　 *Pikhyessta, pikhyessta.

　　 f.　*기다리었다！

　　　　 *Kitaliessta!

　　 g.　자, 샀다, 샀다.

Ca, sassta, sassta.
　h.　*이 책을 읽은 편이 좋다.
　　　*I chayk-ul ilkun phyen-i cohta.

　(i)「期待（＝過去の心象）の実現」における(3a)のような場合には，朝鮮語は，(4a)に示されたように，過去を表す形式「었〈ess〉」を用いることはできず，

（5）a.　앗, 있다, 있다.
　　　As, issta, issta.

のように，それが付け加えられていない非過去の形式であるいわゆる現在形で表現される。ただ，朝鮮語は，(3a)のような場合以外で，過去を表す形式の使用が認められることもある。(ii)「忘れていたことの想起」においては，(4b, c)が示すとおり，朝鮮語も日本語と同様に，過去を表す形式「었〈ess〉」を用いて表現できる。(iii)「過去の実現の仮想を表す過去形」においても，朝鮮語は日本語と同様に，過去を表す形式が使用可能である，ということを，(4d)が示しているが，その文末表現を「못 했을 걸〈mos hayssul kel〉（〜しなかったのに）」とした方が落ち着きがある。(iv)「さし迫った要求」においては，インフォーマントによると，(4g)のような言い方は，韓国でも市場などで聞くことがある，という。これは，日本語と同様に過去を表す形式を用いた表現である。しかしながら，(4e, f)が示すように，このような場合には，朝鮮語は日本語とは異なり，過去を表す形式の使用は許されず，

（5）e.　비켜, 비켜.
　　　Pikhye, pikhye.
　f.　기다려.
　　　Kitalye.

といったように，形態上は連用形であるが，機能上は命令の働きをしている表現をとる。(v)「判断の内容の仮想」における日本語の例文(3h)は，過去

を表す形式「た」を用いているが，日本語においては，それとはやや意味が異なるものの，「この本を読む方がいい。」のように非過去の形式であるいわゆる現在形を用いることも可能である。一方，朝鮮語では，(4h)が示すように，動詞の語幹に付く連体形過去の「ㄴ／은〈n/un〉」の使用は認められず，

(5) h. 이 책을 읽는 편이 좋다.
　　　　I chayk-ul ilknun phyen-i cohta.

のとおり，「この本を読む方がいい。」という日本語に相当する，動詞の語幹に連体形現在の「는〈nun〉」を付加した表現をとらなければならない。

　以上のように，日本語，朝鮮語ともに過去の形式が常に現れるのは，(ii)「忘れていたことの想起」と(iii)「過去の実現の仮想を表す過去形」においてであり，それ以外の(i)「期待(＝過去の心象)の実現」，(iv)「さし迫った要求」，及び(v)「判断の内容の仮想」においては，朝鮮語は日本語とは異なり，過去を表す形式の使用が全然許されないか，場合によっては認められることもあるかのいずれかである。従って，朝鮮語におけるモダリティ的な過去形式の使用の範囲が，日本語における場合よりも限定されており，朝鮮語の過去形式は日本語のそれに比べると，モダリティ的な側面が弱く，命題的な側面が強い，と結論づけることができる。

　次に，複文に関する事例を一つだけ挙げることにする。日本語を第一言語とする者が朝鮮語で書かれた論文や小説などを読んでいると，一つの句点までの文の長さが，日本語に比べてだらだらと長い，という感じを受けることがよくある。それは実際，朝鮮語から日本語に翻訳してみると，顕著にわかるようになる。日本語と朝鮮語は統語上，語順がほとんど同じであり，両者ともに膠着言語の性質を有しているので，朝鮮語を日本語に翻訳する時には，基本的には，朝鮮語文の最初から順番に一語一語日本語に置き換えていくだけで，一応は十分に認められる日本語文になる。しかしながら，そのようにしてでき上がった日本語文を見てみると，例えば「……して，……し，……し，……した。」とか「……で，……であり，……であって，……であり，……である。」といったように，普通，日本語なら，こんなにだらだら

長くは書かず，もう少し区切って書くのに，と思える文が頻繁に見出せるのである。また，逆に，何人かの朝鮮語の母語話者に聞いてみると，日本語は一つの句点までの文の長さが短く，簡潔すぎて，何か物足らなささえ感じる，という。両言語間のこの相違は，主に次のようなことに起因していると思われる。日本語において単文と単文を並立的に結び付けて複文にするには，先行する単文の述語をいわゆる連用形にするか，連用形＋テの形にするかの2種類ぐらいしかないのに対して，朝鮮語の複文でそのような並立的な表現をなす場合は，日本語と同様に，先行する単文の述語をいわゆる連用形にしたり，さらにその連用形に「서〈se〉」という形態を付加したりする方法の他に，先行する単文の述語の語幹に「고〈ko〉」という形態を付加したものや「(으)며〈(u) mye〉」という形態を付加したものを用いることもある[4]。このように，複文を構成する複数個の単文を並立的な関係にする手段として，先行する単文の述語を何らかの形に変えることは，日本語，朝鮮語に共通することであるが，その形の種類が，日本語よりも朝鮮語の方が豊富なわけである。従って，朝鮮語の場合は，日本語の場合に比べて，文が単調になることなく，長くなっていくことができるのである。

　最後に，談話における日本語と朝鮮語の違いについては，事例を二つばかり挙げるにとどめ，その内容には立ち入らない。一つは，日本語における取り立て助詞「は」，格助詞「が」と，それに相当する朝鮮語の「는／은〈nun/un〉」，「가／이〈ka/i〉」に関する問題である[5]。これについては，これまで何人かの研究者によって論じられてきたが，田窪(1987a)が最も的確で，根本原則を引き出すまでの論を展開している。もう一つは，指示詞に関する問題である。これについて考察した主要な研究に，金水・岡崎・曹美庚(チョ＝ミギョン)(2002)や金善美(キム＝ソンミ)(2006)などがある。

3　日朝対照研究の日本語教育への応用・貢献

　本節では，日本語と朝鮮語の対照言語学的研究が日本語教育にどのように応用され，それの日本語教育に対する貢献にどういったものがあるのか，ということについて考察することにする。

　言語間に違いがない場合には，違いがある場合に比べると，教授者は学習

者に学習内容を理解させるのにあまり時間をかけずに済ませることができ，また逆に，言語間に違いがある場合には，違いがない場合に比べると，学習者が学習内容を理解するのに時間がかかるのは当然で，教授者はそれを承知の上で授業に取り組まなければならない。このように，対照研究によって言語間の同一点と相違点を明らかにすれば，個々の教授項目についての時間配分や重点の置き方など，教案作成に大いに役立ち，教授者は非常に能率的で，効果的な授業を行うことができるのである。こういったことは，これまで一般的に言われてきたことで，本章の場合，すなわち日本語と朝鮮語の対照研究の成果に基づいた，朝鮮語を母語とする者に対する日本語教育も，決して例外ではない。

ただ，対照分析の見地からして，日本語と朝鮮語との関係が日本語とその他の言語との関係と大きく異なるのは，先ほども少し述べたように，類似点が非常に多く，相違点が比較的少ない，ということである。当然，この特徴的な事実を，教材や教案などの日本語教育面に適切に活かさなければならず，そしてそうすることが，日朝対照研究の日本語教育に対する最も大きな貢献であると言える。以下にその具体例を示すことにするが，言語ごとの大きな単位にあっては，日本語との類似性は朝鮮語が他のどの言語よりもはるかに高い，ということを強調しすぎるがために，「単文」「複文」「談話」の3レベル，「命題」「モダリティ1」「モダリティ2」の3カテゴリー間で日本語と朝鮮語における類似点・相違点の度合いが均一ではない，ということを見過ごすことになってはならない。これは本章における前半の論点であったが，この点もまた，日本語教育面への応用では大きな役割を果たすと判断される。

具体例として，日本語の「動詞連用形＋テイク」構文及び「動詞連用形＋テクル」構文と，それに対応する朝鮮語の「動詞連用形＋가다〈kata〉(行く)」構文及び「動詞連用形＋오다〈ota〉(来る)」構文を取り上げるが，これらの構文については，第11章の第2節及び7.3で考察したので，ここでは，その考察内容を振り返りながら，論ずることにする。

第11章の第2節及び7.3で得られた考察結果の要点を記すと，次のとおりであった。日本語の動詞「行く」と，それに相当する朝鮮語の動詞「가다〈kata〉(行く)」，及び日本語の動詞「来る」と，それに相当する朝鮮語の動

詞「오다〈ota〉(来る)」は，両言語ともそれぞれ単独で用いることができる。

　また，日本語における「行く」と「来る」の両方は，接続語尾「て」を付け加えた連用形の動詞に後続して表現することができる用法を持つ。一方，朝鮮語でも，「가다〈kata〉(行く)」及び「오다〈ota〉(来る)」という動詞が連用形の動詞に後続して表現される構文が成立する。

　このように，成立状況は両言語間で非常によく似ているが，詳しく考察すると，両言語間で次の相違点も見出すことができる。日本語の「動詞連用形＋テイク」構文は，〈移動〉〈継起〉〈継続〉〈消滅〉のすべての用法にわたって成立できる[6]。それに対して，朝鮮語の「動詞連用形＋가다〈kata〉(行く)」構文は，〈移動〉〈継起〉〈継続〉の用法の場合は日本語におけるのと同じく成立するが，〈消滅〉の用法の場合は認められることもあるものの，不自然であったり，認められなかったりすることが多い。

　また，日本語の「動詞連用形＋テクル」構文も，〈移動〉〈継起〉〈継続〉のすべての用法にわたって成立が可能である。ところが一方，朝鮮語の「動詞連用形＋오다〈ota〉(来る)」構文は，〈移動〉〈継起〉〈継続〉の用法の場合は日本語におけるのと同様，成立が認められるが，〈出現〉の用法の場合は不自然なものとなり，〈開始〉の用法の場合は成立することができない。

　以上のことから，朝鮮語における「動詞連用形＋가다〈kata〉(行く)」構文と「動詞連用形＋오다〈ota〉(来る)」構文は，日本語における「動詞連用形＋テイク」構文と「動詞連用形＋テクル」構文と比べると，その使用範囲が限られていることがわかるのである。

　以下では，上述のことが日本語教育面にどのように反映されるべきか，ということについて論述する。教材における配列や教授の手順としては，日本語と朝鮮語間で相違のない事項から始め，相違の割合が一番多い事項を最後に持ってくるのが，朝鮮語を母語とする学習者にとって最も理解しやすいであろうから，「動詞連用形＋テイク」構文及び「動詞連用形＋テクル」構文の場合には，第一に〈移動〉と〈継起〉，第二に〈継続〉，第三に〈消滅〉あるいは〈出現〉〈開始〉といった順で取り上げるのが妥当であると判断される。教材によっては，〈継続〉より〈消滅〉あるいは〈出現〉〈開始〉を先に扱っているものもあるが，今，述べた順序の方が円滑な教育実施となると思われる。

また，朝鮮語が他のどの言語よりも日本語と類似している，ということの中で，日本語と朝鮮語の間に見出される相違点は，朝鮮語を母語とする学習者に対する日本語教育だけでなく，学習者の母語を特定しない日本語教育全般において，最も後回しにしてよい教授項目の一つの基準になると考えられる。もちろん，これは，日本語とその他のさまざまな言語との対照研究の結果と照合してみなければ，厳密な意味で決定的なものとはならない。こういったことを確実なものにするためにも，日本語と個々の言語との対照研究の成果を結集させたグローバルな研究が，これからの課題として急がれなければならない[7]。

注

1) 「命題」に関する代表的な研究に寺村(1982a)，益岡(1987)などがあり，また「モダリティ」に関する代表的な研究に寺村(1984)，仁田・益岡(編)(1989)，益岡(1991)などがあるので，詳細については，それらを参照のこと。さらに，(1)と(2)の図については，仁田(1980: 13-14)を参照のこと。
2) 述語の語幹における最後の母音が陽母音(ㅏ〈a〉, ㅑ〈ya〉, ㅗ〈o〉, ㅛ〈yo〉, ㅘ〈wa〉)の場合には「았〈ass〉」を，それが陰母音(陽母音以外の母音)の場合には「었〈ess〉」を，また「하다〈hata〉」という形態で終わる述語の語幹「하〈ha〉」の場合には「였〈yess〉」をそれぞれ付加する。
3) 述語(動詞)の語幹が母音で終わる場合には「ㄴ〈n〉」を，それが子音で終わる場合には「은〈un〉」をそれぞれ付加する。なお，詳細については，第13章の第3節を参照のこと。
4) 述語の語幹が母音で終わる場合には「며〈mye〉」となり，それが子音で終わる場合には「으〈u〉」を挿入して「으며〈umye〉」となる。
5) 母音で終わる語には「는〈nun〉」，「가〈ka〉」を，子音で終わる語には「은〈un〉」，「이〈i〉」をそれぞれ付加する。
6) ここでの用法の分類とその用語は，当初，国際交流基金(1987)と益岡(1989)を，その後，グループ・ジャマシイ(編)(1998)をそれぞれ参考にしたが，全く同一であるとは限らない。
7) この好例として，人間文化研究機構・国立国語研究所で行われている，日本語学習者用基本動詞用法ハンドブックの開発・作成に関する共同研究プロジェクトがある。これについては，第2章の4.4で取り上げて述べているので，同章同節を参照されたい。

第17章　朝鮮語における固有語動詞の受身文

1　序

　朝鮮語における固有語動詞の受身形式について形態的な側面から見てみると，次の2種類があることがわかる。

（1）（A）　固有語動詞の語幹＋「이〈i〉」「기〈ki〉」「리〈li〉」「히〈hi〉」のいずれか
　　（B）　固有語動詞の連用形＋「지다〈cita〉」

　一つは，（1A）に示したように，固有語動詞の語幹に「이〈i〉」「기〈ki〉」「리〈li〉」「히〈hi〉」のいずれかの接尾辞が付加されたものである。（この四つの接尾辞のうち，どの接尾辞が用いられるのかは，前置される動詞語幹の音的環境によって決まっており，従ってこれらの接尾辞は相補分布をなす。なお，以後，本文中においてこの接尾辞を示す際には，表記上の煩雑さを避けるために，支障がない限り，「이〈i〉」の形式を代表させる。）もう一つは，（1B）に示したように，固有語動詞の連用形に「지다〈cita〉」という補助動詞が後続したものである。
　ところが，従来の研究では，どういう固有語動詞の場合に「이〈i〉」が用いられ，またどういう固有語動詞の場合に「지다〈cita〉」が用いられるのか，といったその両者の使い分けなどがほとんど明らかにされてこなかったと言ってよい状況にある。
　そこで，本章では，朝鮮語における固有語動詞の「이〈i〉」形と「지다〈cita〉」形といった受身形式について考察し，両者の使い分けを中心にその

性質を解明するとともに，その2形式の違いが反映される統語的・意味的特徴についても論ずることにしたい。

2　「이〈i〉」形と「지다〈cita〉」形の使い分け

　まず，本節では，「이〈i〉」形と「지다〈cita〉」形の使い分けについて考察する。「이〈i〉」形が用いられた受身文の実例を見ることにしよう。

（2）　김은 소련의 씨스킨과 대접전 끝에 효과 한개를 <u>빼앗기어</u> 은메달에 머물렀다.　　　　　　　　　（『朝鮮日報〈Cosen Ilpo〉』1991年6月4日）
　　　Kim-un solyen-uy ssisukhin-kwa taycepcen kkuth-ey hyokwa hankay-lul <u>ppayaskie</u> unmeytal-ey memullessta.
　　　（金はソ連のシースキンと大接戦の末，効果一つを<u>取られ</u>，銀メダルにとどまった。）

（3）　오늘 아침은 만원버스 안에서 발을 <u>밟혔</u>기 때문에 부어서 걷기 힘들었다.　　　　　　　　　　　　　　（『창문〈Changmun〉(窓)』p. 98）
　　　Onul achim-un manwenpesu an-eyse pal-ul <u>palphyess</u>-ki ttaymun-ey pue-se ket-ki himtulessta.
　　　（今朝は満員バスの中で足を<u>踏まれ</u>たために，腫れて歩きにくかった。）

　（2）における「빼앗기다〈ppayaskita〉(奪われる；取られる)」は，固有語動詞の基本形「빼앗다〈ppayasta〉(奪う；取る)」の語幹「빼앗〈ppayas〉」に接尾辞「이〈i〉」の異形態である「기〈ki〉」が付いたものである。また，（3）における「밟히다〈palphita〉(踏まれる)」も同様に，固有語動詞の基本形「밟다〈palpta〉(踏む)」の語幹「밟〈palp〉」に接尾辞「히〈hi〉」が付いたものである。ところが一方，このような動詞の基本形を連用形にし，補助動詞「지다〈cita〉」を続けると，「*빼앗아지다〈*ppayasacita〉」「*밟아지다〈*palpacita〉」といったようになるが，これらは受身形式としては認められない。

　このように「이〈i〉」形の方が用いられ，「지다〈cita〉」形が許されない

動詞は，他に次の(ア)に列挙するようなものがある．

(ア) 뽑다〈ppopta〉(選ぶ)，쓰다〈ssuta〉(使う；用いる)，누르다〈nwuluta〉(押す)，끌다〈kkulta〉(引く)，열다〈yelta〉(開ける)，찌르다〈cciluta〉(刺す)，자르다〈caluta〉(切る)，……

こういった動詞に共通する特徴としては，形態上，派生を経ていない純粋な他動詞である，ということを挙げることができる．
次に，「지다〈cita〉」形が用いられた受身文の実例を見ることにする．

(4) 그러나 이 범주는 경주의 전통술로써 인정되어 당국의 묵인 아래 계속 만들어져 왔다.　　(『朝鮮日報〈Cosen Ilpo〉』1991年6月3日)
Kulena i pepcwu-nun kyengcwu-uy centhongswul-losse inceng-toye tangkwuk-uy mukin alay kyeysok mantulecye wassta.
(しかし，この法酒は慶州の伝統酒として認定され，当局の黙認の下でずっと作られてきた．)

(5) 그러니까 다음 정권은 공화당에서 보수당으로 옮겨져야 한다는 결론이시군요?
Kulenikka taum cengkwen-un konghwatang-eyse poswutang-ulo olmkyecye-ya hanta-nun kyellon-isikwunyo?
(ですから，次の政権は共和党から保守党に移されなければならない，という結論でいらっしゃいますか．)

(4)における「만들어지다〈mantulecita〉(作られる)」は，動詞の基本形「만들다〈mantulta〉(作る)」の連用形「만들어〈mantule〉」に補助動詞「지다〈cita〉」が後続したものであり，(5)における「옮겨지다〈olmkyecita〉(移される)」も，動詞の基本形「옮기다〈olmkita〉(移す)」の連用形「옮겨〈olmkye〉」に補助動詞「지다〈cita〉」が後続したものである．しかしながら，このような動詞の基本形は，「*만들리다〈*mantullita〉」「*옮기이다〈*olmkiita〉」といったように，それぞれの環境に応じた接尾辞「이〈i〉」を語幹に付けることの方は許されない．

(4)の「만들다〈mantulta〉(作る)」の他に,

(イ)　끄다〈kkuta〉(消す), 켜다〈khyeta〉((火やスイッチなどを)つける), 깨다〈kkayta〉(壊す), 부수다〈puswuta〉(壊す；割る), 움직이다〈wumcikita〉(動く；動かす), ……

といった動詞がある。これらはすべて, 形態上何ら派生を経てない他動詞である, という点では(ア)に挙げた部類の動詞と同じであるが, 対応する「이〈i〉」形を持たないものばかりであり, 従って受身形式を得るには「지다〈cita〉」形にするしかない。

　また, (5)の「옮기다〈olmkita〉(移す)」は, 他動詞であるが, (ア)と(イ)の部類の動詞とは異なり, 元は「옮다〈olmta〉(移る)」という形であった自動詞から, その語幹の「옮〈olm〉」に接尾辞「이〈i〉」の異形態である「기〈ki〉」が付けられる, といった派生過程を経て形成されたものである。これと同じ性質を有する動詞として, 他に(ウ)に挙げるようなものがあり, これらはすべて,「옮기다〈olmkita〉」の場合と同様に「지다〈cita〉」形は可能であるが,「이〈i〉」形は不可能である。

(ウ)　숨기다〈swumkita〉(隠す), 늘리다〈nullita〉(増やす；伸ばす), 줄이다〈cwulita〉(減らす；縮める), 끓이다〈kkulhita〉(沸かす), 높이다〈nophita〉(高める), 올리다〈ollita〉(上げる), 식히다〈sikhita〉(冷やす；冷ます), ……

　この部類の動詞については, 以下のことが言える。今, 指摘したように, 元の自動詞が他動詞に転成される際, 受身を表す場合の「이〈i〉」形と同じ形式がすでに用いられ, さらにその派生された他動詞から受身形式を成立させるのにもう一度「이〈i〉」形を使っていたのでは, 形態上重複し, 煩雑になってしまう。よって, こういったことは回避され,「지다〈cita〉」形が登場せざるを得ない, ということになる。

　本節における以上の考察から次のようなまとめが得られる。朝鮮語における固有語動詞の受身形式に「이〈i〉」形が用いられるのは, その動詞が形態

上，派生を経ていない純粋な他動詞の場合である。また，そのような他動詞であって対応する「이〈i〉」形を持たない場合と，自動詞からの派生を経た他動詞の場合には「지다〈cita〉」形といった受身形式が用いられるのである。

3　3項動詞能動文から受身文への転換における制約

　本節から第6節までは，「이〈i〉」形か「지다〈cita〉」形かといった形態上の違いが統語的且つ意味的側面に影響を及ぼすことを指摘する。そういったことの一つ目として，本節では，3項動詞能動文から受身文への転換における制約についての問題を取り上げる。

　次の例を見てみよう。

(6)　김씨는 경찰에게 가방을 빼앗기고 몸수색을 당했다.
　　　Kimssi-nun kyengchal-eykey kapang-ul ppayaski-ko momswusayk-ul tanghayssta.
　　　（金さんは警察にかばんを取られ，ボディーチェックをされた。）
(7)　약한 사람에게는 말할 기회가 주어지지 않으면 안 된다.
　　　　　　　　　　（『느티의 日月〈Nuthi-uy Ilwel〉（けやきの日月）』p. 46）
　　　Yakhan salam-eykey-nun malhal kihoy-ka cwueci-ci anh-umyen an toynta.
　　　（弱い者には話す機会が与えられなければならない。）

　(6)では，動詞「빼앗다〈ppayasta〉（奪う；取る）」の語幹に接尾辞「기〈ki〉」が付き，(7)では，動詞「주다〈cwuta〉（与える）」の連用形に補助動詞「지다〈cita〉」が後続している。両例はこういう点で異なっているが，用いられている動詞はどちらも3項動詞であり，

(8)　X가〈ka〉　Y｛에게〈eykey〉／로부터〈loputhe〉｝　Z를〈lul〉V
　　　（XがY｛に／から｝ZをV）

といった能動文を成立させる。

統語論的にもっと詳しく見てみると，(6)は

(9)　경찰이 김씨로부터 가방을 빼앗았다.
　　　Kyengchal-i kimssi-loputhe kapang-ul ppayasassta.
　　　(警察が金さんからかばんを取った。)

という能動文における奪格補語を主格補語に転換して得られた受身文である，ということがわかる。
　一方，(7)の受身文は，

(10)　약한 사람에게 말할 기회를 준다.
　　　Yakhan salam-eykey malhal kihoy-lul cwunta.
　　　(弱い者に話す機会を与える。)

という能動文における対格補語が主格補語に転じてでき上がったものである。
　これ以外の3項動詞についても考察した結果，次のような統語論上の制約を導き出せることが判明した。「이 〈i〉」形を用いた受身文の場合には，元の能動文における与格補語あるいは奪格補語がその主格補語に転ずることは可能であるが，対格補語はそういったことが許されない。それに対して，「지다〈cita〉」形を用いた受身文の場合には，その主格補語になれるのは元の能動文における対格補語の方であって，与格補語あるいは奪格補語ではない。逆の言い方をすれば，能動文における与格補語あるいは奪格補語が受身文における主格補語に転じた時は「이〈i〉」形が用いられ，対格補語から主格補語に転換された時は「지다〈cita〉」形が用いられるのである。

4　動作主のマーカー

　「이〈i〉」形と「지다〈cita〉」形の違いが反映される統語的・意味的特徴の二つ目として，動作主のマーカーに関する問題を挙げることができる。

次の(11)も(12)もともに,「끌다〈kkulta〉(引く)」といった2項動詞と「쫓다〈ccochta〉(追う)」といった2項動詞の語幹に接尾辞「리〈li〉」「기〈ki〉」が付加され,能動文との転換関係で得られた受身文である。

(11) 내가 원장에게 끌려 정원에 나왔을 때, 나는 그 집의 두 여자가 현관 밖에 나와서있는 것을 보았읍니다.
(『도둑견습〈Totwukkyensup〉(泥棒見習い)』p. 94)
Nay-ka wencang-eykey kkullye cengwen-ey nawassul ttay, na-nun ku cip-uy twu yeca-ka hyenkwan pakk-ey nawaseissnun kes-ul poassupnita.
(僕が院長に引っ張られて庭に出て来た時,僕はその家の2人の女が玄関の外に出て立っているのを見ました。)

(12) 마군이 미성물산에서 쫓겨난지 2주일정도 지나 아버지가 위독하다는 전보가 온 것이다.
(『도둑견습〈Totwukkyensup〉(泥棒見習い)』p. 65)
Makwun-i misengmulsan-eyse ccochkyenanci icwuilcengto ci-na apeci-ka witokhata-nun cenpo-ka on kes-ita.
(馬君が美星物産から追い出されてから2週間ぐらい経って,父が危篤だという電報が来たのである。)

こういった,2項動詞に「이〈i〉」形が用いられた場合の受身文におけるいわゆる動作主を表す名詞類は,(11)の「원장에게〈wencang-eykey〉(院長に)」のように「에게〈eykey〉(に)」といった格助詞か,(12)の「미성물산에서〈misengmulsan-eyse〉(美星物産から)」のように「에서〈eyse〉(から)」または「로부터〈loputhe〉(から)」といった格助詞のいずれかで表示される。

一方,(13)の受身文は,2項動詞「맺다〈maycta〉(結ぶ)」に補助動詞「지다〈cita〉」が後続し,能動文との転換操作を通じてでき上がったものである。

(13) 다행히도 1968년 미국과 소련에 의해 핵확산방지조약(NPT)이 맺어졌는데, ……
(『朝鮮日報〈Cosen Ilpo〉』1991年6月3日)

Tahaynghi-to 1968nyen mikwuk-kwa solyen-ey uyhay hayk-hwaksanpangcicoyak (NPT)-i maycecyessnuntey, ...
(幸いにも 1968 年，アメリカとソ連によって核拡散防止条約 (NPT) が結ばれたが……)

こういった，2項動詞に「지다〈cita〉」形が使われた場合の受身文においては，その動作主を表す名詞類は，「미국과 소련에 의해〈mikwuk-kwa solyen-ey uyhay〉(アメリカとソ連によって)」のように「에게〈eykey〉(に)」でも「에서〈eyse〉(から)」や「로부터〈loputhe〉(から)」でもなく，「에 의해(서)〈ey uyhay (se)〉(に {より／よって})」といった複合格助詞で表示されなければならない。同様に2項動詞に「지다〈cita〉」形が用いられた場合の受身文において，動作主を想定すれば，そのマーカーは「에 의해(서)〈ey uyhay (se)〉(に {より／よって})」しかないが，

(14) 들여다보니까 안에는 작은 난로가 지펴져 있었다.
　　　　　　　(『느티의 日月〈Nuthi-uy Ilwel〉(けやきの日月)』p. 89)
Tulyetapo-nikka an-ey-nun cakun nanlo-ka ciphyecye issessta.
(のぞいてみたら，中には小さい暖炉がくべられていた。)

が示すとおり，動作主自体が具現化されないことの方が一般的ではある。
　ただ，「에 의해(서)〈ey uyhay (se)〉(に {より／よって})」で表示された動作主が，

(15) 이촌동은 K에 의해 미묘한 우울이 깔리기 시작했다.
　　　　　　　(『도둑견습〈Totwukkyensup〉(泥棒見習い)』p. 115)
Ichontong-un K-ey uyhay mimyohan wuwul-i kkalli-ki sicakhayssta.
(イチョン洞は K によって微妙な憂鬱が敷かれ始めた。)

のように，2項動詞に「이〈i〉」形が使われた場合に出現している，ということもなくはないが，こういったことは極めて少ない。
　以上，述べてきたように，受身文における動作主のマーカーは，「이〈i〉」

形が用いられた場合と「지다〈cita〉」形が用いられた場合とでは基本的に異なるのである。

5　主格補語の意味特性

　三つ目は，主格補語の意味特性についてである。

(16)　그렇다. 현대인은 바쁘다. 시간에 쫓겨 일에 쫓겨 돈에 추격당하면서 살고 있다.　　　　　　　（『無所有〈Musoyu〉』p. 104）
Kulehta. Hyentayin-un papputa. Sikan-ey ccochkye il-ey ccochkye ton-ey chwukyektangha-myense sal-ko issta.
（そうだ。現代人は忙しい。時間に追われ，仕事に追われ，お金に追撃されながら暮している。）

(17)　약한 사람에게는 말할 기회가 주어지지 않으면 안 된다.
　　　　　（『느티의 日月〈Nuthi-uy Ilwel〉（けやきの日月）』p. 46）［＝(7)］
Yakhan salam-eykey-nun malhal kihoy-ka cwueci-ci anh-umyen an toynta.
（弱い者には話す機会が与えられなければならない。）

(16)と(17)から，次のことがわかる。「이〈i〉」形が用いられている場合はいわゆる主語に立つ主格補語が「현대인〈hyentayin〉（現代人）」といった有生のものであるのに対して，「지다〈cita〉」形が用いられている場合はそれが「기회〈kihoy〉（機会）」といった無生のものである。こういったことは，大方の傾向として指摘できる。すでに挙げた例を見ると，(15)など当てはまらないものも若干あるからである。ただ，この逸脱した例はすべて，動作主が顕在化した場合，それが「에 의해(서)〈ey uyhay(se)〉（に {より／よって}）」で表示された受身文に限られる，という興味深い事実を導き出すことができるのである。

6 アスペクト

　最後に四つ目は，アスペクトとの関連である。朝鮮語には，動詞の語幹に「고〈ko〉」といった接続語尾が付加され，さらにその後に動詞の「있다〈issta〉(いる；ある)」が続く，という形式がある(以後，「動詞語幹＋고 있다〈ko issta〉」と表記)。この形式は，〈動作・行為の最中〉を表す。また，動詞の連用形に動詞の「있다〈issta〉(いる；ある)」が後続する，という形式があり(以後，「動詞連用形＋있다〈issta〉」と表記)，これは〈動作・行為の結果の状態〉を表す。以上のことを押さえた上で，次の例を見てみよう。

(18)　K 공장에서는 21세기용 자전거가 만들어지고 있다.
　　　Keyi-kongcang-eyse-nun 21seykiyong cacenke-ka mantuleci-ko issta.
　　　(K 工場では 21 世紀用の自転車が作られている。)

(19)　들여다보니까 안에는 작은 난로가 지펴져 있었다.
　　　　　(『느티의 日月〈Nuthi-uy Ilwel〉(けやきの日月)』p. 89)(＝(14))
　　　Tulyetapo-nikka an-ey-nun cakun nanlo-ka ciphyecye issessta.
　　　(のぞいてみたら，中には小さい暖炉がくべられていた。)

　(18)と(19)はともに，「지다〈cita〉」形の受身文であるが，(18)では，〈動作・行為の最中〉を表す「動詞語幹＋고 있다〈ko issta〉」が活用され，(19)では，〈動作・行為の結果の状態〉を表す「動詞連用形＋있다〈issta〉」が活用されている。このように，「지다〈cita〉」形が使われた受身文においては，「動詞語幹＋고 있다〈ko issta〉」と「動詞連用形＋있다〈issta〉」の両方が許され，〈動作・行為の最中〉も〈動作・行為の結果の状態〉も表現可能である。

　他方，「이〈i〉」形が用いられた受身文の場合はどうであろうか。

(20)　그는 지금 경찰에 쫓기고 있는 몸입니다.
　　　Ku-nun cikum kyengchal-ey ccochki-ko issnun mom-ipnita.
　　　(彼は今，警察に追われている身です。)

(20) が示すように,「이〈i〉」形が使われた受身文に〈動作・行為の最中〉を表す「動詞語幹＋고 있다〈ko issta〉」が出て来ている例ばかりが見つかる。ところが,「이〈i〉」形の受身文で「動詞連用形＋있다〈issta〉」を用いて〈動作・行為の結果の状態〉を表すことは通常できない。

それに反して,

(21) 돌아와 보니 방문이 <u>열려 있었다</u>.　　　（『無所有〈Musoyu〉』p. 49）
　　　Tolawa po-ni pangmun-i <u>yellye issessta</u>.
　　　（帰ってみると，部屋のドアが<u>開けられていた</u>。）

のように,「이〈i〉」形の場合に「動詞連用形＋있다〈issta〉」が現れて〈動作・行為の結果の状態〉を意味することもなくはないが，非常に限られている。ただ，興味深いことに，こういったことは，動作主が顕在化するなら，「에 의해(서)〈ey uyhay (se)〉(に{より／よって})」で表示され，なお且つ無生の主格補語が立つ，という場合にしか起こらず，その三つの現象には密接な結び付きがあるのがわかる。

7　結語

本章では，以上，朝鮮語における固有語動詞の受身文について，「이〈i〉」形と「지다〈cita〉」形の使い分けを中心に考察してきた。その結果,「이〈i〉」形は，形態上，派生を経ていない純粋な他動詞の場合に用いられ，「지다〈cita〉」形は，そういった他動詞であって対応する「이〈i〉」形を持たない場合と，自動詞からの派生を経た他動詞の場合に用いられる，といった使い分けがあることを明らかにした。また，この「이〈i〉」形か「지다〈cita〉」形かといった形態上の相違が，3項動詞能動文から受身文への転換における制約，動作主のマーカー，主格補語の意味特性，アスペクトといった統語的且つ意味的な側面に影響を及ぼしており，両者間には相関関係があることを論証した。

第18章　朝鮮語における漢語動詞の受身文

1　序

本章では，次のことを目指す。これまで明確にされてこなかった朝鮮語における漢語動詞の受身文を取り上げ，その中でも特に，「받다〈patta〉」「당하다〈tanghata〉」が用いられた文と「되다〈toyta〉」が用いられた文とのかかわり，及びそれらが漢語動詞の受身形においてどう位置づけられ，どのような統語的・意味的特徴を有しているのか，ということについて考察する。また，日本語との対照の観点から言及するところもある。

2　先行研究と問題点

朝鮮語における固有語動詞の場合の受身表現[1]では，形態上，(1)(ア)に示したように，接尾辞「이〈i〉」[2]を用いたものと補助動詞「지다〈cita〉」を用いたものの2種類を容認する，ということに研究者間で意見の一致が見られる。ところが一方，漢語動詞の場合には，(1)(イ)(A)のように接尾辞「되다〈toyta〉」を用いたものだけを認める立場と，(1)(イ)(B)のようにそれだけではなく，接尾辞「받다〈patta〉」「당하다〈tanghata〉」を用いたものも認める立場があり，研究者によって意見が分かれる。

(1)　朝鮮語の受身表現
　　（ア）　固有語動詞の場合
　　　　　接尾辞「이〈i〉」を用いたもの，補助動詞「지다〈cita〉」を用いたもの

（イ）　漢語動詞の場合
　　　　（A）　接尾辞「되다〈toyta〉」を用いたもの
　　　　（B）　接尾辞「되다〈toyta〉」「받다〈patta〉」「당하다〈tanghata〉」
　　　　　　を用いたもの

（A）の立場をとるものに生越（1982）や裵禧任〈Pay, Huy Im〉（ペ＝ヒイム）（1988）などがあり，（B）の立場をとるものに李成圭（イ＝ソンギュ）（1988）や李吉遠（イ＝ギルウォン）（1991）などがある。しかしながら，これらの先行研究では，（A）（B）いずれの立場にあるにせよ，そのような範疇を認めることについて十分な根拠を示さずに議論がなされているように思われる。

　本章での考察を進めていく上で，先行研究の論点と関連して，先に次の3点を指摘しておく必要があろう。

　一つ目は，「되다〈toyta〉」「받다〈patta〉」「당하다〈tanghata〉」がそれぞれ用いられた文が，対応するいわゆる能動文を持ち，その間に規則的な転換関係が考えられないか，という点である。

（2）a.　협회측은 아마츄아 선수의 경우 상금은 없지만 그것에 상당하는 장학금이 지급된다고 말했다.
　　　　　　　　　　　　　　　　　（『朝鮮日報〈Cosen Ilpo〉』1990 年 1 月）[3]
　　　　Hyephoychuk-un amachyua senswu-uy kyengwu sangkum-un epsciman kukes-ey sangtanghanun canghakkum-i cikup-toynta-ko malhayssta.
　　　　（協会側は，アマチュア選手の場合，賞金はないが，それに相当する奨学金が支給される，と語った。）
　　b.　협회측이 아마츄아 선수에게 장학금을 지급한다.
　　　　Hyephoychuk-i amachyua senswu-eykey canghakkum-ul cikup-hanta.
　　　　（協会側がアマチュア選手に奨学金を支給する。）
（3）a.　이번 조사에서 바바라 부쉬는 세계 여성으로부터 가장 존경받는 여성인 것으로 밝혀졌다.　　（『朝鮮日報〈Cosen Ilpo〉』1990 年 1 月）
　　　　Ipen cosa-eyse papala puswi-nun seykyey yeseng-uloputhe kacang conkyeng-patnun yeseng-in kes-ulo palkhyecyessta.

(今回の調査でバーバラ・ブッシュは世界の女性から最も尊敬される女性であることが明らかにされた。)
    b. 세계 여성이 바바라 부쉬를 존경한다.
       Seykyey yeseng-i papala puswi-lul conkyeng-hanta.
       (世界の女性がバーバラ・ブッシュを尊敬する。)
(4) a. 삼분정도밖에 이야기 할수없어. 가게는 이라크군에서 약탈당했다. (『朝鮮日報〈Cosen Ilpo〉』1990 年 1 月)
       Sampun-cengto-pakk-ey iyaki hal-swu-epse. Kakey-nun ilakhukwun-eyse yakthal-tanghayssta.
       (3 分ぐらいしか話ができない。店はイラク軍に略奪されたんだ。)
    b. 이라크군이 가게를 약탈했다.
       Ilakhukwun-i kakey-lul yakthal-hayssta.
       (イラク軍が店を略奪した。)

　(2)のように「되다〈toyta〉」が用いられた文だけでなく，(3)のように「받다〈patta〉」が用いられた文や，(4)のように「당하다〈tanghata〉」が用いられた文も，それぞれ(b)に示された「漢語名詞＋하다〈hata〉」が用いられた能動文との転換操作が十分可能である。しかも，その転換関係は，「받다〈patta〉」「당하다〈tanghata〉」が用いられた文の場合の方が「되다〈toyta〉」が用いられた文の場合よりも難なく認められる。

　第二点目は，「받다〈patta〉」「당하다〈tanghata〉」が用いられた文は各々，別個に扱わなければならないのか，といった生産性に関する問題である。「받다〈patta〉」「당하다〈tanghata〉」が用いられる文の主語には，第 4 節でも見るように，有生名詞でなければならないという選択制限がある。能動文で言った場合，対格補語に有生物が来るすべての 2 項動詞と，二つの目的語をとるすべての 3 項動詞が，このような状況に該当することになる。従って，「받다〈patta〉」「당하다〈tanghata〉」が用いられた文もかなり高い生産性を有していると言える。

　最後は，二つの受身文が想定できる 3 項動詞の場合に関する問題である。

(5) a. 선생님이 우리들에게 논문을 소개했다.

Sensayngnim-i wulitul-eykey nonmun-ul sokay-hayssta.
（先生が私達に論文を紹介した。）
 b. 논문이 선생님으로부터 우리들에게 소개 {되었다／*받았다／*당했다}.
Nonmun-i sensayngnim-uloputhe wulitul-eykey sokay-{toyessta/*patassta/*tanghayssta}.
（論文が先生から私達に紹介された。）
 c. 우리들은 선생님 {에게／으로부터} 논문을 소개 {*되었다／받았다／*당했다}.
Wulitul-un sensayngnim {-eykey/-uloputhe} nonmun-ul sokay-{*toyessta/patassta/*tanghayssta}.
（私達は先生 {に／から} 論文を紹介された。）

　(b)は，(a)における直接目的語の「를〈lul〉(を)」格補語が主語に転じた文であり，(c)は，(a)における間接目的語の「에게〈eykey〉(に)」格補語が主語に転じた文である。同じ漢語名詞「소개〈sokay〉(紹介)」であっても，転換関係においてその出どころが直接目的語の場合は「되다〈toyta〉」は認められるが，「받다〈patta〉」は許されないのに対して，間接目的語の場合はその逆で，使用可能なのは「되다〈toyta〉」ではなく，「받다〈patta〉」の方である，といった興味深い現象が指摘できる。そこで，もし，(1)に示した(イ)(A)の立場ならば，(b)のみが受身文であり，(c)は受身文ではない，ということになり，支障を来す。

　本章では，以上述べた点と，のちに第4節，第5節で行う意味的及び統語的な側面からの議論を根拠に，「되다〈toyta〉」が用いられる文ばかりではなく，「받다〈patta〉」「당하다〈tanghata〉」が用いられる文も受身文の範疇の中で捉えるべきであることを主張するものである。

3　本動詞と接尾辞

　本節では，以後の議論を展開するに当たり，「되다〈toyta〉」「받다〈patta〉」「당하다〈tanghata〉」がそれぞれ本動詞として用いられる場合と，

接尾辞として用いられる場合の類似点・相違点について，形態・統語・意味の側面から考察する。

　最初に，「되다〈toyta〉」について見ることにする。

（6）　타로가 선생님이 되었다.
　　　Thalo-ka sensayngnim-i toyessta.
　　　（太郎が先生になった。）
（7）　여행 준비가 되었습니다.
　　　Yehayng cwunpi-ka toyesssupnita.
　　　（旅行の準備ができました。）
（8）　고대 문자가 관광객에 의해서 발견되었다.
　　　Kotay munca-ka kwankwangkayk-ey uyhayse palkyen-toyessta.
　　　（古代文字が観光客によって発見された。）
（9）　이 회사는 지로에 의해서 설립되었다.
　　　I hoysa-nun cilo-ey uyhayse sellip-toyessta.
　　　（この会社は次郎によって設立された。）

　（6）（7）は，「되다〈toyta〉」が本動詞として用いられた例であり，（8）（9）は，接尾辞として用いられた例である。本動詞の「되다〈toyta〉」は「なる」「できる」などの意味を有するが，中心的な意味は「なる」である。一方，接尾辞の「되다〈toyta〉」は，本動詞の場合における「なる」の意味を受け継いでおり，事態の状態変化を表す。この「되다〈toyta〉」は動作性の漢語名詞に付加されるため，動作が自らなされることを表すことになる。

　次に，「받다〈patta〉」について述べる。

（10）　그녀는 부모로부터 편지를 받았다.[4]
　　　Kunye-nun pumo-loputhe phyenci-lul patassta.
　　　（彼女は親から手紙を受け取った。）
（11）　그는 선생님에게 특별히 노래 렛슨을 받았다.[5]
　　　Ku-nun sensayngnim-eykey thukpyel-hi nolay leyssun-ul patassta.
　　　（彼は先生に特別に歌のレッスンを受けた。）

(12)　그는 선생님으로부터 논문을 소개받았다.
　　　Ku-nun sensayngnim-uloputhe nonmun-ul sokay-patassta.
　　　（彼は先生から論文を紹介された。）
(13)　그는 친구로부터 칭찬받았다.
　　　Ku-nun chinkwu-loputhe chingchan-patassta.
　　　（彼は友達からほめられた。）

(10)(11)の本動詞としての「받다〈patta〉」は「受ける」「受け取る」「もらう」などの意味を持ち、与格補語の人物から主語補語の人物に対格補語の事物が移動する、といったことが含意される。(12)(13)のように接尾辞として使われた場合も、そのような意味内容が保持されているが、「받다〈patta〉」が動作・行動を表す漢語名詞に後続して受身文に転換される。主格補語に立つものにとって利益を被ることを表すことが多いが、そうではない「재판[＝裁判]받다〈cayphan-patta〉」のようなものも存在する。
　最後は、「당하다〈tanghata〉」である。

(14)　그는 불행을 당했다.
　　　Ku-nun pulhayng-ul tanghayssta.
　　　（彼は不幸な目に会った。）
(15)　그녀는 국민학생에게 챙피를 당했다.
　　　Kunye-nun kwukminhaksayng-eykey chayngphi-lul tanghayssta.
　　　（彼女は小学生に恥をかかされた。）
(16)　선생님은 경찰에게 책을 압수당했다.
　　　Sensayngnim-un kyengchal-eykey chayk-ul apswu-tanghayssta.
　　　（先生は警察に本を押収された。）
(17)　그는 친구에게 비난당했다.
　　　Ku-nun chinkwu-eykey pinan-tanghayssta.
　　　（彼は友達に非難された。）

本動詞として用いられた(14)(15)の「당하다〈tanghata〉」は「(不利な目・状況に)出くわす」「直面する」などを意味し、(15)のように特に3項の場

合には，与格補語の人物から主格補語の人物に対格補語の事物が移動する，といった含意がある。(16)(17)の接尾辞としての「당하다〈tanghata〉」は，「받다〈patta〉」の場合と同様に，本動詞が有する意味内容を継承している。そして，主格補語に来るものが不利益を被り，被害を受ける，といったことがかなり強く感じられる。

以上，本動詞の場合と接尾辞の場合の類似点について述べたが，次の相違点も指摘することができる。一つは，漢語名詞に「받다〈patta〉」や「당하다〈tanghata〉」が後続する際，その間に対格の格助詞「를〈lul〉(を)」を介在させるのかさせないのか，という点である。

(18) a.　영희가 철수에게 비난을 당했다.
　　　　Yenghuy-ka chelswu-eykey pinan-ul tanghayssta.
　　　　（ヨンヒがチョルスに非難をされた。）
　　b.　영희가 철수에게 비난당했다.
　　　　Yenghuy-ka chelswu-eykey pinan-tanghayssta.
　　　　（ヨンヒがチョルスに非難された。）
(19) a.　*그는 선생님으로부터 논문을 소개를 받았다.
　　　　*Ku-nun sensayngnim-uloputhe nonmun-ul sokay-lul patassta.
　　　　（*彼は先生から論文を紹介をされた。）
　　b.　그는 선생님으로부터 논문을 소개받았다.
　　　　Ku-nun sensayngnim-uloputhe nonmun-ul sokay-patassta.
　　　　（彼は先生から論文を紹介された。）

それぞれ(a)が，対格の格助詞「를〈-lul〉(を)」が挿入されている例であり，(b)が，その挿入が行われていない例である。(a)における「받다〈patta〉」あるいは「당하다〈tanghata〉」は本動詞であり，(b)におけるそれは接尾辞であるわけだが，このように，対格の格助詞「를〈lul〉(を)」が出現しているか，していないか，といったことが，本動詞と接尾辞を区別することに対して一つの妥当性をもたらす。

もう一点，本動詞と接尾辞を区別するための根拠となるのは，対応する能動文への転換が可能かどうか，ということである。

(20) a. *철수가 영희를 비난을 <u>했다</u>.

　　　　 *Chelswu-ka yenghuy-lul pinan-ul <u>hayssta</u>.

　　　　 (*チョルスがヨンヒを非難を<u>した</u>。)

　　 b. 철수가 영희를 <u>비난했다</u>.

　　　　 Chelswu-ka yenghuy-lul <u>pinan-hayssta</u>.

　　　　 (チョルスがヨンヒを<u>非難した</u>。)

(21) a. *선생님이 그에게 논문을 소개를 <u>했다</u>.

　　　　 *Sensayngnim-i ku-eykey nonmun-ul sokay-lul <u>hayssta</u>.

　　　　 (*先生が彼に論文を紹介を<u>した</u>。)

　　 b. 선생님이 그에게 논문을 <u>소개했다</u>.

　　　　 Sensayngnim-i ku-eykey nonmun-ul <u>sokay-hayssta</u>.

　　　　 (先生が彼に論文を<u>紹介した</u>。)

　対応する能動文に転換することができるのは，それぞれ(b)が示すように，「받다〈patta〉」「당하다〈tanghata〉」が接尾辞として用いられている場合であり，(a)のように本動詞の場合には，そういったことは不可能である。

4　意味的特徴

　本節では，「되다〈toyta〉」「받다〈patta〉」「당하다〈tanghata〉」それぞれの接尾辞が用いられる文について意味的な側面から考察することにする。

　まず，「되다〈toyta〉」が使われる漢語動詞は，能動文においてその動詞が必要とする項と，受身文における動作主のマーカーによって，次のようにおおよそ(X)〜(Z)の3種類に分けることができる。

(X) 　i) 　［C 가〈ka〉　A 로부터〈loputhe〉　B 에게〈eykey〉　SKN 되다〈toyta〉］

　　　　　 ←［A 가〈ka〉　B 에게〈eykey〉　C 를〈lul〉　SKN 하다〈hata〉］[6)]

　　　　　 (動詞)소개［＝紹介］하다〈sokay-hata〉(紹介する)，　의뢰［＝依頼］하다〈uyloy-hata〉(依頼する)，　제안［＝提案］하다〈ceyan-hata〉(提案する)，……

(22) 선생님으로부터 학생들에게 새로운 논문이 <u>소개되었다</u>.
Sensayngnim-uloputhe haksayngtul-eykey saylowun nonmun-i <u>sokay-toyessta</u>.
(先生から学生達に新しい論文が<u>紹介された</u>。)

ii) [C 가 〈ka〉 B 로부터 〈loputhe〉 A 에게 〈eykey〉 SKN 되다 〈toyta〉]
←[A 가 〈ka〉 B 로부터 〈loputhe〉 C 를 〈lul〉 SKN 하다 〈hata〉]
(動詞)압수[=押収]하다 〈apswu-hata〉(押収する), 징수[=徴収]하다 〈cingswu-hata〉(徴収する), ……

(23) 티브이시청료는 각가정으로부터 수금원에게 <u>징수된다</u>.
Thipui-sichenglyo-nun kakkaceng-uloputhe swukumwen-eykey <u>cingswu-toynta</u>.
(テレビの視聴料は各家庭から集金係に<u>徴収される</u>。)

(Y) [B 가 〈ka〉 (A 에 의해서 〈ey uyhayse〉) SKN 되다 〈toyta〉]
←[A 가 〈ka〉 B 를 〈lul〉 SKN 하다 〈hata〉] [7]
(動詞)생산[=生産]하다 〈sayngsan-hata〉(生産する), 건축[=建築]하다 〈kenchwuk-hata〉(建築する), 발명[=発明]하다 〈palmyeng-hata〉(発明する), 발견[=発見]하다 〈palkyen-hata〉(発見する), 설립[=設立]하다 〈sellip-hata〉(設立する), 개최[=開催]하다 〈kaychoy-hata〉(開催する), 조사[=調査]하다 〈cosa-hata〉(調査する), 이용[=利用]하다 〈iyong-hata〉(利用する), ……

(24) 이 회사는 옛날 노무라 지로에 의해서 <u>설립되었다</u>.
I hoysa-nun yeysnal nomula cilo-ey uyhayse <u>sellip-toyessta</u>.
(この会社は昔, 野村次郎によって<u>設立された</u>。)

(Z) [B 가 〈ka〉 A {에/에 의해서} 〈{ey/ey uyhayse}〉 SKN 되다 〈toyta〉]
←[A 가 〈ka〉 B 를 〈lul〉 SKN 하다 〈hata〉]
(動詞)오염[=汚染]하다 〈oyem-hata〉(汚染する), 합병[=合併]하다 〈happyeng-hata〉(合併する), 압도[=圧倒]하다 〈apto-hata〉(圧倒する), 흡수[=吸収]하다 〈hupswu-hata〉(吸収する), 포함[=包含]하다 〈phoham-hata〉(包含する), ……

(25) 깨끗했던 바다는 이라크가 방류한 기름 {에/에 의해서} 오염되어 버렸다. (『朝鮮日報〈Cosen Ilpo〉』1990 年 1 月)
Kkaykkushayssten pata-nun ilakhu-ka panglyuhan kilum{-ey/-ey uyhayse} oyem-toye pelyessta.
(美しかった海はイラクが放流した油{に/によって}汚染されてしまった。)

(X)は，元の能動文における動詞が「A가〈ka〉」「B에게〈eykey〉」「C를〈lul〉」あるいは「A가〈ka〉」「B로부터〈loputhe〉」「C를〈lul〉」といった3項をとり，対格補語のCを主語に転換させて受身文が得られるものである。能動文の3項が「A가〈ka〉」「B에게〈eykey〉」「C를〈lul〉」の場合はCがAからBへ移動するので，動作主のAは受身文では「로부터〈loputhe〉」で表示され，能動文の3項が「A가〈ka〉」「B로부터〈loputhe〉」「C를〈lul〉」の場合はCがBからAへ移動するので，動作主のAは受身文では「에게〈eykey〉」で表示される。この違いは，i)とii)といった(X)の下位分類として設定した。また，(Y)と(Z)は，元の能動文における動詞が「A가〈ka〉」「B를〈lul〉」といった補語を具現化させる2項動詞であり，対格補語のBが主語に転ずることによって受身文ができ上がる，という点では同じであるが，受身文に現れうる動作主を表示する格助詞が後者の場合は「에〈ey〉」と「에 의해서〈ey uyhayse〉」の両方とも可能であるのに対して，前者の場合は「에 의해서〈ey uyhayse〉」しか許されない，という点で区別される。

意味論的に見てここで特に強調したいことは，「되다〈toyta〉」が用いられた受身文が被害の意味を表すことはなく，中立的な意味を表す，ということである。例えば(24)も(25)も，野村次郎が会社を設立したことや油が海を汚染したことに対して被害意識はなく，それを中立的な立場から叙述したものである。また，「되다〈toyta〉」が使われる受身文は，(24)(25)でも確認できるように，主語に「회사〈hoysa〉(会社)」や「바다〈pata〉(海)」といった無生名詞が立つ場合が多い，ということも指摘できる。

次に，「받다〈patta〉」が用いられる漢語動詞も，項と動作主のマーカーによって次の(X)～(Z)の三つに分類できる。

第18章 朝鮮語における漢語動詞の受身文　409

(X)　[B 가 〈ka〉　A {에게／로부터} 〈{eykey/loputhe}〉　C 를 〈lul〉
　　　SKN 받다 〈patta〉]
　　　←[A 가 〈ka〉　B 에게 〈eykey〉　C 를 〈lul〉　SKN 하다 〈hata〉]
　　　(動詞)소개[＝紹介]하다 〈sokay-hata〉(紹介する), 의뢰[＝依頼]하다 〈uyloy-hata〉(依頼する), 제안[＝提案]하다 〈ceyan-hata〉(提案する), 약속[＝約束]하다 〈yaksok-hata〉(約束する), 추천[＝推薦]하다 〈chwuchen-hata〉(推薦する), ……
　　(26)　나는 선생님 {에게／으로부터} 아르바이트 담당자를 소개받았다.
　　　　　Na-nun sensayngnim {-eykey/-uloputhe} alupaithu tamtangca-lul sokay-patassta.
　　　　　(私は先生 {に／から} アルバイトの担当者を紹介された。)
(Y)　[B 가 〈ka〉　A {에게／로부터} 〈{eykey/loputhe}〉　SKN 받다 〈patta〉]
　　　←[A 가 〈ka〉　B 를 〈lul〉　SKN 하다 〈hata〉]
　　　(動詞)존경[＝尊敬]하다 〈conkyeng-hata〉(尊敬する), 신뢰[＝信頼]하다 〈sinloy-hata〉(信頼する), 칭찬[＝稱讚]하다 〈chingchan-hata〉(賞賛する), 상담[＝相談]하다 〈sangtam-hata〉(相談する), ……
　　(27)　야마다씨는 선생님 {에게／으로부터} 신뢰받고 있다.
　　　　　Yamatassi-nun sensayngnim {-ey/-uloputhe} sinloy-pat-ko issta.
　　　　　(山田さんは先生 {に／から} 信頼されている。)
(Z)　[B 가 〈ka〉　A {에게／로부터} 〈{eykey/loputhe}〉　D 에 〈ey〉
　　　SKN 받다 〈patta〉]
　　　←[A 가 〈ka〉　B 를 〈lul〉　D 에 〈ey〉　SKN 하다 〈hata〉]
　　　(動詞)초대[＝招待]하다 〈chotay-hata〉(招待する), 초빙[＝招聘]하다 〈choping-hata〉(招聘する), ……
　　(28)　나는 선생님 {에게／으로부터} 집에 초대받았다.
　　　　　Na-nun sensayngnim {-ey/-uloputhe} cip-ey chotay-patassta.
　　　　　(私は先生 {に／から} 家に招待された。)

(X)は，元の能動文における動詞が「A 가 〈ka〉」「B 에게 〈eykey〉」「C 를

〈lul〉」といった補語を指定する3項動詞で，与格補語のBが主語に転じて受身文となったものである。(Y)では，元の能動文における動詞が「Aが〈ka〉」「Bを〈lul〉」といった2項を要求し，対格補語のBが主語に転換されて受身文が成り立っている。また，(Z)は，(Y)の場合に加えて，到達点を表す「Dに〈ey〉」といった補語も具現化した様態になっている。

ここに挙げた動詞に共通する特徴は，Cが明示的な形として現れようが，心理的な行為が含意されていようが，AからBへの何らかの移動・方向性がAの行為として叙述される，ということである。さらに，こういった意味内容が反映されて，三分類されたどの動詞の場合でも，動作主と起点といった二重の意味役割を持つ項Aが存在し，その項においては「에게〈eykey〉(に)」と「로부터〈loputhe〉(から)」の交替が可能である，ということにも注目しなければならない。

そして，意味的には，行為の受け手にとっておおよそ利益になるものが大多数であるので，「받다〈patta〉」を用いた受身文を「受益の受身」とでも呼ぶことができると思われる。また，この受身文においては，「받다〈patta〉」自体が有する性質の影響で通常，主語の位置には「나〈na〉(私)」や「야마다씨〈yamatassi〉(山田さん)」といった有生名詞が来る。

最後に，「당하다〈tanghata〉」が使われる漢語名詞も，以上と同様の方法で次の三つに分けられる。

(X)　［B가〈ka〉　A에게〈eykey〉　C를〈lul〉　SKN 당하다〈tanghata〉］
　　　←［A가〈ka〉　B로부터〈loputhe〉　C를〈lul〉　SKN 하다〈hata〉］
　　　(動詞)압수[＝押収]하다〈apswu-hata〉(押収する)，징수[＝徴収]하다〈cingswu-hata〉(徴収する)，몰수[＝没収]하다〈molswu-hata〉(没収する)，……
　　(29)　김선생님은 고생해서 모은 자료를 경찰에게 압수당했다.
　　　　　　　　　　　(『朝鮮日報〈Cosen Ilpo〉』1990年1月)
　　　　Kim-sensayngnim-un kosayng-hayse moun calyo-lul kyengchal-eykey apswu-tanghayssta.
　　　(金先生は苦労して集めた資料を警察に押収された。)

(Y)　［B가〈ka〉　A에게〈eykey〉　SKN 당하다〈tanghata〉］

　　　　←［A 가 〈ka〉　B 를 〈lul〉　SKN 하다 〈hata〉］
　　　（動詞）구속［＝拘束］하다 〈kwusok-hata〉（拘束する），감금［＝監禁］하다 〈kamkum-hata〉（監禁する），구타［＝殴打］하다 〈kwutha-hata〉（殴打する），체포［＝逮捕］하다 〈cheypho-hata〉（逮捕する），유괴［＝誘拐］하다 〈yukoy-hata〉（誘拐する），총살［＝銃殺］하다 〈chongsal-hata〉（銃殺する），……
　（30）　어린애가 불량배에게 유괴당했다.
　　　　Elinay-ka pullyangpay-eykey yukoy-tanghayssta.
　　　　（子供がやくざに誘拐された。）

（Z）　［B 가 〈ka〉　A ｛에게／로부터｝ ｛｛eykey/loputhe｝｝　SKN 당하다 〈tanghata〉］
　　　　←［A 가 〈ka〉　B 를 〈lul〉　SKN 하다 〈hata〉］
　　　（動詞）모욕［＝侮辱］하다 〈moyok-hata〉（侮辱する），비난［＝非難］하다 〈pinan-hata〉（非難する），무시［＝無視］하다 〈musi-hata〉（無視する），반대［＝反對］하다 〈pantay-hata〉（反対する），이용［＝利用］하다 〈iyong-hata〉（利用する），……
　（31）　영희는 철수 ｛에게／로부터｝ 모욕당했다.
　　　　Yenghuy-nun chelswu ｛-eykey/-loputhe｝ moyok-tanghayssta.
　　　　（ヨンヒはチョルス ｛に／から｝ 侮辱された。）

　(X) では，元の能動文における動詞が「A 가 〈ka〉」「B 로부터 〈loputhe〉」「C 를 〈lul〉」といった 3 項を指定し，奪格補語の B が主語に転じて受身文が成立している。(Y) と (Z) は，元の能動文における動詞が要求するのが「A 가 〈ka〉」と「B 를 〈lul〉」の 2 項であり，対格補語の B が主語となった受身文が得られる，という点では共通している。一方，両者が異なり，区別されるのは，受身文における動作主がどういう格助詞で表示されるか，ということであり，後者の場合は「에게 〈eykey〉」と「로부터 〈loputhe〉」のいずれでもよいのに対して，前者の場合は「에게 〈eykey〉」しか認められない。
　　(X) の文は，B から A への C の移動・方向性といった意味を A の行為として叙述する表現である[8]。この類の動詞の場合，A の項は動作主と到達点の二つの意味役割を合わせ持つが，起点の意味役割は B の項が担うため，

「에게〈eykey〉(に)」を「로부터〈loputhe〉(から)」に置き換えることはできない。また，(Y)の物理的な行為を表す動詞も，起点の意味役割をとらないので，「에게〈eykey〉(に)」の「로부터〈loputhe〉(から)」への置き換えが不可能である。一方，(Z)の場合は，Aが動作主と起点の意味役割を合わせ持つので，「에게〈eykey〉(に)」と「로부터〈loputhe〉(から)」の交替が許される。

「당하다〈tanghata〉」を用いた文の意味的特徴は，先ほど第3節でも指摘したように，行為の受け手が被害を被ったり，その者にとって極めて不利であったりすることが描写されている，ということである。従って，「당하다〈tanghata〉」が使われた受身文には「被害の受身」とでもいう名称が与えられる。また，この受身文も，「받다〈patta〉」の場合と同様に，「당하다〈tanghata〉」自体が有する意味内容が反映され，主語には通常，有生名詞が現れる。

さて，以上見てきたのは大半が「漢語名詞+하다〈hata〉」といった動詞の有する意味内容に従って，その漢語名詞に「되다〈toyta〉」「받다〈patta〉」「당하다〈tanghata〉」のうちのいずれが付加されるかが大体定まっているものであったが，当然のことながら，漢語名詞によっては，それを含む하다〈hata〉動詞の意味内容からだけでは3形式のいずれが付随するか判断できない場合がある。例えば，次の「주목[=注目]하다〈cwumok-hata〉(注目する)」といった動詞の場合である。

(32) 지구의 온난화 문제는 지금 세계 각지에서 주목되고 있다.
　　　　　　　　　　　　　　(『朝鮮日報〈Cosen Ilpo〉』1990年1月)
　　　Cikwu-uy onnanhwa muncey-nun cikum seykyey kakci-eyse cwumok-toy-ko issta.
　　　(地球の温暖化の問題は今，世界各地から注目されている。)

(33) 일만미터 선수였던 모리시타는 첫마라톤에서 나까야마한테 이겨, 마라톤계에서도 주목받는 선수가 되었다.
　　　Ilman-mithe senswu-yessten molisitha-nun chesmalathon-eyse nakkayama-hanthey ikye, malathonkyey-eyse-to cwumok-patnun senswu-ka toyessta.

(1万メートルの選手だった森下は，初マラソンで中山に勝ち，マラソン界でも注目される選手になった。)

(34) 쿠웨이트를 침공한 후세인은 평화를 사랑하는 세계의 사람들로부터 주목당했다.　　　　(『朝鮮日報〈Cosen Ilpo〉』1990 年 1 月)
Khwuweyithu-lul chimkong-han hwuseyin-un phyenghwa-lul salang-hanun seykyey-uy salamtul-loputhe cwumok-tanghayssta.
(クウェートに侵攻したフセインは，平和を愛する世界の人々から注目された。)

「주목하다〈cwumok-hata〉(注目する)」という動詞は，いわゆる目的語に無生名詞をとることもあるし，有生名詞をとることもある。「주목〈cwumok〉(注目)」という漢語名詞に「되다〈toyta〉」「받다〈patta〉」「당하다〈tanghata〉」が付け加えられると，その目的語が主語に転ずるわけであるが，それが無生名詞の場合には(32)が示すように「되다〈toyta〉」の生起が想定され，もちろんその文は適格である。この場合，中立的な意味の叙述がなされている。また，有生名詞の場合には文脈によって受益の意味が感じ取られると，(33)のように「받다〈patta〉」の出現が，被害の意味が感じ取られると，(34)のように「당하다〈tanghata〉」の出現がそれぞれ想定され，しかもでき上がった文はともに適格である。

以上の考察から，次のまとめが得られる。能動文の目的語から受身文の主語に転じた名詞が無生物の場合は，「되다〈toyta〉」が使われる。また，その名詞が有生物の場合は，能動文における「漢語名詞 + 하다〈hata〉」といった動詞が有する意味合い，及び文脈から捉えられる意味合いが受益であれば，「받다〈patta〉」が用いられ，被害であれば，「당하다〈tanghata〉」が用いられる，といったように使い分けられる。

5　統語的特徴

本節では，意味的な特徴が何らかの形で統語的な特徴に反映されるのではないか，ということを念頭に置き，接尾辞「되다〈toyta〉」「받다〈patta〉」「당하다〈tanghata〉」それぞれが用いられる文について統語的な側面から考

察する。

一つ目として，動作主のマーカーである「에〈ey〉；에게〈eykey〉」[9]と「에 의해서〈ey uyhayse〉」[10]に関する問題を取り上げる。朝鮮語のそれに相当する，日本語における動作主のマーカーの「に」と「によって」については，比較的多くの論考で議論がなされてきた。ここでは，これらの研究を参考にし，朝鮮語における動作主のマーカーが「되다〈toyta〉」「받다〈patta〉」「당하다〈tanghata〉」といった三つの形態とどのようにかかわり合っているのか，について考察することにしよう。

(35) 바다는 기름 {에／에 의해서} 오염되었다.
　　　Pata-nun kilum {-ey/-ey uyhayse} oyem-toyessta.
　　　(海は油 {に／によって} 汚染された。)
(36) 우리 집에서는 딸만이 아버지 {에게／*에 의해서} 신뢰받고 있다.
　　　Wuli cip-eyse-nun ttal-man-i apeci {-eykey/*-ey uyhayse} sinloy-pat-ko issta.
　　　(うちでは娘だけが父 {に／*によって} 信頼されている。)
(37) 우리 아버지는 악질 사기꾼 {에게／*에 의해서} 이용당했다.
　　　Wuli apeci-nun akcil sakikkwun {-eykey/*-ey uyhayse} iyong-tanghayssta.
　　　(うちの父は悪質な詐欺師 {に／*によって} 利用された。)

「에〈ey〉；에게〈eykey〉」という動作主のマーカーは，(35)における「기름〈kilum〉(油)」のように前に無生名詞が置かれた場合には「에〈ey〉」の方が用いられ，(36)における「아버지〈apeci〉(父)」や(37)における「사기꾼〈sakikkwun〉(詐欺師)」のように有生名詞が前置された場合には「에게〈eykey〉」の方が用いられる，といった使い分けがある。注目しなければならないことは，(35)が示すように「되다〈toyta〉」の文では「에 의해서〈ey uyhayse〉」が十分に容認されるのに対して，(36)(37)が示すように「받다〈patta〉」と「당하다〈tanghata〉」の文では「에 의해서〈ey uyhayse〉」の使用は不可能である，ということである。

今述べたことと第4節で考察したことを考え合わせると，次の(38)のような仮説を提示することができると思われる。

(38) 受益あるいは被害の意味合いが強い受身文では「에〈ey〉；에게〈eykey〉」が用いられ，中立的な意味を表す受身文では「에 의해서〈ey uyhayse〉」が用いられる。

この仮説をそのまま日本語に当てはめるのは慎重を要するところであるが，次のような日本語の文についての説明が可能になることも確かである。

(39) 昨日は夜遅く友達{に／*によって}来られて，仕事ができなかった。
(40) この建物は空海{*に／によって}建てられた。
(41) この辺りは私の土地であるが，弟{に／?によって}家を建てられて困っている。
(42) わが軍は敵のゲリラ部隊{に／によって}退路を遮断された。
(43) この町はアメリカ軍{に／によって}破壊された。

(40)において「に」が不可能で，「によって」が認められるのは中立的な意味を叙述する文であるからであり，(39)と(41)において逆に「によって」が容認されず，「に」が使用可能なのは迷惑の意味を伴う文であるからである。また，(42)(43)は「に」と「によって」の両方が許される文であるが，「に」の場合は受け手に対して被害を及ぼす意味合いを感じさせる文として捉えられ，「によって」の場合は第三者の立場から中立的な意味で描写する文として捉えられる。

このように「によって」が使用できる場合，中立的な意味に解釈されるのは，砂川(1984a)も示唆するように，「によって」が本来，事柄の成立において間接的に関与する者に付加されるマーカーだからであり，「に」の代わりに，わざわざこういった性質の「によって」を用いるのは，第三者の立場から事柄を叙述する，ということから由来すると思われる[10]。一方，「に」は，事柄の成立において直接的に関与する者に付加されるマーカーであると言える。

二つ目は，アスペクトに関する問題である。次の例を見てみよう。

(44) 나는 사장님으로부터 승진을 약속 {받았다／*되었다}.
　　　Na-nun sacangnim-uloputhe sungcin-ul yaksok- {patassta/*toyessta}.
　　　（私は社長から昇進を約束された。）

(45) 나도 모르는 사이에 책의 출판이 약속 {*받아／되어} 있었다.
　　　Na-to molunun sai-ey chayk-uy chwulphan-i yaksok- {*pata/toye} issessta.
　　　（私も知らないうちに, 本の出版が約束されていた。）

(46) 나는 큰아들을 유괴범에게 살해 {당했다／*되었다}.
　　　Na-nun khunatul-ul yukoypem-eykey salhay- {tanghayssta/*toyessta}.
　　　（私は長男を誘拐犯に殺害された。）

(47) 저녁에 집에 가 보았더니 여동생이 살해 {*당해／되어} 있었다.
　　　Cenyek-ey cip-ey ka poass-teni yetongsayng-i salhay- {*tanghay/toye} issessta.
　　　（夜, 家に帰ってみたら, 妹が殺害されていた。）

(44)(46)のような〈完成相〉においては,「받다〈patta〉」「당하다〈tanghata〉」が用いられ,「되다〈toyta〉」は許されないのに対して, (45)(47)のような〈結果持続〉の〈持続相〉においては,「받다〈patta〉」「당하다〈tanghata〉」の使用は不可能で,「되다〈toyta〉」が認められるようになる, といった非常に興味深い現象が見出される。これは, (45)(47)のように〈結果持続〉においては変化の結果に着目し, 動作主に対する関心がうすれるため, 動作主が具現化しなくなる, といった事情によるものと考えられる。実際,「받다〈patta〉」「당하다〈tanghata〉」の場合,〈結果持続〉の形式である「아／어 있다〈a/e issta〉」が後続できない, という制約がある。このように「되다〈toyta〉」か「받다〈patta〉」「당하다〈tanghata〉」かの接尾辞の違いがアスペクトといった統語的な範疇に影響を及ぼしているのである。

6　結語

　本章では, 以上, 朝鮮語における受身文のうち, 漢語動詞のものに着目

し，受身の体系内に「되다〈toyta〉」だけではなく，「받다〈patta〉」「당하다〈tanghata〉」が用いられた文も認めるべきであることを論じた。また，「되다〈toyta〉」「받다〈patta〉」「당하다〈tanghata〉」が用いられた受身文はそれぞれ中立・受益・被害を含意する性質のものであり，そのような意味的な特徴が主語の制約といった別の意味的な側面，さらには動作主のマーカーやアスペクトといった統語的な側面にも反映されることを明らかにした。

　本章で得られた成果を，第17章で固有語動詞の受身文について考察して得られた成果と照らし合わせると，両者間で平行性が見られるとともに，相違も見られる。これについては大変興味深い課題であり，稿を改めて詳しく論ずることにしたい。

注
1) この朝鮮語における固有語動詞の受身文は，第17章で取り上げて論述したので，その詳細については，同章を参照のこと。
2) 動詞語幹に「이〈i〉」「기〈ki〉」「리〈li〉」「히〈hi〉」のいずれかの接尾辞が付加されるが，これらのうちのどの接尾辞が用いられるのかは，前置される動詞語幹の音的環境によって決まっており，従ってこれらの接尾辞は相補分布をなす。ここでは，これらの代表として「이〈i〉」で示した。
3) 本章における例文で，出典が記されていないものはすべて作例である。
4) 有生名詞に付加される奪格の格助詞には，「로부터〈loputhe〉」「에게서〈eykeyse〉」「한테서〈hantheyse〉」などがあるが，本章では，支障がない限り，これらのうち最も広範囲にわたって使用可能な「로부터〈loputhe〉」で代表させる。
5) 有生名詞に付加される与格の格助詞には「에게〈eykey〉」「한테〈hanthey〉」などがあるが，本章では，支障がない限り，「에게〈eykey〉」を代表させて用いる。
6) 主格及び対格の格助詞はそれぞれ，母音で終結する語に付く場合は「가〈ka〉」「를〈lul〉」であり，子音で終結する語に付く場合は「이〈i〉」「을〈ul〉」である。また，奪格の格助詞は，母音及び子音「ㄹ〈l〉」で終結する語に付く場合は「로부터〈loputhe〉」であり，それ以外の子音で終結する語に付く場合は「으〈u〉」が挿入されて「으로부터〈uloputhe〉」となる。ここでは，三つとも，母音で終結する語に付く場合の形態を代表させて示した。なお，SKNは，漢語名詞を表す。
7) 受身文における動作主のマーカーで，複合格助詞のものとしては，動詞の連用形である「에 의하여〈ey uyhaye〉」，その連用形の縮約形である「에 의해〈ey uyhay〉」，その縮約形に接続語尾「서〈se〉」が付け加えられた「에 의해서〈ey

uyhayse〉」の3種類があるが，本章では，支障がない限り，最後に挙げた種類のものを代表させて用いる。(なお，この複合格助詞については，第7章で日本語と朝鮮語を対照しながら考察したので，詳細は同章を参照のこと。)また，(　)は，具現化することもあるし，しないこともある副次的な要素であることを表す。

8) 日本語では，砂川(1984b)が指摘している「奪う」類の動詞の文に相当する。
9) 「에〈ey〉；에게〈eykey〉」は，無生名詞に付けられる前者の形態と，有生名詞に付けられる後者の形態を同時に挙げたものであることを表す。
10) 第6章の4.2.1と第7章の4.3.1では，日本語の「によって」及び朝鮮語の「에 의해서〈ey uyhayse〉」を複合格助詞の観点から捉えて論じている。

参考文献

(配列は，著者のアルファベット順であるが，そのアルファベット表記は，著者個人が使用しているものがわかる場合にはそれに従った。)

安部清哉(2007)「二 日本語史　5 文法史・敬語史　形容動詞」飛田良文他(編)『日本語学研究事典』pp. 462–464, 明治書院

Aissen, Judith (1974) Verb Raising. *Linguistic Inquiry*, Vol. 5, No. 3, pp. 325–366. Cambridge, MA: The MIT Press.

安平鎬(アン＝ピョンホ)(2000)「『(アル／)イル』と『テイル』をめぐって―韓国語との対照という観点から―」『国語学会平成12年度春季大会要旨集』pp. 174–181, 国語学会

Baek, Eung-Jin (1984) *Modern Korean Syntax*. Seoul: Jung Min.

Baker, Mark C. (1988) *Incorporation: A Theory of Grammatical Function Changing*. Chicago: The University of Chicago Press.

文化庁(1975)『外国人のための基本語用例辞典(第二版)』大蔵省印刷局

Chang, Suk-Jin (1996) *Korean*. [London Oriental and African Language Library, No. 4.] Amsterdam and Philadelphia: John Benjamins.

Cho, Young-mee Yu and Peter Sells (1995) A Lexical Account of Inflectional Suffixes in Korean. *Journal of East Asian Linguistics*, Vol. 4, No. 2, pp. 119–174. Dordrecht: Kluwer.

張麟声(1983)「日中両語の助数詞」『日本語学』第2巻第8号, pp. 91–99, 明治書院

鄭秀賢(チョン＝スヒョン)(1986)「現代日本語と韓国語の受身・使役表現」宮地裕(編)『論集　日本語研究(一)　現代編』pp. 59–77, 明治書院

Comrie, Bernard (1981) *Language Universals and Linguistic Typology: Syntax and Morphology*. Oxford: Basil Blackwell.

Comrie, Bernard (1990) *Language Universals and Linguistic Typology: Syntax and Morphology* 〈2nd edition〉. London: Blackwell.

コムリー，バーナード(著), 松本克己・山本秀樹(訳)(1992)『言語普遍性と言語類型論―統語論と形態論―』ひつじ書房

Croft, William (1990) *Typology and Universals*. Cambridge: Cambridge University Press.

Croft, William (2003) *Typology and Universals* 〈2nd edition〉. Cambridge: Cambridge University Press.

Dryer, Matthew S. (2008) Feature/Chapter 81: Order of Subject, Object and Verb. In

Martin Haspelmath, Matthew S. Dryer, David Gil, and Bernard Comrie (Eds.), *The World Atlas of Language Structures Online*. Munich: Max Planck Digital Library. [Available Online at http://wals.info/feature/81. Accessed on January 4, 2011.]

Farmer, Ann K. (1980) *On the Interaction of Morphology and Syntax*. Unpublished Ph. D. Dissertation, Massachusetts Institute of Technology. [Reproduced by Indiana University Linguistics Club in 1985.]

Farmer, Ann K. (1984) *Modularity in Syntax: A Study of Japanese and English*. Cambridge, MA: The MIT Press.

グループ・ジャマシイ［砂川有里子他］（編）（1998）『教師と学習者のための日本語文型辞典』くろしお出版

Haig, John H. (1974) A Re-analysis of the Verb *wakaru*. *Papers in Japanese Linguistics*, Vol. 3, pp. 1–17. Los Angeles: Japanese Linguistics Workshop, Department of Linguistics, University of Southern California.

Haig, John H. (1980) Some Observations on Quantifier Floating in Japanese. *Linguistics*, 18, pp. 1065–1083.

韓京娥（ハン＝ギョンア）（2005）「日本語の『〜てあげる・くれる』と韓国語の『-e cwu-（〜テアゲル・クレル）』の意味機能―与格と共起している文を中心に―」第3回日韓対照研究会（東京大学21世紀COEプログラム「心とことば―進化認知科学的展開」内）口頭発表

韓京娥（ハン＝ギョンア）（2008）「日本語の『〜てあげる・くれる』と韓国語の『-아/어 주다 -a/e cwuta』の意味機能」『日本語教育』136号, pp. 78–87, 日本語教育学会

Harada, Shin-Ichi (1971) *Ga-No* Conversion and Idiolectal Variation in Japanese. *Gengo Kenkyu*, No. 60, pp. 25–38.

Harada, Shin-Ichi (1976) Quantifier Float as a Relational Rule. *Metropolitan Linguistics*, Vol. 1, pp. 44–49. Tokyo: Linguistics Circle of Tokyo Metropolitan University.

原口庄輔・中村捷（編）（1992）『チョムスキー理論辞典』研究社出版

Haspelmath, Martin and Ekkehard König (Eds.) (1995) *Converbs in Cross-Linguistic Perspective: Structure and Meaning of Adverbial Verb Forms —Adverbial Participles, Gerunds—*. Berlin and New York: Mouton de Gruyter.

Hawkins, John A. (1986) *A Comparative Typology of English and German*. Berlin: Croom Helm.

林巨樹（監修）（1985）『現代国語例解辞典』小学館

林四郎・野元菊雄・南不二男（編）（1984）『例解新国語辞典』三省堂

林徹（1989）「トルコ語」亀井孝・河野六郎・千野栄一（編）『言語学大辞典 第2巻 世界言語編（中）』pp. 1383–1395, 三省堂

Heine, Bernd, Ulrike Claudi, and Friederike Hünnemeyer (1991) *Grammaticalization: A Conceptual Framework*. Chicago: The University of Chicago Press.

姫野昌子(1975)「複合動詞・『〜つく』と『〜つける』」『日本語学校論集』2号，pp. 52-71，東京外国語大学外国語学部附属日本語学校
姫野昌子(1976)「複合動詞・『〜あがる』，『〜あげる』および下降を表す複合動詞類」『日本語学校論集』3号，pp. 91-122，東京外国語大学外国語学部附属日本語学校
姫野昌子(1977)「複合動詞『〜でる』と『〜だす』」『日本語学校論集』4号，pp. 71-95，東京外国語大学外国語学部附属日本語学校
姫野昌子(1978)「複合動詞『〜こむ』および内部移動を表す複合動詞類」『日本語学校論集』5号，pp. 47-70，東京外国語大学外国語学部附属日本語学校
姫野昌子(1979)「複合動詞『〜かかる』と『〜かける』」『日本語学校論集』6号，pp. 37-61，東京外国語大学外国語学部附属日本語学校
姫野昌子(1980)「複合動詞『〜きる』と『〜ぬく』，『〜とおす』」『日本語学校論集』7号，pp. 23-46，東京外国語大学外国語学部附属日本語学校
姫野昌子(1982)「補助動詞 II 動詞の連用形に付く補助動詞及び複合動詞後項」日本語教育学会(編)『日本語教育事典』pp. 122-123，大修館書店
姫野昌子(2001)「複合動詞の性質」『日本語学』第20巻第9号，pp. 6-15，明治書院
Hopper, Paul J. and Elizabeth Closs Traugott (2003) *Grammaticalization* 〈2nd edition〉. Cambridge: Cambridge University Press.
堀江薫(1998a)「コミュニケーションにおける言語的・文化的要因―日韓対照言語学の観点から―」『日本語学』第17巻第11号《複雑化社会のコミュニケーション》，pp. 118-127，明治書院
Horie, Kaoru (1998b) Functional Duality of Case-marking Particles in Japanese and Its Implications for Grammaticalization: A Contrastive Study with Korean. *Japanese/Korean Linguistics*, Vol. 8, pp. 147-159. Stanford, CA: CSLI Publications.
堀江薫(2001)「膠着語における文法化の特徴に関する認知言語学的考察―日本語と韓国語を対照に―」山梨正明他(編)『認知言語学論考 No. 1』pp. 185-227，ひつじ書房
Horie, Kaoru (2002a) A Comparative Typological Account of Japanese and Korean Morpho-Syntactic Contrasts. *Eoneohag*, 32, pp. 9-37. Seoul: Linguistic Society of Korea.
Horie, Kaoru (2002b) Verbal Nouns in Japanese and Korean: Cognitive Typological Implications. 片岡邦好・井出祥子(編)『文化・インターアクション・言語』pp. 77-101，ひつじ書房
堀江薫(2005a)「日本語と韓国語の文法化の対照―言語類型論の観点から―」『日本語の研究』第1巻3号，pp. 93-107，日本語学会
堀江薫(2005b)「欧米における日本語研究・韓国語研究―日韓言語学会(Japanese/Korean Linguistics Conference)を中心に―」『日本語学』第24巻第8号，pp. 32-41，明治書院
堀江薫・プラシャント＝パルデシ(2009)『講座 認知言語学のフロンティア5 言語

のタイポロジー—認知類型論のアプローチ—』研究社

堀江薫・塚本秀樹(2008)「日本語と朝鮮語における文法化の対照研究の現状と課題」『日本語と朝鮮語の対照研究 II　東京大学 21 世紀 COE プログラム「心とことば—進化認知科学的展開」研究報告書』pp. 3–18，東京大学大学院総合文化研究科言語情報科学専攻

細川由起子(1986)「日本語の受身文における動作主のマーカーについて」『国語学』第 144 集，pp. 1–12，国語学会

Howard, Irwin and Agnes M. Niyekawa-Howard (1976) Passivization. In Masayoshi Shibatani (Ed.), *Syntax and Semantics, Vol. 5: Japanese Generative Grammar*, pp. 201–237. New York: Academic Press.

黄燦鎬〈Hwang, Chanho〉(ファン＝チャンホ)・李季順〈I, Kyeyswun〉(イ＝ケスン)・張奭鎮〈Cang, Sekcin〉(チャン＝ソクチン)・李吉鹿〈I, Killok〉(イ＝キルロク)(1988)『韓日語對照分析〈Hanile Tayco Punsek〉』韓國서울〈Seul〉(ソウル)：明志出版社〈Myengcichwulphansa〉

Ihm, Ho Bin, Kyung Pyo Hong, and Suk In Chang (1988) *Korean Grammar for International Learners*. Seoul: Yonsei University Press.

任瑚彬〈Im, Hopin〉(イム＝ホビン)・洪璟杓〈Hong, Kyengphyo〉(ホン＝ギョンピョ)・張淑仁〈Cang, Swukin〉(チャン＝スギン)(著)，前田綱紀(訳)(1989)『外国人のための韓国語文法』韓國서울〈Seul〉(ソウル)：延世大學校出版部〈Yensey Tayhakkyo Chwulphanpu〉

林八龍(イム＝パルリョン)(1995)「日本語と韓国語における表現構造の対照考察—日本語の名詞表現と韓国語の動詞表現を中心として—」宮地裕・敦子先生古稀記念論集刊行会(編)『宮地裕・敦子先生古稀記念論集　日本語の研究』pp. 264–281，明治書院

Inoue, Kazuko (1976) Reflexivization: An Interpretive Approach. In Masayoshi Shibatani (Ed.), *Syntax and Semantics, Vol. 5: Japanese Generative Grammar*, pp. 117–200. New York: Academic Press.

井上和子(1976)『変形文法と日本語(上)』大修館書店

井上和子(1978)『日英対照　日本語の文法規則』大修館書店

Inoue, Kazuko (1983) A Lexicalist Grammar of Japanese. In Kazuko Inoue, Eichi Kobayashi, and Richard Linde (Eds.), *Issues in Syntax and Semantics: Festschrift for Masatake Muraki*, pp. 35–64. Tokyo: Sansyusya.

井上和子(1985) Intensive Lecture Series: Generative Grammar of Japanese. 大阪外国語大学大学院集中講義

井上和子(1986)「格付与と意味」『言語』第 15 巻第 3 号，pp. 102–111，大修館書店

井上優(2002a)「『言語の対照研究』の役割と意義」国立国語研究所(編)『日本語と外国語との対照研究 X　対照研究と日本語教育』pp. 3–20，くろしお出版

井上優(2002b)「あとがき」国立国語研究所(編)『日本語と外国語との対照研究 X　対

照研究と日本語教育』pp. 166–167, くろしお出版
井上優 (2010)「事態の叙述様式と文法現象：日本語から見た韓国語」未公刊論文, 人間文化研究機構・国立国語研究所
井上優・金河守（キム＝ハス）(1998)「名詞述語の動詞性・形容詞性に関する覚え書—日本語と韓国語の場合—」『筑波大学「東西言語文化の類型論」特別プロジェクト研究報告書』平成 10 年度 II, pp. 455–470, 筑波大学　東西言語文化の類型論　特別プロジェクト研究組織
石井正彦 (1983)「現代語複合動詞の語構造分析における一観点」『日本語学』第 2 巻第 8 号, pp. 79–90, 明治書院
石綿敏雄 (1999)『現代言語理論と格』ひつじ書房
石綿敏雄・荻野孝野 (1983)「結合価から見た日本文法」『朝倉日本語新講座　3　文法と意味 I』pp. 81–134, 朝倉書店
石綿敏雄・高田誠 (1990)『対照言語学』おうふう
Jacobsen, Wesley (1982) *Transitivity in the Japanese Verbal System*. Bloomington, IN: Indiana University Linguistics Club.
Kageyama, Taro (1977) Remarks on Quantifier Floating in Japanese. *Nebulae*, Vol. 3, pp. 63–83. Osaka: Osaka Gaidai Linguistic Circle.
Kageyama, Taro (1984) Three Types of Word Formation. *Nebulae*, Vol. 10, pp. 16–30. Osaka: Osaka Gaidai Linguistic Circle.
影山太郎 (1985)「世界のことば—多様さと共通性—」藤田実・平田達治編『ことばの世界』pp. 15–29, 大修館書店
影山太郎 (1987)「モジュラー語形成論」『英語青年』第 133 巻第 7 号, pp. 314–318, 研究社
Kageyama, Taro (1989) The Place of Morphology in the Grammar: Verb-Verb Compounds in Japanese. In G. Booij and J. van Marle (Eds.), *Yearbook of Morphology*, 2, pp. 73–94. Dordrecht: Foris.
影山太郎 (1993)『文法と語形成』ひつじ書房
影山太郎 (1994)「論文を書き始めるまで／考察の進め方／理論的研究の進め方」『日本語学』第 13 巻第 6 号, pp. 248–256, 明治書院
影山太郎 (1995a)「形態論と統語論のはざま」『未発』第 1 号, pp. 1–5, ひつじ書房
影山太郎 (1995b)「文と単語」『日本語学』第 14 巻第 5 号, pp. 12–20, 明治書院
影山太郎 (2002a)「形態論の進展」『言語』〈30 周年記念別冊　日本の言語学〉第 31 巻第 6 号, pp. 78–89, 大修館書店
影山太郎 (2002b)「語彙の意味と構文の意味—『冷やし中華はじめました』という表現を中心に—」玉村文郎（編）『日本語学と言語学』pp. 101–111, 明治書院
影山太郎 (2009)「複合語のタイポロジーと日本語の特質—『日本語は特殊でない』というけれど—」『大学共同利用機関法人　人間文化研究機構　国立国語研究所　設置記念　国際学術フォーラム　日本語研究の将来展望』pp. 2–11, 人間文化研

究機構・国立国語研究所

影山太郎(2010)「複合語のタイポロジーと日本語の特質―『日本語は特殊でない』というけれど―」『国語研プロジェクトレビュー』第1巻第1号, pp. 5–27, 人間文化研究機構・国立国語研究所

影山太郎・柴谷方良(1989)「モジュール文法の語形成論」久野暲・柴谷方良(編)『日本語学の新展開』pp. 139–166, くろしお出版

亀井孝・河野六郎・千野栄一(編)(1996)『言語学大辞典 第6巻 術語編』(「アルタイ型」「膠着」「語形成」「輻合」「複合体」「複合動詞」「補助用言」「用言複合体」の各項目)三省堂

Kamio, Akio (1973) Observations on Japanese Quantifiers. *Descriptive and Applied Linguistics: Bulletin of the ICU Summer Institute in Linguistics*, Vol. VI, pp. 69–92. Tokyo: International Christian University.

神尾昭雄(1977)「数量詞のシンタックス〈日本語の変形をめぐる議論への一資料〉」『言語』第6巻第9号, pp. 83–91, 大修館書店

金子尚一(1983)「日本語の後置詞」『国文学 解釈と鑑賞』第48巻6号, pp. 133–146, 至文堂

강현화〈Kang, Hyenhwa〉(カン＝ヒョンファ)(1998)『국어의 동사연결 구성에 대한 연구〈Kwuke-uy Tongsa-yenkyel Kwuseng-ey Tayhan Yenkwu〉(国語の動詞連結構成に関する研究)』韓國서울〈Seul〉(ソウル)：한국문화사〈Hankwukmunhwasa〉(韓国文化社)

菅野裕臣(1981)『朝鮮語の入門』白水社

菅野裕臣(2007)『朝鮮語の入門〈改訂版〉』白水社

勝田茂(1986)『トルコ語文法読本』大学書林

河内良弘(編)(1996)『満洲語文語文典』京都大学学術出版会

風間伸次郎(1992)「接尾辞型言語の動詞複合体について―日本語を中心として―」宮岡伯人(編)『北の言語―類型と歴史―』pp. 241–260, 三省堂

Keenan, Edward L. and Bernard Comrie (1977) Noun Phrase Accessibility and Universal Grammar. *Linguistic Inquiry*, Vol. 8, No. 1, pp. 63–99. Cambridge, MA: The MIT Press.

季永海・劉景憲・屈六生(1986)『満語語法』中国北京：民族出版社

김창섭〈Kim, Changsep〉(キム＝チャンソップ)(1996)『국어의 단어형성과 단어구조 연구〈Kwuke-uy Tane-hyengseng-kwa Tane-kwuco Yenkwu〉(国語の単語形成と単語構造の研究)』韓國서울〈Seul〉(ソウル)：태학사〈Thayhaksa〉(太学社)

金恩愛(キム＝ウネ)(2003)「日本語の名詞志向構造(nominal-oriented structure)と韓国語の動詞志向構造(verbal-oriented structure)」『朝鮮学報』第188輯, pp. 1–83, 朝鮮学会

金聖媛(キム＝ソンウォン)・原口庄輔(2009)「日本語と韓国語の右側主要部の規則」津留﨑毅(編)『レキシコン・ア-ラ-カルト』pp. 65–97, 開拓社

金善美 (キム=ソンミ) (2006)『韓国語と日本語の指示詞の直示用法と非直示用法』風間書房
金田一春彦・池田弥三郎 (編) (1978)『学研国語大辞典』学習研究社
金水敏・岡崎友子・曺美庚 (チョ=ミギョン) (2002)「指示詞の歴史的・対照言語学的研究―日本語・韓国語・トルコ語―」生越直樹 (編)『シリーズ言語科学 4 対照言語学』pp. 217–247, 東京大学出版会
小泉保・船城道雄・本田晧治・仁田義雄・塚本秀樹 (編) (1989)『日本語基本動詞用法辞典』大修館書店
国立国語研究所［木村睦子］(1997)『国立国語研究所報告 113　日本語における表層格と深層格の対応関係』三省堂
国際交流基金 (1987)『基礎日本語学習辞典 (韓国語版)』韓國서울〈Seul〉(ソウル)：時事英語社〈Sisayengesa〉
近藤達夫 (1990)「対照言語学の方法」近藤達夫 (編)『講座日本語と日本語教育　第 12 巻　言語学要説 (下)』pp. 1–15, 明治書院
河野六郎 (1955)「朝鮮語」市河三喜・服部四郎 (編)『世界言語概説　下巻』pp. 357–439, 研究社出版〔河野六郎 (1979: 3–78) に所収〕
河野六郎 (1962)「中国語の朝鮮語に及ぼした影響」『言語生活』129〔河野六郎 (1979: 569–575) に所収〕
河野六郎 (1968)「朝鮮語の話」『ことばの宇宙』〔河野六郎 (1980: 397–410) に所収〕
河野六郎 (1971)「朝鮮語の膠着性について」東京教育大学言語学研究会 (編)『言語学論叢』11, pp. 49–56〔河野六郎 (1979: 86–95) に所収〕
河野六郎 (1979)『河野六郎著作集　第 1 巻』平凡社
河野六郎 (1980)『河野六郎著作集　第 3 巻』平凡社
工藤真由美 (1990)「現代日本語の受動文」『ことばの科学』4, pp. 47–102, むぎ書房
Kuno, Susumu (1973a) *The Structure of the Japanese Language*. Cambridge, MA: The MIT Press.
久野暲 (1973b)『日本文法研究』大修館書店
久野暲 (1977)「日本語の主語の特殊性」『言語』第 6 巻第 6 号, pp. 11–18, 大修館書店
Kuno, Susumu (1978a) Japanese: A Characteristic OV Language. In Winfred P. Lehmann (Ed.), *Syntactic Typology*, pp. 57–138. Austin, TX: The University of Texas Press.
Kuno, Susumu (1978b) Theoretical Perspectives on Japanese Linguistics. In John Hinds and Irwin Howard (Eds.), *Problems in Japanese Syntax and Semantics*, pp. 213–285. Tokyo: Kaitakusha.
久野暲 (1983)『新日本文法研究』大修館書店
栗林裕 (2009)『チュルク語南西グループの構造と記述』(Contribution to the Studies of Eurasian Languages (CSEL), Series 16), 九州大学大学院人文科学研究院
Kuroda, Shige-Yuki (1979) On Japanese Passives. In George Bedell, Eichi Kobayashi, and Masatake Muraki (Eds.), *Explorations in Linguistics: Papers in Honor of Kazuko Inoue*,

pp. 305–347. Tokyo: Kenkyusha.

Lee, Hansol Hyun Bok (1989) *Korean Grammar*. Oxford: Oxford University Press.

李翊燮〈I, Iksep〉(イ＝イクソプ)・李相億〈I, Sangek〉(イ＝サンオク)・蔡琬〈Chay, Wan〉(チェ＝ワン) (1997)『한국의 언어〈Hankwuk-uy Ene〉(韓国の言語)』韓國서울〈Seul〉(ソウル)：新丘文化社〈Sinkwumunhwasa〉

李翊燮(イ＝イクソプ)・李相億(イ＝サンオク)・蔡琬(チェ＝ワン) (著)，梅田博之(監修)，前田真彦(訳) (2004)『韓国語概説』大修館書店

Lee, Keedong (1993) *A Korean Grammar on Semantic-Pragmatic Principles*. Seoul: Hankukmunhwasa.

李吉遠(イ＝ギルウォン) (1991)「韓・日両言語の受身構文」『阪大日本語研究』3，pp. 59–72，大阪大学文学部日本学科(言語系)

李文子(イ＝ムンヂャ) (1979)「朝鮮語の受身と日本語の受身(その一) ―『もちぬしの受身』を中心に―」『朝鮮学報』第91輯，pp. 15–31，朝鮮学会

李成圭(イ＝ソンギュ) (1988)「受動文の意味的特徴―韓・日両言語の対照的考察―」『言語』第17巻第9号，pp. 79–85，大修館書店

Lewis, G. L. (1967) *Turkish Grammar*. Oxford: Oxford University Press.

Maddieson, Ian (2008) Feature/Chapter 2: Vowel Quality Inventories. In Martin Haspelmath, Matthew S. Dryer, David Gil, and Bernard Comrie (Eds.), *The World Atlas of Language Structures Online*. Munich: Max Planck Digital Library. [Available Online at http://wals.info/feature/2. Accessed on January 4, 2011.]

前川喜久雄・山崎誠(2009)「コーパスの構築と応用　『現代日本語書き言葉均衡コーパス』」『国文学　解釈と鑑賞』第74巻1号，pp. 15–25，至文堂

Makino, Seiichi (1975–76) On the Nature of the Japanese Potential Constructions. *Papers in Japanese Linguistics*, Vol. 4, pp. 97–124. Los Angeles: Japanese Linguistics Workshop, Department of Linguistics, University of Southern California.

Martin, Samuel E. (1975) *A Reference Grammar of Japanese*. New Haven, CT: Yale University Press. [Republished in 1988 by Charles E. Tuttle, Rutland, VT and Tokyo.]

Martin, Samuel E. (1992) *A Reference Grammar of Korean: A Complete Guide to the Grammar and History of the Korean Language*. Rutland, VT and Tokyo: Charles E. Tuttle.

Masuoka, Takashi (1978) Remarks on the Grammatical Relations in Japanese. *Nebulae*, Vol. 4, pp. 1–21. Osaka: Osaka Gaidai Linguistic Circle.

益岡隆志(1981)「文法関係と数量詞の遊離」『神戸外大論叢』第32巻第5号，pp. 39–60，神戸市外国語大学研究所

益岡隆志(1982)「日本語受動文の意味分析」『言語研究』第82号，pp. 48–64，日本言語学会

益岡隆志(1984a)「『―てある』構文の文法―その概念領域をめぐって―」『言語研究』第86号，pp. 122–138，日本言語学会

益岡隆志(1984b)「命題核に関するいくつかの観察」『日本語・日本文化』第12号，

pp. 27–43，大阪外国語大学研究留学生別科
益岡隆志(1987)『命題の文法―日本語文法序説―』くろしお出版
益岡隆志(1989)「記述文法研究と日本語教育」『言語理論と日本語教育の相互活性化予稿集』pp. 79–86，津田塾会
益岡隆志(1991)『モダリティの文法』くろしお出版
益岡隆志・田窪行則(1987)『日本語文法　セルフ・マスターシリーズ3　格助詞』くろしお出版
益岡隆志・田窪行則(1992)『基礎日本語文法―改訂版―』くろしお出版
松本曜(1996)「言語類型論(Ⅱ)：文法化」森岡ハインツ・加藤泰彦(編)『海外言語学情報』第8号，pp. 93–101，大修館書店
松本曜(1998)「日本語の語彙的複合動詞における動詞の組み合わせ」『言語研究』第114号，pp. 37–83，日本言語学会
Matsumoto, Yo (1998) Semantic Change in the Grammaticalization of Verbs into Postpositions in Japanese. In Toshio Ohori (Ed.), *Studies in Japanese Grammaticalization: Cognitive and Discourse Perspectives*, pp. 25–60. Tokyo: Kurosio.
McCawley, Noriko A. (1976) Reflexivization: A Transformational Approach. In Masayoshi Shibatani (Ed.), *Syntax and Semantics, Vol. 5: Japanese Generative Grammar*, pp. 51–116. New York: Academic Press.
三上章(1953)『現代語法序説』刀江書院［1972年にくろしお出版から復刊］
三上章(1970)『文法小論集』くろしお出版
三井正孝(2001)「ニトッテ格の共起条件」『新潟大学国語国文学会誌』43，pp. 12–38，新潟大学国語国文学会
三井正孝(2004)「《場所》のニオイテ格―現代語の場合―」『人文科学研究』第114輯，pp. 1–36，新潟大学人文学部
Miyagawa, Shigeru (1980) *Complex Verbs and the Lexicon*. Unpublished Ph.D. Dissertation, University of Arizona.
Miyagawa, Shigeru (1989) *Syntax and Semantics, Vol. 22: Structure and Case Marking in Japanese*. San Diego, CA: Academic Press.
三宅知宏(1996)「日本語の移動動詞の対格標示について」『言語研究』第110号，pp. 143–168，日本言語学会
宮岡伯人(2002)『「語」とはなにか―エスキモー語から日本語をみる―』三省堂
宮崎和人・安達太郎・野田春美・高梨信乃(2002)『新日本語文法選書4　モダリティ』くろしお出版
森田芳夫(1981)「韓国人学生の日本語学習における誤用例―動詞―」『日本語教育』43号，pp. 79–88，日本語教育学会
森田良行(1978)「日本語の複合動詞について」『講座日本語教育』第14分冊，pp. 69–86，早稲田大学語学教育研究所
森田良行・松木正恵(1989)『日本語表現文型―用例中心・複合辞の意味と用法―』ア

ルク
森山卓郎(1988)『日本語動詞述語文の研究』明治書院
森山卓郎(2000)「「点」考」『国語学』第51巻1号, pp. 31-45, 国語学会
森山卓郎・仁田義雄・工藤浩(2000)『日本語の文法3　モダリティ』岩波書店
村木新次郎(1982)「動詞の結合能力をめぐって」『日本語教育』47号, pp. 13-32, 日本語教育学会
村木新次郎(1983)「日本語の後置詞をめぐって」『日語学習与研究』第18号, pp. 1-9, 中国北京：北京対外貿易学院
村木新次郎(1986)「述語素について」『ソフトウェア文書のための日本語処理の研究―7』pp. 1-101, 情報処理振興事業協会
村木新次郎(1987)「動詞の結合能力からみた名詞」『国文学　解釈と鑑賞』第52巻2号, pp. 17-30, 至文堂
村木新次郎(1991)『日本語動詞の諸相』ひつじ書房
村木新次郎(2002)「連用形の範囲とその問題点」『国文学　解釈と鑑賞』第67巻1号, pp. 135-139, 至文堂
長嶋善郎(1976)「複合動詞の構造」鈴木孝夫(編)『日本語講座　第4巻　日本語の語彙と表現』pp. 63-104, 大修館書店
中村裕昭・橋本喜代太(1994)「使役および間接受動文における補文動詞の他動性と名詞句の格照合の関係について」『言語学研究』第13号, pp. 47-76, 京都大学言語学研究会
남기심〈Nam, Kisim〉(ナム＝ギシム)・고영근〈Ko, Yengkun〉(コ＝ヨングン)(1993)『표준 국어문법론(개정판)〈Phyocwun Kwuke Munqpeplon (Kaycengphan)〉(標準 国文法論(改訂版))』韓國서울〈Seul〉(ソウル)：탑출판사〈Thapchwulphansa〉(塔出版社)
日本語文法学会学会誌展望小委員会(企画)(2006)「特別記事：日本語文法学界の展望　展望3：応用的研究」『日本語文法』6巻1号, pp. 167-173, 日本語文法学会
新美和昭・山浦洋一・宇津野登久子(1987)『外国人のための日本語例文・問題シリーズ4　複合動詞』荒竹出版
西尾寅弥(1961)「動詞連用形の名詞化に関する一考察」『国語学』第43集, pp. 60-81, 国語学会〔斎藤倫明・石井正彦(編)(1997: 192-212)に所収〕
西尾寅弥(2002)「語種」斎藤倫明(編)『朝倉日本語講座4　語彙・意味』pp. 79-109, 朝倉書店
仁田義雄(1973)「動詞の格支配」『国語学研究』No. 12, pp. 左1-左11, 東北大学文学部「国語学研究」刊行会
仁田義雄(1980)『語彙論的統語論』明治書院
仁田義雄(1982a)「助詞類各説」日本語教育学会(編)『日本語教育事典』pp. 392-417, 大修館書店
仁田義雄(1982b)「格の表現形式　日本語」森岡健二・宮地裕・寺村秀夫・川端善明

（編）『講座日本語学 10　外国語との対照Ⅰ』pp. 118–138, 明治書院

仁田義雄 (1986)「格体制と動詞のタイプ」『ソフトウェア文書のための日本語処理の研究— 7』pp. 103–213, 情報処理振興事業協会

仁田義雄・益岡隆志（編）(1989)『日本語のモダリティ』くろしお出版

野間秀樹 (2005)「韓国と日本の韓国語研究—現代韓国語の文法研究を中心に—」『日本語学』第 24 巻第 8 号, pp. 16–31, 明治書院

野間秀樹（編）(2007)『韓国語教育論講座　第 1 巻』くろしお出版

野間秀樹（編）(2008)『韓国語教育論講座　第 4 巻』くろしお出版

野村剛史 (1984)「〜にとって／〜において／〜によって」『日本語学』第 3 巻第 10 号, pp. 60–66, 明治書院

生越直樹 (1982)「日本語漢語動詞における能動と受動—朝鮮語 hata 動詞との対照—」『日本語教育』48 号, pp. 53–65, 日本語教育学会

生越直樹 (1984)「日本語複合動詞後項と朝鮮語副詞・副詞的な語句との関係—日本語副詞指導の問題点—」『日本語教育』52 号, pp. 55–64, 日本語教育学会

生越直樹 (2002a)「序　対照言語学の展望」生越直樹（編）『シリーズ言語科学 4　対照言語学』pp. 1–7, 東京大学出版会

生越直樹 (2002b)「日本語・朝鮮語における連体修飾表現の使われ方—『きれいな花！』タイプの文を中心に—」生越直樹（編）『シリーズ言語科学 4　対照言語学』pp. 75–98, 東京大学出版会

生越直樹 (2005)「李翊燮（イ＝イクソプ）・李相億（イ＝サンオク）・蔡琬（チェ＝ワン）（著），梅田博之（監修），前田真彦（訳）『韓国語概説』（大修館書店，2004 年 7 月 10 日発行）の書評」『英語教育』第 54 巻第 1 号, p. 93, 大修館書店

生越直樹・塚本秀樹（編）(1996)『朝鮮語研究（朝鮮語母語話者に対する日本語教育）文献目録—国内文献及び欧米文献—（1945 〜 1993）』国立国語研究所日本語教育センター第 4 研究室

大堀壽夫 (2005)「日本語の文法化研究にあたって—概観と理論的課題—」『日本語の研究』第 1 巻 3 号, pp. 1–17, 日本語学会

Ohye, Saburo (1983) Some Peculiar Uses of the Particle *no* in Japanese. *Proceedings of the XIIIth International Congress of Linguists*, pp. 420–424. International Congress of Linguists.

奥津敬一郎 (1969)「数量的表現の文法」『日本語教育』14 号, pp. 42–60, 日本語教育学会

奥津敬一郎 (1983)「数量詞移動再論」『人文学報』第 160 号, pp. 1–24, 東京都立大学人文学部

Ono, Kiyoharu (1984) Quantifier Float in Japanese. *Descriptive and Applied Linguistics: Bulletin of the ICU Summer Institute in Linguistics*, Vol. XVII, pp. 139–153. Tokyo: International Christian University.

大阪外国語大学朝鮮語研究室（編）(1986)『朝鮮語大辞典』角川書店

Ostler, Nicholas D. M. (1980) A Non-Transformational Account of Japanese Case-Marking & Inflexion. In Yukio Otsu and Ann Farmer (Eds.), *MIT Working Papers in Linguistics, Vol. 2: Theoretical Issues in Japanese Linguistics*, pp. 63–91. Cambridge, MA: Massachusetts Institute of Technology.

朴在權（パク＝チェグォン）(1997)『現代日本語・韓国語の格助詞の比較研究』勉誠社

Park, Kabyong (1986) *The Lexical Representations of Korean Causatives and Passives*. Bloomington, IN: Indiana University Linguistics Club.

朴良圭〈Pak, Yangkyu〉（パク＝ヤンギュ）(1978)「受動과 使動〈Swutong-kwa Satong〉(受動と使役)」『國語學〈Kwukehak〉』7, pp. 47–70, 韓國서울〈Seul〉（ソウル）：國語學會〈Kwukehakhoy〉

裵禧任〈Pay, Huyim〉（ペ＝ヒイム）(1988)『國語被動研究〈Kwuke Phitong Yenkwu〉』韓國서울〈Seul〉（ソウル）：高麗大學校民族文化研究所〈Kolye Tayhakkyo Mincok Munhwa Yenkwuso〉

三枝壽勝(1997)「日本語表現一覧早見表」最新日韓辞典編集委員会（編）『最新日韓辞典（日本版）』pp. 1976–2005, 韓國서울〈Seul〉（ソウル）：大同文化社〈Taytongmunhwasa〉

佐伯哲夫(1966)「複合格助詞について」『言語生活』178, pp. 80–88, 筑摩書房

佐伯哲夫(1987a)「受動態動作主マーカー考（上）」『日本語学』第 6 巻第 1 号, pp. 100–106, 明治書院

佐伯哲夫(1987b)「受動態動作主マーカー考（下）」『日本語学』第 6 巻第 2 号, pp. 97–105, 明治書院

佐川誠義(1978)「日本語の数量詞移動について」『法政大学文学部紀要』第 24 号, pp. 31–46, 法政大学文学部

佐川誠義・菊地康人(1978)「『ヲーガ交替』について」『昭和 53 年度科学研究費補助金特定研究(1) 研究報告「日本語の基本構造に関する理論的・実証的研究」』pp. 203–231, 国際基督教大学

斎藤倫明(1985)「複合動詞後項の接辞化—『返す』の場合を対象として—」『国語学』第 140 集, pp. 左1–左13, 国語学会

斎藤倫明・石井正彦(編)(1997)『日本語研究資料集 第 1 期第 13 巻 語構成』ひつじ書房

佐藤武義(2007)「一 理論・一般 9 文法 形容動詞」飛田良文他（編）『日本語学研究事典』pp. 208–209, 明治書院

関一雄(1977)『国語複合動詞の研究』笠間書院

Sells, Peter (1995) Korean and Japanese Morphology from a Lexical Perspective. *Linguistic Inquiry*, Vol. 26, No. 2, pp. 277–325. Cambridge, MA: The MIT Press.

成光秀〈Seng, Kwang Swu〉（ソン＝グァンス）(1976)「국어 간접 피동에 대하여—피동조동사 "지(다)"를 중심으로—〈Kwuke Kancep Phitong-ey Tayhaye: Phitong otongsa "Cci(-ta)"-lul Cwungsim-ulo〉(国語間接受動について—受動助動詞 ci

(-ta)を中心に―」『문법연구〈Munpep Yenkwu〉(文法研究)』제 3 집〈Cey 3 cip〉(第 3 集), pp. 159–182, 韓國서울〈Seul〉(ソウル)：문법연구회〈Munpep Yenkwuhoy〉(文法研究会)

Shibatani, Masayoshi (1972) *Ga-o* Conversion and an Output Condition. *Papers in Japanese Linguistics*, Vol. 1, No. 2, pp. 296–300. Berkeley, CA: Japanese Linguistics Workshop, University of California, Berkeley.

Shibatani, Masayoshi (1973a) *A Linguistic Study of Causative Constructions*. Unpublished Ph.D. Dissertation, University of California, Berkeley. [Reproduced by Indiana University Linguistics Club in 1975.]

Shibatani, Masayoshi (1973b) Lexical versus Periphrastic Causatives in Korean. *Journal of Linguistics*, Vol. 9, pp. 281–297. Linguistics Association of Great Britain.

Shibatani, Masayoshi (1973c) Where Morphology and Syntax Clash: A Case in Japanese Aspectual Verbs.『言語研究』第 64 号 pp. 65–96, 日本言語学会

Shibatani, Masayoshi (1975) Perceptual Strategies and the Phenomena of Particle Conversion in Japanese. *CLS: Papers from the Parasession on Functionalism*, pp. 469–480. Chicago Linguistic Society.

Shibatani, Masayoshi (1976a) Causativization. In Masayoshi Shibatani (Ed.), *Syntax and Semantics, Vol. 5: Japanese Generative Grammar*, pp. 239–294. New York: Academic Press.

Shibatani, Masayoshi (1976b) Relational Grammar and Korean Syntax: So-called 'Double-Subject' and 'Double-Object' Constructions Revisited. *Language Research*, Vol. 12, No. 2, pp. 241–251. Seoul: Seoul National University.

Shibatani, Masayoshi (1977) Grammatical Relations and Surface Cases. *Language*, Vol. 53, No. 4, pp. 789–809. Linguistic Society of America.

Shibatani, Masayoshi (1978a) Mikami Akira and the Notion of 'Subjuect' in Japanese Grammar. In John Hinds and Irwin Howard (Eds.), *Problems in Japanese Syntax and Semantics*, pp. 52–67. Tokyo: Kaitakusha.

柴谷方良 (1978b)『日本語の分析―生成文法の方法―』大修館書店

柴谷方良 (1981)「日本語は特異な言語か？―類型論から見た日本語―」『言語』第 10 巻第 12 号, pp. 46–53, 大修館書店

柴谷方良 (1984)「膠着語とは何か」鈴木一彦・林巨樹 (編)『研究資料日本文法 5　助辞編 (一)　助詞』pp. 33–52, 明治書院

Shibatani, Masayoshi (1990) *The Languages of Japan*. Cambridge: Cambridge University Press.

柴谷方良 (1992)「アイヌ語の抱合と語形成理論」宮岡伯人 (編)『北の言語―類型と歴史―』pp. 203–222, 三省堂

柴谷方良 (2002)「言語類型論と対照研究」生越直樹 (編)『シリーズ言語科学 4　対照言語学』pp. 11–48, 東京大学出版会

Shibatani, Masayoshi and Taro Kageyama (1988) Word Formation in a Modular Theory of Grammar: Postsyntactic Compounds in Japanese. *Language*, Vol. 64, No. 3, pp. 451–484. Linguistic Society of America.

Sohn, Ho-min (1994) *Korean*. [Descriptive Grammars.] London and New York: Routledge.

Sohn, Ho-Min (1999) *The Korean Language*. Cambridge: Cambridge University Press.

Song, Jae Jung (2001) *Linguistic Typology: Morphology and Syntax*. London and New York: Longman.

杉本武(2003)「複合格助詞『にとって』について」『文藝言語研究　言語篇』第44巻, pp. 79–100, 筑波大学文芸・言語学系

杉本武(2005)「日本語複合格助詞の格体系における位置づけについて」*KLS*, 25, pp. 206–215, 関西言語学会

徐尚揆(ソ＝サンギュ)(2009)「諸言語のコーパス　韓国におけるコーパス研究と活用」『国文学　解釈と鑑賞』第74巻1号, pp. 131–140, 至文堂

砂川有里子(1984a)「〈に受身文〉と〈によって受身文〉」『日本語学』第3巻第7号, pp. 76–87, 明治書院

砂川有里子(1984b)「『ニ』と『カラ』の使い分けと動詞の意味構造について」『日本語・日本文化』第12号, pp. 71–86, 大阪外国語大学研究留学生別科

砂川有里子(1987)「複合助詞について」『日本語教育』62号, pp. 42–55, 日本語教育学会

鈴木重幸(1972)『日本語文法・形態論』むぎ書房

Tagashira, Yoshiko (1978) *Characterization of Japanese Compound Verbs*. Unpublished Ph.D. Dissertation, University of Chicago.

武部良明(1953)「複合動詞における補助動詞的要素について」金田一博士古稀記念論文集刊行会(編)『金田一博士古稀記念　言語・民俗論叢』pp. 461–476, 三省堂出版

Takubo, Yukinori (1981a) Problems on Quantifier Float in Japanese. Paper Presented at 1981 Seoul International Conference on Linguistics.

Takubo, Yukinori (1981b) Problems on Quantifier Float in Japanese. Paper Presented at the Monthly Meeting of "Doyoo Kotoba no Kai". Kyoto: Kyoto University of Education.

田窪行則(1987a)「誤用分析2　神戸大学がどこですか。田中さんが誰ですか。」『日本語学』第6巻第5号, pp. 102–106, 明治書院

田窪行則(1987b)「誤用分析5　あの人はとても有名します。」『日本語学』第6巻第8号, pp. 133–138, 明治書院

寺村秀夫(1969)「活用語尾・助動詞・補助動詞とアスペクト(その一)」『日本語・日本文化』第1号, pp. 32–48, 大阪外国語大学研究留学生別科

寺村秀夫(1977)「連体修飾のシンタクスと意味—その2—」『日本語・日本文化』第5号, pp. 29–78, 大阪外国語大学研究留学生別科

寺村秀夫(1982a)『日本語のシンタクスと意味　第Ⅰ巻』くろしお出版

寺村秀夫(1982b)「テンス・アスペクトのコト的側面とムード的側面」『日本語学』第1巻第2号, pp. 4–16, 明治書院

寺村秀夫(1984)『日本語のシンタクスと意味　第Ⅱ巻』くろしお出版

Tomoda, Shizuko (1982) Analysis of Quantifier in Japanese. *Coyote Papers: Working Papers in Linguistics from A-Z*, Vol. 3, pp. 145–160. Tucson, AZ: University of Arizona.

Tonoike, Shigeo (1977) *O/Ga* Conversion: *Ga* for Object Marking Reconsidered. *Metropolitan Linguistics*, Vol. 2, pp. 50–75. Tokyo: Linguistics Circle of Tokyo Metropolitan University.

Tsujimura, Natsuko (1996) *An Introduction to Japanese Linguistics*. Cambridge, MA and Oxford: Blackwell.

塚本秀樹(1982a)「日本語における数量詞の遊離について」*STUDIUM*, 11, pp. 33–61, 大阪外国語大学大学院研究室

Tsukamoto, Hideki (1982b) On Quantifier Floating in Korean: As Contrasted with That in Japanese. *Nebulae*, Vol. 8, pp. 76–101. Osaka: Osaka Gaidai Linguistic Circle.

塚本秀樹(1984a)「文法関係と格助詞―日本語と朝鮮語の対照研究―」大阪外国語大学大学院日本語学専攻修士論文

Tsukamoto, Hideki (1984b) Some Remarks on "Primary Complements" and "Secondary Complements" in Japanese. *Nebulae*, Vol. 10, pp. 189–207. Osaka: Osaka Gaidai Linguistic Circle.

塚本秀樹(1986a)「数量詞の遊離について―日本語と朝鮮語の対照研究―」『朝鮮学報』第119・120輯, pp. 33–69, 朝鮮学会

Tsukamoto, Hideki (1986b) On the Interaction of Morphology and Syntax of Agglutinative Languages: A Contrastive Study of Japanese, Korean, and Turkish. 『言語学研究』5, pp. 25–40, 京都大学言語学研究会

塚本秀樹(1987)「日本語における複合動詞と格支配」小泉保教授還暦記念論文集編集委員会(編)『言語学の視界　小泉保教授還暦記念論文集』pp. 127–144, 大学書林

塚本秀樹(1990a)「日本語と朝鮮語における複合格助詞について」崎山理・佐藤昭裕(編)『アジアの諸言語と一般言語学』pp. 646–657, 三省堂

塚本秀樹(1990b)「日朝対照研究と日本語教育」『日本語教育』72号, pp. 68–79, 日本語教育学会

塚本秀樹(1991a)「日本語における複合格助詞について」『日本語学』第10巻第3号, pp. 78–95, 明治書院

塚本秀樹(1991b)「日本語における格助詞の交替現象について」『愛媛大学法文学部論集文学科編』第24号, pp. 103–127, 愛媛大学法文学部

塚本秀樹(1993)「複合動詞と格支配―日本語と朝鮮語の対照研究―」仁田義雄(編)『日本語の格をめぐって』pp. 225–246, くろしお出版

塚本秀樹(1995)「膠着言語と複合構造―特に日本語と朝鮮語の場合―」仁田義雄(編)『複文の研究(上)』pp. 63–85, くろしお出版

塚本秀樹 (1997a)「日本語と朝鮮語の対照研究」国立国語研究所 (編)『日本語と外国語との対照研究IV　日本語と朝鮮語〈上巻〉回顧と展望編』pp. 37–50, くろしお出版

塚本秀樹 (1997b)「語彙的な語形成と統語的な語形成―日本語と朝鮮語の対照研究―」国立国語研究所 (編)『日本語と外国語との対照研究IV　日本語と朝鮮語〈下巻〉研究論文編』pp. 191–212, くろしお出版

塚本秀樹 (1998)「語形成と複合動詞―日本語と朝鮮語の対照研究―」『筑波大学　東西言語文化の類型論特別プロジェクト　研究報告書　平成9年度 I (Part I)』pp. 161–172, 筑波大学東西言語文化の類型論特別プロジェクト研究組織

塚本秀樹 (1999)「日朝対照による語形成と統語現象の統一的把握―複合格助詞に関連して―」『筑波大学　東西言語文化の類型論特別プロジェクト　研究報告書　平成10年度 II (Part II)』pp. 471–478, 筑波大学東西言語文化の類型論特別プロジェクト研究組織

塚本秀樹 (2001)「語形成と文法化―日本語と韓国語の対照研究―」南豊鉉〈Nam, Phunghyen〉(ナム＝プンヒョン) 他 (編)『梅田博之教授古稀記念　韓日語文學論叢』pp. 605–627, 韓國서울〈Seul〉(ソウル)：太學社〈Thayhaksa〉

塚本秀樹 (2004a)「文法体系における動詞連用形の位置づけ―日本語と韓国語の対照研究―」佐藤滋・堀江薫・中村渉 (編)『対照言語学の新展開』pp. 297–317, ひつじ書房

塚本秀樹 (2004b)「李翊燮 (イ＝イクソプ)・李相億 (イ＝サンオク)・蔡琬 (チェ＝ワン) (著), 梅田博之 (監修), 前田真彦 (訳)『韓国語概説』(大修館書店, 2004年7月10日発行) の書評」『言語』第33巻第10号, p. 117, 大修館書店

塚本秀樹 (2006a)「日本語から見た韓国語―対照言語学からのアプローチと文法化―」『日本語学』第25巻第3号, pp. 16–25, 明治書院

塚本秀樹 (2006b)「言語現象と文法化―日本語と朝鮮語の対照研究―」『日本語と朝鮮語の対照研究　東京大学21世紀COEプログラム「心とことば―進化認知科学的展開」研究報告書』pp. 27–61, 東京大学大学院総合文化研究科言語情報科学専攻

塚本秀樹 (2006c)「日本語と朝鮮語における複合格助詞再考―対照言語学からのアプローチ―」藤田保幸・山崎誠 (編)『複合辞研究の現在』pp. 285–310, 和泉書院

塚本秀樹 (2009a)「日本語と朝鮮語における品詞と言語現象のかかわり―対照言語学からのアプローチ―」由本陽子・岸本秀樹 (編)『語彙の意味と文法』pp. 395–414, くろしお出版

塚本秀樹 (2009b)「日本語と朝鮮語における複合動詞再考―対照言語学からのアプローチ―」油谷幸利先生還暦記念論文集刊行委員会 (編)『朝鮮半島のことばと社会―油谷幸利先生還暦記念論文集―』pp. 313–341, 明石書店

塚本秀樹・鄭相哲 (チョン＝サンチョル) (1993)「韓国語における固有語動詞の受身文について―이〈i〉形と지다〈cita〉形の使い分けを中心に―」『言語』第22巻

第 11 号，pp. 70–77，大修館書店
塚本秀樹・鄭相哲（チョン＝サンチョル）(1994)「韓国語における漢語動詞の受身文について」『朝鮮学報』第 153 輯，pp. 1–17，朝鮮学会
塚本秀樹・岸田文隆・藤井幸之助・植田晃次(1996)『グローバル朝鮮語―朝鮮を学び，朝鮮に学ぶ―』くろしお出版
塚本勲(1983)『朝鮮語入門』岩波書店
角田太作(1991)『世界の言語と日本語―言語類型論から見た日本語―』くろしお出版
角田太作(2009)『世界の言語と日本語〈改訂版〉―言語類型論から見た日本語―』くろしお出版
蔦原伊都子(1984)「～について」『日本語学』第 3 巻第 10 号，pp. 73–80，明治書院
テュレリ＝オルハン(1968)『トルコ語文法・会話』丸善
内山政春(1997)「現代朝鮮語における合成用言について―〈用言第Ⅲ語基＋用言〉の分析―」『朝鮮学報』第 165 輯，pp. 39–114，朝鮮学会
梅田博之(1991)『スタンダードハングル講座 2　文法・語彙』大修館書店
梅田博之・村崎恭子(1982)「現代朝鮮語の格表現」森岡健二・宮地裕・寺村秀夫・川端善明（編）『講座日本語学 10　外国語との対照 I』pp. 177–192，明治書院
渡辺実(1971)『国語構文論』塙書房
Whaley, Lindsay J. (1997) *Introduction to Typology: The Unity and Diversity of Language*. Thousand Oaks, CA: Sage Publications.
ウェイリー，リンゼイ・J（著），大堀壽夫・古賀裕章・山泉実（訳）(2006)『言語類型論入門―言語の普遍性と多様性―』岩波書店
山本清隆(1983)「複合語の構造とシンタクス」『ソフトウェア文書のための日本語処理の研究― 5』pp. 315–380，情報処理振興事業協会
山本清隆(1984)「複合動詞の格支配」『都大論究』21 号，pp. 32–49，東京都立大学国語国文学会
山下喜代(1999)「字音接尾辞『的』について」森田良行教授古稀記念論文集刊行会（編）『日本語研究と日本語教育』pp. 24–38，明治書院
山下喜代(2000)「漢語系接尾辞の語形成と助辞化―『的』を中心にして―」『日本語学』第 19 巻第 13 号，pp. 52–64，明治書院
山崎誠・藤田保幸(2001)『現代語複合辞用例集』国立国語研究所
楊凱栄(2002)「『も』と"也"―数量強調における相異を中心に―」生越直樹（編）『シリーズ言語科学 4　対照言語学』pp. 161–182，東京大学出版会
由本陽子(2005)『複合動詞・派生動詞の意味と統語―モジュール形態論から見た日英語の動詞形成―』ひつじ書房
油谷幸利(1988)「形容詞のない言語―朝鮮語―」『言語』第 17 巻第 8 号，pp. 100–104，大修館書店
油谷幸利(2005)『日韓対照言語学入門』白帝社
油谷幸利・門脇誠一・松尾勇・高島淑郎（編）(1993)『朝鮮語辞典』小学館

日朝対照研究関係　主要参考文献一覧（1993年以前）

車美愛（チャ＝ミエ）（1990）「韓国語の色彩表現―日本語との比較の観点から―」『名古屋大学言語学論集』6，pp. 1–26，名古屋大学文学部言語学研究室
鄭秀賢（チョン＝スヒョン）（1986）「現代日本語と韓国語の受身・使役表現」宮地裕（編）『論集　日本語研究（一）　現代編』pp. 59–77，明治書院
深見兼孝（1990）「日本語の『ていく・てくる』と韓国語の a/ə gada・a/ə oda」『広島大学教育学部紀要　第2部』38，pp. 47–52，広島大学教育学部
韓美卿（ハン＝ミギョン）（1982）「韓国語の敬語の用法」森岡健二・宮地裕・寺村秀夫・川端善明（編）『講座日本語学 12　外国語との対照Ⅲ』pp. 185–198，明治書院
黃燦鎬〈Hwang, Chanho〉（ファン＝チャンホ）・李季順〈I, Kyeyswun〉（イ＝ケスン）・張奭鎭〈Cang, Sekcin〉（チャン＝ソクチン）・李吉鹿〈I, Killok〉（イ＝キルロク）（1988）『韓日語對照分析〈Hanile Tayco Punsek〉』韓國서울〈Seul〉（ソウル）：明志出版社〈Myengcichwulphansa〉
伊藤武彦・田原俊司・朴媛淑（パク＝ウォンスク）（1993）『文の理解にはたす助詞の働き―日本語と韓国語を中心に―』風間書房
門脇誠一（1982）「日本語と朝鮮語の語彙」『日本語教育』48号，pp. 43–52，日本語教育学会
門脇誠一（1994）「日・韓語対照研究―授受動詞の補助動詞的用法を中心に―」『北海道大学留学生センター年報』2，pp. 101–110，北海道大学留学生センター
菅野裕臣（1982a）「朝鮮語の語彙Ⅰ　語彙および語構造」森岡健二・宮地裕・寺村秀夫・川端善明（編）『講座日本語学 12　外国語との対照Ⅲ』pp. 35–49，明治書院
菅野裕臣（1982b）「ヴォイス―朝鮮語―」森岡健二・宮地裕・寺村秀夫・川端善明（編）『講座日本語学 10　外国語との対照Ⅰ』pp. 280–291，明治書院
菅野裕臣（1982c）「複・重文の構成―朝鮮語―」森岡健二・宮地裕・寺村秀夫・川端善明（編）『講座日本語学 11　外国語との対照Ⅱ』pp. 259–269，明治書院
菅野裕臣（1990a）「アスペクト―朝鮮語と日本語―」『国文学　解釈と鑑賞』第55巻1号，pp. 117–122，至文堂
菅野裕臣（1990b）「外国語との対照のポイント―朝鮮語と日本語―」近藤達夫（編）『講座日本語と日本語教育　第12巻　言語学要説（下）』pp. 241–265，明治書院
金仁炫（キム＝インヒョン）（1989）「日韓両語における助詞の対照研究（1）―『は』『が』と『은／는』『이／가』の用法と機能について―」『広島大学大学院教育学研究科博士課程論文集』15，pp. 126–132，広島大学大学院教育学研究科
北嶋静江（1977）「日本語朝鮮語対照言語学の展望」『朝鮮学報』第85輯，pp. 1–13，朝

鮮学会
李漢燮(イ＝ハンソップ)(1984)「日韓同形の漢字表記語彙」『日本語学』第 3 巻第 8 号，pp. 102–113，明治書院
李吉遠(イ＝ギルウォン)(1991)「韓・日両言語の受身構文」『阪大日本語研究』3, pp. 59–72, 大阪大学文学部日本学科(言語系)
李光秀(イ＝グァンス)(1985)「日本語『スル』動詞と韓国語『hada』動詞の対照的研究」『日本語と日本文学』5, pp. 1–11, 筑波大学国語国文学会
李文子(イ＝ムンヂャ)(1979)「朝鮮語の受身と日本語の受身(その一)―『もちぬしの受身』を中心に―」『朝鮮学報』第 91 輯, pp. 15–31, 朝鮮学会
前田綱紀(1978)「朝鮮語の『nin(は)』と『ka(が)』―日本語朝鮮語対照言語学の基礎として―」『待兼山論叢　日本学篇』12, pp. 15–30, 大阪大学文学部
前田綱紀(1982)「『……している，……してある』の日本語朝鮮語対照」『日本語教育』48 号, pp. 66–76, 日本語教育学会
閔光準(ミン＝クァンヂュン)(1990)「日本語と朝鮮語のアクセントとイントネーション」杉藤美代子(編)『講座日本語と日本語教育　第 3 巻　日本語の音声・音韻(下)』pp. 303–331, 明治書院
森下喜一・池景来(チ＝ギョンネ)(1989)『日本語と韓国語の敬語』白帝社
森下喜一・池景来(チ＝ギョンネ)(1992)『日・韓語対照言語学入門』白帝社
村崎恭子(1990)「対照言語学と言語教育」近藤達夫(編)『講座日本語と日本語教育　第 12 巻　言語学要説(下)』pp. 16–46, 明治書院
中村完(1982)「日本語の語彙と朝鮮語の語彙」『講座日本語の語彙 2　日本語の語彙の特色』pp. 237–255, 明治書院
荻野綱男・金東俊(キム＝ドンヂュン)・梅田博之・羅聖淑(ナ＝ソンスク)・盧顕松(ノ＝ヒョンソン)(1990)「日本語と韓国語の聞き手に対する敬語用法の比較対照」『朝鮮学報』第 136 輯, pp. 1–51, 朝鮮学会
生越まり子(1993)「謝罪の対照研究―日朝対照研究―」『日本語学』第 12 巻第 12 号, pp. 29–38, 明治書院
生越直樹(1980)「他動詞の再帰性と使役の関係―日本語と朝鮮語の対照を通して―」『待兼山論叢　日本学篇』13, pp. 3–22, 大阪大学文学部
生越直樹(1982)「日本語漢語動詞における能動と受動―朝鮮語 hata 動詞との対照―」『日本語教育』48 号, pp. 53–65, 日本語教育学会
生越直樹(1987)「日本語の接続助詞『て』と朝鮮語の連結語尾 {a} {ko}」『日本語教育』62 号, pp. 91–104, 日本語教育学会
生越直樹(1989)「文法の対照的研究―朝鮮語と日本語―」山口佳紀(編)『講座日本語と日本語教育　第 5 巻　日本語の文法・文体(下)』pp. 341–362, 明治書院
生越直樹(1991)「朝鮮語어 보다 poda，고 보다 ko poda と日本語『てみる』」『日本語学』第 10 巻第 12 号, pp. 90–101, 明治書院
奥津敬一郎(1983)「授受表現の対照研究―日・朝・中・英の比較―」『日本語学』第 2

巻第 4 号, pp. 22-30, 明治書院
大村益夫(1969)「朝鮮語の発音と構造―日本語との比較対照―」『講座日本語教育』5, pp. 113-129, 早稲田大学語学教育研究所
柴公也(1993)「『〜テイル』の意味と用法について―対応する韓国語の表現との対照研究―」『日本學報〈Ilponhakpo〉』31, pp. 105-129, 韓國서울〈Sewul〉(ソウル)：韓國日本學會〈Hankwuk Ilponhakhoy〉
志部昭平(1989)「漢字の用い方(韓国語との対照)」加藤彰彦(編)『講座日本語と日本語教育　第 9 巻　日本語の文字・表記(下)』pp. 194-212, 明治書院
志部昭平(1990)「朝鮮語と日本語―その構造の類似性と差異性について―」『国文学　解釈と鑑賞』第 55 巻 1 号, pp. 24-29, 至文堂
田窪行則(1987)「誤用分析 1 〜 7」『日本語学』第 6 巻第 4 〜 10 号, pp. 104-107, 102-106, 84-89, 82-87, 133-138, 131-135, 123-127, 明治書院
玉城繁徳(1975)「意味理論と朝鮮語の意味記述について―朝鮮語と日本語の意味論における対照言語学的考察―」『朝鮮学報』第 77 輯, pp. 1-28, 朝鮮学会
田村宏(1992)「日本語と朝鮮語の単漢字漢語用言比較」『九州大学留学生教育センター紀要』4, pp. 71-92, 九州大学留学生センター
田村マリ子(生越まり子)(1978)「指示詞―朝鮮語이・ユ・저系列と日本語コ・ソ・ア系列との対照―」『待兼山論叢　日本学篇』12, pp. 3-14, 大阪大学文学部
多和田眞一郎(1991)「日本語・朝鮮語対照研究の課題」『国文学　解釈と鑑賞』第 56 巻 1 号, pp. 27-32, 至文堂
塚本秀樹(1986)「数量詞の遊離について―日本語と朝鮮語の対照研究―」『朝鮮学報』第 119・120 輯, pp. 33-69, 朝鮮学会
塚本秀樹(1990a)「日本語と朝鮮語における複合格助詞について」崎山理・佐藤昭裕(編)『アジアの諸言語と一般言語学』pp. 646-657, 三省堂
塚本秀樹(1990b)「日朝対照研究と日本語教育」『日本語教育』72 号, pp. 68-79, 日本語教育学会
塚本秀樹(1993)「複合動詞と格支配―日本語と朝鮮語の対照研究―」仁田義雄(編)『日本語の格をめぐって』pp. 225-246, くろしお出版
塚本勲(1976)「日朝比較表現論」『日本語と日本語教育(文字・表現編)』pp. 89-102, 国立国語研究所
梅田博之(1977)「朝鮮語における敬語」『岩波講座　日本語 4　敬語』pp. 247-270, 岩波書店
梅田博之(1980)「朝鮮語を母語とする学習者のための日本語教材作成上の問題点」『日本語教育』40 号, pp. 35-46, 日本語教育学会
梅田博之(1982a)「朝鮮語の指示詞」森岡健二・宮地裕・寺村秀夫・川端善明(編)『講座日本語学 12　外国語との対照Ⅲ』pp. 173-184, 明治書院
梅田博之(1982b)「朝鮮語の語彙Ⅱ　意味に関する問題」森岡健二・宮地裕・寺村秀夫・川端善明(編)『講座日本語学 12　外国語との対照Ⅲ』pp. 50-61, 明治書院

梅田博之(1982c)「韓国語と日本語─対照研究の問題点─」『日本語教育』48号，pp. 31–42, 日本語教育学会
梅田博之(1983)『韓國語의 音聲學的研究─日本語와의 對照를 中心으로─ (韓国語の音声学的研究─日本語との対照を中心に─)』韓國서울〈Sewul〉(ソウル)：螢雪出版社〈Hyengselchwulphansa〉
梅田博之(1984)「KOREAN-JAPANESE 対照意味論ノート(1)」『アジア・アフリカ文法研究』12, pp. 147–164, 東京外国語大学アジア・アフリカ言語文化研究所
梅田博之(1989)「韓国語の片仮名表記」加藤彰彦(編)『講座日本語と日本語教育 第9巻 日本語の文字・表記(下)』pp. 28–57, 明治書院
梅田博之・村崎恭子(1982a)「現代朝鮮語の文構造」森岡健二・宮地裕・寺村秀夫・川端善明(編)『講座日本語学10 外国語との対照Ⅰ』pp. 53–67, 明治書院
梅田博之・村崎恭子(1982b)「現代朝鮮語の格表現」森岡健二・宮地裕・寺村秀夫・川端善明(編)『講座日本語学10 外国語との対照Ⅰ』pp. 177–192, 明治書院
梅田博之・村崎恭子(1982c)「テンス・アスペクト─現代朝鮮語─」森岡健二・宮地裕・寺村秀夫・川端善明(編)『講座日本語学11 外国語との対照Ⅱ』pp. 40–60, 明治書院
梅田博之・村崎恭子(1982d)「モダリティ─現代朝鮮語─」森岡健二・宮地裕・寺村秀夫・川端善明(編)『講座日本語学11 外国語との対照Ⅱ』pp. 161–177, 明治書院
渡辺吉鎔(キルヨン)(1987)「韓日語文法対照研究の諸問題」『日本語学』第6巻第10号，pp. 67–75, 明治書院
渡辺吉鎔(キルヨン)・鈴木孝夫(1981)『朝鮮語のすすめ 日本語からの視点』(講談社現代新書), 講談社
油谷幸利(1990)「日本語と朝鮮語の語彙の対照」玉村文郎(編)『講座日本語と日本語教育 第7巻 日本語の語彙・意味(下)』pp. 81–105, 明治書院

日朝対照研究関係　主要参考文献一覧（1994年以後）

Akatsuka, Noriko and Sung-Ock S. Sohn (1994) Negative Conditionality: The Case of Japanese *-tewa* and Korean *-taka*. In Noriko Akatsuka (Ed.), *Japanese/Korean Linguistics*, Vol. 4, pp. 203–219. Stanford, CA: CSLI Publications.

Akita, Kimi (2009) The Acquisition of the Constraints on Mimetic Verbs in Japanese and Korean. In Yukinori Takubo, Tomohide Kinuhata, Szymon Grzelak, and Kayo Nagai (Eds.), *Japanese/Korean Linguistics*, Vol. 16, pp. 163–177. Stanford, CA: CSLI Publications.

安平鎬（アン＝ピョンホ）(2005)「【日韓対照研究のポイント】文法・表現（2）―韓国語の視点から―『シテイル』と『hako iss-nun-ta』『hay iss-nun-ta』をめぐって」『日本語学』第24巻第8号，pp. 56–57，明治書院

安平鎬（アン＝ピョンホ）・福嶋健伸(2005)「中世末期日本語と現代韓国語のテンス・アスペクト体系―存在型アスペクト形式の文法化の度合い―」『日本語の研究』第1巻3号，pp. 139–154，日本語学会

安垠姫（アン＝ウニ）(2007)「単語結合論的観点から見た韓国語の『타다』と日本語の『乗る』―対照語彙論の構築のために―」『朝鮮学報』第203輯，pp. 69–111，朝鮮学会

安垠姫（アン＝ウニ）(2010)「韓国語形容詞｛크다類｝の連語的研究―日本語形容詞｛大きい類｝に照らして―」『朝鮮語研究』4，pp. 1–22，朝鮮語研究会

秦秀美（チン＝スミ）(2002a)「日・韓における感謝の言語表現ストラテジーの一考察」『日本語教育』114号，pp. 70–79，日本語教育学会

秦秀美（チン＝スミ）(2002b)「2002年サッカーワールドカップにみる日韓の『ありがとう』」『日本語・日本文化研究』12，pp. 77–90，大阪外国語大学日本語講座

秦秀美（チン＝スミ）(2004)「日韓における謝罪表現の一考察」『日本語・日本文化研究』14，pp. 23–35，大阪外国語大学日本語講座

趙愛淑（チョ＝エスク）(1998)「韓国語の限定詞について―日本語との対照―」『筑波応用言語学研究』5，pp. 85–100，筑波大学大学院博士課程文芸・言語研究科応用言語学コース

全淑美（チョン＝スンミ）(1995)「韓・日敬語用法の対照研究―話題の人物の待遇を中心に―」『日本語教育』85号，pp. 66–79，日本語教育学会

全成龍（チョン＝ソンニョン）(1996)「現代日本語動詞の肯定・否定の中止形―韓国語との対照研究を土台として―」『国文学　解釈と鑑賞』第61巻7号，pp. 101–108，至文堂

鄭芝淑（チョン＝ヂスク）「日韓のことわざ比較―比較ことわざ学の試み―」『国文学解釈と鑑賞』第 74 巻 12 号，pp. 155–165，ぎょうせい

鄭聖汝（チョン＝ソンヨ）(2004)「意味を基盤とした韓日使役構文の分析―非規範的使役構文を手がかりとして―」『大阪大学大学院文学研究科紀要』44，pp. 91–139，大阪大学大学院大学研究科

鄭聖汝（チョン＝ソンヨ）(2006)『シリーズ言語対照〈外から見る日本語〉9　韓日使役構文の機能的類型論研究―動詞基盤の文法から名詞基盤の文法へ―』くろしお出版

鄭聖汝（チョン＝ソンヨ）(2007)「大阪城は誰が建てたか？―使役連続性を超えて：日韓対照の観点から―」『神戸言語学論叢：西光義弘教授還暦記念号』5，pp. 21–33，神戸大学文学部言語学研究室

魚秀禎（オ＝スヂョン）(2005)「日本人の母語と韓国人の日本語学習者の日本語の比較―『正しいと思う言い方』と『普段の言い方』を中心に―」『社会言語科学』第 8 巻第 1 号，pp. 120–131，社会言語科学会

嚴廷美（オム＝ヂョンミ）(1999)「日本語と韓国語の依頼の構造ストラテジー― move の観点から―」『言語情報科学研究』4，pp. 47–68，東京大学言語情報科学研究会

Falsgraf, Carl and Insun Park (1994) Synchronic and Diachronic Aspects of Complex Predicates in Korean and Japanese. In Noriko Akatsuka (Ed.), *Japanese/Korean Linguistics*, Vol. 4, pp. 221–237. Stanford, CA: CSLI Publications.

Fukuda, Shin and Soonja Choi (2010) The Acquisition of Transitivity in Japanese and Korean Children. In Shoichi Iwasaki, Hajime Hoji, Patricia M. Clancy, and Sung-Ock Sohn (Eds.), *Japanese/Korean Linguistics*, Vol. 17, pp. 613–624. Stanford, CA: CSLI Publications.

Han, Chung-Hye (2007) In Search of Evidence for the Placement of the Verb in Korean and Japanese. In Naomi Hanaoka McGloin and Junko Mori (Eds.), *Japanese/Korean Linguistics*, Vol. 15, pp. 324–335. Stanford, CA: CSLI Publications.

Han, Jeong-Im (2009) Language-Specific Production and Perceptual Compensation in V-to-V Coarticulatory Patterns: Evidence from Korean and Japanese. In Yukinori Takubo, Tomohide Kinuhata, Szymon Grzelak, and Kayo Nagai (Eds.), *Japanese/Korean Linguistics*, Vol. 16, pp. 178–192. Stanford, CA: CSLI Publications.

韓京娥（ハン＝ギョンア）(2008a)「日本語の『～てあげる・くれる』と韓国語の『-아／어 주다 -a/e cwuta』の意味機能」『日本語教育』136 号，pp. 78–87

韓京娥（ハン＝ギョンア）(2008b)「言語資料に見る日本語と韓国語の情報構造」『日本語と朝鮮語の対照研究 II　東京大学 21 世紀 COE プログラム「心とことば―進化認知科学的展開」研究報告書』pp. 133–156，東京大学大学院総合文化研究科言語情報科学専攻

韓美卿（ハン＝ミギョン）・梅田博之 (2009)『韓国語の敬語入門―テレビドラマで学ぶ

日韓の敬語比較』大修館書店
韓必南(ハン=ピルナム)(2010)「連体助詞『の』を含む名詞句の韓国語対応形について―日韓翻訳テキストの分析を通して―」『言語・地域文化研究』第16号, pp. 331-349, 東京外国語大学大学院総合国際学研究科
許明子(ホ=ミョンヂャ)(1999)「日本語と韓国語の受身文の実証的対照研究―両国のテレビドラマと新聞コラムにおける受身文の使用率の分析を通して―」『世界の日本語教育　日本語教育論集』第9号, pp. 115-131, 国際交流基金日本語国際センター
許明子(ホ=ミョンヂャ)(2004)『日本語と韓国語の受身文の対照研究』ひつじ書房
許明子(ホ=ミョンヂャ)(2010)「日韓対照研究と日本語教育―話し手と聞き手との関係から見た日本語と韓国語の言語行動について―」砂川有里子・加納千恵子・一二三朋子・小野正樹(編)『日本語教育研究への招待』pp. 273-288, くろしお出版
洪榮珠(ホン=ヨンヂュ)(2005)「日韓の名詞連結の対照―N1の統語構造上の違いを中心に―」『筑波応用言語学研究』12, pp. 43-55, 筑波大学大学院博士課程人文社会科学研究科文芸・言語専攻応用言語学領域
Horie, Kaoru (1998a) Functional Duality of Case-marking Particles in Japanese and Its Implications for Grammaticalization: A Contrastive Study with Korean. In David J. Silva (Ed.), *Japanese/Korean Linguistics*, Vol. 8, pp. 147-159. Stanford, CA: CSLI Publications.
堀江薫(1998b)「コミュニケーションにおける言語的・文化的要因―日韓対照言語学の観点から―」『日本語学』第17巻第11号《複雑化社会のコミュニケーション》, pp. 118-127, 明治書院
Horie, Kaoru (2000) Core-oblique Distinction and Nominalizer Choice in Japanese and Korean. *Studies in Language*, Vol. 24, No. 1, pp. 77-102.
堀江薫(2001)「膠着語における文法化の特徴に関する認知言語学的考察―日本語と韓国語を対照に―」山梨正明他(編)『認知言語学論考　No. 1』pp. 185-227, ひつじ書房
Horie, Kaoru (2002a) Verbal Nouns in Japanese and Korean: Cognitive Typological Implications. 片岡邦好・井出祥子(編)『文化・インターアクション・言語』pp. 77-101. ひつじ書房
堀江薫(2002b)「日韓両語の補文構造の認知的基盤」大堀壽夫(編)『認知言語学Ⅱ　カテゴリー化』pp. 255-276, 東京大学出版会
Horie, Kaoru (2002c) A Comparative Typological Account of Japanese and Korean Morpho-Syntactic Contrasts. *Eoneohag*, 32, pp. 9-37. Seoul: Linguistic Society of Korea.
堀江薫(2003)「日本語と韓国語の認知言語学的対照研究」『日本語学』第22巻第9号, pp. 63-73, 明治書院

堀江薫（2005）「日本語と韓国語の文法化の対照―言語類型論の観点から―」『日本語の研究』第1巻3号，pp. 93–107，日本語学会

Horie, Kaoru (2007) Subjectification and Intersubjectification in Japanese: A Comparative-Typological Perspective. *Journal of Historical Pragmatics*, 8.2, pp. 311–323.

堀江薫・プラシャント＝パルデシ（2009）『講座　認知言語学のフロンティア 5　言語のタイポロジー―認知類型論のアプローチ―』研究社

Horie, Kaoru and Yuko Sassa (2000) From Place to Space to Discourse: A Contrastive Linguistic Analysis of Japanese *tokoro* and Korean *tey*. In Mineharu Nakayama and Charles J. Quinn, Jr. (Eds.), *Japanese/Korean Linguistics*, Vol. 9, pp. 181–194. Stanford, CA: CSLI Publications.

Horie, Kaoru and Kaori Taira (2002) Where Korean and Japanese Differ: Modality vs. Discourse Modality. In Noriko Akatsuka and Susan Strauss (Eds.), *Japanese/Korean Linguistics*, Vol. 10, pp. 178–191. Stanford, CA: CSLI Publications.

堀江薫・塚本秀樹（2008）「日本語と朝鮮語における文法化の対照研究の現状と課題」『日本語と朝鮮語の対照研究 II　東京大学 21 世紀 COE プログラム「心とことば―進化認知科学的展開」研究報告書』pp. 3–18，東京大学大学院総合文化研究科言語情報科学専攻

黄順花（ファン＝スンファ）（1996）「日本語のシテヤル・シテクレル―日本語と韓国語―」『国文学　解釈と鑑賞』第 61 巻 7 号，pp. 86–93，至文堂

黄順花（ファン＝スンファ）（2005）「寄与態の文の構造における日韓対照研究―間接対象の持ち主の寄与態を話題にして―」『国文学　解釈と鑑賞』第 70 巻 7 号，pp. 94–104，至文堂

Ikawa, Hisako (1998) Thetic Markers and Japanese/Korean Perception Verb Complements. In Noriko Akatsuka et al. (Eds.), *Japanese/Korean Linguistics*, Vol. 7, pp. 329–345. Stanford, CA: CSLI Publications.

林憲燦（イム＝ホンチャン）（1994）「日本語における受動文の特徴―韓国語の能動文と対応している場合を手掛かりとして―」『表現研究』第 59 号，pp. 1–11，表現学会

林炫情（イム＝ヒョンヂョン）（2003）「非親族への呼称使用に関する日韓対照研究」『社会言語科学』第 5 巻第 2 号，pp. 20–32，社会言語科学会

林炫情（イム＝ヒョンヂョン）・玉岡賀津雄・深見兼孝（2002）「日本語と韓国語における呼称選択の適切性」『日本語科学』11，pp. 31–54，国立国語研究所

任炫樹（イム＝ヒョンス）（2004a）「日韓断り談話におけるポジティブ・ポライトネス・ストラテジー」『社会言語科学』第 6 巻第 2 号，pp. 27–43，社会言語科学会

任炫樹（イム＝ヒョンス）（2004b）「日韓断り談話に見られる理由表現マーカー―ウチ・ソト・ヨソという観点から―」『日本語科学』15，pp. 22–44，国立国語研究所

林八龍（イム＝パルリョン）（1995）「日本語と韓国語における表現構造の対照考察―日本語の名詞表現と韓国語の動詞表現を中心として―」宮地裕・敦子先生古稀記

念論集刊行会(編)『宮地裕・敦子先生古稀記念論集　日本語の研究』pp. 264–281, 明治書院
林八龍(イム＝パルリョン)(2002)『日・韓両国語の慣用的表現の対照研究―身体語彙慣用句を中心として―』明治書院
任栄哲(イム＝ヨンチョル)(2005)「【日韓対照研究のポイント】言語行動」『日本語学』第 24 巻第 8 号, pp. 58–59, 明治書院
任栄哲(イム＝ヨンチョル)・井出里咲子(2004)『箸とチョッカラク―ことばと文化の日韓比較―』大修館書店
任栄哲(イム＝ヨンチョル)・李先敏(イ＝ソンミン)(1995)「あいづち行動における価値観の韓日比較」『世界の日本語教育　日本語教育論集』5, pp. 239–251, 国際交流基金日本語国際センター
Imai, Shingo (2003) Spatial Deixis in Korean and Japanese: Addressee-anchor Isolated System versus Dual-anchor System. In William McClure (Ed.), *Japanese/Korean Linguistics*, Vol. 12, pp. 340–351. Stanford, CA: CSLI Publications.
印省熙(イン＝ソンヒ)(2002)「地の文の日本語の『のだ』と韓国語の『-ㄴ것이다 [-n geosida]』について」『表現研究』第 76 号, pp. 40–48, 表現学会
印省熙(イン＝ソンヒ)(2006)「日本語の『のだ』と韓国語の『-ㄴ것이다』―会話文の平叙文の場合―」『朝鮮語研究』3, pp. 51–94, 朝鮮語研究会
井上優(2001)「中国語・韓国語との比較から見た日本語のテンス・アスペクト」『言語』第 30 巻第 13 号, pp. 26–31, 大修館書店
井上優(2009)「『動作』と『変化』をめぐって」『国語と国文学』第 86 巻第 11 号, pp. 132–142, 東京大学国語国文学会
井上優(2010)「体言締め文と『いい天気だ』構文」『日本語学』第 29 巻第 11 号, pp. 58–67, 明治書院
井上優・金河守(キム＝ハス)(1998)「名詞述語の動詞性・形容詞性に関する覚え書―日本語と韓国語の場合―」『筑波大学「東西言語文化の類型論」特別プロジェクト研究報告書』平成 10 年度 II, pp. 455–470, 筑波大学東西言語文化の類型論特別プロジェクト研究組織
井上優・生越直樹(1997)「過去形の使用に関わる語用論的要因―日本語と朝鮮語の場合―」『日本語科学』1, pp. 37–51, 国立国語研究所
井上優・生越直樹・木村英樹(2002)「テンス・アスペクトの比較対照―日本語・朝鮮語・中国語―」生越直樹(編)『シリーズ言語科学 4　対照言語学』pp. 125–159, 東京大学出版会
Ishihara, Tsuneyoshi, Kaoru Horie, and Prashant Pardeshi (2006) What Does the Korean "Double Causative" Reveal about Causation and Korean?: A Corpus-Based Contrastive Study with Japanese. In Timothy J. Vance and Kimberly Jones (Eds.), *Japanese/Korean Linguistics*, Vol. 14, pp. 321–330. Stanford, CA: CSLI Publications.
岩井智彦(2008)「韓国手話における副詞的非手指動作に関する研究」『日本語と朝鮮語

の対照研究II　東京大学21世紀COEプログラム『心とことば―進化認知科学的展開』研究報告書』pp. 55–60, 東京大学大学院総合文化研究科言語情報科学専攻

Iwasaki, Shoichi (2006) The Structure of Internal-State Expressions in Japanese and Korean. In Timothy J. Vance and Kimberly Jones (Eds.), *Japanese/Korean Linguistics*, Vol. 14, pp. 331–342. Stanford, CA: CSLI Publications.

Jang, Youngjun and Chung-Kon Shi (2006) (A)symmetric Nominalization of Measure Expressions in Japanese and Korean. In Timothy J. Vance and Kimberly Jones (Eds.), *Japanese/Korean Linguistics*, Vol. 14, pp. 213–220. Stanford, CA: CSLI Publications.

鄭惠卿（チョン＝ヘギョン）(1995)「韓国人の日本語学習における外来語表記の問題―日・韓両言語の音韻対照による分析―」『日本語教育』87号, pp. 54–65, 日本語教育学会

鄭惠先（チョン＝ヘソン）(2002a)「日本語と韓国語の人称詞の使用頻度―対訳資料から見た頻度差とその要因―」『日本語教育』114号, pp. 30–39, 日本語教育学会

鄭惠先（チョン＝ヘソン）(2002b)「日本語と韓国語における人称詞の使用実態―アンケート調査の分析結果から見る頻度差と用法の相違―」『計量国語学』第23巻第7号, pp. 333–346, 計量国語学会

鄭惠先（チョン＝ヘソン）(2005a)「日本語と韓国語の複数形接尾語の使用範囲―文学作品と意識調査の分析結果から―」『日本語科学』17, pp. 27–46, 国立国語研究所

鄭惠先（チョン＝ヘソン）(2005b)「日本語と韓国語の役割語の対照―対訳作品から見る翻訳上の問題を中心に―」『社会言語科学』第8巻第1号, pp. 82–92, 社会言語科学会

鄭惠先（チョン＝ヘソン）(2007)「日韓対照役割語研究―その可能性を探る―」金水敏（編）『役割語研究の地平』pp. 71–93, くろしお出版

鄭惠先（チョン＝ヘソン）(2008)「方言意識の日韓対照―役割語翻訳の観点から―」『日本語科学』23, pp. 37–58, 国立国語研究所

鄭惠先（チョン＝ヘソン）・坂口昌子(2001)「誤用分析にもとづく『ながら』と『면서（ミョンソ）』の比較―始点の用法と述語の持続性を中心に―」『世界の日本語教育　日本語教育論集』11, pp. 153–166, 国際交流基金日本語国際センター

賈惠京（カ＝ヘギョン）(2001)『日韓両国語における敬語の対照研究』白帝社

Kabata, Kaori and Jeong-Hwa Lee (2006) Aspectual Markers in Japanese and Korean: A Corpus Linguistics Study. In Timothy J. Vance and Kimberly Jones (Eds.), *Japanese/Korean Linguistics*, Vol. 14, pp. 343–355. Stanford, CA: CSLI Publications.

影山太郎(2009)「複合語のタイポロジーと日本語の特質―『日本語は特殊でない』というけれど―」『大学共同利用機関法人　人間文化研究機構　国立国語研究所　設置記念　国際学術フォーラム　日本語研究の将来展望』pp. 2–11, 人間文化研

究機構・国立国語研究所

影山太郎（2010）「複合語のタイポロジーと日本語の特質―『日本語は特殊でない』というけれど―」『国語研プロジェクトレビュー』第 1 巻第 1 号，pp. 5–27，国立国語研究所

姜鎭文（カン＝ヂンムン）（1996）「韓日両国語の否定について―名詞述語文を中心として―」『国文学　解釈と鑑賞』第 61 巻 7 号，pp. 109–115，至文堂

菅野裕臣（1996）「〈諸言語の品詞―日本語との対照へとすすむ第一歩として〉朝鮮語」『国文学　解釈と鑑賞』第 61 巻 1 号，pp. 120–126，至文堂

河村光雅（1999）「日朝両言語における依頼表現の違い」『日本語・日本文化』第 25 号，pp. 47–62，大阪外国語大学留学生日本語教育センター

Kawanishi, Yumiko (1994) An Analysis of Non-Challengeable Modals: Korean *-canha (yo)* and Japanese *-janai*. In Noriko Akatsuka (Ed.), *Japanese/Korean Linguistics*, Vol. 4, pp. 95–111. Stanford, CA: CSLI Publications.

Kim, Ae-Ryung and Yoshihisa Kitagawa (2002) Opacity in Japanese and Korean. In Noriko Akatsuka and Susan Strauss (Eds.), *Japanese/Korean Linguistics*, Vol. 10, pp. 601–614. Stanford, CA: CSLI Publications.

金恩愛（キム＝ウネ）（2003）「日本語の名詞志向構造（nominal-oriented structure）と韓国語の動詞志向構造（verbal-oriented structure）」『朝鮮学報』第 188 輯，pp. 1–83，朝鮮学会

金恩愛（キム＝ウネ）（2006）「日本語の『―さ』派生名詞は韓国語でいかに現れるか―翻訳テクストを用いた表現様相の研究―」『日本語教育』129 号，pp. 31–40，日本語教育学会

金恩希（キム＝ウニ）（1995）「条件形式『-(어)야』をめぐって―日本語との対照―」『朝鮮学報』第 154 輯，pp. 25–47，朝鮮学会

金惠娟（キム＝ヘヨン）（2004）「因果関係における『ようだ』『らしい』『(し)そうだ』の日韓対照研究―『原因・結果推量』という観点から―」『筑波応用言語学研究』11，pp. 45–58，筑波大学大学院博士課程人文社会科学研究科文芸・言語専攻応用言語学領域

金惠娟（キム＝ヘヨン）（2005）「『ようだ』『갓같다』『듯하다』の日韓対照研究」『筑波応用言語学研究』12，pp. 57–70，筑波大学大学院博士課程人文社会科学研究科文芸・言語専攻応用言語学領域

Kim, Jeong-Seok and Keun-Won Sohn (1998) Focusing Effects in Korean/Japanese Ellipsis. In David J. Silva (Ed.), *Japanese/Korean Linguistics*, Vol. 8, pp. 459–470. Stanford, CA: CSLI Publications.

金智賢（キム＝ヂヒョン）（2006）「韓国語の『―더 deo―』文における対照研究―日本語の『たよ』文との比較を中心に―」『日本語と朝鮮語の対照研究　東京大学 21 世紀 COE プログラム「心とことば―進化認知科学的展開」研究報告書』pp. 179–199，東京大学大学院総合文化研究科言語情報科学専攻

金珍娥（キム＝ヂナ）(2002)「日本語と韓国語における談話ストラテジーとしてのスピーチレベルシフト」『朝鮮学報』第183輯, pp. 51–91, 朝鮮学会

金珍娥（キム＝ヂナ）(2003)「'turn-taking システム' から 'turn-exchanging システム' へ―韓国語と日本語における談話構造：初対面二者間の会話を中心に―」『朝鮮学報』第187輯, pp. 47–82, 朝鮮学会

金珍娥（キム＝ヂナ）(2004a)「韓国語と日本語の turn の展開から見たあいづち発話」『朝鮮学報』第191輯, pp. 1–28, 朝鮮学会

金珍娥（キム＝ヂナ）(2004b)「韓国語と日本語の文, 発話単位, turn ―談話分析のための文字化システムによせて―」『朝鮮語研究』2, pp. 83–109, 朝鮮語研究会

金珍娥（キム＝ヂナ）(2009)「日本語と韓国語の文末における緩衝表現」『朝鮮学報』第213輯, pp. 1–79, 朝鮮学会

金情浩（キム＝ヂョンホ）(2003)「非対格動詞の出来事構造―韓日両言語の比較対照の観点から―」『言語科学論集』第7号, pp. 35–45, 東北大学大学院文学研究科言語科学専攻

Kim, Joungmin and Kaoru Horie (2009) Intersubjectification and Textual Functions of Japanese *Noda* and Korean *Kes-ita*. In Yukinori Takubo, Tomohide Kinuhata, Szymon Grzelak, and Kayo Nagai (Eds.), *Japanese/Korean Linguistics*, Vol. 16, pp. 279–288. Stanford, CA: CSLI Publications.

金庚芬（キム＝ギョンブン）(2002)「『ほめに対する返答』の日韓対照研究」『言語・地域文化研究』第8号, pp. 179–196, 東京外国語大学大学院地域文化研究科

金庚芬（キム＝ギョンブン）(2005)「会話に見られる『ほめ』の対象に関する日韓対照研究」『日本語教育』124号, pp. 13–22, 日本語教育学会

金庚芬（キム＝ギョンブン）(2007)「日本語と韓国語の『ほめの談話』」『社会言語科学』第10巻第1号, pp. 18–32, 社会言語科学会

金慶珠（キム＝ギョンヂュ）(2001)「談話構成における母語話者と学習者の視点―日韓両言語における主語と動詞の用い方を中心に―」『日本語教育』109号, pp. 60–69

金秀美（キム＝スミ）(2008)「日本語と韓国語の複合動詞について― V1 の格支配について―」『日本語と朝鮮語の対照研究 II　東京大学 21 世紀 COE プログラム「心とことば―進化認知科学的展開」研究報告書』pp. 79–89, 東京大学大学院総合文化研究科言語情報科学専攻

金順任（キム＝スニム）(2001)「日韓の大学生における待遇表現の対照研究―述語形式及び呼称との呼応関係を中心に―」『言語・地域文化研究』第7号, pp. 181–195, 東京外国語大学大学院地域文化研究科

金順任（キム＝スニム）(2002)「日韓両語における第三者敬語の対照研究―聞き手による使い分けを中心に―」『言語・地域文化研究』第8号, pp. 211–225, 東京外国語大学大学院地域文化研究科

金順任（キム＝スニム）(2005)「日韓の社会人における第三者敬語の対照研究―アン

ケート調査の結果から―」『日本語科学』18，pp. 95–110，国立国語研究所
金聖媛(キム＝ソンウォン)・原口庄輔(2009)「日本語と韓国語の右側主要部の規則」津留﨑毅(編)『レキシコン・ア-ラ-カルト』pp. 65–97，開拓社
金善美(キム＝ソンミ)(2004)「現場指示と直示の象徴的用法の関係―日韓対照研究の観点から―」『日本語文法』4巻1号，pp. 3–21，日本語文法学会
金善美(キム＝ソンミ)(2006a)「コ・ソ・アとi・ku・ceの感情的直示用法と間投詞的用法について」『言語文化』第8巻第4号，pp. 761–790，同志社大学言語文化学会
金善美(キム＝ソンミ)(2006b)『韓国語と日本語の指示詞の直示用法と非直示用法』風間書房
金善美(キム＝ソンミ)(2007)「指示詞が指し示す範疇について―現代韓国語と日本語の対照を中心に―」『言語文化』第9巻第4号，pp. 613–634，同志社大学言語文化学会
金善美(キム＝ソンミ)(2008a)「韓国語と日本語の主題標識『un/nun』と『は』に関する対照研究」『言語文化』第10巻第4号，pp. 665–689，同志社大学言語文化学会
金善美(キム＝ソンミ)(2008b)「現代韓国語と日本語における『i／この＋X』の範疇解釈を導く名詞と述語について」『朝鮮学報』第207輯，pp. 39–60，朝鮮学会
金善美(キム＝ソンミ)(2009)「韓国語と日本語におけるムードと反語法について」油谷幸利先生還暦記念論文集刊行委員会(編)『朝鮮半島のことばと社会―油谷幸利先生還暦記念論文集―』pp. 365–374，明石書店
金原鎰(キム＝ウォニル)(2000)「日本語の指示語『コ，ソ，ア』―韓国語の指示語『이(i)，그(ku)，저(ce)』との対応関係を中心に―」『表現研究』第72号，pp. 57–65，表現学会
金榮敏(キム＝ヨンミン)(1997)「日韓両言語のいわゆる対格助詞『ヲ』と『ul/lul(을／를)』について」『筑波応用言語学研究』4，pp. 139–152，筑波大学大学院博士課程文芸・言語研究科応用言語学コース
金榮敏(キム＝ヨンミン)(1999)「日韓両言語の軽動詞構文をめぐって―動名詞が対格で標示される場合を中心に―」『筑波応用言語学研究』6，pp. 117–132，筑波大学大学院博士課程文芸・言語研究科応用言語学コース
Kim, Yong-Taek (2007) A Contrastive Study of Resultative Constructions in Korean and Japanese: From the Perspective of Historical and Cognitive Linguistics. In Naomi Hanaoka McGloin and Junko Mori (Eds.), *Japanese/Korean Linguistics*, Vol. 15, pp. 381–392. Stanford, CA: CSLI Publications.
金水敏・岡崎友子・曺美庚(チョ＝ミギョン)(2002)「指示詞の歴史的・対照言語学的研究―日本語・韓国語・トルコ語―」生越直樹(編)『シリーズ言語科学4　対照言語学』pp. 217–247，東京大学出版会
熊谷智子・石井恵理子(2005)「会話における話題の選択―若年層を中心とする日本人

と韓国人への調査から―」『社会言語科学』第 8 巻第 1 号，pp. 93–105, 社会言語科学会

Kuno, Susumu and Soo-Yeon Kim (1994) The Weak Crossover Phenomena in Japanese and Korean. In Noriko Akatsuka (Ed.), *Japanese/Korean Linguistics*, Vol. 4, pp. 1–38. Stanford, CA: CSLI Publications.

Kuno, Susumu and Ken-Ichi Takami (2003) Remarks on Unaccusativity and Unergativity in Japanese and Korean. In William McClure (Ed.), *Japanese/Korean Linguistics*, Vol. 12, pp. 280–294. Stanford, CA: CSLI Publications.

黒崎亜美・松下達彦 (2009)「中上級日本語学習者による形容語彙の産出―韓国語母語の学習者の場合―」『日本語教育』141 号，pp. 46–56, 日本語教育学会

Lee, Chungmin (2002) Negative Polarity in Korean and Japanese. In Noriko Akatsuka and Susan Strauss (Eds.), *Japanese/Korean Linguistics*, Vol. 10, pp. 481–494. Stanford, CA: CSLI Publications.

Lee, Chungmin (2008) Motion and State: Verbs *tul-/na-* (K) and *hairu/deru* (J) 'enter'/ 'exit'. In Mutsuko Endo Hudson et al. (Eds.), *Japanese/Korean Linguistics*, Vol. 13, pp. 293–307. Stanford, CA: CSLI Publications.

李殷娥 (イ＝ウナ) (1995)「透明な言語・不透明な言語―韓日の婉曲表現と挨拶表現をめぐって」『朝鮮学報』第 157 輯，pp. 1–46, 朝鮮学会

李恩我 (イ＝ウナ) (2007)「受動表現の日韓対照研究―日本語の『－（ら）れる』形式に対応する韓国語の表現形式―」『日本語・日本文化研究』17, pp. 107–116, 大阪外国語大学日本語講座

李琴嬉 (イ＝グムヒ) (2000)「名詞化接尾辞『さ』について―韓国語との対照を中心に―」『言語科学論集』第 4 号，pp. 13–23, 東北大学文学部言語科学専攻

Lee, Gunsoo (1998) Is There a Genuine *Himself* Type Local Anaphor in Korean and Japanese? In Noriko Akatsuka et al. (Eds.), *Japanese/Korean Linguistics*, Vol. 7, pp. 399–408. Stanford, CA: CSLI Publications.

李漢燮 (イ＝ハンソップ) (2008)「日韓対訳コーパスの作成及び利用について」『日本語と朝鮮語の対照研究 II　東京大学 21 世紀 COE プログラム「心とことば―進化認知科学的展開」研究報告書』pp. 19–30, 東京大学大学院総合文化研究科言語情報科学専攻

李漢燮 (イ＝ハンソップ) (2009)「コーパスの構築と応用　コーパスと日韓対照研究」『国文学　解釈と鑑賞』第 74 巻 1 号，pp. 114–121, 至文堂

李貞旼 (イ＝ヂョンミン) (2004)「新聞社説における日韓の文章展開の方法に関する一考察―第 1 文と第 2 文を中心に―」『表現研究』第 80 号，pp. 66–75, 表現学会

Lee, Jung-Hyuck (2010) Nonveridical Dependency of Korean Focus Particle *-(i) lato* and Japanese *-demo*. In Shoichi Iwasaki, Hajime Hoji, Patricia M. Clancy, and Sung-Ock Sohn (Eds.), *Japanese/Korean Linguistics*, Vol. 17, pp. 231–245. Stanford, CA: CSLI Publications.

李吉鎔(イ＝ギリョン)(2001)「日・韓両言語における反対意見表明行動の対照研究―談話構造とスキーマを中心として―」『阪大日本語研究』13，pp. 19-32，大阪大学大学院文学研究科日本語学講座

李吉鎔(イ＝ギリョン)(2003)「韓・日両言語の反対意見表明行動の対照研究―場の改まり度による表現形式の使い分けを中心に―」『阪大日本語研究』15，pp. 67-88，大阪大学大学院文学研究科日本語学講座

李光輝(イ＝グァンフィ)(2008)「文末の『って』とそれに対応する韓国語について」『日本語と朝鮮語の対照研究Ⅱ　東京大学 21 世紀 COE プログラム「心とことば―進化認知科学的展開」研究報告書』pp. 61-78，東京大学大学院総合文化研究科言語情報科学専攻

李暻洙(イ＝ギョンス)(1996)「日・韓両語における複合動詞『―出す』と『―내다』の対照研究―本動詞との関連を中心に―」『日本語教育』89 号，pp. 76-87，日本語教育学会

李美淑(イ＝ミスク)(1996)「スルとシテイル―韓国語と日本語の動詞のアスペクト―」『国文学　解釈と鑑賞』第 61 巻 7 号，pp. 72-77，至文堂

李善雅(イ＝ソナ)(2001)「議論の場における言語行動―日本語母語話者と韓国人学習者の相違―」『日本語教育』111 号，pp. 36-45

李善姫(イ＝ソンヒ)(2006)「日韓の『不満表明』に関する一考察―日本人学生と韓国人学生の比較を通して―」『社会言語科学』第 8 巻第 2 号，pp. 53-64，社会言語科学会

Martin, Samuel E. (2006) What Do Japanese and Korean Have in Common?: The History of Certain Grammaticalizations. *Korean Linguistics*, 13, pp. 197–218. International Circle of Korean Linguistics.

丸田孝志・林憲燦(イム＝ホンチャン)(1997)「『漢語＋になる』の用法と特徴―韓国語との対応関係を中心に―」『朝鮮学報』第 163 輯，pp. 37-60，朝鮮学会

円山拓子(2007)「自発と可能の対照研究―日本語ラレル，北海道方言ラサル，韓国語 cita ―」『日本語文法』7 巻 1 号，pp. 52-68，日本語文法学会

Miyagawa, Shigeru (2006) Locality in Syntax and Floated Numeral Quantifiers in Japanese and Korean. In Timothy J. Vance and Kimberly Jones (Eds.), *Japanese/Korean Linguistics*, Vol. 14, pp. 270–282. Stanford, CA: CSLI Publications.

Momoi, Katsuhiko (2002) Supporting Korean and Japanese on the Internet: Web Standards, Unicode and National Character Encodings. In Noriko Akatsuka and Susan Strauss (Eds.), *Japanese/Korean Linguistics*, Vol. 10, pp. 351–364. Stanford, CA: CSLI Publications.

森山卓郎(2008)「日本語と韓国語における引き延ばし音調」『日本語と朝鮮語の対照研究Ⅱ　東京大学 21 世紀 COE プログラム「心とことば―進化認知科学的展開」研究報告書』pp. 31-45，東京大学大学院総合文化研究科言語情報科学専攻

Motomura, Mitsue (2003) The Thematic Roles of Sentential *To/Ko* Complements in

Japanese/Korean. In Patricia M. Clancy (Ed.), *Japanese/Korean Linguistics*, Vol. 11, pp. 439–453. Stanford, CA: CSLI Publications.

永原（秋田）歩（2001）「日本語と韓国語の格助詞ガ／가 ka とヲ／를 lul の交替現象」『言語情報科学研究』6, pp. 227–248, 東京大学言語情報科学研究会

Nakahama, Yuko (2003) Referential Topic Management in Japanese and Korean Oral Narratives. In William McClure (Ed.), *Japanese/Korean Linguistics*, Vol. 12, pp. 16–27. Stanford, CA: CSLI Publications.

南美英（ナム＝ミョン）（2005）「日韓の連体述語と主名詞―事実性を中心に―」『日本語・日本文化研究』15, pp. 66–74, 大阪外国語大学日本語講座

Nishiyama, Kunio and Eun Cho (1998) Predicate Cleft Constructions in Japanese and Korean: The Role of Dummy Verbs in TP/VP-Preposing. In Noriko Akatsuka et al. (Eds.), *Japanese/Korean Linguistics*, Vol. 7, pp. 463–479. Stanford, CA: CSLI Publications.

Nishiyama, Kunio, John Whitman, and Eun-Young Yi (1996) Syntactic Movement of Overt Wh-Phrases in Japanese and Korean. In Noriko Akatsuka, Shoichi Iwasaki, and Susan Strauss (Eds.), *Japanese/Korean Linguistics*, Vol. 5, pp. 337–351. Stanford, CA: CSLI Publications.

盧妵鉉（ノ＝チュヒョン）（2006）「相手の所持品を使用する場面で用いられる韓国語の勧誘表現―日本語との相違を踏まえて―」『日本語と朝鮮語の対照研究　東京大学21世紀COEプログラム「心とことば―進化認知科学的展開」研究報告書』pp. 93–105, 東京大学大学院総合文化研究科言語情報科学専攻

盧妵鉉（ノ＝チュヒョン）（2008）「本動詞と補助動詞の授受表現の使用から見た言語行動の日韓対照―相手の所有物を借りる場面で―」『日本語と朝鮮語の対照研究 II　東京大学21世紀COEプログラム「心とことば―進化認知科学的展開」研究報告書』pp. 91–108, 東京大学大学院総合文化研究科言語情報科学専攻

野間秀樹（1997）「朝鮮語と日本語の連体修飾節（冠形節）構造」『朝鮮文化研究』第4号, pp. 100–128, 東京大学文学部朝鮮文化研究室

ニャンジャローンスック，スニーラット（2001）「OPIデータにおける『条件表現』の習得研究―中国語，韓国語，英語母語話者の自然発話から―」『日本語教育』111号, pp. 26–35, 日本語教育学会

生越まり子（1994）「感謝の対照研究―日朝対照研究―」『日本語学』第13巻第8号, pp. 19–27, 明治書院

生越まり子（1995a）「しぐさの日朝対照研究―お辞儀について―」『日本語学』第14巻第3号, pp. 59–69, 明治書院

生越まり子（1995b）「依頼表現の対照研究―朝鮮語の依頼表現―」『日本語学』第14巻第11号, pp. 50–60, 明治書院

生越直樹（1994）「各国語話者と日本人との誤解の事例―朝鮮語話者の場合―」『在日外国人と日本人との言語行動的接触における相互「誤解」のメカニズム―日本語

と英・タイ・朝・仏語の総合的対照研究—』文部省科学研究費報告書，pp. 58–68

生越直樹（1995）「朝鮮語했다形，해 있다形（하고 있다形）と日本語シタ形，シテイル形」『国立国語研究所研究報告集』16，pp. 185–206，国立国語研究所

生越直樹（1996）「日本語学と対照言語学　朝鮮語との対照」『日本語学』第15巻第8号《日本語学の世界》，pp. 161–167，明治書院

生越直樹（1997）「朝鮮語と日本語の過去形の使い方—結果状態形との関連を中心にして—」国立国語研究所（編）『日本語と外国語との対照研究Ⅳ　日本語と朝鮮語〈下巻〉研究論文編』pp. 139–152，くろしお出版

生越直樹（1999）「場面1(1)：ぶつかられたときの応答」『ビデオ刺激による言語行動意識調査報告書　分析編』（文部省科学研究費報告書），pp. 31–78

生越直樹（2001）「現代朝鮮語の하다動詞における하다形と되다形」『朝鮮文化研究』第8号，pp. 75–94，東京大学大学院人文社会系研究科・文学部朝鮮文化研究室

生越直樹（2001）「하다動詞の하다形と되다形の使い方について—インフォーマント調査の結果から—」南豊鉉他（編）『梅田博之教授古稀記念　韓日語文學論叢』pp. 533–554，韓国서울〈Seul〉（ソウル）：太學社

生越直樹（2002a）「日本語の助詞『に』と朝鮮語の助詞『에게』をめぐって」玉村文郎（編）『日本語学と言語学』pp. 431–442，明治書院

生越直樹（2002b）「日本語・朝鮮語における連体修飾表現の使われ方—『きれいな花！』タイプの文を中心に—」生越直樹（編）『シリーズ言語科学4　対照言語学』pp. 75–98，東京大学出版会

生越直樹（2005）「【日韓対照研究のポイント】文法・表現(1)—日本語の視点から—」『日本語学』第24巻第8号，pp. 54–55，明治書院

生越直樹（2008a）「相手所有物を使う際の言葉の有無に関する日韓比較」尾崎喜光（編）『対人行動の日韓対照研究—言語行動の基底にあるもの—』pp. 31–59，ひつじ書房

生越直樹（2008b）「日本語『と思う』と朝鮮語『고 생각하다〈ko sayngkakhata〉』について」『日本語と朝鮮語の対照研究Ⅱ　東京大学21世紀COEプログラム「心とことば—進化認知科学的展開」研究報告書』pp. 47–54，東京大学大学院総合文化研究科言語情報科学専攻

O'Grady, William, Michiko Nakamura, and Miseon Lee (2002) Processing Japanese and Korean: Full Attachment versus Efficiency. In Noriko Akatsuka and Susan Strauss (Eds.), *Japanese/Korean Linguistics*, Vol. 10, pp. 18–31. Stanford, CA: CSLI Publications.

Oh, Mira (2009) A Phonetic Duration-based Analysis of Loan Adaptation in Korean and Japanese. In Yukinori Takubo, Tomohide Kinuhata, Szymon Grzelak, and Kayo Nagai (Eds.), *Japanese/Korean Linguistics*, Vol. 16, pp. 202–216. Stanford, CA: CSLI Publications.

岡智之（1996）「日本語と朝鮮語のパーフェクトをめぐって―シテイル形と겠다 {haissda} 形の対応を中心に―」『日本語・日本文化研究』6, pp. 71-85, 大阪外国語大学日本語講座

奥津敬一郎（1995a）「日朝対照不定指示詞論　その1」『神田外語大学紀要』7, pp. 253-271, 神田外語大学

奥津敬一郎（1995b）「日朝対照不定指示詞論　その2―選択並列表現と『Whか』を中心に―」『言語教育研究』6, pp. 47-61, 神田外語大学言語教育研究所

奥山洋子（2005）「話題導入における日韓のポライトネス・ストラテジー比較―日本と韓国の大学生初対面会話資料を中心に―」『社会言語科学』第8巻第1号, pp. 69-81, 社会言語科学会

尾崎喜光（2005a）「依頼行動と感謝行動との〈関係〉に関する日韓対照」『社会言語科学』第8巻第1号, pp. 106-119, 社会言語科学会

尾崎喜光（2005b）「依頼行動と感謝行動から見た日韓の異同」『日本語学』第24巻第8号, pp. 42-51, 明治書院

尾崎喜光（編）（2008）『対人行動の日韓対照研究―言語行動の基底にあるもの―』ひつじ書房

Ozeki, Hiromi and Yasuhiro Shirai (2007) The Acquisition of Relative Clauses in Japanese: A Comparison with Korean. In Naomi Hanaoka McGloin and Junko Mori (Eds.), *Japanese/Korean Linguistics*, Vol. 15, pp. 263-274. Stanford, CA: CSLI Publications.

白以然（ペク＝イヨン）（2007）「韓国語母語話者の複合動詞『～出す』の習得―日本語母語話者と意味領域の比較を中心に―」『世界の日本語教育　日本語教育論集』17, pp. 79-91, 国際交流基金日本語事業部

Pardeshi, Prashant, Qing-Mei Li, and Kaoru Horie (2007) Where, How and Why Do Passives in Japanese and Korean Differ? --A Parallel Corpus Account--. In Naomi Hanaoka McGloin and Junko Mori (Eds.), *Japanese/Korean Linguistics*, Vol. 15, pp. 108-120. Stanford, CA: CSLI Publications.

朴在権（パク＝チェグォン）（1997）『現代日本語・韓国語の格助詞の比較研究』勉誠社

朴貞姫（パク＝チョンヒ）（2002）「空間背景場所表現における日・朝・中対照（1）」『応用言語学』4, pp. 181-192, 明海大学応用言語学研究科

朴貞姫（パク＝チョンヒ）（2003）「空間背景場所表現における日・朝・中対照（2）」『日中言語対照研究論集』5, pp. 91-103, 日中言語対照研究会

朴貞姫（パク＝チョンヒ）（2006）『日朝中3言語の仕組み―空間表現の対照研究―』振学出版

Park, KangHun (2007) Constraints on Multiple Negative Polarity Item Constructions in Japanese and Korean. *Tsukuba Working Papers in Linguistics*, No. 26, pp. 61-81. Tsukuba: Linguistic Circle, The University of Tsukuba.

Park, Sang Doh and John Whitman (2003) Direct Movement Passives in Korean and Japanese. In William McClure (Ed.), *Japanese/Korean Linguistics*, Vol. 12, pp. 307-

321. Stanford, CA: CSLI Publications.
朴墉一（パク＝ヨンイル）(2007)「韓国語の『V-eo/a-beorida』文，『V-go-malda』文と『V てしまう』文の意味解釈と統語構造」*KLS*, 27, pp. 120–130, 関西言語学会
Park, Yong-Yae (1998) Interactive Grammar: The Turn-Final Use of *nuntey* in Korean and *kedo* in Japanese. In David J. Silva (Ed.), *Japanese/Korean Linguistics*, Vol. 8, pp. 45–59. Stanford, CA: CSLI Publications.
Park, Yong-Yae and Susan Strauss (1997) How 'Seeing' Approaches 'Knowing' in Korean, Japanese, and English: An Analysis of *pota*, *miru*, and *see*. In Ho-min Sohn and John Haig (Eds.), *Japanese/Korean Linguistics*, Vol. 6, pp. 619–638. Stanford, CA: CSLI Publications.
羅聖淑（ナ＝ソンスク）(2006a)「韓国語外来語 - 잇[-it]表記のゆれ及び対策案―日本語及び在日コリア語の外来語との対比―」『韓国語学年報』2, pp. 1–21, 神田外語大学韓国語学会
羅聖淑（ナ＝ソンスク）(2006b)「在日コリア語のアクセント―韓国大邱方言および東京方言との対比―」城生佰太郎博士還暦記念論文集編集委員会（編）『実験音声学と一般言語学―城生佰太郎博士還暦記念論文集―』pp. 159–169, 東京堂出版
齊藤明美(2005)『ことばと文化の日韓比較―相互理解をめざして―』世界思想社
齊藤良子(2008)「韓国語学習者の学習ストラテジー研究―英語学習の学習ストラテジーとの比較を通して―」『日本語と朝鮮語の対照研究 II 東京大学 21 世紀 COE プログラム「心とことば―進化認知科学的展開」研究報告書』pp. 109–131, 東京大学大学院総合文化研究科言語情報科学専攻
Sells, Peter (1998) Optimality and Economy of Expression in Japanese and Korean. In Noriko Akatsuka et al. (Eds.), *Japanese/Korean Linguistics*, Vol. 7, pp. 499–514. Stanford, CA: CSLI Publications.
Shibasaki, Reijirou (2002) On Sound Symbolism in Japanese and Korean. In Noriko Akatsuka and Susan Strauss (Eds.), *Japanese/Korean Linguistics*, Vol. 10, pp. 76–89. Stanford, CA: CSLI Publications.
Shibatani, Masayoshi (1994) Benefactive Constructions: A Japanese-Korean Comparative Perspective. In Noriko Akatsuka (Ed.), *Japanese/Korean Linguistics*, Vol. 4, pp. 39–74. Stanford, CA: CSLI Publications.
Shibatani, Masayoshi and Sung Yeo Chung (2002) Japanese and Korean Causatives Revisited. In Noriko Akatsuka and Susan Strauss (Eds.), *Japanese/Korean Linguistics*, Vol. 10, pp. 32–49. Stanford, CA: CSLI Publications.
Shibatani, Masayoshi and Sung Yeo Chung (2007) On the Grammaticalization of Motion Verbs: A Japanese-Korean Comparative Perspective. In Naomi Hanaoka McGloin and Junko Mori (Eds.), *Japanese/Korean Linguistics*, Vol. 15, pp. 21–40. Stanford, CA: CSLI Publications.
辛碩基（シン＝ソッキ）(2001)「日本語受動表現の韓国語訳について―文学作品を中心

として―」『表現研究』第 74 号, pp. 57-63, 表現学会
申媛善(シン=ウォンソン)(2007)「日本語と韓国語における文末スタイル変化の仕組み―時間軸に沿った敬体使用率の変化に着目して―」『日本語科学』22, pp. 173-194, 国立国語研究所
Shirai, Yasuhiro (1998) Where the Progressive and the Resultative Meet: A Typology of Imperfective Morphology in Japanese, Korean, Chinese and English. In Noriko Akatsuka et al. (Eds.), *Japanese/Korean Linguistics*, Vol. 7, pp. 257-273. Stanford, CA: CSLI Publications.
孫禎慧(ソン=ヂョンヘ)(2005)「日本語を母語とする韓国語学習者の誤用分析―해서形と하고形を中心に―」『朝鮮学報』第 195 輯, pp. 1-64, 朝鮮学会
Strauss, Susan (1994) A Cross-Linguistic Analysis of Japanese, Korean and Spanish: *-te shimau, -a/e pelita*, and the 'Romance Reflexive' se. In Noriko Akatsuka (Ed.), *Japanese/Korean Linguistics*, Vol. 4, pp. 257-273. Stanford, CA: CSLI Publications.
Strauss, Susan (1998) Specificity and Salability: Product Highlighting Strategies in Television Commercials of Japan, Korea, and the U.S. In David J. Silva (Ed.), *Japanese/Korean Linguistics*, Vol. 8, pp. 61-76. Stanford, CA: CSLI Publications.
Strauss, Susan, Hanae Katayama, and Jong Oh Eun (2002) Grammar, Cognition and Procedure as Reflected in Route Directions in Japanese, Korean and American English. In Noriko Akatsuka and Susan Strauss (Eds.), *Japanese/Korean Linguistics*, Vol. 10, pp. 104-118. Stanford, CA: CSLI Publications.
Strauss, Susan and Yumiko Kawanishi (1996) Assessment Strategies in Japanese, Korean, and American English. In Noriko Akatsuka, Shoichi Iwasaki, and Susan Strauss (Eds.), *Japanese/Korean Linguistics*, Vol. 5, pp. 149-165. Stanford, CA: CSLI Publications.
Strauss, Susan and Yong-Yae Park (1998) What the Language in Television Commercials Reveals about Cultural Preferences: A Glimpse into Japanese, American, and Korean Advertising Strategies. In Noriko Akatsuka et al. (Eds.), *Japanese/Korean Linguistics*, Vol. 7, pp. 159-176. Stanford, CA: CSLI Publications.
Strauss, Susan and Sung-Ock Sohn (1998) Grammaticalization, Aspect, and Emotion: The Case of Japanese *-te simau* and Korean *-a/e pelita*. In David J. Silva (Ed.), *Japanese/Korean Linguistics*, Vol. 8, pp. 217-230. Stanford, CA: CSLI Publications.
須田淳一(1996)「対格標識の曖昧性―上代『を』・『ものを』形式と韓国語の対格意識」『国文学 解釈と鑑賞』第 61 巻 7 号, pp. 134-139, 至文堂
徐洪(ソ=ホン)・柳澤浩哉(2007)「日韓の新聞社説における対照レトリック―説得戦略の違いを考える―」『表現研究』第 85 号, pp. 12-21, 表現学会
薛根洙(ソル=クンス)(1996)「連語における日韓対照研究―行く先の結び付きを話題にして―」『国文学 解釈と鑑賞』第 61 巻 7 号, pp. 49-57, 至文堂
Sung, Kuo-Ming (1996) Classifier Incorporation in Japanese and Korean Partitive

Constructions. In Noriko Akatsuka, Shoichi Iwasaki, and Susan Strauss (Eds.), *Japanese/Korean Linguistics*, Vol. 5, pp. 369–385. Stanford, CA: CSLI Publications.

平香織(2003)「韓国語の終結語尾 -ney と日本語の終助詞『ね』の対照研究―階層的記憶モデルの観点から―」『東北大学留学生センター紀要』7, pp. 49–58, 東北大学留学生センター

平香織(2009)「文末に見る話し手の心的態度の違い：韓国語の終結語尾(半言)と日本語の終助詞を対象として」東北大学言語認知総合科学 COE 論文集刊行委員会(編)『言語・脳・認知の科学と外国語習得』pp. 65–77, ひつじ書房

高橋太郎(1996)「姜鎭文の〈〜でない〉対『〜ではない』の日韓対照によせて―対照研究による, 言語の移行過程へのアプローチ―」『国文学 解釈と鑑賞』第61巻7号, pp. 116–119, 至文堂

高田祥司(2008)「日本語東北方言と韓国語の〈過去〉の表現について」『日本語の研究』第4巻4号, pp. 32–47, 日本語学会

田窪行則・金善美(キム＝ソンミ)(2009)「韓国語と日本語のモダリティ表現の対照」油谷幸利先生還暦記念論文集刊行委員会(編)『朝鮮半島のことばと社会―油谷幸利先生還暦記念論文集―』pp. 298–312, 明石書店

都恩珍(ト＝ウンヂン)(2002)「日韓電話会話の構造と発話の『重なり』」『筑波応用言語学研究』9, pp. 73–86, 筑波大学大学院博士課程人文社会科学研究科文芸・言語専攻応用言語学領域

塚本秀樹(1995)「膠着言語と複合構造―特に日本語と朝鮮語の場合―」仁田義雄(編)『複文の研究(上)』pp. 63–85, くろしお出版

塚本秀樹(1997a)「日本語と朝鮮語の対照研究」国立国語研究所(編)『日本語と外国語との対照研究Ⅳ 日本語と朝鮮語〈上巻〉回顧と展望編』pp. 37–50, くろしお出版

塚本秀樹(1997b)「語彙的な語形成と統語的な語形成―日本語と朝鮮語の対照研究―」国立国語研究所(編)『日本語と外国語との対照研究Ⅳ 日本語と朝鮮語〈下巻〉研究論文編』pp. 191–212, くろしお出版

塚本秀樹(1998)「語形成と複合動詞―日本語と朝鮮語の対照研究―」『筑波大学 東西言語文化の類型論特別プロジェクト 研究報告書 平成9年度Ⅰ(Part Ⅰ)』pp. 161–172, 筑波大学東西言語文化の類型論特別プロジェクト研究組織

塚本秀樹(1999)「日朝対照による語形成と統語現象の統一的把握―複合格助詞に関連して―」『筑波大学 東西言語文化の類型論特別プロジェクト 研究報告書 平成10年度Ⅱ(Part Ⅱ)』pp. 471–478, 筑波大学東西言語文化の類型論特別プロジェクト研究組織

塚本秀樹(2001)「語形成と文法化―日本語と韓国語の対照研究―」南豊鉉〈Nam, Phunghyen〉(ナム＝プンヒョン)他(編)『梅田博之教授古稀記念 韓日語文學論叢』pp. 605–627, 韓國서울〈Seul〉(ソウル)：太學社〈Thayhaksa〉

塚本秀樹(2004)「文法体系における動詞連用形の位置づけ：日本語と韓国語の対照研

究」佐藤滋・堀江薫・中村渉（編）『対照言語学の新展開』pp. 297–317, ひつじ書房

塚本秀樹 (2006a)「日本語から見た韓国語―対照言語学からのアプローチと文法化―」『日本語学』第 25 巻第 3 号, pp. 16–25, 明治書院

塚本秀樹 (2006b)「言語現象と文法化―日本語と朝鮮語の対照研究―」『日本語と朝鮮語の対照研究　東京大学 21 世紀 COE プログラム「心とことば―進化認知科学的展開」研究報告書』pp. 27–61, 東京大学大学院総合文化研究科言語情報科学専攻

塚本秀樹 (2006c)「日本語と朝鮮語における複合格助詞再考―対照言語学からのアプローチ―」藤田保幸・山崎誠（編）『複合辞研究の現在』pp. 285–310, 和泉書院

塚本秀樹 (2009a)「日本語と朝鮮語における品詞と言語現象のかかわり―対照言語学からのアプローチ―」由本陽子・岸本秀樹（編）『語彙の意味と文法』pp. 395–414, くろしお出版

塚本秀樹 (2009b)「日本語と朝鮮語における複合動詞再考―対照言語学からのアプローチ―」油谷幸利先生還暦記念論文集刊行委員会（編）『朝鮮半島のことばと社会―油谷幸利先生還暦記念論文集―』pp. 313–341, 明石書店

鶴見千津子 (1998)「日本語の読解における音読の影響―韓国語母語話者の場合―」『日本語教育』98 号, pp. 85–96, 日本語教育学会

Uehara, Satoshi (1996) Nominal Adjectives in Japanese (and in Korean?). In Noriko Akatsuka, Shoichi Iwasaki, and Susan Strauss (Eds.), *Japanese/Korean Linguistics*, Vol. 5, pp. 235–250. Stanford, CA: CSLI Publications.

Umeda, Hiroyuki (2000) Honorific Expressions in Korean and Japanese. In Yun-Shik Chang et al. (Eds.), *Korean between Tradition and Modernity: Selected Papers from the Fourth Pacific and Asian Conference on Korean Studies*, pp. 375–383. Vancouver: Institute for Asian Research, University of British Columbia.

梅木俊輔 (2009)「ターン管理と発話連鎖への期待に関する一考察―韓日接触場面における情報要求場面を中心に―」『言語科学論集』第 13 号, pp. 71–82, 東北大学大学院文学研究科言語科学専攻

若生正和 (2004)「韓国語副詞句がアスペクト形式に与える生起制約と意味制約：日本語との対照を通じて」佐藤滋・堀江薫・中村渉（編）『対照言語学の新展開』pp. 333–346, ひつじ書房

若生正和 (2008)「日本語と韓国語の漢字表記語の対照研究―漢語動名詞を中心に―」『大阪教育大学紀要第 I 部門　人文科学』第 56 巻 2 号, pp. 69–82, 大阪教育大学

若生正和 (2009)「日韓漢字動名詞の対照研究―日本語能力試験 3・4 級語彙を中心に―」油谷幸利先生還暦記念論文集刊行委員会（編）『朝鮮半島のことばと社会―油谷幸利先生還暦記念論文集―』pp. 342–364, 明石書店

Wako, Masakazu, Kaoru Horie, and Shigeru Sato (2003) Reconstructing Temporal

Structures in Korean Texts: A Contrastive Study with Japanese. In Patricia M. Clancy (Ed.), *Japanese/Korean Linguistics*, Vol. 11, pp. 203–216. Stanford, CA: CSLI Publications.

鷲尾龍一(1997)「比較文法論の試み―ヴォイスの問題を中心に―」『ヴォイスに関する比較言語学的研究』pp. 1–66, 三修社

鷲尾龍一(2001)「하다・되다を日本語から見る」『筑波大学　東西言語文化の類型論特別プロジェクト　研究報告書　平成12年度　別冊Ⅱ　「하다」と「する」の言語学』pp. 27–52, 筑波大学東西言語文化の類型論特別プロジェクト研究組織

鷲尾龍一(2005)「受動表現の類型と起源について」『日本語文法』5巻2号, pp. 3–20, 日本語大法学会

鷲尾龍一(2008)「概念化と統語表示の問題―日本語・モンゴル語・朝鮮語の比較から見る《風に吹かれる》の本質―」生越直樹・木村英樹・鷲尾龍一(編)『ヴォイスの対照研究―東アジア諸語からの視点―』pp. 21–64, くろしお出版

元智恩(ウォン＝ヂウン)(1999)「日韓の『中途終了文』の丁寧さについて―断わる場面を中心として―」『筑波応用言語学研究』6, pp. 133–144, 筑波大学大学院博士課程文芸・言語研究科応用言語学コース

元智恩(ウォン＝ヂウン)(2002)「日本語と韓国語の断り表現の構造―指導教官の依頼を断る場面を中心に―」『言語学論叢』第21号, pp. 21–37, 筑波大学一般・応用言語学研究室

元智恩(ウォン＝ヂウン)(2005)「断わりとして用いられた日韓両言語の『中途終了文』―ポライトネスの観点から―」『日本語科学』18, pp. 47–70, 国立国語研究所

劉恩聖(ユ＝ウンソン)(1999)「日本語の『連用形容詞(を)＋する』表現に関する一考察―韓国語との対照の観点から―」『表現研究』第69号, pp. 25–34, 表現学会

幸松英恵(2006)「『のだ』と'것이다'の日韓対照研究―翻訳比較を通して見る共通点と相違点―」『日本語と朝鮮語の対照研究　東京大学21世紀COEプログラム「心とことば―進化認知科学的展開」研究報告書』pp. 107–158, 東京大学大学院総合文化研究科言語情報科学専攻

尹鎬淑(ユン＝ホスク)(1998a)「近代日・韓両語における受身表現の対照研究―新聞を中心として―」『朝鮮学報』第168輯, pp. 39–92, 朝鮮学会

尹鎬淑(ユン＝ホスク)(1998b)「近代における翻訳小説の中の受身表現―韓国語との対照的考察―」『表現研究』第67号, pp. 1–10, 表現学会

尹亭仁(ユン＝ヂョンイン)(1999)「日本語と韓国語の使役構文の対照研究―結果含意を中心に―」『言語情報科学研究』4, pp. 313–334, 東京大学言語情報科学研究会

尹亭仁(ユン＝ヂョンイン)(2001)「移動動詞『行く』『来る』の格標示と名詞句の意味特徴―韓国語の『gada』『oda』との対照の観点から―」『日本語教育』110号, pp. 82–91, 日本語教育学会

尹盛熙(ユン＝ソンヒ)(2006)「『使役余剰』という現象に関して―韓国語との関連性を

考える—」『日本語と朝鮮語の対照研究　東京大学 21 世紀 COE プログラム「心とことば—進化認知科学的展開」研究報告書』pp. 217–228，東京大学大学院総合文化研究科言語情報科学専攻

油谷幸利(2005)『日韓対照言語学入門』白帝社

油谷幸利(2006)「接続形式における日朝対照研究—朝鮮語教育の観点から—」『朝鮮学報』第 198 輯，pp. 1–31，朝鮮学会

日朝対照研究関係　主要研究教育機関別　博士学位論文一覧

●別府大学大学院文学研究科
崔貞善(チェ＝ヂョンソン)「日本語と韓国語の受動文の対照研究」(2003 年 10 月)

●千葉大学大学院人文社会科学研究科
金昌男(キム＝チャンナム)「現代日本語における授受動詞について―韓国語との対照を通して―」(2002 年 3 月)

●中央大学大学院文学研究科
朴在權(パク＝チェグォン)「現代日本語・韓国語の格助詞の比較研究」(1994 年 3 月)

●大東文化大学大学院文学研究科
李美淑(イ＝ミスク)「現代日本語動詞のアスペクト研究―韓国語との対照を通じて―」(1994 年 3 月)
全成龍(チョン＝ソンニョン)「現代日本語の動詞のなかどめの構文論的な研究―韓国語との対照研究をふまえて―」(1997 年 3 月)
薛根洙(ソル＝クンス)「動詞連語論の研究―移動動詞の日韓比較研究を中心に―」(1998 年 3 月)
黄順花(ファン＝スンファ)「現代日本語の寄与態の研究―韓国語との対照研究を加味して―」(1999 年 3 月)
崔炳奎(チェ＝ビョンギュ)「現代日本語動詞の連体節の時間の研究―韓国語との対照を通して―」(2001 年 3 月)

●学習院大学大学院人文科学研究科
李明玉(イ＝ミョンオク)「日本語と韓国語の慣用的表現に関する研究―比較言語文化学の立場から―」(2005 年 3 月)
柳慧政(ユ＝ヘヂョン)「依頼談話の日韓対照研究―談話の構造・ストラテジーの観点から―」(2007 年 3 月)
魏聖銓(ウィ＝ソンヂョン)「時空間を表す日韓語彙の対照研究―『あと，さき，まえ，うしろ』，『앞(ap)，뒤(twi)，전(jeon)，후(hu)』を中心に―」(2010 年 3 月)

●広島大学大学院文学研究科
金恩希(キム＝ウニ)「条件文の日・朝対照研究」(1996 年 3 月)

朴垠貞(パク＝ウンヂョン)「移動動詞構文における格助詞の日・韓対照研究」(1998年2月)
南得鉉(ナム＝ドゥッキョン)「日韓両言語の存在表現に関する対照言語学的研究」(2003年3月)

●広島大学大学院国際協力研究科
林炫情(イム＝ヒョンヂョン)「日韓両言語の呼称に関する対照研究―社会言語学的見地から―」(2002年3月)
金龍(キン＝リュウ)「日本語と朝鮮語における語順の対照研究」(2005年3月)

●広島大学大学院教育学研究科
林憲燦(イム＝ホンチャン)「日韓両語のヴォイスのカテゴリーに関する対照研究―受動文と使役文を中心に―」(1996年3月)
李曔洙(イ＝ギョンス)「日・韓両語の複合動詞に関する対照研究―文法的複合動詞を中心に―」(1997年2月)
尹鎬淑(ユン＝ホスク)「近代日本語における受身表現の変遷―韓国語との比較考察―」(1999年2月)
劉恩聖(ユ＝ウンソン)「日本語の『する』と韓国語の『하다〈hata〉』の語形成及び表現法に関する対照研究」(2000年3月)
宋承姫(ソン＝スンヒ)「日本語の『もの(だ)』『こと(だ)』『の(だ)』と韓国語の『것(이다)〈kes(-ita)〉』に関する対照研究―『文法化』の観点から―」(2000年3月)
禹燦三(ウ＝チャンサム)「韓日漢字音の比較研究―韓国人日本語学習者の漢字音指導の観点から―」(2002年3月)
權寧成(クォン＝ヨンソン)「日・韓両語の色彩語に関する対照言語学的研究」(2003年3月)

●北海道大学大学院文学研究科
金惠鎭(キム＝ヘヂン)「日本語と韓国語のヴォイスの対照研究―現代韓国語における『二重形』の位置づけを中心に―」(2004年3月)
金恒沇(キム＝ハンユル)「日本語と韓国語の機能動詞に関する対照研究」(2006年3月)
金京淑(キン＝ケイシュク)「可能表現の対照研究―日本語・中国語・朝鮮語の意味の対照を中心に―」(2007年3月)
李忠奎(イ＝チュンギュ)「日韓語の動詞結合に関する研究」(2009年3月)

●北海道大学大学院国際広報メディア・観光学院
金銀珠(キム＝ウンヂュ)「日韓統語論の対照研究―ヴォイス，テンス・アスペクト，モダリティを中心に―」(2010年3月)

● 上智大学大学院外国語学研究科
申惠璟(シン=ヘギョン)「韓国語と日本語の待遇表現の社会言語学的比較研究―呼称とスピーチレベルの使用法を中心に―」(1996年9月)

● 女子美術大学大学院美術研究科
崔貞伊(チェ=ヂョンイ)「日本語と韓国語における基本色彩語の色カテゴリー及び色名の色彩学的研究」(2001年3月)

● 金沢大学大学院人間社会環境研究科
宋有宰(ソン=ユヂェ)「日本語と韓国語の呼称表現の対照研究」(2003年3月)
孫京鎬(ソン=ギョンホ)「韓日両言語における感覚語場の対照研究―韓国語の感覚形容詞を中心として―」(2005年9月)

● 慶應義塾大学大学院理工学研究科
金泰錫(キム=テソク)「意味接続関係を用いた日韓機械翻訳システムに関する研究」(1993年3月)
李秀炫(イ=スヒョン)「音韻的概念による韓日双方向機械翻訳システムに関する研究」(1993年3月)
金政仁(キム=ヂョンイン)「類似性を生かした日韓機械翻訳に関する研究」(1998年3月)

● 神戸大学大学院文化学研究科
鄭聖汝(チョン=ソンヨ)「他動性とヴォイス(態)―意味的他動性と統語的自他の韓日語比較研究―」(1999年3月)
千英子(チョン=ヨンヂャ)「日本語と韓国語のヴォイスに関する対照研究」(2007年9月)

● 神戸大学大学院国際文化学研究科
白海燕(ハク=カイエン)「空間からアスペクトへの文法化における視点問題―日本語・朝鮮語・中国語の対照を中心に―」(2005年3月)

● 國學院大學大学院文学研究科
郭永哲(クァク=ヨンチョル)「日韓文法論の比較研究―松下文法の成立を中心に―」(1982年1月)

● 久留米大学大学院比較文化研究科
李成根(イ=ソングン)「日韓両国漢字音の対比的研究」(1997年3月)

●京都大学大学院文学研究科
朴眞完(パク＝チナン)「『朝鮮資料』の新研究―中・近世日韓語の対照から―」(2005年11月)

●京都大学大学院工学研究科
黄道三(ファン＝ドサム) "Computer Processing of Korean as Contrasted with Japanese for Korean to Japanese Machine Translation" (1995年3月)

●京都大学大学院人間・環境学研究科
金善美(キム＝ソンミ)「韓国語と日本語の指示詞の直示用法と非直示用法」(2004年11月)

●九州大学大学院比較社会文化学府
許明子(ホ＝ミョンヂャ)「日本語と韓国語の受身文の実証的対照研究の試み」(2002年3月)
李大年(イ＝デニョン)「日本語と韓国語における擬態語の対照研究―日本及び韓国の少女マンガにおける感情を表す擬態語を中心に―」(2009年11月)

●明海大学大学院応用言語学研究科
羅福順(ナ＝ボクスン)「会話における発話末の日韓対照研究」(2003年3月)
朴貞姫(パク＝チョンヒ)「日・朝・中　空間概念の研究」(2004年3月)

●武庫川女子大学大学院文学研究科
姜昌妊(カン＝チャンイム)「母語場面と接触場面における会話行動の日韓対照研究―ターン，あいづち，重なりを中心に―」(2004年3月)

●名古屋大学大学院文学研究科
白同善(ペク＝トンソン)「日本語と韓国語の待遇表現に関する対照言語学的研究」(1996年7月)
韓有錫(ハン＝ユソク)「自他動詞の対立と派生に関する研究―日本語と韓国語の両言語対照を中心に―」(1996年10月)
李殷娥(イ＝ウナ)「日本語と韓国語のオノマトペに関する対照研究」(2001年3月)
尹錫任(ユン＝ソギム)「日本語と韓国語における動詞(句)の意味構造―アスペクトを中心に―」(2001年3月)
任炫樹(イム＝ヒョンス)「日韓断り行動における言語・非言語ストラテジー」(2004年3月)
金直洙(キム＝チクス)「日韓『基幹語彙』の比較研究―選定および意味分野別構造分析を中心に―」(2004年3月)

李庸伯(イ=ヨンベク)「日韓語彙の比較研究―小学校国語教科書を用いて―」(2004年3月)
陸心芬(ユク=シムブン)「日本語の認識モダリティ形式の意味分析と韓国語の類似形式との対照研究」(2008年6月)
白明学(ペク=ミョンハク)「日本語と韓国語の受身構文研究―比較・対照の観点から―」(2008年9月)

●奈良女子大学大学院人間文化研究科
金香来(キム=ヒャンネ)「あいさつ行動の日韓比較研究」(2000年3月)

●日本女子大学大学院文学研究科
裵晋影(ペ=ヂニョン)「日韓両言語における漢語動詞の対照研究―『一字漢語動詞』に注目して―」(2008年9月)

●新潟大学大学院現代社会文化研究科
李炳勲(イ=ビョンフン)「朝鮮語と日本語の音節構造についての比較研究―閉音節の後生による左枝分かれの音節構造形成―」(2001年3月)
金世朗(キム=セラン)「日韓方言地域における待遇表現法の比較研究―新潟市五十嵐二の町と慶尚北道慶州市乾川里を対象に―」(2003年3月)
林河運(イム=ハウン)「日韓の対面言語行動の対照研究―ポライトネスの観点から―」(2008年3月)

●桜美林大学大学院言語教育研究科
金庚芬(キム=ギョンブン)「『ほめの談話』に関する日韓対照研究―日・韓大学生の会話データを用いて―」(2007年3月)

●お茶の水女子大学大学院人間文化創成科学研究科
呉美善(オ=ミソン)「日本語動詞の文法化に関する考察―韓国語との対照の観点から―」(1997年6月)
印省熙(イン=ソンヒ)「日本語の『のだ』と韓国語の『-ㄴ 것이다〔-n geosida〕』の対照研究(2003年3月)
曺英南(チョ=ヨンナム)「言いさし表現に関する韓日対照研究」(2004年3月)
郭末任(クァク=マリム)「相づちにおける出現位置の再考―日韓両言語における母語場面と接触場面の分析を通して―」(2004年3月)
宋惠仙(ソン=ヘソン)「日本語のやりもらい構文の構造とヴォイス性―韓国語との対照を入れて―」(2004年3月)
郭珍京(クァク=チンギョン)「日本語の『〜し形』『〜して形』と韓国語の『- 하고 hago』『- 해서 haeseo』の対照研究」(2004年9月)

李貞旼(イ＝ヂョンミン)「『主張のストラテジー』に関する韓日対照研究―新聞社説の場合―」(2006年3月)

●大阪大学大学院文学研究科
林八龍(イム＝パルリョン)「日・韓両国語の慣用的表現の対照研究―身体語彙慣用句を中心として―」(2000年5月)
鄭秀賢(チョン＝スヒョン)「現代日本語の表現についての研究―韓国語の表現と対照しながら―」(2000年8月)

●大阪大学大学院言語文化研究科
権勝林(クォン＝スンニム)「ヴォイスの体系における〈再帰性〉―日・韓対照研究―」(1996年3月)
崔吉時(チェ＝キルシ)「韓国語の助詞〈의〉と日本語の助詞〈ノ〉の比較対照研究」(1996年8月)
金慶燕(キム＝ギョンヨン)「言語使用に関する対照社会言語学的研究―日本人・韓国人・韓国人日本語学習者の否定表明を中心に―」(1999年7月)
崔信淑(サイ＝シンシュク)「詫び行為における日中韓対照研究」(2004年3月)
秦秀美(チン＝スミ)「日本語と韓国語における感謝・謝罪表現の研究」(2008年3月)

●大阪外国語大学大学院言語社会研究科
李潤玉(イ＝ユノク)「異言語間に共通する概念研究―日本語の助詞，韓国語の助詞，英語の前置詞を対象に―」(2003年3月)

●麗澤大学大学院言語教育研究科
林昌奎(イム＝チャンギュ「『捷解新語』における格助詞『を』及び『을／를』の研究―日本語と韓国語の対照の観点から―」(2001年3月)

●立正大学大学院文学研究科
姜鎭文(カン＝ヂンムン)「日韓両言語における指示語の対照研究」(1998年3月)

●専修大学大学院文学研究科
李羽済(イ＝ウヂェ)「日韓の移動動詞における認知意味論的考察」(2007年9月)

●昭和女子大学大学院文学研究科
徐珉廷(ソ＝ミンヂョン)「日本語話者と韓国語話者における主観的な〈事態把握〉の対照研究―『ていく／くる』と『e kata/ota』の補助動詞用法を中心に―」(2009年3月)

●首都大学東京大学院人文科学研究科
金慶恵(キム=キョンヘ)「日本語と韓国語の条件表現の対照研究」(2009 年 10 月)

●東北大学大学院文学研究科
韓美卿(ハン=ミギョン)「『捷解新語』における敬語研究—日韓両国語の対照の観点から—」(1994 年 7 月)
閔光準(ミン=クァンヂュン)「日本語と韓国語の韻律的特徴に関する音響音声学的対照研究—韓国人に対する日本語教育への応用をめざして—」(1996 年 6 月)
金銀淑(キム=ウンスク)「日・韓両言語の複文に関する対照研究—従属節を中心に—」(1998 年 3 月)
千昊載(チョン=ホヂェ)「意味条件にもとづく文構造の研究—自発・中間・使役文の日韓対照を通して—」(1998 年 7 月)
安龍洙(アン=ヨンス)「韓・中日本語学習者の指示詞習得に関する研究—第二言語習得における母語と目標言語の影響関係をめぐって—」(2000 年 7 月)
権奇洙(クォン=キス)「日・韓両国語の受身態の対照研究」(2004 年 2 月)
梁敏鎬(ヤン=ミンホ)「外来語の受容に関する日韓対照研究」(2008 年 11 月)

●東北大学大学院国際文化研究科
崔英淑(チェ=ヨンスク)「日本語と韓国語の韻律に現れる音韻・統語・談話現象の音響音声学的研究」(1999 年 3 月)
朴成泰(パク=ソンテ)「日・韓の自然発話データに基づく対照談話分析—言いよどみ・重なり・あいづちを中心にして—」(2004 年 3 月)
平香織「現代韓国語における文末形態の語用論的機能に関する研究—日本語との対照を通じて—」(2004 年 3 月)
若生正和「韓国語のテンス・アスペクトの研究—日韓対照言語学の観点から—」(2004 年 3 月)
崔松子(チェ=ソンヂャ)「多言語話者の日本語学習における言語間の影響—朝・中バイリンガルを対象に—」(2006 年 3 月)
李清梅(リ=セイバイ)「東アジア言語の結果構文に関する対照言語学的研究—構文の意味に関するプロトタイプ的研究—」(2006 年 3 月)
李美賢(イ=ミヒョン)「証拠性表現の日韓対照研究」(2007 年 3 月)
鄭世桓(チョン=セファン)「日韓補助動詞の対照研究—日本語の補助動詞テシマウ形式の意味・用法とそれに対応する韓国語の補助動詞をめぐって—」(2007 年 3 月)
金廷珉(キム=ヂョンミン)「日韓語の名詞化の談話・語用論的機能に関する対照言語学的研究—『のだ』と『것이다(KES-ITA)』を中心に—」(2008 年 3 月)
宋善花(ソン=ソンファ)「日本語,朝鮮語,中国語における人称詞の対照研究」(2009 年 9 月)

●東京大学大学院人文社会系研究科
陳南澤(チン=ナムテク)「朝鮮資料による日本語と韓国語の音韻史研究」(2003年3月)
成玧妸(ソン=ユンア)「近代日本語資料としての朝鮮語会話書―明治期朝鮮語会話書の特徴とその日本語―」(2009年3月)

●東京大学大学院総合文化研究科
尹亭仁(ユン=ヂョンイン)「韓国語と日本語のヴォイスに関する対照研究―動作主の格標示と構文の生産性を中心に―」(2005年5月)
金慶珠(キム=ギョンヂュ)「場面描写談話における話者の視点―日韓両言語の表現構造とその中間言語への影響について―」(2005年6月)
朴宣映(パク=ソニョン)「近代韓国語における日本語の影響―文章における影響を中心に―」(2006年1月)
盧妵鉉(ノ=ヂュヒョン)「日韓コミュニケーション行動の対照研究―貸し借り行動・意識に関する調査結果に基づいて―」(2009年2月)
閔由眞(ミン=ユヂン)「日韓両語における視覚動詞の多義性と意味連鎖―[みる]・[보다 pota]と[てみる]・[어/고 보다 e/ko pota]の対照を中心に―」(2009年6月)
金智賢(キム=ヂヒョン)「現代韓国語と日本語の談話における無助詞について―主語名詞句及び文頭名詞句を中心に―」(2009年7月)
円山拓子「韓国語助動詞 cita の多義性―用法間の相互関係と意味拡張―」(2009年9月)
秋田歩「日本語のガ・ヲ・ニと韓国語の를 reul の対応について―他動性の観点から―」(2009年12月)

●東京外国語大学大学院地域文化研究科(2002年～2008年)
　東京外国語大学大学院総合国際学研究科(2009年～現在)
金順任(キム=スニム)「日本語と韓国語の第三者敬語の対照研究」(2005年3月)
金珍娥(キム=ヂナ)「日本語と韓国語の談話における文末の構造」(2006年1月)
李恩美(イ=ウンミ)「日本語と韓国語の初対面二者間会話における対人配慮行動の対照研究―ディスコースポライトネス理論の観点から―」(2008年11月)

●東京工業大学大学院理工学研究科
李羲東(イ=ヒドン)「文字認識入力部を備えた日韓・韓日機械翻訳に関する研究」(1990年3月)

●筑波大学大学院文芸・言語研究科
　筑波大学大学院人文社会系研究科
洪思滿(ホン=サマン)「現代韓国語の特殊助詞の研究―日本語の副助詞との対比を中心に―」(1989年12月)

羅聖栄(ナ＝ソンヨン)「日本語と韓国語のモダリティの対照研究」(1996年3月)
金玉英(キム＝オギョン)「日本語と韓国語の従属節および関係節のテンス・アスペクトの対照研究」(1999年3月)
金東郁(キム＝ドンウク)「真偽判断モダリティの日韓対照研究―推量形式の対応関係を中心に―」(1999年2月)
安平鎬(アン＝ピョンホ)「日韓両言語のアスペクトに関する対照研究―アスペクト形式の文法化を中心に―」(2001年11月)
金榮敏(キム＝ヨンミン)「日韓両言語の格と統語構造」(2002年1月)
元智恩(ウォン＝ヂウン)「日韓の断わりの言語行動の対照研究―ポライトネスの観点から―」(2005年3月)
洪榮珠(ホン＝ヨンヂュ)「日韓名詞連結の対照研究―『の／의(ui)』の実現／非実現の問題を中心に―」(2008年3月)
朴墉一(パク＝ヨンイル)「再構造化現象と統語構造―日本語と韓国語を中心に―」(2008年3月)
李賢珍(イ＝ヒョンヂン)「日本語の会話教育におけるコミュニケーション方略指導の研究―韓国人日本語学習者を対象として―」(2008年3月)
柳京子(ユ＝ギョンヂャ)「日本語音声の言いあやまり研究―韓国人に対する音声教育の観点から―」(2008年5月)
朴江訓(パク＝カンフン)「日本語における否定一致現象に関する研究―韓国語との対照の観点から―」(2009年3月)
文智暎(ムン＝ヂヨン)「日韓両言語の対格連続文の研究」(2009年3月)
許宰碩(ホ＝ヂェソク)「日韓両言語におけるアスペクト形式の対照研究」(2009年3月)
申媛善(シン＝ウォンソン)「文末スタイルの運用に関する日韓対照研究―人間関係の変化とポライトネス・ストラテジーの関わり―」(2009年3月)
金庚洙(キム＝ギョンス)「日韓漢語動詞に関する対照言語学的研究」(2009年12月)
鄭聖美(チョン＝ソンミ)「韓国人日本語学習者における日本語の書記漢語の音韻推測―日韓両言語の音韻が共に未知である場合―」(2010年3月)

※この「日朝対照研究関係　主要研究教育機関別　博士学位論文一覧」を掲載するに当たり、各研究教育機関のウェブサイトでその情報が公開されている場合は、それを参照したが、そういった情報がない場合や、あっても確認が必要な場合には、調査・整理で下記の方々の御協力をいただいた。御氏名を記して厚く感謝の意を表する次第である。
・広島大学大学院教育学研究科関連――迫田久美子氏，酒井弘氏
・北海道大学大学院文学研究科関連――加藤重広氏
・神戸大学大学院文化学研究科関連――定延利之氏，真野美穂氏，波多野博顕氏

・神戸大学大学院国際文化学研究科関連——定延利之氏，波多野博顕氏
・九州大学大学院比較社会文化学府関連——水本豪氏
・東北大学大学院文学研究科関連——後藤斉氏
・東北大学大学院国際文化研究科関連——堀江薫氏
・東京大学大学院総合文化研究科関連——生越直樹氏
・東京外国語大学大学院地域文化研究科／東京外国語大学大学院総合国際学研究科関連——伊藤英人氏
・筑波大学大学院文芸・言語研究科／筑波大学大学院人文社会系研究科関連——砂川有里子氏，沼田善子氏，姜太銀氏

用例出典

(日本語による作品名のアルファベット順)

『金閣寺』
　　三島由紀夫(著)『金閣寺』(新潮社, 新潮文庫, 1960年)
『金閣寺〈Kumkaksa〉』
　　三島由紀夫(著), 桂明源〈Kyey, Myengwen〉(ケー=ミョンウォン)(譯)『金閣寺〈Kumkaksa〉』(韓國서울〈Seul〉(ソウル):三中堂〈Samcwungtang〉, 三中堂文庫, 1975년〈nyen〉(年))

『ノルウェイの森(上)(下)』
　　村上春樹(著)『ノルウェイの森(上)(下)』(講談社, 講談社文庫, 1991年)
『상실의 시대〈Sangsil-uy Sitay〉(喪失の時代)』
　　村上春樹(著), 유유정〈Yu, Yuceng〉(ユ=ユヂョン)(譯)『상실의 시대〈Sangsil-uy Sitay〉(喪失の時代)』(韓國서울〈Seul〉(ソウル):문학사상사〈Munhaksasangsa〉(文学思想社), 1994년〈nyen〉(年))

『点と線』
　　松本清張(著)『点と線』(新潮社, 新潮文庫, 1971年)
『点과 線〈Cem-kwa Sen〉(点と線)』
　　松本清張(著), 姜龍俊〈Kang, Yongcwun〉(カン=ヨンヂュン)(譯)『点과 線〈Cem-kwa Sen〉(点と線)』(韓國서울〈Seul〉(ソウル):河西出版社〈Hasechwulphansa〉, 河西推選書, 1977년〈nyen〉(年))

『砂の器(上)(下)』
　　松本清張(著)『砂の器(上)(下)』(新潮社, 新潮文庫, 2006年)

『雪国』
　　川端康成(著)『雪国』(新潮社, 新潮文庫, 1947年)
『雪國〈Selkwuk〉/千羽鶴〈Chenwuhak〉』
　　川端康成(著), 金鎭郁〈Kim, Cinwuk〉(キム=ヂヌク)(譯)『雪國〈Selkwuk〉/千羽鶴〈Chenwuhak〉』(韓國서울〈Seul〉(ソウル):三中堂〈Samcwungtang〉, 三中堂文庫, 1975년〈nyen〉(年))

索引

事項索引

数字

2項動作動詞文　57, 58
2項動詞　393
3項動詞能動文　391
3層構造　377

あ

相手　36, 38, 56, 62, 112, 156, 158, 159
相棒　38
アスペクト　195, 196, 213, 232, 260, 270, 282, 283, 343, 346, 396, 415
後項動詞　180, 203
アプローチ　16, 25

い

言い切り　322, 325
言い切りの基本形　319
異型一者義務選択タイプ　184, 189, 190, 191, 194, 211, 217
異型一者随意選択タイプ　184
異型両者共存タイプ　184, 186, 207, 209
異時　224
意志性　198

位置　274, 275, 285
位置を表す名詞　274, 285
一旦中止　226
一定時間の間隔　275, 285
移動　187, 269, 282, 283, 385
意味関係　222, 223
意味構造　223, 239, 242
意味的主要部　222
意味的側面　124, 165, 406
意味特性　395
意味の実質性　124, 167
意味領域　169
意味論　2, 239, 242
因果関係　224
引用節　130
引用符　311

う

ヴォイス　197, 346
受身　105, 144, 182, 387
受身化　251, 290
受身文　76
迂言的使役　249
埋め込み文　85, 250

お

応用・貢献　383
置き換え　253
終わり・境界　114
音韻論　368
恩恵　272, 284

か

外国語教育　3
開始　229, 269, 282, 283
回想　321
階層性　89
かかわり　111, 157, 170
格機能の希薄化　277

格支配　103, 142, 183, 185, 193, 205
格助詞　75, 90, 271, 284
格助詞句　39
格助詞説　75, 77
格助詞の交替現象　49
過去　321, 379
数と種類　153
カタカナ　168
可能構文　246
漢語　168, 321
漢語動詞　399
漢字　168
漢字使用　125
漢字表記　106
完成相　416
間接受身構文　84, 246
間接目的語　74, 90
願望　105, 144
願望構文　246

き

機関　59
共時的　3
共同　117

く

具象物　333

け

継起　269, 283, 385
経験者　53, 54
形式と種類　101, 135, 179, 201
形式名詞　277, 286
継続　269, 283, 385
形態・統語の仕組み　236, 314, 337, 362, 370
形態・統語的仕組みの違い　313, 352, 362

形態的側面　101, 135, 179, 201, 249, 290
形態論　1, 368
形容詞　317, 321
形容動詞　318
結果持続　416
結合価　160, 117
原因・理由　115
限界　115
研究アプローチ　370
研究者　15, 25
研究成果の応用　21, 27
研究成果の報告・伝播　20, 26
研究分野　22
言語現象　265, 278, 289, 362, 363
言語類型論　4, 245, 368
源泉　55, 56

こ
語　313, 314, 337, 352, 362
語彙的使役　249
語彙的複合動詞　183, 185, 204, 205, 219, 227, 259
語彙の意味構造に関する諸条件　223
語彙分析　257
行為性　198
交換・交替　210, 217
項構造　220, 238, 242
交替　41, 44
交替・交換　187
膠着言語　245
膠着性　354, 357
コーパス　24
語学教育　21, 27
語幹　387
語種　154, 167, 321
古典日本語　325
固有語　168, 321
固有語動詞　387

混合　187
根本的要因　236, 279, 313, 326, 352, 361, 362

さ
再帰代名詞化　251, 290
参照文法　21, 26

し
使役　105, 144, 182
使役構文　80, 85, 246, 249, 289
資格　59
資格・立場　115
事後　274, 285
自然言語処理　22, 28
持続相　416
下　225
実質的な意味　106
始動　195
自動詞　180, 203, 390
斜格　90
斜格目的語　75, 90
借用語　321
終結する文末　347, 351, 356
修正　217
受益　410
受益者　116, 159
主格　90
主格補語　392, 395
主格保持の原則　54
主語　74, 90
主語一致の原則　223
主語尊敬語　182
授受　272, 285
主題化　41, 44
手段　222, 227, 239
手段・方法　223
出現　269, 283
述語性接尾辞　342

述語性接尾辞の後続　348, 352
主要語　41, 44
順序　234
照応　306
状態・性質　322
消滅　269, 283, 385
省略　44
除外　114
助詞の後続　342, 345, 349
自立語　181, 203, 227, 239
自立性　180, 203, 226, 228

す
数量詞後方遊離　70, 97
数量詞前方遊離　70, 97
数量詞の転位　71
数量詞の遊離　69, 253, 290
数量詞遊離の条件　73
数量詞遊離の範囲　87
数量表現の型　69
スル型　325

せ
生産性　290, 401
生成統語論　245
生物　144
制約　51, 55, 87
西洋語　321
節・文　313, 314, 337, 352, 362
接辞　289
接辞化　236
接続語尾　102, 137, 154, 233, 242, 372
接続表現　276, 285
接頭辞　188, 307
接尾辞　249, 278, 289, 309, 387, 403
接尾辞の後続　341

索引

前項動詞　180, 202

そ

相違点　228, 348, 403
総記　53
「そうする／그렇게 하다」
　　による置き換え　290
外　224
存在　284
存在詞　318

た

対格　90
対格間接目的語　81
対格直接目的語　81
対格補語　392
対抗　112, 156, 169
対照　4
対象　38, 53, 54, 157
対照言語学　2
代名詞　306
対面　112, 156, 169
立場　112
奪格補語　392
奪取　280
他動詞　180, 203, 220, 389
他動性調和の原則　220, 238
単一格助詞　49
単一格助詞同士の交替　50
単一格助詞との交替現象　110, 156
単一コーパス　24
単一的統語構造　255, 261, 291
単一連体格助詞　137
単一連用格助詞　101, 102, 137
単文　23, 377
談話　23, 377

ち

談話構造　31, 41, 44

近づき　225
「〜中(に)／〜 중(에)」
　「〜後(に)／〜 후
　(에)」などを用いた構
　文　296
中止形　372
中止法　341, 344
中立　408
中立叙述　53
朝鮮文字(ハングル)　168
直接目的語　74, 90, 297

つ

追加　274, 285
通時的　3
使い分け　127, 170

て

「〜てある」構文　196
程度　347
丁寧体　103, 155
出どころ　37
「〜てほしい」構文　85, 246
「〜てもらう」構文　85, 246

と

同型一者義務選択タイプ　184, 188, 189, 194
同型両者共存タイプ　184, 186, 206
統語現象　227
統語構造　229, 239, 250, 353
統語的側面　110, 156, 183, 204, 250, 290, 413
統語的な操作　297
統語的な振る舞い　182, 219, 229, 230, 259, 293
統語的複合動詞　183, 193, 204, 213, 219, 227, 259, 260
統語論　1, 239, 240, 242, 368
動作・過程の状態　115
動作・行為　322, 327
動作・行為が行われる場所　110
動作・行為性　336
動作・行為の結果の状態　270, 396
動作・行為の最中　270, 396
動作主　34, 38, 55, 113, 158
動作主性　127, 171
動作主のマーカー　127, 392, 414
動詞　103, 117, 142, 160, 318, 341
同時　223
動詞語幹　202, 289
動詞述語　327
動詞性　330
動詞の後続　343, 345, 350, 354
動詞連体形　107, 150
動詞連用形　101, 137, 179, 201, 202
「動詞連用形＋テイク／動
　詞連用形＋가다(行
　く)」構文　265, 282, 384
「動詞連用形＋テイル／動
　詞語幹＋고 있다(〜て
　いる)；動詞連用形＋
　있다(〜ている)」構文　270, 283

「動詞連用形＋テクル／動詞連用形＋오다(来る)」構文　265, 282, 384
「動詞連用形＋テヤル；テクレル／動詞連用形＋주다(〜てやる；〜てくれる)」構文　272, 284
動詞連用形の縮約形　137
到達点　63
同定認定　122
遠ざかり　225
取り立て助詞　104, 143
トルコ語　248, 249, 262

な
内容性　128, 129, 130, 172
中　225
ナル型　325

に
二重対格　76
日本語教育　383, 386
認定基準　40

の
能動文　400

は
背景的情報　222
ハイフン　311
配列順序　368
博士学位論文　24
場所性　59

ひ
被害　405, 412
比較　4, 187
比較言語学　3
非過去　321
被使役者　114
非対格自動詞　220
必須補語　31, 40, 117, 160
否定　105, 144
非能格自動詞　220
表記　105, 168
表記上の補助　311
ひらがな　168
ひらがな表記　106
品詞　317

ふ
複合格助詞　39, 103, 140, 279
複合的統語構造　214, 245, 250, 255, 260, 291, 295
複合動詞　180, 202, 281, 343, 345, 371
複合動詞構文　259, 292
副詞　232, 271, 284
副詞としての機能　94
副次補語　33, 40, 117, 160
副詞類の修飾　252, 290
複数性　224
副動詞　341
複文　23, 377
付属語　181, 203
付着　280
付着・添加　187
物理的な移動　195, 229
不利益　405
振る舞い　290
文　23
文法化　228, 279, 280, 282, 284, 285, 286, 314, 325, 361, 370
文法化の進度の違い　279, 326, 361
文法関係　75, 90
文法関係・格助詞説　75, 83
文法関係説　75

へ
並列コーパス　24
変化　186, 187, 209

ほ
母音　368
方向　63, 224
方法　227, 239
方法・手段　114, 115
方法論・方向性　18
補助動詞　343, 346
補足の関係　224
補文関係　220
本動詞　402

ま
満州語　262

み
未了　320

む
無格　41, 44
無生　395
無生物　144
無生名詞　408

め
名詞　102, 137, 317, 326
名詞化接尾辞　277, 286, 301
名詞述語　327
名詞述語の形容詞性　331

名詞述語の動詞性　326
名詞性接尾辞　342
名詞性接尾辞の後続　349, 354
名詞としての機能　344, 350, 356
命題　23, 377

も
目的　116, 159
もくろみ　233, 343, 346
モダリティ　23, 377
モンゴル語　262

や
やりもらい　233, 343, 347

ゆ
有生　395
有生名詞　410, 412

よ
用言複合体　357
様態　212, 215, 216, 231
様態・付帯状況　222
様態副詞　105
与格　90, 144
与格間接目的語　81
与格補語　392

り
利益　404
理由・原因　114
両者非継承タイプ　184
理論的枠組み　256

る
類似点　226, 348, 403

れ
連体格助詞付加形　107, 150
連体形　125, 146, 168, 320, 322, 325
連体形過去　146
連体形現在　146
連体形非過去　320
連体修飾構造　41, 44, 51
連体表現　106, 148
連用形　340, 383

ろ
論考数　12, 22

わ
和語　168, 321

語彙索引

あ
～合う　197, 216, 231

う
上　274, 285
内　275, 285

お
～終わる　193, 213, 229, 294

か
～が　34, 38, 50, 53, 54, 55, 59, 103
～替える　210
～かかる　190, 195, 282
～かける　282
～方　301
～から　37, 55, 56, 60, 63, 65

こ
～後(に)　296
こと　277
～込む　212, 231
～ごろ　301

さ
～さ　302

す
～過ぎる　215, 231

た

〜た 379
〜だ 317, 326
〜たい 246
〜出す 195, 282

ち

〜中(に) 296

つ

〜つく 190
〜続ける 193, 213, 229, 294

て

〜手 301
〜て 102, 154, 233, 372
〜で 34, 36, 59, 62, 63, 103, 110, 114, 115
〜ていく 233, 265, 282, 343, 346
〜ていらっしゃる 232, 346
〜ている 232, 270, 283, 343, 346
〜ておく 233, 343, 346
〜的 309
〜てくる 233, 265, 282, 343, 346
〜てくれる 233, 272, 284, 343, 347
〜て差し上げる 233, 347
〜てしまう 232, 343, 346
〜てほしい 246
〜てみる 233, 343, 346
〜でもって 115
〜てもらう 246, 343
〜てやる 233, 272, 284, 343, 347

点 276, 285

と

〜と 38, 58, 65, 103, 117
〜といっしょに 117
同〜 307
ところ 286
〜として 115, 121
〜とともに 117

な

〜直す 216
〜流す 212

に

〜に 36, 38, 53, 56, 57, 58, 62, 63, 64, 65, 103, 112, 113, 114, 115, 116, 127, 284
〜において 110
〜に関して 111, 119, 127
〜に対して 112, 118, 169
〜について 111, 119, 127, 173
〜にとって 112, 175
〜によって 113, 127

の

〜の 50, 66, 103, 277, 286
〜残す 188
〜のために 116, 123

は

〜始める 193, 213, 229, 294

ふ

〜ぶり 301

へ

〜へ 63, 64

ま

〜間違える 231
〜まで 64, 65

も

もの 277, 286

よ

〜より 114

を

〜を 38, 54, 57, 60, 66, 103, 111, 127, 297
〜をおいて 114
〜をして 114
〜をもって 114

朝鮮語

〜 가다(〜ていく) 233, 265, 282, 346
〜 것 277, 286
〜 계시다(〜ていらっしゃる) 232, 346
〜 고 242, 372, 383
〜 기 278, 286
〜 놓다(〜ておく) 233, 346
〜 당하다 399
〜 데 277, 286
동〜(同〜) 307

索引　479

〜되다　399
〜 두다(〜ておく)　233, 346
〜 드리다(〜て差し上げる)　233, 347
〜로／으로(〜で)　140
〜로서／으로서(〜として)　177
〜를／을(〜を)　140, 157, 172, 299
〜를／을 위해서(〜のために)　159, 164
〜ㅁ／음　278, 286, 304
〜받다　399
〜 버리다(〜てしまう)　232, 346
〜 보다(〜てみる)　233, 346
〜서(〜て)　137, 154, 372, 383
속(内；中)　275, 285
시작하다(始める)　334
안(内；中)　275, 285
〜았／었／였(〜た)　380
〜에(〜に)　140, 144, 156, 158, 159, 170, 271, 284, 414
〜에 관해서(〜に関して；〜について)　157, 162, 172, 174
〜에 대해서(〜に対して；〜について)　156, 157, 160, 162, 169, 172, 175
〜에 의해서(〜によって)　158, 170, 414
〜에게(〜に)　144, 156, 158, 159, 170, 176, 414
〜 오다(〜てくる)　233, 265, 282, 346
〜와／과(〜と)　140
위(上)　274, 285
〜(으)며　242, 372, 383

〜의(〜の)　140
〜이　388
〜(이)다(〜だ)　318, 326
〜 있다(〜ている)　232, 270, 283, 346
〜적(〜的)　309
점(点)　276, 285
〜 주다(〜てやる；〜てくれる)　233, 272, 284, 347
〜 중(에)(〜中(に))　296
〜지다　346, 388
〜 후(에)(〜後(に))　296

【著者紹介】

塚本秀樹(つかもと ひでき)

〈略歴〉1959年、大阪市生まれ。1981年、大阪外国語大学外国語学部朝鮮語学科卒業。1984年、大阪外国語大学大学院外国語学研究科修士課程日本語学専攻修了。1987年、京都大学大学院文学研究科博士後期課程言語学専攻(言語学)研究指導認定退学。現在、愛媛大学法文学部人文学科教授。
〈主要著書・論文〉『日本語基本動詞用法辞典』(共編著、大修館書店、1989年)、『グローバル朝鮮語―朝鮮を学び、朝鮮に学ぶ―』(共著、くろしお出版、1996年)、「日本語から見た韓国語―対照言語学からのアプローチと文法化―」(『日本語学』第25巻第3号、明治書院、2006年)、「日本語と朝鮮語における品詞と言語現象のかかわり―対照言語学からのアプローチ―」(『語彙の意味と文法』、くろしお出版、2009年)、「韓国語との対照」(『はじめて学ぶ日本語学』、ミネルヴァ書房、2011年)など。

ひつじ研究叢書〈言語編〉第95巻

形態論と統語論の相互作用
日本語と朝鮮語の対照言語学的研究

発行	2012年2月14日 初版1刷
定価	8500円+税
著者	ⓒ 塚本秀樹
発行者	松本 功
本文フォーマット	向井裕一(glyph)
印刷所	三美印刷株式会社
製本所	田中製本印刷株式会社
発行所	株式会社 ひつじ書房
	〒112-0011 東京都文京区千石2-1-2 大和ビル2階
	Tel.03-5319-4916 Fax.03-5319-4917
	郵便振替 00120-8-142852
	toiawase@hituzi.co.jp http://www.hituzi.co.jp

ISBN978-4-89476-570-2

造本には充分注意しておりますが、落丁・乱丁などがございましたら、小社かお買上げ書店にておとりかえいたします。ご意見、ご感想など、小社までお寄せ下されば幸いです。